越境とアイデンティフィケーション

国籍・パスポート・IDカード

陳　天璽・近藤　敦・小森宏美・佐々木てる［編著］

新曜社

越境とアイデンティフィケーション——目次

装幀＝虎尾 隆

序論

アイデンティティからアイデンティフィケーションへ

「移民のグローバル化」(Castles and Miller 2009) といわれるように、いまや多くの国が多様な出身地からなる人びとの国際移動により大きな影響を受けるようになっている。国家が作り上げてきた国境は、交通網の発展により人がそれを越えて移動することや、技術革新により情報が瞬時に遠隔地に届くことなどから、その存在が薄まっているように思える。二〇〇八年末のリーマンショックを発端として日本を含む世界各国に波及した経済不況にみられた経済のボーダレス化現象も、そうした印象を強めている。他方、国連の推計によると、地球の人口が六九億人である二〇一〇年には、移民[1]の人口は二億一四〇〇万人に迫っているとみられている (United Nation 2009)。世界の人口の三・一%つまり三二人に一人は移民であるということになる。出身国以外で生活しはじめた移民一世だけでなく、彼らから生まれる子どもたちにまで思いを及ばせると、出身国と居住国の間の国籍法や制度の違いから国籍やアイデンティティの問題を抱えている人、越境にともなうパスポートとビザの問題に直面した経験を持つ人の数は、相当数にのぼることが推測できる。

越境の問題は、これまでグローバル化、ディアスポラ、移民などの研究領域で扱われてきた。その際、国籍は、アイデンティティの基盤として、あるいは後に見るように市民権との関係で着目されてきた。他方で、国籍には国家による「掌握」の側面がある。その視点を提示したのが、二〇〇八年に日本語訳が出版されたトーピーの『パスポートの発明』である。トーピーは、「国民国家」という思想の制度化を解明するひとつの方法として「パスポートとは何か」という問いへの答えを歴史的にたどる（トーピー 二〇〇八）。

アイデンティティは「自己同一性」や「帰属意識」と訳され、「自分は何者か」ということの本質を追及するものである。ディアスポラや移民の研究はもとより、社会学や人類学の分野においてアイデンティティに関する研究には豊富な蓄積がある。そうした蓄積をふまえながらも本書では、アイデンティティと似て非なる概念として、アイデンティフィケーションがもつ効力の重要性に光をあてたい。アイデンティティの重要性を否定するつもりはないが、アイデンティティは安定した核ではなく、他者との関係性において絶えずつくり出されるものであると考えるからである。ここでは、アイデンティフィケーションを、個人の識別、身分の証明、同一性の確認と定義する。アイデンティフィケーションでは一般的に具体的なモノによる身体の特定化がなされるため、アイデンティティに比べ揺れが少ない。それを利用した形で国家による個人の掌握がなされ、その継続が国民の再生産の一側面である。具体的なモノの典型として、パスポートやＩＤカードが挙げられる。

近代国家を主たる分析対象としてきた研究においては、主に、国民国家が個人の同定や識別をする技法、およびその実践がアイデンティフィケーションであると指摘されてきた（渡辺 二〇〇三）。その一方、アイデンティフィケーションのいまひとつの側面、すなわち個人が国家ないし何らかの集団に同一化する実践の側面があることは看過されてきた。モノは、人に使われてこそ意味を持つのであり、モノを使うのは、国家よりもむしろ具体的な個人である。とりわけ、グローバル化が進んだ現代社会において、人の自己規定や活動範囲は国民国家の域を越え、より複雑化している。それゆえ、他者に対する自己証明は、個人が置かれている場や対面する相手によって変わることがあり、また越境の際の方便のため、自らアイデンティフィケーションを選択・操作することもある。

よって本書では、国家の側から個人に対して行われる識別の技法や身分の証明、同一性の確認を指すアイデンティフィケーションに加え、個人の側から戦略的に行う身分の証明、同一化の実践も考察の対象とする。個人に着目すると、アイデンティティとは違うアイデンティフィケーションを戦略的に使うことがあり、そのため、アイデンティティとアイデンティフィケーションの間に「ずれ」が生じることがあることは言うまでもないだろう。

実際、現実の生活の場面で、アイデンティティよりもアイデンティフィケーションがもつ効力の重要性を実感することはないだろうか。自己証明ないし同一化の実践というアイデンティフィケーションの側面は、これまでの研究では見過ごされてきたが、生活の各所において目的達成の成否を分けかねない重要なものである。しかも、実はアイデンティフィケーションによって、個人の行動、権利が左右され、そして場合によってはアイデンティティの形成にも影響を及ぼす可能性を大いに有している。

ゆえに、われわれは越境、そしてグローバル時代の人のあり方を観察する際、射程をアイデンティティだけではなく、むしろアイデンティフィケーションに広げる必要がある。アイデンティフィケーションがいかなる効力を持ち、そしていかに機能しているのか、そしてアイデンティフィケーションによって人の行動がいかにコントロールされているのか、もしくは逆に、個人がいかにアイデンティフィケーションをコントロールし自己の目的を達成しているのかなど、国家と人びとの関係を具体的につかむことができると考える。本書の副題にもあるように、われわれが国籍、パスポート、IDカードに注目する理由は、それがアイデンティフィケーションと切り離せないからである。移民のコントロールには、いくつかの方法がある。パスポートに貼るビザは、対外的なコントロールであり、IDカードや帰化による国籍取得は、対内的なコントロールの例である。これらは、いずれも明示のコントロールとされているのに対し、各種の許可に関する行政裁量は、黙示の対内的コントロールとして区別される（Brochmann and Hammar 1999）。明示のコントロールだけでなく、黙示のコントロールにも目を向ける必要がある。

「見えるコード」と「見えないコード」

とはいえ、アイデンティフィケーションへの人からの働きかけ、あるいは人によるアイデンティフィケーション操作は、それが、まさに個人の思考や行動であるがゆえに、容易には理論化できない。そこでそれを整理する補助的な分析概念として「見えるコード」と「見えないコード」を導入してみる。

国家と人のつながりは「見えるコード」と「見えないコード」が複雑に絡み合って成り立っている。「見えるコード」とは、国籍やパスポート、IDカードなどのように、国家と個人のつながりが法律や規則などによって明文化され、杓子定規に決められているものを指す。一方、「見えないコード」とは、統治者、被治者を問わず、人びとが国籍やパスポートをいかに運用、操作しているのかなど明文化されていない慣習や機能を指している。

たとえば、アイデンティフィケーションの方法として、国境を越える際、通常であれば「見えるコード」であるパスポートを国境のイミグレーションに提出しスタンプを押してもらい出入国を許可してもらうことになるが、第二部にある高村論文にも触れられているように、国境地域に暮らし日常的に越境している人びとの間では「会釈」という「見えないコード」によって国境を越えるという方法が実践され機能している。つまり、その国境において日常的に越境する人びとに対して行われているのは、パスポートではなく「顔パス」によるコントロールである。国境で出入国をチェックする職員にとって「見えるコード」よりも合理的であると認識される場合、本来非合法であったとしても、この「見えないコード」が機能する場合がある。

また、複数のパスポートを所有している重国籍の人の場合、行き先によって使い分けるのは、それぞれのパスポートが有する効力を知っているからである。こうした使い分けの選択もまた「見えないコード」のひとつであろう。国家と人がいかにつながっているか、その真相の読み解きは、多角的視点・手法によって「見えるコード」、「見えないコード」、そしてその両者のつながりをひも解き、その絡みぐあいを整理・分析することによってはじめて可能となる。

そもそも「見えるコード」である国籍とパスポートは、近代国民国家の成立過程で導入された国家装置のひとつであるが、国家と国籍とパスポートの三者の間で取り結ばれる関係が単線的であった時期はそれほど長くはない。それどころか、そうした国家装置が導入されるや否や、三者関係のバリエーションは複雑化の道をたどりはじめたとすらいえる。非合法の場合は言うまでもなく、合法的にも二つ以上の国籍やパスポートを保持する人は決して少なくない。

あるいは、第三部の陳論文でも触れられているように、いかなる国の国籍も持たない無国籍者であってもパスポートの取得が可能な場合もある。したがって、ここで問題とすべき越境のひとつの側面とは、こうした複雑化する三者関係の結節点である人に表れる実践である。

国籍と市民権が同義であった時代は短く局所的ですらあったが、それはもはや過去のものとなり、いまや法的権利としての市民権は、当該個人の居住国における法的地位に応じて段階的に保障されている（近藤 二〇一〇）。他方、パスポートに着目した場合、市民権の中でもとりわけ移動と居住が問題になる。そしてそこで見えてくるのは国民国家という擬制を支える柱のひとつである国境の持つ意味である。すなわち、内と外を分ける国境の機能である。グローバル化の中で垣根としての国境は低くなっていると考えられているが、人びとにとって国境の意味が表れるのは、パスポートの使い方の変化ではないだろうか。

国民国家によってくまなく覆いつくされた現代世界において、国境とはある意味で（未承認国家や係争中の国境線の存在によって「破線」で地図上に示される国境があるとしても）自明の存在である。近代国民国家は国籍の付与によって法的に国民を囲い込み、国境によって領域的に国民を囲い込んだ。パスポートの制度化の過程を詳細に描いたトーピーが、それを合法的な移動手段の独占による持続的アイデンティティの構築と指摘したのは、まさにそうした国民国家の姿を見出したからである。

しかしながら、こうした指摘が、実は多くの人びとの認識と実践を捨象したものにすぎないことを、私たちは経験的に知っている。目的国へ入国可能なパスポートやそれに類する書類の入手は、良し悪しを別にして非合法手段の使用まで含めれば、絶対不可能であるわけではないし、持続的アイデンティティにしても、まったく揺れがないわけではない。

本書の構成については後述するとして、三部構成という体裁にした思惑を明らかにしておくならば、それぞれで取り上げる法、人、モノが、グローバル化の中で変容するさまを描き出すことが、まさに近代と、近代後の世界の違いを示すと考えるからである。すなわち、第一部では、国家の自由裁量により国民国家の構成員を認定しうるという国籍の基本原理が、個人の人権を尊重する制約原理により、変容を余儀なくされている今日の状況を紹介する。第二部では、ある種の「逸脱」事例から見えてくる国民国家と人の関係に焦点を当てる。「逸脱」事例は、国民国家の理念からすれば「逸脱」であるけれども、それは人びとの実践の積み重ねから構成される国民国家の実態でもある。トーピーの着目点がアイデンティティの固定化を狙った国籍とパスポートの制度化にあるとすれば、ここでむしろ制度化されればされるほど逸脱していこうとする、その「ずれ」を照射する事例を取り上げるのは、それもまた国籍とパスポートを通じて明らかになる国民国家の姿であるからである。そして、第三部では、国籍とパスポートが有する両面、つまり「見えるコード」と「見えないコード」を考察することではじめて見えてくる国民国家と人の関係の全体像を明らかにする。

本書の構成——法、人、そしてモノから読み解く

これまで国籍の問題は、法律の分野で議論されることが多かった。しかし、実際の運用は、人によってなされるものである。こうしたことを鑑み、国籍とパスポートをめぐる諸相、国民国家と人の相関関係とその実態を多角的に分析・理解しようと二〇〇七年より国立民族学博物館において共同研究会「国籍とパスポートの人類学」が組織された。共同研究会では、人類学、法学、社会学、歴史学、政治経済学など各分野の研究者が、それぞれの視点、研究手法を通して国籍、パスポート、国境などに着目してきた。多分野間の議論と共同作業を通し、人類学ではあまり光が当てられてこなかった法的な面に光を当てることで、人びとが有する多元的な帰属の真相と現実的な障壁などを明らかにすることができた。また、フィールドワークとは比較的疎遠な法学者をはじめ共同研究のメンバーが実際にフィールドに赴き、パスポートやＩＤカードなど実物のモノを通して分析・比較研究を行った。博物館をもつ研究機関である国立民族学博物館の共同研究会ゆえに、モノにこだわったのも、本研究会の一つの特徴といえよう。「見えるコード」である実際の国籍、パスポート、ＩＤカードに注目することを通し、モノから見えてくる人と国家の相関関係、

移動のあり方の変化を明らかにすることができると考えた。

上述のような共同研究の成果として、本書は三部構成で議論を展開する。第一部では法律に注目することを通して、そして、第二部では人の移動や慣習、アイデンティティなど「見えないコード」を通して、そして第三部ではモノを通して、国籍とパスポートと人びとの相関関係を多角的に分析する。

第一部　法からのアプローチ――国籍をめぐる法原理とアイデンティフィケーションの変容

国籍は、人と国家との法的な結びつきを意味する。しかも、国籍の有無が、人と国家との間の権利義務関係の有無と直結する場合もある。もちろん、国際的および国内的な人権保障への関心の高まりにより、国籍の有無にかかわらず保障される権利も多い。しかし、国家において、その国の国籍をもたない外国人と、その国の国籍をもつ国民との権利義務関係の違いは、一定の範囲で残っている。なかでも、国家間の移動に際して必要なパスポート（旅券）は、一般に、国民と国家との権利義務関係に基づいて発給される。その国のパスポートが、その国の国籍を証明する実務上の手段となっている場合も少なくない。人の国際移動の盛んな今日、世界中でパスポートが使われることから、国際民間航空機関により、パスポートの標準化の取り組みが進んでいる。しかしながら、その国の国籍を誰に認めるかという法原理は、必ずしも標準化しているわけではない。たとえば、国内法上、出生にともなう国籍取得に際して、その国で生まれた者に国籍を認める「生地主義」と、親の国籍を承継する「血統主義」とに大別される。後天的な国籍取得に際しても、どのような要件のもとに「帰化」や「届出」を認めるのかは、各国さまざまである。

ただし、国際法上は、主要な法原則が形成されてきており、各国の国籍制度は、これらの法原則に基づいて定められる方向にある。その際、国家の主権を根拠とする古典的な原則（第一の国家主権原則）は、人権法の発展にともない、平等や自由といった、個人の人権を根拠とする原則（第二の差別禁止原則・第三の国籍の恣意的剥奪禁止原則）により、その射程を大幅に狭められつつある。また、両面性を有した国籍唯一の原則は、その一面（第四の無国籍防止原則）だけが重要な意義をもつにすぎなくなっている。

第一原則として、国籍の取得と喪失は国家の主権の作用により、国際慣習法上、国家は誰が国民であるかを決定する自由を一般には有する。このことは「国内管轄の原則」と呼ばれてきた（江川ほか 一九九七：一六）。この原則は、条約や日本国憲法でも明示されている。たとえば、一九三〇年の国際連盟の「国籍法の抵触についてのある種の問題に関する条約」（以下、「国籍法抵触条約」という）一条および一九九七年の欧州評議会のヨーロッパ国籍条約三条では、「何人が自国民であるかを自国の法令によって決定することは、各国の権限に属する。この法令は、国際条約、国際慣習および国籍に関して一般的に認められた法原則と一致するかぎり、他の国により承認されなければならない」と定めている（奥田・館田 二〇〇六：九七）。この点、日本国憲法一〇条は、「日本国民たる要件は、法律でこれを定める」と規定する。そこで、この第一の原則は、憲法学上の用語に置き換えるならば、「国家主権原則」ないし「立法裁量原則」と呼ぶことができる。しかし、国籍法に関する立法裁量も、日本であれば日本国憲法の定める基本的人権条項、日本国が締結した条約および確立された国際法規の制約を受ける（憲法九八条）。したがって、今日の国際法上、国家は、国籍の取得と喪失に関して、まったくの自由裁量をもつわけではない。今日、国際的に一般に認められた以下の三つの法原則を守ることが要請されつつある。[2]

第二原則として、性別や民族的出身などによる差別を禁ずる「差別禁止原則」がある。この原則も、条約や日本国憲法で明示されている。ヨーロッパ国籍条約五条では、「国籍に関する当事国の規則は、性、宗教、人種、皮膚の色またはナショナルもしくはエスニックな出自による差別に相当する区別を定めてはならず、または慣行を伴ってはならない」と定めている。日本国憲法一四条一項後段は「人種、信条、性別、社会的身分又は門地により、政治的、経済的又は社会的関係において、差別されない」と規定する。この原則により、国家の主権の作用も制約を余儀なくされ、国籍の有無をめぐる国内の法規制には、さまざまな変容がもたらされている。たとえば日本でも、森木論文（1章）にあるように、差別禁止原則により、一九八五年から父系血統主義をやめ、父母両系血統主義に移行した。いわば、立法裁量原則から導かれる国籍をめぐる国家の自由な決定権よりも、個人の性差別の禁止を重視する立場が採用されるようになった。[3]また、二〇〇八年には、日本人の父親と外国人の母親との間に生まれ、出生後に認知された婚外子（非嫡出子）の場合には、両親が法律上婚姻しなければ、父親の認知だけでは、届出による国籍取得を認めていない国籍法三条一項について、最高裁は日本国憲法一四条一項の平等原則違反とし[4]、国籍法が改正された。館田論文（2章）が扱うこの事件も、国籍をめぐる国家の自由な決定権よりも、「子が自らの意思や努力では変えることのできない父母の婚姻」の有無という不合理な差別を禁止する原則を重視した結果である。

第三原則として、国籍の取得と喪失に関し、個人の自由意思を尊重すべきであるとする「国籍自由の原則」があるといわれてきた（江川ほか 一九九七：二〇）。この原則は、国籍の喪失の場面で、条約や日本国憲法にも明示されている。人権条約上は「国籍の恣意的剥奪禁止原則」として定められているが、日本国憲法上は「国籍離脱の自由」として定められている。世界人権宣言一五条二項およびヨーロッパ国籍条約四条cでは、「何人も、ほしいままにその国籍を奪われない」と定め、ヨーロッパ国籍条約四条dでは、「当事国の国民と他国民の間の婚姻および婚姻の解消ならびに婚姻中の一方配偶者による国籍変更は、いずれも他方配偶者の国籍について当然には効力を及ぼさない」と定めている。日本国憲法二二条二項は、「何人も、外国に移住し、又は国籍を離脱する自由を侵されない」と規定する。二〇〇〇年の国連による国家承継に関する自然人の国籍宣言一一条、二四条、二五条および二六条は、領土内に常居所を有する当事者の意思を尊重し、国籍選択権を認めない場合の国籍の剥奪を禁じている。かつて明治憲法下の国籍法では、日本以外の生地主義国で生まれたことによりその国の国籍を取得し、その国の住所を有する者だけが、内務大臣の許可により国籍離脱が認められたにすぎず、しかも、兵役義務との関係で国籍離脱が実際には困難であった（木棚二〇〇三：三五、四九五－四九六）。これに対して、日本国憲法下の国籍法では、外国の国籍を有する日本国民は、法務大臣に届け出ることによって、日本の国籍を離脱することができる。館田論文にもあるように、婚姻や家族に関する面では日本でも、「本人の意思によらない国籍変動は、国籍自由の原則から避けるべきこととされてきた」。しかし、柳井論文（3章）が扱う、旧植民地出身者とその子孫の国籍の喪失（剥奪）の場合には、本人の意思を問われることはなかった。旧植民地の独立にともなう国家承継の場合の国籍変動に際しては、「国籍の恣意的剥奪禁止原則」からすれば、国籍選択権が認められるべきであり、本人の意思によらない国籍の剥奪は禁じられるべきである。また、今日の特別永住者を外国人として扱うことの矛盾は、朝鮮戸籍や台湾戸籍を理由とした民族的出自（ナショナル・オリジン）による「差別禁止原則」にも求められる（近藤 二〇一〇）。

第四原則として、人はただ一つの国籍を持つべきであるという「国籍唯一の原則」が指摘されてきた（江川ほか 一九九七：一八）。この原則は、二つの内容をもっている。たしかに、かつて、国籍法抵触条約の前文では、「すべての人がひとつの国籍をもち、ひとつの国籍だけをもつべきである」とし、国際社会は「無国籍と複数国籍の防止を目指すことを理想としている」と定めていた。しかし、この前文は、法的拘束力をもつものではない。まず、一方の無国籍防止原則は、今日、条約上の要請である。ヨーロッパ国籍条約四条cでは、「無国籍の発生は、防止しなければならない」と定め、これと表裏の関係にある同条aでは、「すべて人は、国籍をもつ権利を有する」と定めている（奥田・館田 二〇〇六：九七）。また、一九六一年の無国籍者の削減に関する条約もある。しかし、他方の複数国籍防止原則は、近藤論文（4章）にもみられるように、国際法上の要請とはいえなくなっている。日本でも、複数国籍防止原則は、「見えるコード」として法規定上は存在しているが、実際には、複数国籍者の催告手続を法務大臣は行わないという「見えないコード」による例外事例が拡大している。また、父系血統主義から父母両系血統主義へと国籍法が移行したことは、性別による差別禁止原則が、複数国籍防止原則よりも重視されるべきことを物語っている。さらに、国際結婚で生まれた婚外子の場合に認知だけで届出による国籍取得を認めた国籍法の改正では、「父母の婚姻」の有無という不合理な差別を禁止する原則が、複数国籍防止原則よりも重視されたのである。いわば、個人のアイデンティティの多様性や非差別性を尊重すべく、国家によるアイデンティフィケーションの単一性や恣意性は、大きく変容を余儀なくされている。

本書の第一部は、国籍を法的観点から考察している。「見えるコード」を中心に、今日の重要な日本の法的問題を扱うとともに、その背後にある「見えないコード」を規定する歴史的・社会的要因とそれらの変容を分析しながら、諸外国と対比する上で、人類学者や社会学者をはじめとする学際的な共同研究は、きわめて有益である。佟論文（5章）にみられるように、中国残留孤児にとって、戸籍とIDカードと氏名とアイデンティティは、国籍の所在と複雑に絡まっている。「法」の拠って立つ基本原則に照らして事柄の是非を論じるだけでなく、「人」の置かれている社会状況から、法の在り様を分析する研究にも視座を広げることは、国籍法研究を実り豊かなものにしていくためにも必要である。とりわけ、従来の日本の法学は、欧米諸国との比較のうちに、日本の法制度を考えてきた。しかし、日本の国籍制度の運用を考える上では、日本に住んでいる外国人の多くの出身国、とりわけアジア諸国の国籍制度とその運用について、研究する必要がある。法規定の上でわかる制度にかぎらず、「生きた法」を解明する上では、「人」に即した事例研究が欠かせない。

第二部　人からのアプローチ――公的アイデンティフィケーションは桎梏か？

第二部は「人」に焦点をあて、東南アジアの事例を扱う三論文（木村、高村、石井）、東アジアを扱う二論文（具、南）、ヨーロッパを取り上げた二論文（小森、西脇）、そして中東の事例を扱う錦田論文によって構成される。これらの論文はいずれも、アイデンティティとアイデンティフィケーションの交錯する局面を描き出している。

木村論文（6章）では、中国、ミャンマー、タイ、台湾を次々に移動した雲南ムスリム女性のライフヒストリーの中に、さまざまな資源（人的紐帯、出身を偽る知恵をも含めた）を利用し、国家によって設定される国民と国民ならざる者との間の境界をすり抜けて、自らの生活実践の中で居住地を決めていく姿が読み取られる。それを木村は、国家による移動手段の独占をすり抜ける国民／非・国民の二分化を逸脱する移民の生活戦略と評している。

マレーシアとタイとの国境地域（高村のことばを使えば国境空間）にて、日常的な移動を行う人びとの認識を考察した高村論文（7章）では、法律上は非合法である行為が、「コミュニティ」ではある意味で「合法的」な行為として認知される認識上の逸脱が取り上げられている。法を社会現象としてとらえるならば、人びとの認識の中では「合法的」である越境行為に表象される社会現象と法の間のずれにこそ、国境やパスポートを利用する人びとの戦略が読み取れる。人びとは決して国境を、生活を分ける不便なものとして認識しているわけではない。むしろ、それは国境空間を生きる人びとにとっては利益をもたらすものでもある。

タイの「山地民」女性の身分証取得過程を詳しく追った石井論文（13章）からもまた、国境があるからこそ可能になった生活戦略について知ることができる。タイの近代国家化の過程の中で少数民族化され、近隣諸国や近隣民族との関係という文脈で国籍取得が難しくなった「山地民」は、タイ国籍を持たないことの不利益を強く意識させられることになる。これらの人びとにとって国籍はより良き生のための手段として不可欠であるものの、自らの居住国においてそれを得ることができないという袋小路に追い込まれていたのである。この状況を打開するのが、国際移動という行為である。ここでも人びとは、国境やパスポートの持つ意味に敏感である。

東アジアの事例を取り上げた南論文（12章）および具論文（10章）でも、人びとの生活と密接に結びついた国境とパスポートの持つ意味が鮮やかに描き出される。しかしここで東南アジアの事例と異なる点として目を引くのは、国籍とアイデンティティの結びつきの強度であろう。南論文の中国残留孤児・婦人の事例、具論文の朝鮮系中国人の事例はそれぞれ、国籍やパスポートといった国家的帰属／身分証の存在が人びとのアイデンティティの醸成に果たす役割に着目しながら、それでもなお、ずれを意識せずにはいられない移動する人びとの認識に焦点を当てている。国籍、パスポート、アイデンティティ、文化の間の動態は、移動する人びとの生活実践にこそ克明に読み取れる。国民国家としての制度化が進めば進むほど、その周辺的存在をも国民国家の中に差異化して位置づけようとする力が作用する。とはいえ人びとはそうした差異化をそのまま受け入れる存在ではない。

ヨーロッパを対象とした二つの事例小森論文（9章）、西脇論文（11章）は、ともにある意味でヨーロッパの周辺諸国の、国民国家の枠を超えたアイデンティティの形成と変容にいやおうなく巻き込まれる人びとの認識とそれへの抵抗、さらにはそうした人びとの認識が国家アイデンティティに反映されるさまを読み解こうとするものである。近代国民国家の体系において越境を保障する制度は国家間関係の中で構築される。ところが、ヨーロッパでは、EUという超国家的国境管理を行う存在のゆえに、越境は国家が単独で構築・管理できる制度ではなくなりつつある。だがそこでも、人びとは一方的に管理されるだけの存在ではない。東南アジアや東アジアにおいて、人の移動が制度化されるがゆえに、その制度を逆手に取った移動と利得が生まれるのに対し、ヨーロッパに見られるのは、移動の自由化の陰に潜む利益と不利益の分岐を生み出す境界線をめぐる攻防である。人と国家とEUの利益が合致しないことは少なくない。EU加盟国とEU外地域の間に位置する周辺化された境界空間では、その境界があるからこそもたらされる利益があることは、国境の場合と変わらない。境界をまたいでの移動により歴史的に形成されてきた人びとの生活実践と、そこに制限を加えようとするEUの論理との間に多層的・多面的なせめぎあいがあることを見逃してはならない。

こうした多数の事例を見ていくと、錦田論文（8章）が指摘する「移動可能性というリソース」にあらためて目を向ける必要性が明らかになる。人の移動に制限を設ける近代国民国家というシステムは、それに対する多数の対抗戦略を生み出してきた。それは、たとえば制度面では、国際結婚を通じての二つ目の国籍の取得であったり、アイデンティティ面では、歴史や文化に基づく既存の国境線に縛られない帰属意識の構築と受容であったりする。中東紛争の結果難民化したパレスチナ人の国境意識は、記憶やアラブ・ナショナリズムに基づく地域の一体性が優先されて比較的希薄ではある。だが、むしろそうした中でも、離散している「共同体」の紐帯維持を目的とした頻繁な越境は、国境意識の希薄さに基づく、国境という壁を意識させる契機となっている。この壁を前に、人はさらなる移動可能性の拡充を求めてあらゆる手段を尽くすのである。

人びとの移動の実態は多様であり、移動を妨げる理由は、国家の論理だけではない。人びとは国家からの自由を求めると同時に国家への帰属（国籍）も必要としている。個人の力ではいかんともしがたい国家間関係によって構築された現在の世界にあっては、国家への帰属（国籍）によってもたらされる利益は決して小さくない。問われるべきはむしろ、国籍間格差および移動の階層化[5]を生み出している構造にあるだろう。

第三部　モノからのアプローチ――パスポート・IDの歴史とアイデンティフィケーション

第三部はモノからみる越境、アイデンティフィケーションである。ここで扱うモノとは、身分証明書、パスポートあるいは通行手形といったモノである。特に第三部ではこれらのモノの歴史や分類といった視点を重視している。たとえば佐々木論文の「パスポート以前のパスポート」や柳下論文の「戦前期の旅券」が歴史性に注目している。また大西論文の「入国管理と渡航文書の実務」、山上論文の「沖縄の渡航文書」、陳論文の「無国籍者のパスポート・ID」などは、国家による人の分類方式やそれにともなうヒズミに注目している。ここではモノの歴史や分類に注目する理由を述べつつ、それぞれの論文について若干触れておくことにする。

まずモノの歴史的背景を分析することで、冒頭に述べたような近代国家における国民の「掌握」の技術の変化がわかる。身分証明書やパスポートに記されている事柄は、時代を経るごとに徐々に変化している。たとえば初期の頃は人物の容貌・身丈など見たままを大雑把に記述していたが、写真が導入され、そして指紋といった生体認証が導入されはじめる。こうした個人を同定する技術は、特に警察、また法務関係の組織によって必要とされてきた歴史があり、それは国家による国民の監理システムの構築の歴史と深いかかわりがある。そのためパスポートやIDの歴史の分析は、近代国家の個々人の「掌握」の歴史の一端を明らかにすることとつながっている。本書においては、特に佐々木論文と柳下論文が歴史的背景に注目している。佐々木論文（17章）では日本の国内移動に使用された通行手形に関して執筆している。ここではパスポートの前史として国内旅券に注目し、国内移動を制限するシステムが、国際的な越境の制限とパスポートにつながっていく流れを、実際の関所手形などを参照しながら執筆している。次に柳下論文（14章）では日本のパスポートそのものの形態の変化が整理されている。時代に応じたパスポートの変化を整理・詳述しており、その形態の変化がよくわかる。大西論文（15章）に指摘されているが、身分証明の機能が紙といった物理的な「記憶媒体」から、「データ」そのものに移行していることがわかるだろう。このパスポートの歴史的分析は「掌握」の技術の進化として読む込むことができる。

次にパスポートやIDの分類から、国家がどのように人の分類をしてきたのか、その変化がわかる。たとえば、江戸時代の関所手形には士農工商といった身分が記載されていた。現代では、役職によってパスポートが違うことや、在留資格によって国内に在住する外国籍者を分類している。大西論文では実務上からパスポート（渡航文書）の分類、整理がなされていることがわかる。そこでは国民旅券（ナショナル・パスポート）、国際機関のパスポートといった分類、そしてパスポートに代わる証明書として、「難民旅行証明書」や「乗員手帳」など詳しい分類が紹介されている。こういった多数の身分証明書の存在から、近代国家そして国家間システムによる人の分類方式がわかる。

同様にグローバル時代における人の所属の曖昧さや複雑さが、パスポートやIDを通じて明らかになっているのも第三部の特徴といえる。たとえば山上論文（16章）では、米軍占領下にあった沖縄の人びとの身分の複雑な状況を、彼らの所持していたパスポート・IDによって明らかにしている。占領下という特殊な状況下において、アメリカ合衆国、日本どちらに渡航するにも証明書が必要であり、彼らは一時期「琉球市民（Ryukyuan National）」と表記されていた。陳論文（18章）ではさらに複雑な事例であり、現代的な問題である無国籍者のパスポート・IDが扱われている。陳は「無国籍」の人びとがいかなるパスポートや身分証明を持っているのかを示し、彼らの実体験を通じてパスポートと身分証明書に記載されている身分と実態のズレを明らかにしている。パスポートでもありIDでもある「難民旅行証明書」「再入国許可書」から彼らの不安定な地位や身分もみえてくる。そこでは「モノ」から「人」を解きほぐす作業が行われている。山上、陳の扱う事例は、個々人の意思とは別に身分刻印を押されているという点で、まさしくアイデンティフィケーションの特徴をとらえているといえるだろう。

具体的なモノを分析することは、上記のような「掌握」の側面を浮き彫りにすると同時に、モノ自体の持つ価値や意味も明らかにする。たとえば、パスポートは発行した国によって、その価値が違う。現在の国際社会では人の移動の自由は、どの国のパスポートを持っているかによって範囲が変わってくるのである。そのため強いパスポートを取得するために国籍変更したり、子を出産する国を選んだり、さらには購入することがおきる。この背景には強いパスポートの所持が、ますますライフ・チャンスの拡大を意味する状況がある。すなわちパスポートは「労働市場への参加の権利」すなわち「主体の自由を――ある空間での利害を追求する自由を」保証しているのである。「パスポートに記載された国籍を有する者は、ある空間で職を探すことが許されている」（多木／大澤 二〇〇四：一五〇）。このようにパスポートは国際社会における、国家の経済力の象徴ともいえる側面を持つ。これは第二部で明示的にではないが提示されている国籍間格差を象徴的に表わしている。また本書の分析概念に即して言えば、「見えないコード」

として理解することが可能である。こういったモチーフは第三部全体を通じて明らかになっている。

最後に第三部は「モノ」そのものにこだわり、その実際の画像なども多く掲載している。そのため、ただ純粋に国際的な移動の際にどのようなパスポートやＩＤを使用していたのかを具体的に知ることもできる。「モノ」が使われる文脈や意味付けだけでなく、その「モノ」自体の形や書いてある内容に注目することで、より多くの知見を得ることができるだろう。こうした知見が、第一部や第二部の理解をより深めていくことは間違いない。

国籍、パスポート、ＩＤカード研究のすすめ

越境の時代、人の移動は目まぐるしく、それにともない人びとを保護・管理する国家と個人の関係は複雑さを増している。人びとは、すでに国民国家の枠組みを超えた社会関係を構築しており、なかにはグローバルに活動を展開している人も少なくない。移民をはじめ、複数国籍や無国籍など多様な人びとが織りなす社会が刻々と複雑化する中、個人の存在はどのように把握され、人は自己の立場をどう表明するのであろうか。本書は、その真相に迫るべく、法、人、そして、それらをつなぐモノに着目した。人の権利や移動の可能性を左右するアイデンティフィケーションの道具である国籍、パスポート、ＩＤカードといった「見えるコード」への分析を通し、国家と人の関係に迫るという試みは、今日の時代の趨勢を見据えるうえでも貴重な視点である。普遍的だと思われている人の権利、越境のあり方、さらにアイデンティフィケーションは、実は文化的、機能的差異といった多様な「見えないコード」を有している。「見えるコード」は「見えないコード」を読み解く一助となり、越境時代の全体像を鮮やかに描き出すことができるだろう。

本書で明らかにされたさまざまな実態が、現行の法律をはじめ、国籍、パスポート、ＩＤカードなど諸制度が有する課題を見極め、さらに複雑化するであろう越境社会における新たなアイデンティフィケーションのあり方を模索するヒントとなれば幸いである。

†注

[1] 生まれた国を離れて他の国に一年以上居住している人を指している。
[2] 参照、ヨーロッパ国籍条約四条および五条。
[3] もっとも、国会は女子差別撤廃条約の要請する性差別の禁止を重視して国籍法を改正したが、この時期の日本の裁判所は、改正前の国籍法を合憲とし、立法裁量の問題としながら、性差別の禁止を軽視していた。参照、東京地判一九八一・三・三〇訟月二七巻九号一六七五頁、東京高判一九八二・六・二三判タ四七〇号九〇頁。なお、本件は、高裁判決で確定した。
[4] 最大判二〇〇八・六・四民集六二巻六号一三六七頁。なお、下級審判決については、東京地判二〇〇五・四・一三判時一八九〇号二七頁、東京高判二〇〇六・二・二八家月五八巻六号四七頁。
[5] 伊豫谷は、移動を正常からの逸脱である例外的現象として観察してきた従来の移民研究を批判し、固定的に考えられてきた場を問い直す契機としての移動／移民の研究を提唱する（伊豫谷 二〇〇七）。

†参考文献

【日本語文】


伊豫谷登士翁編（二〇〇七）『移動から場所を問う』有信堂。

江川英文・山田鐐一・早田芳郎（一九九七）『国籍法［第三版］』有斐閣。

大澤真幸・多木浩二（二〇〇四）「エアポート論――「都市」以後の「ネーション」」大澤真幸『帝国的ナショナリズム』青土社、一四七－一八三頁。

奥田安弘・館田晶子（二〇〇六）「ヨーロッパ国籍条約（一九九七）」奥田安弘編訳『国際私法・国籍法・家族法資料集――外国の立法と条約』中央大学出版部、九二－一二四頁。

木棚照一（二〇〇三）『逐条註解国籍法』日本加除出版。

近藤敦（二〇一〇）「外国人の権利」『名城法学』六〇巻別冊、七六〇－七八八頁。

トーピー、ジョン（二〇〇八）『パスポートの発明――監視・シティズンシップ・国家』藤川隆男監訳、法政大学出版局。

渡辺公三（二〇〇三）『司法的同一性の誕生――市民社会における個体識別と登録』言叢社。

【英語文】

Brochmann, Grete and Tomas Hammar eds. (1999) *Mechanisms of Immigration Control*. Berg.

Castles, Stephen and Mark J. Miller (2009) *The Age of Migration, International Population Movements in the Modern World* 4th ed. Palgrave Macmillan.

United Nation (2009) *World Population Prospects The 2008 Revision*, 2009; Trends in International Migrant Stock: The 2008 Revision.

第一部　法からのアプローチ

国籍をめぐる法原理と
アイデンティフィケーションの変容

第１章

国籍とジェンダー

――国民の範囲をめぐる考察

森木和美

はじめに

明治の開港以来、近代国家を目指した日本も外国との関わりの中で日本国民を明確化し、国家としての体裁を整えていく。戸主を中心とする「家父長制家族制度」が日本の家族のあり方とされ、家父長への絶対的服従という男女の役割を固定化したジェンダー・イデオロギーが日本の近代化を特徴付ける（大越 一九九七）。そんな時代的背景の中で、国家はどのように「国民」を規定するのか、そこにジェンダーがどう関係するのか、本論では、「国民の形成」を歴史的に概観して、ジェンダーが果たした役割について考察する。

世界の国々が国籍の取得・喪失に採用する基本的立場として、出生による取得、婚姻など身分変動による取得、そして自主的意志による取得があるが、ほとんどの国では、これらについて定めた法制度を持つ。かつては「夫婦国籍同一主義」という共通のジェンダールールを取りながらも、各国それぞれが国民の範囲を決めるため、重国籍や無国籍となる「国籍の抵触」も起きている。このようなジェンダー規範が戦前の国際結婚による妻の国籍に影響を与え、日本人女性は日本国籍を失い、「国ヲ去ル」こととなった。日本の植民地支配下においても朝鮮人男性が日本人の家に入夫婚姻により移籍し、日本国籍を得るという日本独自の男性役割が見られた。

戦後、何回か改正された国籍法改正の動きをみると、国連の人権条約が国籍取得の権利を明確化するなかで、国籍のあり方がジェンダーの境界を越え、国民の「多民族化」が起きていることがわかる。これは、男性中心の家族主義から多様な個人（国籍）を含む家族形態への移行であり、上からの国民形成ではなく、国民の範囲を国民が決める方向を示唆する。

1　どのように「国民」になるか

人は生まれたときから国籍を持っているのだろうか。一九四八年国際連合第三回総会で採択された世界人権宣言の第一五条では、「すべて人は、国籍をもつ権利を有する」としている。人権宣言の内容を条約化した一九六六年の国際人権規約自由権規約第二四条や一九八九年の子どもの権利条約第七条においては、「すべての児童は、国籍を取得する権利を有する」と明記され、締約国はこれらの条項を守らなければならない。しかしながら、こういった人権に基づいた共通認識が醸成されるためには、長い歴史的道のりがあった。ここでは世界で採用されている国籍取得制度について概観する。

1―1　出生による国籍取得

どこの国においても出生による国籍取得の範囲を決めているが、国籍付与の条件は、その国の立法上の趣旨によって様々である。出生による国籍取得は主に、生まれた場所や土地との結びつきを重視する立場があり、そこでは領土（国）内に出生する者が国民であるとする。一方で、親との血縁的な結びつきを重視し、生まれた場所がどこであろうと、親の国籍を継承するという考え方がある。前者は自国の領域内で生まれた子どもに国籍を与える「生地主義」であり、アメリカ合衆国やカナダ、オーストラリア、ブラジルを含む南米の国など、移民によって国家が形成される国に多い。後者は自国民から生まれた子どもに国籍を与える「血統主義」であるが、日本をはじめ、アジアやヨーロッパの国に多く見られるが、フランスやドイツのように外国人居住者を社会に包摂する目的で、血統主義から生地主義に移行したところもある。

生地主義を採用する国では、両親が外国人であっても生まれた国の国籍を取得する。しかし、外国で生地主義国国民の子どもが生まれた場合、親の出身国の国籍が取得できるとは限らない。たとえば、アメリカ人と外国人の親を持つ子どもがアメリカ国外で生まれると、アメリカ国籍は、親がアメリカ領土に通算五年以上居住していなければ取得できない。これについては、後の3項で「子どもの国籍」として触れる。またブラジルも生地主義の国である。ブラジルに渡った日本人移民の子どもの多くがブラジル人になり、近年、日本にも日系ブラジル人として働きに来る人が多い。しかし、その際に血統主義の日本で生まれたブラジル人夫婦の子どもには日本国籍がなく、ブラジル国籍もないという無国籍問題が起きていた。そのためにブラジル国外で生まれた子どものうち約二〇万人が無国籍状態になったという（二〇〇七年五月二二日付け「ニッケイ新聞」）。この事態を解消するためにブラジル政府は、二〇〇七年に憲法の改正を行い、海外生まれのブラジル人の子どもに居住要件[1]を付けずに国籍を与えた。このように、生地主義の国でも、ある程度の制限を課しながら、外国で生まれた子どもにも父母の国籍を与えるという一部血統主義をとっている国が多い。

同様に、血統主義を採用する国でも、父母が知れない場合や、両親に国籍がない場合、国内で生まれた子どもに国籍を与えるという部分的生地主義を取り入れている。いずれの国籍取得原理でもすべての子どもに国籍付与の機会が保障されているとは限らないためこのような付随的な立法措置が取られている場合が多い。また血統主義の国籍法は、生まれた場所の国内外に関係なく父または母の国籍を子どもに認めるのが原則だが、外国で生まれた子どもの国籍に制限を設けている国が多い。日本の国籍法では、外国で生まれた子どもが日本国籍を「留保」する制度を設けており[2]、三ヵ月以内に国籍留保届けがない場合に日本国籍を失う。日本人と結婚しているフィリピン人女性が子どもを自国で生む場合があるが、この際、国籍留保手続きを知らず、子どもの日本国籍がなくなっているケースがよく見られる。この場合は、子どもが二〇歳になるまでに日本に居住し、国籍の再取得の届出をすれば国籍を回復することができる（国籍法第一七条）。

血統主義の場合は両親のジェンダーの違いによって、国籍付与に相違がおきる。血統主義は、父の子どもにだけ国籍を認める父系優先血統主義が主流であったが、現在では父または母の一方が自国民である場合に国籍を認める父母両系血統主義に移行している。生地主義をとる国でも、外国で生まれる自国民の国籍付与に際して父系優先血統主義を採用したところも多く、アメリカでは一九三四年以降に父母両系主義に改正されている。血統主義をとる日本の場合、戦後の国籍法改正においても父系優先血統主義が採られ、外国人と法的結婚をした日本人女性の子どもは日本国籍の取得ができなかった。西洋諸国においても、父系優先血統主義を採用していた国が多く見られたが、近年男女平等を求める声が高まり、一九七三年にフランスが、一九七五年に西ドイツが父母両系血統主義に改正した。一九七九年国連総会で採択された女子差別撤廃条約が国籍における両性の平等を規定し、「締約国は女性に対し、子どもの国籍に関して男性と同等の権利を与える」ことを要請した。一九八〇年に制定された中華人民共和国国籍法は父母両系血統主義とされ、日本の国籍法は一九八四年に、韓国国籍法は一九八六年に父母両系血統主義に改正された。

1―2　身分行為の変更による国籍移動

出生によって国籍を取得した後も、外国人との結婚や離婚、認知や養子縁組といった渉外身分の変更によって、もとの国籍から異なった国籍に移動するということが起きていた。日本の旧国籍法（明治三二年）は、婚姻、認知、養子縁組等による身分の変更にともなう国籍移動を規定していた。この影響を直接受けることになったのが「国際結婚」など外国人との渉外身分関係をむすぶ女性たちであった。国籍が異なる者どうしが婚姻した場合、家族の中で国籍が異なるのを避け、世界的な傾向として、妻は国籍を失い、夫の国籍となる「夫婦国籍同一主義」が採用されてきた。一八八〇年の万国国際法学会は国籍を異にする夫婦の国籍について、「妻の国籍は夫のそれに従う」とし、一九三〇年のハーグ条約でも国籍の自由選択には触れられなかった。当時の日本政府は、日本の社会制度の基礎である家族の統一に反するとして従来どおり男女平等に反対の立場をとり、妻である女性の国籍が移動するジェンダー規範を堅持した。

前述した世界人権宣言ではその一五条二項で、「何人も、ほしいままにその国籍を奪われ、又はその国籍を変更する権利を否認されることはない」とある。これが国際結婚をした女性の国籍の世界的規模の見直しにつながり、一九五七年の「妻の国籍条約」に結実する。ここにおいて、夫婦国籍独立主義が世界的に認知され、戦後日本の国籍法においても、国際結婚による女性の国籍喪失は削除されることになった。妻の国籍移動を現在でも残している国は、イランがあげられるが、妻の元の国籍を保持する二重国籍が認められている。

認知や養子縁組といった身分変更による国籍取得条項は国によって異なり、渉外関係を結ぶ時には国際私法（日本の場合は法例）や関係国の法律を確認しなければならない。日本の一九五〇年国籍法では、旧国籍法では認めていた認知や養子による国籍取得が廃止された。一九八四年国籍法では、改正前の国籍法にはなかった準正[3]による国籍取得制度を設けるなど、親の婚姻という身分変更と認知によって子どもに日本国籍が付与されるものとなった（国籍法第三条）。旧国籍法における認知による国籍取得は、日本人父の認知のみで日本国籍が取得できたが、準正による国籍取得は、両親が婚姻をし、婚外子から「嫡出子」の身分を取得した場合にだけ日本国籍を認めるものである。後述するように、この新設された準正による国籍取得は後に問題となり、いくつかの国籍確認訴訟を経て、二〇〇八年最高裁判所大法廷の違憲判決により、国籍法改正が行われ（二〇〇九年一月施行）、認知による国籍取得制度が復活した。

1―3　自主的意志による国籍取得

世界的な人の移動によって、出生時に得た国籍の国ではないところに暮らす人が増えている。国家は外国人居住者がその国籍を取得する条件を設け、国民となる機会を与えている。「国籍自由の原則」が一般的に認められ、国籍の取得喪失に関して個人の自由意思が尊重されるべきだとしている（江川・山田・早田 一九七三）。日本では、一定の居住暦や生計要件を満たし、素行が善良であるなどが要求され、「日本人」に適性であるかどうかの判断を管轄の役所が下すという裁量権が国に認められている。国籍取得の条件は国によって異なるが、申請者である外国人が自国民の配偶者や子どもである場合には特別な措置を設けている国が多い。日本ではこれを「帰化」と呼び、国籍法で許可条件を規定している。[4] 旧国籍法の帰化の条件においても、夫中心の「夫婦国籍同一主義」が採用され、外国人妻は日本人夫の国籍を婚姻と同時に取得できた。一九八四年の改正で日本人の配偶者の帰化条件は、夫、妻ともに三年の居住、または婚姻後三年と一年の居住を要することになった。

帰化による国籍取得のほかに、「届出による国籍取得」がある。これは国の法律で規定する条件をそなえる者が「届け出」という行為のみによって、国籍を取得する制度である。

イギリスは一九四八年の国籍法においても、イギリス人男性の外国人妻にはほぼ無条件に登録によってイギリス国籍を与えたが、イギリス人女性の外国人夫には何の特別規定もなく、一般の条件のもとで国籍取得申請をし許可を得なければならなかった。もっともそれ以前では、イギリス人女性は外国人と婚姻することによってイギリス国籍を失い、離婚、あるいは夫との死別によってイギリス国籍を再取得しなければならなかった（二宮 一九八四）。

日本では、一九八四年の国籍法の中で届け出による国籍取得制度を設けた。準正による取得、国籍を喪失したあとの再取得である。また国籍法改正の経過措置として、日本人母と外国人父の二十歳未満の子どもが届け出によって国籍を取得した。

男性中心のジェンダー基準は、後でも述べるように、国際結婚の男女の法的地位などに顕著に表れていたが、現在の世界的傾向として、自主的意思による国籍取得条件に男女差を設けている国は少ない。国際結婚の場合も外国人配偶者や子どもに対しての優遇措置はあるにしても、男女間の差異を残しているところは少ない（国際結婚を考える会 一九九一）。

2　「国際結婚」と国籍移動

外国に門戸を開放した日本は、居留地に外国人を受入れ、やがて雑居を許可し、外国人と日本人の婚姻、「雑婚」を許可する時代を経て、やがて海外に植民地支配を経験する。植民地支配における領土拡大は異民族間の人的交流を促し、内鮮融和のための「内鮮結婚」が奨励された。[5] 本項では、「文明開化」の国際結婚から、そして植民地時代の経験から、国籍とジェンダーの関係を読み解く。

2—1　戦前における「国際結婚」

明治の開港まもなく、英国領事より日本政府にイギリス人と日本人女性との婚姻についての照会がなされ、外国人との婚姻の可否が検討された。国が違う者どうしの婚姻は、日本人が「国籍」に真正面から向き合うきっかけとなり、その結果、国籍に関して日本で初めての法制度、太政官布告一〇三号「外国人民ト婚姻差許条規」一八七三（明治六）年が公布され、「日本人、外国人ト婚姻セントスル者ハ、日本政府ノ允許ヲ受クヘシ」とされた。[6] 同じ年の六月、日本で最初に国際結婚の許可を受けたのは、士族北川泰明の娘静と英国人フリームの婚姻だった。しかしそれ以前にイギリスでイギリスの方式によってイギリス人ライザ・ピットマンと結婚していた日本人男性、南貞助がいたことが『国際結婚第一号』（小山　一九九五）に記されている。

これら明治の二組の国際結婚を国籍の移動からみてみると、日本人女性静は、当時の「外国人民ト婚姻差許条規」が「外国人ニ嫁シタル日本人ノ女ハ日本人タル分限ヲ失フヘシ」と定めているため、「日本人の分限」（「国籍」）を失ったことになる。日本人男性南貞助には何の規定もなく、妻ライザ・ピットマンは、「日本人ニ嫁シタル外国ノ女ハ、日本人ノ国法ニ従ヒ、日本人タルノ分限ヲ得ヘシ」ということから日本国籍を得ることになる。ところが、実際上はどちらの女性も戸籍上の手続きが取られず、国籍移動の問題を回避できたという。しかし、この国籍移動の問題がドイツ、フランス、イギリスの公使などから指摘され、日本は外国人の国籍を変更する権利がないとして、同法の改正が求められた。太政官布告一〇三号は、当時世界的潮流であった「夫婦国籍同一主義」に倣ったものであるが、問題とされたのは、婿養子による外国人男性の日本国籍取得についてであった。これは、男性が、婿養子となって女性の家を継ぎ、家制度を保持するという日本独自のものであったため外国政府からは理解が得られなかったのである。小山によると、明治政府に許可された二三〇件の国際結婚リストの中に、婿養子と入夫婚姻が一五件見られ、そのうち九件は英国人であった。

帝国憲法が一八八九（明治二二）年に発布され、その第一八条には、「日本臣民タル要件ハ法律ノ定ムル所ニ依ル」とあり、日本最初の国籍法が一〇年後の一八九九（明治三二）年に公布された。また、その一年前に、外国との関係をどの国の法律で対処するかについて規定した国際私法、「法例」[7]が出され、この時点で、国際結婚は届け出制に移行する。

明治三一年の戸籍法によって、戸主及び戸主と一定の身分関係にある者を公証するための戸籍制度が整い、民法が「家父長制家族制度」を支え、やがて国民の生活規範となっていた。明治の国籍法においても、国際結婚による国籍移動のジェンダールールは残された。民法では、「妻ハ婚姻ニ因リテ夫ノ家ニ入ル」（七八八条）ことから、日本人妻は外国人夫の「イエ」（国）に入るとされ、国籍法では、「日本ノ女カ外国人ト婚姻ヲ為シタルトキハ日本ノ国籍ヲ失フ」（一八条）こととなった。日本人男性が外国人と結婚しても国籍は変わらず、外国人女性が「日本人ノ妻ト成リタルトキ」（五条）日本国籍となった。また日本の家制度によって、「日本人ノ入夫ト成リタルトキ」、「日本人ノ養子ト成リタルトキ」、外国人男性が日本人になることも可能であり、日本独自の家制度が日本民族ではない者によって担われることもあった。この国籍法立案に際してもっとも注意されたのは、国籍法を家族制度に適合させること、および「国籍の抵触（重国籍あるいは無国籍となること）」をさけることであったが、前者の目的のためには国籍の抵触が生じることもやむをえないとしている（二宮 一九八四）。外国人と婚姻を結ぶ日本人女性の国籍喪失は、夫の国籍が得られなければ無国籍になることから、後にそれを防止するために国籍法に修正[8]が加えられた。このような国籍法が明治から戦後の一九五〇年新国籍法制定まで続いたのであるから、戦後長い間経た後も、外国人と結婚する日本人女性は、日本の国籍が無くなるといった先入観を持つ女性も少なくなかったようだ（ヤンソン 一九八一）。

2―2　植民地支配から生じる問題

国内法である国籍法に規定のない国籍移動が起きるのは、領土の帰属に変更が生じたときである。日清戦争後一八九五（明治二八）年に締結された「下関条約」によって、遼東半島、台湾等が日本に割譲され、そこに住む住民の国籍が日本に移動した。朝鮮は、一九一〇（明治四三）年「韓国併合ニ関スル条約」によって日本の支配下におかれ、朝鮮人すべてが日本国民とされた。台湾の場合は二年の猶予があったとはいえ、どちらも強制をともなう国籍移動であった。

日本の植民地支配は、日本人を「外地」へ移動させ、植民地の人々の日本への渡航を促し、日本社会に異文化を導入した。それは、「日本帝国」として異民族を内包するという新たな体験でもあった。台湾には日本の国籍法が適用され、国民の範囲がそれによって規定された。しかし、植民地朝鮮では朝鮮総督府制令が事実上の法律とされ、異法域となった朝鮮に国籍法は施行されなかった。日本帝国は日本戸籍法を植民地に適用しない方針を取り、新たな日本人の戸籍を「外地戸籍」、生来の日本人の戸籍を「内地戸籍」として区別し、異法域間の「移籍」を遮断した。これで、植民地支配の同化政策によって「日本人化」が進んでも、帝国日本のなかに民族的境界・差異が残されることになった。

このような状況において、朝鮮と日本の異民族間結婚についてはどのような政策がとられ、実際どうだったのだろうか。初期の植民地支配政策に関していえば、異法域間の結婚に関して具体的な施策は採られていない。一九一二（明治四五）年の朝鮮民事令では「民事ニ関スル事項ハ本令ソノ他ノ法令ニ特別ノ規定アル場合ヲ除クノ外左ノ法律ニ依ル」とされ、日本「民法」が適用されたが、その第一一条では、「第一条ノ法律中能力、親族及相続ニ関スル規定ハ朝鮮人ニ之ヲ適用セズ」とし、内地人には民法を適用し、朝鮮人には朝鮮の慣習（事実主義）が継続して用いられた。したがって、当初は朝鮮人と日本人の婚姻があったとしても、両地域間に共通法がなかったので、婚姻届をともなわず、結婚による移籍手続きは行われなかった。

このころの植民地朝鮮では、一九一九（大正八）年三月独立運動が展開され朝鮮民衆の異議申し立てが起きていたが、翌年四月には、李王世子（皇太子）垠と梨本宮方子の結婚が「内鮮融和の象徴」として政策的に実行された。しかしながら一般民衆の「内鮮融和」は進まず、朝鮮総督府調査によると、一九一八年には一一五組あった「内鮮結婚」が、一九一九年には六八組となり、翌年も八五組にとどまる結果であった（金 一九九九）。

2—3 「内鮮結婚」による移籍

一九一八年、法律を異にする両地域を交渉する共通法が実施されたが、両地域の婚姻による身分変動を規定した第三条は、一九二一（大正一〇）年「民籍ノ手続キニ関スル件」に引き継がれた。共通法第三条は「内鮮人通婚民籍手続き法[9]」と呼ばれ、その実施時点から、朝鮮人と日本人の婚姻、養子など身分関係による「戸籍移動」手続きができるようになった。その内容は、日本人女性が朝鮮人男性に嫁ぐ場合、夫の「家籍」、つまり、朝鮮戸籍に入ることになり、日本人男性と結婚する朝鮮人女性は夫の内地戸籍に編入するものであった。植民地においても、明治民法の「家父長制家族制度」のジェンダー役割に基づく身分変動が求められたのである。

通常の婚姻形態では女性の籍が変動し、男性は変わらなかったが、前項でも見たように、日本の家制度は特別の場合に、婿養子あるいは入夫婚姻という形で男性の移籍を認めていた。これは、植民地の男性が内地戸籍を得る唯一の方法でもあった。当時、日本人女性の「家」に婿養子や入夫として入籍する可能性を法務省民事局が次のように解説している。「旧法中の入夫婚姻については、朝鮮の慣習上は存しないが、旧民法施行時においては家制度の要請上、当時の法例一四条二項において「外国人カ女戸主ト入夫婚姻ヲ為シ又日本人ノ婿養子ト為リタル場合ニ於イテハ婚姻ノ効力ハ日本ノ法律ニ依ル」としており、この規定が外地人たる朝鮮人男にも準用されて、内地法たる旧民法が優先適用されることから、朝鮮人男は妻の家に入って内地籍を取得し、朝鮮の家を去ることになっていたのです」（法務省民事局第五課 一九七八）。

明治民法では、日本人妻の「家」に入籍した朝鮮人夫は、「内地戸籍」の戸主となることができた。戸主となった朝鮮人夫は自分の親族を「内地戸籍」に移籍させることも可能であった。同民法七三七条において、戸主の親族で他家の者であっても戸主の同意によって移籍ができると規定されているが、「家」の「戸主」である場合と兵役義務未了の者[10]は移籍ができなかった（共通法第三条二項及び三項）。前述した明治の国籍法は、日本人男性が婿養子となって外国へ国籍移動することを前提としていなかったが、共通法は、右の条件を設けながらも内地人男性の朝鮮籍への移動を禁止していなかった。しかしながら、朝鮮の慣習では、息子がいない場合は同本同姓の氏族から甥を養子にし、他姓の者を取らない「異姓不養（同族でない者を養子にしない）」の原則があり、日本人男性が朝鮮の「家」を継承することは考えられなかった。

植民地後期になると、「内鮮融和」、「内鮮一体」は日中戦争から太平洋戦争にかけて人的資源を獲得するための朝鮮総督府最高統治目標となっていく。一九三八年には「陸軍特別志願兵令」が植民地においても公布され、「皇国臣民」作りが徹底された。一九三九年、制令第一九号「氏設定に関する」制令（朝鮮民事令改正）、二〇号「朝鮮人の氏名に関する件」が公布され、日本式「家」制度が朝鮮人に適用される。氏の創設、婿養子、異姓養子、裁判上の離婚制度が翌年から施行された。そして、朝鮮家族制度の三大鉄則、「姓不変」「同姓不婚」「異姓不養」による宗族制度を廃し、日本の家制度を貫徹させるため、今まで宗族の姓を用いてきた朝鮮人に新たに「家」の氏を創設させ、そこに日本式の「異姓養子」を迎えることも可能とした[11]。

朝鮮人男性が内地籍になることは、内地籍の戸主権、渡航の自由、居住の自由、経済活動の自由、居住制限なしの選挙権[12]、民族差別からの脱出など、日本人としての権利を獲得することである。一方日本側では、軍隊に男性がかり出された後の日本の「家」が朝鮮人男性の働き手を得、同時に「家」の存続をはかる生き残り方法でもあった（森木 二〇〇二：三〇五）。

日本への朝鮮人強制連行が始まり、日本在住朝鮮人は急増する。植民地朝鮮では「内鮮人の通婚」が「内鮮融和」に好ましいとされていたが、実際、在朝日本人と朝鮮人の結婚は低調のままであった（鈴木 一九九二）。それに比べて内地では戦時期に朝鮮人男性と日本人女性のカップルが増えた。植民地後期になると朝鮮人男性は流暢に日本語を操り、「内地人」となんら区別がつかなくなっていた。結婚の相手が朝鮮人であることを知らずに、あるいは知っていても、「日本人」だからと結婚した日本人女性も多い。ところが、当事者たちは、「日本人」であった夫は韓国人であり、朝鮮人であるという事実に、遅かれ早かれ向き合わなければならず、朝鮮の家族制度の中の朝鮮民族のジェンダー役割を担っていかなければならなかった。

2―4　妻たちの日本国籍喪失

一九四五年、日本は無条件降伏に応じ、新憲法制定、民法改正、そして一九五〇年には婚姻などの身分事項の変更による国籍移動を廃止した国籍法ができた。旧植民地出身者の日本国籍については一九五二年四月サンフランシスコ条約発効に際して出された法務府民事局通達まで待たねばならなかった。法務府民時局通達（一九五二年四月一九日民事甲四三八号法務府民事局長通達）には、「朝鮮および台湾は、条約発効の日から日本国の領土から分離することになるので、これに伴い、朝鮮人及び台湾人は内地に在住している者を含めて、すべて日本の国籍を喪失する」とし、元の国籍の回復が確定した。ところが、「もと日本人であった者でも条約発行前に朝鮮人又は台湾人との婚姻、養子縁組などの身分行為により内地戸籍から除籍せられるべき事由の生じたものは、朝鮮人又は台湾人であって、条約発効と共に日本の国籍を喪失する」とし、外地戸籍にあった日本人の国籍を選択の余地なく消滅させた。日本は、領土変更にともなう国籍の変更を条約ではなく、この一片の通達によっておこなった。朝鮮人や台湾人はもとの国籍を回復し、そして外地戸籍に移籍した日本人、その多くは日本人女性だが、彼女たちは日本国籍を失った。

法務府通達は、一夜のうちに多くの人の運命を変えた。かつて日本国籍を強制され、元の国籍を剥奪された民族にとって、国籍の回復は当然のことであったが、日本に生活基盤を移した「外地籍の日本人」は、今後、外国人として、外国人登録法、出入国管理令の下で日本の生活を送らなければならなかった。しかしこのような国家による一方的な国籍変更については世界的な規定がなく、たとえばフランスの旧植民地出身者に対する国籍の扱いは地域によって異なり、アルジェリア出身者の国籍はフランス国内在住に限り、フランス国籍を保持するなどの配慮が見られる（大沼 一九七九）。またドイツなども旧領有国に定住している独立国の国民に国籍選択権をあたえている（崔 一九八九）。

日本の植民地支配は、「内鮮一体」などと民族の結合をいいながらも、「外地戸籍」と「内地戸籍」に身分を区別し、両者の婚姻や婿養子入夫婚姻による戸籍間の移籍を家父長制のジェンダールールに基づいて行った。そして、植民地返還後は、「内地戸籍」に移籍した朝鮮人（主に男性）を日本国民として包摂する一方、前述したように、「外地戸籍」に属する日本人（主に女性）から日本国籍を奪ったのである。

ところが、その当時、こういった妻の国籍移動は女性の人権を侵害するとして世界的に議論が起きていた。妻の国籍に関する国際条約がはじめて両性平等の原則を採用したのが、一九三三年の「モンテビデオ条約」である（二宮 一九八四）。すでに世界的に「夫婦国籍独立主義」が検討され、アメリカ合衆国など採用する国もみられた。世界大戦後は国際連合一九四八年総会において提唱された世界人権宣言の趣旨に則って、一九五七年総会で妻の国籍は夫の国籍移動に影響されないとする「妻の国籍条約」が採択され、翌年発効した。「夫婦国籍独立主義」の基本原則を規定したものであり、それは日本でも一九五〇年国籍法に採用されている。しかしながら、その二年後のサンフランシスコ平和条約にともなって出された法務府通達は、「夫婦国籍独立主義」とは相反するものであって、明治政府の太政官布告一〇三号や明治国籍法と同じく女性の人権を省みるものではなかった。

この日本政府の通達によって、外国籍となった日本人女性の数はわからないが、韓国・朝鮮に限ってみると、朝鮮総督府「朝鮮人口動態統計婚姻届出件数」（金 一九九九、森田 一九九六）の一九三八年から一九四二年までの朝鮮人夫と内地人妻の婚姻総数は五五一六件あった。その内の入夫婿養子を除く普通婚をした日本人女性四一八五人、さらに一九四三年から一九五〇年国籍法施行までに朝鮮人との婚姻を届け出た日本人女性たちを加えた人たちが日本国籍を失ったことになる。終戦後、韓国へ帰国する夫に従って韓国へ渡った女性たちも多く、厳しい反日感情に耐え、日韓の国交樹立後も帰国がかなわず、現在も、「在韓日本人妻」として韓国で暮らしている女性たちもいる[13]（山本 一九九四、朝日新聞 二〇一〇年三月四日付け）。また、一九五九年から一九八四年まで続いた北朝鮮への帰国事業で多くの人が帰国した。帰国者九万三三四〇人のうち、日本人配偶者を含む日本国籍者が六七〇〇人いるというが、日本政府による安否確認や保護はいまだ実現していない（菊池 二〇〇九、朝日新聞 二〇一〇年三月四日付け）。

梨花美代子さんは一九六一（昭和三六）年、この帰国事業の船に乗るために新潟港で幼い息子さんと一緒に朝鮮人の夫を待っていた。しかし、夫は現れず、理想の国家建設に参加する夢が挫折した。一〇年後、彼女は夫との離婚を決意し、役所に届け出たところ、意外なことがわかった。離婚しても復籍できず、日本国籍が無くなっていた。しかも、韓国には婚姻が届出されておらず、韓国籍も取得していなかった。結婚したのは一九五〇（昭和二五）年四月、国籍法施行まで三ヵ月待てば戸籍から除籍されずにすんだが、サンフランシスコ講和条約時の法務府通達によって、除籍された者すべてが日本国籍を失っていた。再び日本人になるには帰化しかなかったが、生活保護を受けた彼女が何度帰化申請しても法務省は元日本人の帰化を許可しなかった。外国人という身分を強制的に押し付けられた彼女は、五年ごとの指紋押捺をともなう外国人登録を拒否し、在日外国人や無国籍者の人権を訴えてこられた（李家・石野　一九九一）。

民事局長の通達によって日本国籍を失った女性の日本国籍確認訴訟が起こされ、最高裁まで闘った女性もいた（崔　一九八九）。このような訴えに対して多くの判決、先例は、朝鮮人との婚姻入籍によって朝鮮人としての法的地位を得、通達によって日本人としての地位を失ったことは正当であるというのが大勢であった。

妻の国籍移動は旧植民地出身者との婚姻によるものだけではない。戦前に開拓団として満州に送られた日本人が戦後も中国大陸に残され、生きるために中国人と結婚した日本人女性や中国人の養子となった子どもが国籍離脱の対象とされていた。中国からの帰国事業が進まなかったため、失踪宣言によって除籍されたり、中国国籍を取得したとされて日本国籍を抹消されるという問題も起きていた（大久保　二〇〇六）。こういった中国帰国者や身分変更によって国籍を失った「日本人」の国籍回復は、個別に就籍手続きや国籍確認訴訟、帰化によって行われている。

日本のように妻の国籍の回復を個別に判断するのではなく、オーストラリアでは一九九七年国籍法改正によって、外国人と婚姻した自国民とその子どものオーストラリア国籍の回復を認めた。「豪人戦争花嫁にオーストラリア国籍返還」（日豪プレスオーストラリア最新情報　二〇〇七年四月二一日付け）によると、アメリカ兵と結婚した元オーストラリア国籍の女性一万五〇〇〇人とその子ども四万人がオーストラリア国籍を得るという。日本も戦後日本人女性とアメリカ兵との結婚体験がある。ちょうど一九五〇年国籍法が制定される時期にアメリカに渡った日本人が四万人から五万人いると言われている（安富・スタウト梅津　二〇〇五）。彼女たちが日本国籍を保持していたかどうかは、その婚姻の時期によるが、日本国籍があったとしても、日本は彼女たちを受け入れていただろうか。次項で述べるように、沖縄にはアメリカ軍人を父に日本人を母に持つ無国籍の子どもが生まれる社会的背景があった。

3　「国際結婚」にみる子どもの国籍

戦後の駐留アメリカ軍人と日本人女性の結婚、そして女優岸恵子がフランス人と結婚して一躍「国際結婚」という日本独特の言葉が生まれ、定着した。「国際結婚」が与えるイメージは、欧米人と日本人、特に日本人女性との結婚というものであるが、実際には、日本人男性とアジア人女性の結婚が圧倒的に多く、国際結婚の七割から八割（人口動態統計年報）を占めている。本項では、国際結婚をした日本人女性の子どもの国籍と日本人男性と外国人女性の婚外子の国籍について述べ、最近まで残されていた国籍法上のジェンダー関係をみることにする。

3―1　父系優先血統主義

一九四六（昭和二一）年の新憲法では、国民主権、両性の平等、個人の尊厳などが明記され、翌年の民法改正によって、日本固有の「家父長制家族制度」が廃止された。国籍法の改正は一九五〇（昭和二五）年になったが、夫婦国籍同一主義が改められ、外国人との婚姻によっても妻の国籍は移動しない「夫婦国籍独立主義」となった。本法の施行日である七月一日以降、外国人との結婚を届け出た日本人女性はそのまま日本国民として扱われるようになった。また日本人男性と結婚する外国人女性の国籍も元のままであり、日本人との養子縁組によっても国籍の移動はなくなった。

身分変更による自動的な国籍移動が廃止されたため、日本人との縁組によって日本国籍を取得する場合は、帰化の方法が講じられた。ところが、帰化申請に際して日本人男性の外国人妻は日本での居住や期間を不要とする（国籍法第六条一項）一方で、日本人女性の外国人夫には引き続き三年以上日本に住所を有することを条件とした（国籍法第五条一項)。これは、一九八二年まで日本人女性の外国人夫に対しては在留資格がなく(ガルシア　一九八四)、日本での居住が許可されない状況と同じであった。

このように、戦後も続いていた日本人男性中心の家族主義を背景にした社会的情勢は、一九五〇年の国籍法の内容にジェンダー規範を払拭できず、それは出生による国籍取得にも現れている。新国籍法が規定した日本国民は、旧国籍法と同様、「出生の時に父が日本国民であるとき」(国籍法第二条一項)、または「出生前に死亡した父が死亡の時に日本国民であったとき」(国籍法第二条二項)という父系優先血統主義を採用するものであった。これらはいずれも婚姻関係を前提としたものであり、日本人母の婚姻中の夫が外国人である場合には、母が日本国民であってもその子どもに日本国籍がないとされた。日本人母の子どもが日本国籍を得られるのは、外国人父と婚姻関係になく、父が知れない場合や、父が無国籍であるときに限られた(国籍法第二条三項)。このような差別的な国籍法を知る日本人女性は、子どもの日本国籍を得るために外国人との婚姻を届けない、あるいは離婚して産むという決断を迫られた。

3―2　国籍法改正への動き

両性の本質的平等を定めた新憲法のもとで、国籍法の父系優先血統主義がまったく問題にされなかったわけではない。当時の立法過程では、血統主義を取る各国の国籍法が父の国籍を付与するものであり、もし日本人母の子どもに国籍を付与すれば、子どもは父と母の二重国籍となるため、国籍の抵触を防止する意味から父系優先とすることにしたという説明がされてきた(二宮　一九八三：二四四)。しかしこのような説明は戦後教育を受けた女性たちには納得がいかず、一九七七年と一九七八年に日本人母の子どもの日本国籍確認訴訟が二件起こされ、国籍法の父系優先血統主義の違憲性が訴えられた。

これら二件の裁判の原告である子どもの父はどちらもアメリカ国籍だが、最初に裁判を起こしたHの父の家族はロシアからの亡命者で国籍がなく、彼は成人になってからアメリカに帰化した。アメリカの国籍法によると、アメリカの領土外で生まれた子どもは、一方の親が外国人の場合、アメリカ人である親は一四歳に達してから五年以上、通算一〇年以上アメリカ国内に居住していなければアメリカ国籍があたえられなかった（三〇一条G項）。Hは父がこの条件を満たすことができず、また日本人母の日本国籍も継承できず、無国籍であった。二件目の原告は、子どもと日本人母の二人で、国籍法が日本人女性の子に日本国籍を認めないのは、子どもだけではなく、母である日本人女性にとっても権利と利益を侵害していると訴えた。国籍法の父系優先血統主義が子どもに不利益をもたらし、女性を差別しているかどうかが裁判で問われた（石田　一九八四）。

一九七七年三月には国会で初めて土井たか子衆議院議員が国籍法の女性差別について質問した。また一九七八年、沖縄には日本人母の子でアメリカ人父の国籍が得られない子どもが約八〇人いると国会で報告されている（福地　一九八〇）。このような事情を受けて、一九七九年二月には社会党提案として、「国籍法の一部を改正する法律案」が出された。国際結婚をした女性たちも、「国際結婚を考える会」という当事者団体を結成し、国会への国籍法改正請願署名運動など全国的な展開をみせた。

前述した国籍確認訴訟の被告となっていた国を動かしたのは、一九七九年国際連合総会において採択された「女子差別撤廃条約」であった。一九八〇年に日本もこれを署名し、一九八五年の発効までに国内法の見直しを迫られた。「女子差別撤廃条約」には、国籍における男女平等が定められ（第九条）、一つは、「女性は男性と同じく、国籍を取得し、変更し又は保持する権利を持つ」とされ、前述した一九五七年「妻の国籍条約」を踏襲したものである。もう一つは、「女性に対して、子どもの国籍に関して、男性と同等の権利を与える」というもので、日本の国籍法の父系優先血統主義が問題であった。

一九八一年に国籍確認訴訟の東京地裁判決が出された。そこでは父系優先血統主義による性差別を明確に認めているが、それが重国籍防止には相当効果のある措置であって、補完的な簡易帰化制度を持つ限り、著しく不合理な差別にはあたらず、合理的差別であるとされた。一九八二年の高裁判決においても、憲法は国籍基準を決めているわけではないので違憲判断には至らないというもので、国籍付与の問題は国会が持つ権限であり義務であり、司法ではないと控訴人を突き放すものであった。

その国会では、一九八一年に法制審議会に国籍法改正について諮問し、その結果を法務省民事局が「国籍法改正に関する中間試案」（一九八三年二月）として発表した。その後提出された国籍法改正案では、「出生の時に父又は母が日本国民のとき子は日本国民」とし（国籍法第二条）、父系優先血統主義から父母両系血統主義への移行が明記されていた。また外国人配偶者の帰化要件については、「日本国民の配偶者は日本に引き続き三年以上住所または居所を有し、かつ日本に住んでいる場合」に帰化申請ができるとし、さらに「婚姻の日から三年が経過し、引き続き日本に一年以上住所を有する場合」に帰化申請することができるとした（国籍法第七条）。一九八四年五月、「国籍法及び戸籍法の一部を改正する法律」が成立し、翌年の一月一日に施行された[14]。

3―3　婚外子の国籍

外国人との結婚によって日本女性が日本国民でなくなる時代から、女性の子どもも日本国民になる時代までを概観してきたが、日本の国籍法が血統主義を採用する限り、もう一つ忘れてならないのは、日本人男性と外国人女性の婚外子の国籍である。戦後の家族制度は婚姻家族を前提とし、出生後の認知や養子による国籍取得が廃止されていた。一九八四年の国籍法改正時には、日本人男性が認知した子どもの母と婚姻をし子どもが「嫡出子」となる（準正）場合に、二〇歳までの届け出によって日本国籍を認める条項を新設した。婚外子が父の日本国籍を得るためには、準正による国籍取得、あるいは生まれる前に日本人父に認知されると、「生まれたとき父が日本国民」であることから日本国籍が取得できる。しかし、出生後に認知され、両親の婚姻が望めない婚外子は日本国籍の道がなく、日本人父に認知された子どもたちから国籍確認訴訟が何件か出されていた[15]（もりき 二〇〇四）。

二〇〇八年六月四日、最高裁大法廷は、日本人父から出生後に認知され、フィリピン人母を持つ子ども一〇人が自分たちに日本国籍がないのは違憲だとして提訴していた国籍確認訴訟に対して、違憲判決の判断をした。日本人母の婚外子の国籍取得には親の婚姻を求めているわけでなく、日本人父の婚外子のみに婚姻を要求し、婚外子のなかに区別を設けることは憲法一四条、法の下の平等に反し、準正による国籍取得を認知による国籍取得と改めるべきであるとした。国会はこの判決を受けて、国籍法改正に取り組み、二〇〇八（平成二〇）年一二月、「認知された子の国の籍取得」として国籍法第三条を「父又は母が認知した子で二十歳未満のものは、〔中略〕法務大臣に届け出ることによって、日本の国籍を取得することができる」と改正し、二〇〇九年一月一日に施行した。この改正によって日本国籍を取得できた子どもは一年間で一〇〇六人となっている（法務省　http://www.moj.go.jp/MINJI/minji174.html）。

おわりに

「元来国際法上の原則として、国籍の決定は各国の国内管轄事項に属するものとされている」（江川・山田・早田　一九九七）が、実際、一九八五年国籍法は女子差別撤廃条約の批准によって見直された。また日本人父が認知した婚外子の国籍は、子どもの平等、家族の多様なあり方、自分たちのアイデンティティを主張する子どもたち（当時は外国籍）の訴えによって、認められた。このように、国家は無制限にその権力を国籍の決定に使用することはできず、国際的慣習や条約、そして時の社会に制限されている。

国籍は、「個人を特定の国家に結びつける法的な絆」と解説され（山本　一九八四）、国民はその属する国家が認める国内法上のあらゆる権利を享受し、外国にあっては自国の救済を求めることができるとしている。実際上は、この国籍の持つ機能的側面が必ずしも実態のあるものではないことが、歴史的事実から明らかにされており、国家と国民のあり方が変化してきている。また、国家は自国民と自国に住む外国人を分け、国民が享受できる市民的権利に差異を設けている。しかし、国際社会が築いてきた国際人権条約は、「内外人平等」を目指すものであり、住民として生活している外国人も国家の構成員であり、国家は自由に外国人を排除することはできない。

国家と個人の絆としての国籍の壁を低くして、国民の範疇を多国籍化する試みが、外国人の参政権や公務員の国籍条項撤廃である。国民を形成する原理が多様化しているなかで、国民は誰かという問いが出てくる。日本では、近年やっと、女性たちや女性の子どもたちが国籍を得て国民となったが、日本社会の「女性」国民は、社会、経済、政治的活動領域において市民権を得ているだろうか。国籍を得るという法的平等が、「国民」として扱われる実質的平等に結びつくものでもなく、いまだに、ジェンダールールによる男女格差はさまざまに残されている。一方で、市民的権利を得るという法的平等が在日外国人に保障されているものでもない。「国民の範囲」を国籍に限定する国家主義から、国内的には「住民」としてのむすびつきを重視する住民主義への移行を検討するために、「国籍」を相対化し、社会構成員の「国民化」の意味を再度考えてみる必要があるだろう。

日本の国籍法に関連する年表

一八七三（明治六）	太政官布告一〇三号「外国人民ト婚姻差許条規」
一八八九（明治二二）	帝国憲法
一八九八（明治三一）	法例（国際私法）
一八九九（明治三二）	旧国籍法（一八九九年四月一日〜一九五〇年六月三一日）
一九一〇（明治四三）	「韓国併合ニ関スル条約」
一九二一（大正一一）	共通法第三条「内鮮人通婚民籍手続き法」
一九四七（昭和二二）	日本国憲法
一九五〇（昭和二五）	国籍法改正施行（一九五〇年七月一日）
一九五二（昭和二七）	サンフランシスコ条約
	民事甲四三八号法務府民事局長通達
一九五七（昭和三二）	国連「妻の国籍条約」採択、一九五八年発効
一九七九（昭和五四）	国連「女子差別撤廃条約」採択、一九八一年発効、一九八五年日本批准
一九八五（昭和六〇）	国籍法改正施行（一九八五年一月一日）
二〇〇九（平成二一）	国籍法改正施行（二〇〇九年一月一日）

†注

[1] 一九九四年に改正されたブラジル憲法第十二条では、外国で出生したブラジル人父または母の子のブラジル国籍はブラジルに居住するに至ったとき取得するとあるが、二〇〇七年に居住要件が無くなった。
[2] 国籍法第一二条に「出生により外国の国籍を取得した日本国民で、外国に生まれた者は戸籍法により日本の国籍を留保する意思を表示しなければその出生のときにさかのぼって日本の国籍を失う。」とあり、戸籍法一〇四条はその期間を三ヵ月以内としている。
[3] 婚外子が、両親による婚姻届け出と認知を得て、婚外子でない身分「嫡出子」となること。
[4] 国籍法四条から一〇条まで帰化に関して規定されており、日本人の子や配偶者の簡易帰化条件が設けられている。
[5] 日本の朝鮮植民地支配において、「内地」の日本人と朝鮮人との異民族間結婚を、「内鮮結婚」とよんだ。当時の朝鮮人に対する同化政策の一つに入れられていた。
[6] 太政官布告一〇三号（明治六年三月一四日）「外国人民ト婚姻差許条規」（一八七三年）
― 日本人、外国人ト婚姻セントスル者ハ、日本政府ノ允許ヲ受クヘシ。

― 外国人ニ嫁シタル日本ノ女ハ、日本人タルノ分限ヲ失フヘシ。

― 日本人ニ嫁シタル外国ノ女ハ、日本人ノ国法ニ従ヒ、日本人タルノ分限ヲ得ヘシ。

― 外国人ニ嫁スル日本ノ女ハ、其身ニ属シタル者ト雖モ、日本ノ不動産ヨ所有スルコトヲ許サス。（後略）

― 日本ノ女、外国人ヲ婿養子ト為ス者モ、亦日本政府ノ允許ヲ受クヘシ。

― 外国人、日本人ノ婿養子トナリタル者、日本国法ニ従ヒ日本人タルノ分限ヲ得ヘシ。

―（外国における届け出の項、略）
[7]「法例」は、国際的な問題に対して、どこの国の法律を適用するかについて規定した法律のこと。現在の名称は「法の適用に関する通則法」（二〇〇六年）。旧法例は、外国人と結婚する日本人女性は相手の国の法律で結婚、離婚が定められるという日本人女性にとって不利なものであったが、一九九〇年一月まで改正されなかった。
[8] 国際結婚した夫の国が自国民の配偶者に国籍を与えない場合には妻が無国籍になるため、大正五年の国籍法改正において、その場合に限り女性の日本国籍は喪失しないこととなった。
[9]「①一ノ地域ノ法令ニ依リソノ地域ノ家ニ入ル者ハ他ノ地域ノ家ヲ去ル　②一ノ地域ノ法令ニ依リ家ヲサルコトヲ得サル者ハ他ノ地域ノ家ニ入ルコトヲ得ス　③陸海軍ノ兵籍ニアラサル者及兵役ニ服スル義務ナキニ至リタル者ニ非サレバ他ノ地域ノ家ニ入ルコトヲ得ス但シ徴兵終決処分ヲ経テ第二国民兵役ニ在ル者ハ此ノ限リニ非ラス」とある。

[10] ただし、朝鮮人に対する兵役義務は一九四二年からであった。
[11] 一九三八年に届出があった日本の入夫婚姻・婿養子婚姻は全婚姻届の六・六％だが、一九四二年に届けられた「内鮮結婚」のうち朝鮮人男性による入夫婚姻・婿養子婚姻率は三七％に増えている（金 一九九九）。
[12] 在日朝鮮人・台湾人は普通選挙法によって一年の居住を条件に選挙権を得ていた。
[13] 一九九一年ソウルの芙蓉会（在韓日本人妻の会）の調査によると日本人妻の国籍の内訳は、日本国籍一六四人、二重国籍一五〇人、韓国籍一七〇人である（山本 一九九四）。
[14] ところが改正案には、当時も問題とされた「国籍選択制度」（第一四、一五、一六条）、そして後になってその問題点が明らかになる「準正による国籍取得」（第三条）が新設された。
[15] 大阪のフィリピン人女性の娘二人が日本人父によって認知されたが、次女は生まれる前、長女は出生後となったため、長女のみ日本国籍が取得できなかった。二〇〇二年に出された最高裁判決は上告「棄却」だったが、三人の裁判官から出された補足意見は、二〇〇八年の違憲判決を導くものであった。また、一九九七年最高裁は、日本人と婚姻中の韓国人女性と別の日本人男性の子どもが出生前の認知が不可能であったため、ある程度の条件を設けて、日本国籍を認める判決を出した。

†参考文献

【日本語文】

安富成良・スタウト梅津和子（二〇〇五）『アメリカに渡った戦争花嫁』明石書店。

石田玲子（一九八四）「華子と佐保里――国籍法違憲訴訟」土井たか子編『「国籍」を考える』時事通信社、九九－一三三頁。

今川勲（一九九〇）『現代結婚考――国策結婚から国際結婚へ』田畑書店。

海野幸徳（一九一〇）「日本人種と朝鮮人種との雑婚について」『太陽』一六（一六）号、九八－一〇四頁。

江川英文・山田鐐一、早川芳郎（一九八九）『国籍法（新版）』有斐閣。

大越愛子（一九九七）『近代日本のジェンダー――現代日本の思想的課題を問う』三一書房。

大久保真紀（二〇〇六）『中国残留日本人――「棄民」の経過と帰国後の苦難』高文研。

大沼保昭（一九七九）「在日朝鮮人の法的地位に関する一考察（三）」『法学協会雑誌』東京大学、九六（八）号、九一一－九八〇頁。

――（二〇〇四）『在日韓国・朝鮮人の国籍と人権』東信堂。

上坂冬子（一九八二）『慶州ナザレ園　忘れられた日本人妻たち』中央公論社。

ガルシア和美（一九八五）「国際結婚――私の体験から」土井たか子編『「国籍」を考える』時事通信社、四－三五頁。

金英達（一九九九）「日本の朝鮮統治下における「通婚」と「混血」――いわゆる「内鮮結婚」の法制・統計・政策について」『関西大学人権問題研究室紀要』関西大学、第三九号抜刷。

国際結婚を考える会（一九九一）『二重国籍』時事通信社。

小熊英二（一九九七）「「日本人」という牢獄――大日本帝国における朝鮮人の戸籍と国籍」『情況』四月号、六七－八四頁。

――（一九九八）『〈日本人〉の境界』新曜社。

小山騰（一九九五）『国際結婚第一号――明治人たちの雑婚事始』講談社。

鈴木裕子（一九九二）『従軍慰安婦・内鮮結婚――性の侵略・戦後責任を考える』未来社。

崔昌華（一九八九）『国籍と人権』酒井書店。

二宮正人（一九八四）『国籍法における男女平等――比較法的考察』有斐閣。

福地曠昭（一九八〇）『沖縄の混血児と母たち』青い海出版社。

法務省民事局第五課（一九七八）『国籍・帰化の実務相談』日本加除出版。

宮田節子（一九八五）『朝鮮民衆と「皇民化」政策』未来社。

もりき和美（一九九五）『国籍のありか――ボーダーレス時代の人権とは』明石書店。

森木和美（二〇〇二）「移住者たちの「内鮮結婚」」山路勝彦・田中雅一編『植民地主義と人類学』二八三－三一一頁、関西学院大学出版会。

もりきかずみ（二〇〇四）「国際婚外子の国籍確認訴訟から」婚差会編『非婚の親と婚外子――差別なき明日に向かって』青木書店、一八三－二〇九頁。

森田芳夫（一九九六）『数字が語る在日韓国・朝鮮人の歴史』明石書店。

山本かほり（一九九四）「ある〝在韓日本人妻〟の生活史――日本と韓国の狭間で」（特集近代化と女性問題）『女性学評論』神戸女学院大学　女性学インスティチュート、八号、五五－八三頁。

山本敬三（一九八四）『国籍　増補版』三省堂。

ヤンソン由実子（一九八一）『国際結婚』ＰＨＰ研究所。

李家美代・石野伸子（一九九一）『むこくの詩（うた）』李家さんと語る会制作。

第２章

血統主義と親子関係
――最高裁判決を素材にして

館田晶子

はじめに

二〇〇八年六月四日、最高裁は戦後八番目の法令違憲判決（以下、二〇〇八年判決）を下した[1]。判決当時の国籍法によれば、日本の国籍法が血統主義を採っているにもかかわらず、日本人父と外国人母との間に生まれ生後認知された婚外子は、日本国籍を得るには一般外国人と同様の帰化手続によらなければならなかった。このような法規定が、婚内子や胎児認知された婚外子と比べて差別的であり、憲法一四条一項の平等原則に違反すると判断されたのである。判決は、本件原告に対して届出による日本国籍取得を認め、法務省もこの最高裁判決を受けてすぐに問題となった条文の改正作業に着手し、国籍法は、同年一二月にスピード改正された[2]。改正法には経過措置も設けられ、これにより、本件原告のような境遇にある者の救済が遡って図られることとなった[3]。

日本は、明治期の旧国籍法以来、一貫して血統主義を基本に国籍制度を構築してきた。国籍法二条は、出生時に日本国籍を取得するいわゆる生来取得の要件として、次のように定めている。

一　出生の時に父又は母が日本国民であるとき。

二　出生前に死亡した父が死亡の時に日本国民であつたとき。

三　日本で生まれた場合において、父母がともに知れないとき、又は国籍を有しないとき。

一号と二号は血統主義に基づいた国籍の生来取得を定め[4]、三号は生地主義を取り入れることによって無国籍の防止を意図したものである。他方、生来的に取得しなかった者が何らかの原因により国籍を取得する、いわゆる伝来取得については、国籍法は届出による取得（三条）と帰化による取得（四条〜九条）を定めている[5]。

戦後、現行憲法下で一九五〇年に制定された国籍法は、当初父系血統主義を採っていたが、女子差別撤廃条約の批准に先立ち、一九八四年に上述のように父母両系血統主義に改められた。この改正のときに新たに導入されたのが、上記最高裁判決で争われた、生後認知された婚外子に関する国籍法三条の規定であった。このとき改正された国籍法三条一項は、次のように定められた。

三条　父母の婚姻及びその認知により嫡出子たる身分を取得した子で二〇歳未満のもの（日本国民であったものを除く。）は、認知をした父又は母が子の出生の時に日本国民であった場合において、その父又は母が現に日本国民であるとき、又はその死亡の時に日本国民であったときは、法務大臣に届け出ることによって、日本の国籍を取得することができる。

（二項略）

この「父母の婚姻及びその認知により嫡出子たる身分を取得」という部分が、いわゆる「準正要件」と呼ばれるものである[6]。

準正要件は冒頭の二〇〇八年判決によって違憲とされたことで廃止されたが[7]、ここに至るまでには血統主義をベースにした日本の国籍取得のルールについて、さまざまな議論があった。以下では、二〇〇八年国籍法改正のきっかけとなった二つの最高裁判決と、国籍法の制定・改正時の議論をたどりながら、日本法における血統主義と、そこに内包されている家族観について検討してみたい。

1　最高裁判例に見る国籍法の理解

1—1　二つの最高裁判決

国際カップルの間に生まれた子の国籍をめぐっては、本章冒頭に触れた二〇〇八年最高裁判決以前から、当事者はもとより法律の専門家の間でも、憲法の平等原則に違反するという指摘がなされてきた。

前述のような一九八四年の国籍法改正によって、日本人父と外国人母との間に生まれた婚外子の国籍取得についていくつかの違いが生じることになった。まず、法的な婚姻関係にない外国人母と日本人父との間に生まれた婚外子について胎児認知がなされた場合は、出生前に法的親子関係が確定するため、出生の時点で日本人たる父が存在することになり、子は国籍法二条一号によって生来的に日本国籍を取得する。しかし生後認知された場合は、出生した時点では法的には日本人たる父が存在しないので、生来的に日本国籍を取得することはできない。また、生後認知され日本人父との法的親子関係が成立した子のうちでも、父母の法律婚により準正子となった場合には、国籍法三条一項により届出による国籍取得が認められるのに対し、父母が法律婚をしていない場合は同項の適用はなく、日本国籍を取得するには五条の帰化か八条の簡易帰化によるしかなかった。

このように、認知された時期や父母の法律上の婚姻状況によって国籍取得の条件に著しい差が生じることについては、婚外子に対する不当な差別であり憲法一四条一項に違反するという主張がなされてきたのである。

以下に取り上げる二つの事件は、まさにこのような婚外子の国籍取得に関わる差別的規定が争点となった。いずれも、日本人父とフィリピン人母との間に生まれ、生後認知された子の、日本国籍の確認を求めた事件である。ひとつは国籍法二条一号が争われた二〇〇二年の最高裁判決（以下、二〇〇二年判決[8]）であり、もうひとつが冒頭の二〇〇八年判決である。

1―2　二〇〇二年判決――生来取得をめぐって

国籍法二条一号は、出生のとき父又は母が日本国民であるときに、子に生来的に日本国籍を取得させる、父母両系血統主義を定める規定である。この規定をめぐっては、認知の遡及効を認めないことが違憲であるとして婚外子の日本国籍取得確認を求める訴訟がいくつか提起されてきたが、いずれも最高裁では憲法判断はなされなかった。[9] 二〇〇二年判決は、この国籍法二条一号が憲法一四条一項の平等原則に反するか否かについて初めて憲法判断がなされた事例である。

この事件は、内縁関係にあったフィリピン人女性と日本人男性との間に出生した女児が、出生から二年九ヵ月後に認知を受けたことにより、出生の時に遡って日本国籍を取得したことの確認を求めたものである。このフィリピン人女性は、一九八三年に観光ビザで来日したのちオーバーステイになっていた時期に、日本人男性と知り合い、結婚を前提とした同居生活を始めた。彼女は一九九二年六月二一日に本件原告となる女児を出産したが、次第に男性との関係が悪くなり、一九九四年には内縁関係を解消し、男性は女性が妊娠していた第二子（女児）を胎児認知した。妹となるこの女児は胎児認知されていたため、日本国籍を取得している。他方、姉である原告の方は、妹の誕生より後の一九九五年に認知がなされた。したがって、血統主義を採るフィリピン国籍法に従い生来的にフィリピン国籍を取得しているが、出生の時には日本国民との法的親子関係はなかったため、日本国籍は取得していない。つまり、父との生活を経験したことのある姉は日本国籍を持たず、父と生活したことのない妹の方は生来的に日本国籍を取得している、ということになる。

このような日本国籍の取得に関する姉妹間の違いは、国籍法二条一号の適用にあたって認知の効果を遡らせないことから生じている。民法七八四条では、認知の効果は出生の時に遡って生ずると定めているが、国籍法三条二項が認知及び準正による国籍取得の効果は遡及しないとしているため、二条一号においても同様の解釈が採用されている。本件では、認知の時期によって日本国籍取得について姉妹に著しい差異を生じさせるこのような解釈が、憲法一四条一項の平等原則に違反しないか否かが争点となったのである。

第一審の大阪地裁[10]と控訴審の大阪高裁[11]はともに原告の訴えを棄却した。これを受けて原告が上告し、最高裁で下されたのが二〇〇二年判決である。

二〇〇二年判決は、下級審判決と同様に請求を棄却している。判決はまず、「国籍は国家の構成員の資格であり」、何人が自国の国民であるかの決定は「国家の固有の権限の属するものであり、国籍の得喪に関する要件をどのように定めるかは、それぞれの国の歴史的事情、伝統、環境等の要因によって左右されるところが大きいところから、日本国籍の得喪に関する要件をどのように定めるか」は法律に委ねられている、とする。そして、国籍法二条一号の趣旨について、次のように言う。

〔国籍〕法二条一号は、日本国籍の生来的な取得についていわゆる父母両系血統主義を採用したものであるが、単なる人間の生物学的出自を示す血統を絶対視するものではなく、子の出生時に日本人の父又は母と法律上の親子関係があることをもって我が国と密接な関係があるとして国籍を付与しようとするものである。そして、生来的な国籍の取得はできる限り子の出生時に確定されることが望ましいところ、出生後に認知されるか否かは出生の時点では未確定であるから、法二条一号が、子が日本人の父から生後に認知されたことにより出生時にさかのぼって法律上の父子関係が存在するものとは認めず、出生後の認知だけでは日本国籍の生来的な取得を認めないものとしていることには、合理的根拠があるというべきである。

以上の最高裁の判断をまとめれば、概ね次のようになろう。まず第一に、国籍立法が国の国内管轄事項であり、立法府に広い裁量権があることを認めている。第二に、日本が採用する血統主義は、生物学的な血統を絶対視するものではなく、生来取得の場合は日本国民との法的親子関係があることをもって日本との密接な関係があるとして国籍を取得させるものであると認定している。第三に、国籍法は認知の効力を遡及させない趣旨であり、そのような解釈は合理的であるとしている。

ところでこの二〇〇二年判決は、五人の裁判官が全員一致で上記の結論を導いたが、このうち、亀山裁判官が補足意見を書いているほか、梶谷裁判官と滝井裁判官も共同で補足意見を書いている。三人の裁判官によるこれら二つの補足意見は、今回のような事例の場合は生来取得に関する国籍法二条一号を適用することはできないけれども、生後認知された婚外子の国籍取得に関して不平等な結果をもたらす三条一項については、その合理性に疑いがあると述べていた。とりわけ梶谷・滝井補足意見は、この事件の結論には影響しないにもかかわらず、この問題について詳細な検討を加え、次のように結論づける。

〔国籍〕法三条が準正を非嫡出子の国籍取得の要件とした部分は、日本人を父とする非嫡出子に限って、その両親が出生後婚姻をしない限り、帰化手続によらなければ日本国籍を取得することができないという非嫡出子の一部に対する差別をもたらすこととなるが、このような差別はその立法目的に照らし、十分な合理性を持つものというのは困難であり、憲法一四条一項に反する疑いが極めて濃いと考える。

二〇〇二年判決では補足意見のこの部分は傍論にとどまったが、ここで違憲の疑いを指摘された三条一項が最高裁で正面から取り上げられたのが、次に詳しく見る二〇〇八年判決である。

1—3　二〇〇八年判決——届出取得をめぐって

二〇〇八年六月四日に、争点が同じ二つの事件に対して、ほぼ同一内容の判決が最高裁で下された。二〇〇三年に東京地裁に提訴された第一事件と、二〇〇六年に同じく東京地裁に提訴された第二事件である。これら二つの事件は事案を若干異にしているが、いずれの原告も法的婚姻関係にないフィリピン人女性と日本人男性との間に生まれ生後認知された、フィリピン国籍を有する子どもたちである。この二つの事件に対する判決を併せて「二〇〇八年判決」と呼ぶ場合もあるが、ここでは、判決文を引用する関係から、単に「二〇〇八年判決」という場合は第一事件の判決をさすこととする。

第一事件は、母子に対する退去強制の取消訴訟であり、その中で、子どもの法三条一項による日本国籍取得の有無が争われた。第一審で認定された事実によれば、原告の母であるフィリピン人女性は、興業の資格で日本に入国し、オーバーステイとなった後の一九九七年に男児（原告）を出産し、男児は一九九九年に日本人の父に認知されている。[12]第一審の東京地裁は、準正要件が違憲であるとした上で、国籍法三条一項の「婚姻」を内縁関係も含むものと合憲的に解釈することで原告に国籍を認めたが、控訴審[13]は、国籍法の類推解釈や拡張解釈は認められないとして国籍取得を否定した。

他方、第二事件の方は日本国籍を有することの確認訴訟で、合計九人の原告による集団訴訟であった。[14]九人は、日本人父から任意で認知を受けたものもいれば、裁判によって認知を受けたものもおり、個別の事情は様々であったが、JFC（Japanese Filipino children）を法的に支援するNGO（JFCネットワーク）および弁護士たち（JFC弁護団）[15]の活動を受けて提訴を決意したという。提訴の背景には、JFCネットワークやJFC弁護団が在日JFCのケースを扱う中で、在日JFCの在留資格や国籍取得の問題を考えるようになったこと、子どもたちの成長にともなって日本人としてのアイデンティティと外国人という法的地位の間の葛藤に本人たちが苦しんでいたこと、そして、二〇〇二年判決補足意見が国籍法三条一項の準正要件に疑いを示し、さらに二〇〇五年に第一事件の第一審判決が準正要件を違憲と判断して原告の日本国籍を認めたという二つの判決に力を得たこと、などの事情がある（近藤 二〇〇九b：一二－一三）。

裁判で国籍確認を争うために、九人の子どもたちはまず、国籍法三条一項に基づく国籍取得届を、それぞれ法務局に行った。彼らはいずれも準正要件は満たしていなかったため、法務局ではこれを不受理または不受領としている。[16]また、訴訟戦略として、弁護人とともに原告となる子どもたちが記者会見を行ったり、口頭弁論期日に子どもたち自身が意見陳述を行うなど、当事者の声を積極的に社会や法廷に届けることで、救済の必要性を裁判官や世論にアピールした（近藤 二〇〇九a：一二七：二〇〇九b：一三－一四）。

第二事件の第一審[17]は、法三条一項の準正要件は憲法一四条一項に反する不合理な差別であるとして子どもたちの国籍取得を認めた。しかし控訴審は、一転して原告らの日本国籍を認めなかった。結局、第一事件も第二事件も、同じ経緯をたどったことになる。

二〇〇八年に最高裁で下された判決は、これら二つの事案について、前述のように、原告全員の日本国籍を認めた。それは概ね以下のような理由による。

判決はまず、一般的な原則として、国籍の得喪に関する要件は立法府の裁量判断にゆだねられているが、法律の要件によって生じた区別については、区別をすることの立法目的に合理的な根拠が認められない場合、又はその具体的な区別と上記の立法目的との間に合理的関連性が認められない場合には、その区別は合理的な理由のない差別として違憲となる、と述べる。そして、日本国籍が重要な法的地位であることに鑑みれば、子が自らの意思や努力では変えることのできない父母の婚姻による準正という要件を設けることにつき、合理的な理由があるか否かは、慎重に判断することが必要であるとして、具体的に国籍法三条一項の立法目的について検討している。以下、少々長くなるが、第一事件の判決の一部をそのまま引用してみよう[18]。

検討にあたって、判決はまず、準正要件が設けられた理由について次のように述べる。

このような規定が設けられた主な理由は、日本国民である父が出生後に認知した子については、父母の婚姻により嫡出子たる身分を取得することによって、日本国民である父との生活の一体化が生じ、家族生活を通じた我が国社会との密接な結び付きが生ずることから、日本国籍の取得を認めることが相当であるという点にあるものと解される。また、上記国籍法改正の当時には、父母両系血統主義を採用する国には、自国民である父の子について認知だけでなく準正のあった場合に限り自国籍の取得を認める国が多かったことも、本件区別が合理的なものとして設けられた理由であると解される。

日本国民を血統上の親として出生した子であっても、日本国籍を生来的に取得しなかった場合には、その後の生活を通じて国籍国である外国との密接な結び付きを生じさせている可能性があるから、国籍法三条一項は、同法の基本的な原則である血統主義を基調としつつ、日本国民との法律上の親子関係の存在に加え我が国との密接な結び付きの指標となる一定の要件を設けて、これらを満たす場合に限り出生後における日本国籍の取得を認めることとしたものと解される。このような目的を達成するため準正その他の要件が設けられ、これにより本件区別が生じたのであるが、本件区別を生じさせた上記の立法目的自体には、合理的な根拠があるというべきである。

また、国籍法三条一項の規定が設けられた当時の社会通念や社会的状況の下においては、日本国民である父と日本国民でない母との間の子について、父母が法律上の婚姻をしたことをもって日本国民である父との家族生活を通じた我が国との密接な結び付きの存在を示すものとみることには相応の理由があったものとみられ、当時の諸外国における前記のような国籍法制の傾向にかんがみても、同項の規定が認知に加えて準正を日本国籍取得の要件としたことには、上記の立法目的との間に一定の合理的関連性があったものということができる。

このように判決は、準正要件が設けられた目的は正当なものであり、また、準正要件そのものも、立法当時は充分に理由があったのだと認定する。

しかし判決はこれに続けて、三条一項立法時から二〇年以上を経た今日では事情が変わったのだと述べる。

しかしながら、その後、我が国における社会的、経済的環境等の変化に伴って、夫婦共同生活の在り方を含む家族生活や親子関係に関する意識も一様ではなくなってきており、今日では、出生数に占める非嫡出子の割合が増加するなど、家族生活や親子関係の実態も変化し多様化してきている。このような社会通念及び社会的状況の変化に加えて、近年、我が国の国際化の進展に伴い国際的交流が増大することにより、日本国民である父と日本国民でない母との間に出生する子が増加しているところ、両親の一方のみが日本国民である場合には、同居の有無など家族生活の実態においても、法律上の婚姻やそれを背景とした親子関係の在り方についての認識においても、両親が日本国民である場合と比べてより複雑多様な面があり、その子と我が国との結び付きの強弱を両親が法律上の婚姻をしているか否かをもって直ちに測ることはできない。これらのことを考慮すれば、日本国民である父が日本国民でない母と法律上の婚姻をしたことをもって、初めて子に日本国籍を与えるに足りるだけの我が国との密接な結び付きが認められるものとすることは、今日では必ずしも家族生活等の実態に適合するものということはできない。

続けて判決は、諸外国での婚外子差別撤廃の動向や人権条約にも言及し、時の経過による社会的状況の変化にともなって、準正要件を維持することは「前記の立法目的との間に合理的関連性を見いだすことがもはや難しくなっている」と述べる。そして、嫡出子や胎児認知を受けた婚外子、生後認知を受けた準正子と比較して、「日本国民である父から出生後に認知されたにとどまる非嫡出子のみが、日本国籍の取得について著しい差別的取扱いを受けているものといわざるを得ない」とする。

このように国籍法三条一項は準正という「過剰な要件」を課すものとなっており、この違憲性を排除するためには三条一項を全体として無効にするのではなく、「過剰な要件」の部分のみを取り除くことによって、その余を満たした場合に届出による国籍取得が認められる、として、原告らの日本国籍取得が認められると結論づけたのである。

以上から二〇〇八年判決が国籍法三条一項を違憲と判断したポイントを本章の関心に即して改めてまとめれば、次のようになろう。まず第一に、三条一項は、婚外子が準正によって日本国民の家族に包摂され家族生活を通じた日本との密接な結びつきが生じることから、日本国籍を認めることとしたのだという認定である。第二に、時の経過にともなって、現在では、日本国籍を取得させるだけの日本との密接な結びつきを認めるのに父母の婚姻は必ずしも必要ではなくなったという立法事実変遷論である。

1—4　判決に見る血統主義と親子関係

以上に詳しく見てきた最高裁判決はいずれも似たような境遇の子どもについての事件であるが、二〇〇二年判決は生来取得を争い、二〇〇八年判決は伝来取得を争ったもので、争点が異なっている。この二つの判決を通じてわかるのは、最高裁が、血統主義を国籍取得要件として実定化するにあたって、生来取得の場合と伝来取得の場合とは異なると考えている、ということである。

国籍法が定める血統主義は、民法が定める法律上の親子関係の成立が前提とされている。[19] 母の場合は、日本の民法では分娩によって当然に法的親子関係が成立するとされているが、父の場合は、民法七七二条に基づく嫡出推定や同七七三条による認知などによって、法的な父子関係が確定されることになる。[20]

二〇〇二年判決は、国籍の生来取得についてのは、生物学的親子関係に加えて法的親子関係が出生時に成立していることが、日本との密接な結び付きを意味するとした。これに対し、二〇〇八年判決で最高裁は、届出取得（伝来取得）について、生物学的親子関係と法的親子関係に加えて、父母の婚姻による準正を日本との密接な結び付きの現れとして求めることも、少なくとも立法当時は合理性があったと述べている。

しかし二〇〇八年判決はこれに続けて、国内外の社会的環境等の変化に照らしてみると、準正要件を維持することは前記の立法目的との間に合理的関連性を見いだすことがもはや困難であり、今日の実態と合致しないとする。立法当時から時が経過したことにより、準正はもはや「日本との密接な結び付き」の指標たり得なくなったとしたのである。[21] このように、二〇〇八年判決の意義は、結果的に、婚外子による届出取得の場合も生来取得と同様、親子関係の要件のみで国籍取得を認めるのが現代日本の血統主義であると認めたことにある。

このようにして、国籍法三条一項は改正作業が速やかに進められることになった。大きな改正としては、父母両系血統主義と準正要件が導入された一九八四年改正以来である。

以上で取り上げた二つの判決では、これまでの国籍法の立法過程（改正も含む）が参照されることも多くあった。日本の血統主義のあり方や家族制度に関して、立法時に様々な議論があったからである。以下ではもう少し遡って、議会の議事録や研究者の学説を参照しながら、家族関係の理解がどのように国籍制度に反映されていったかをなぞってみよう。

2　立法過程における血統主義と親子関係の考え方

2―1　一九五〇年の新国籍法

戦前の旧国籍法は「家制度」の下で夫婦国籍同一主義および家族国籍一体主義を採っていたが[22]、戦後一九五〇年の新国籍法は、婚姻や養子縁組、認知など身分行為による国籍の随伴取得を廃止し、国籍独立主義を採用した。これは、身分行為による国籍の自動取得が、国籍を強制することになる場合もあることを考慮したものである[23]。また、各国の国籍法の中には、国籍の積極的抵触（重国籍）を避けるために、他国の国籍を取得した場合には現在の国籍を自動的に喪失させるという制度を採る国もあったため、本人の意思によらずに現国籍を失うことを避ける必要があることも、独立主義を採用する理由となった。日本国憲法二四条が家父長的な家制度からの脱却を意図し、家族生活における個人の尊重を定めていることに鑑みて、国籍取得の場面でも本人の意思を尊重することが求められた結果といえる（国友二〇〇一：一〇八‐一〇九）。このような「国籍自由の原則」は、国際的にも、現代の国籍立法における主要な原則の一つとなっている。

このような夫婦・家族間の国籍独立主義の導入に関しては、当時の国会でも、政府委員によって次のように説明された。

> 子の地位を父母の地位から独立させるという、子の地位の独立の思想は、近代における親子法の指導原理でありまして、諸国の国籍立法においても、国籍の得喪に関し、できる限り、子の自由意思を尊重するという方向に向つておりますばかりでなく、個人の尊厳は、憲法第二四条の宣言するところであります[24]……。

皮肉なことにこの「本人の意思の尊重」という考え方は、二〇〇二年判決において、認知された婚外子に出生にさかのぼって国籍を認めることができない根拠の一つとなった。婚外子に認知によって日本国籍を遡及的に認めることで、生来持っていた外国籍を本人の意思によらず失わせる可能性が、否定できないからである[25]。ただし、遡及的な国籍取得が困難でも、将来に向けて、身分行為による国籍取得を本人の意思を反映したかたちで可能にするしくみは、伝来取得のひとつの方法として改めて検討されることになる。

2—2　一九八四年国籍法改正

冒頭で述べたように、一九八四年の国籍法の改正は父母両系血統主義の導入が主な目的であったが、これと同時に導入されたのが、国籍法三条一項の、生後認知された未成年婚外子の準正による届出取得である。

すでに見たように最高裁判決は、日本の国籍法の採用する血統主義は、単に生物学的な血統を絶対視するものではなく、出生時における日本人との法的親子関係をもって我が国との密接な関係があるとして国籍を付与するものであるとしている。そして、この理解を前提に、準正要件は、少なくとも立法当時は合理的であったと判断している。

実際、二〇〇八年判決の第一審である東京地裁判決では、一九八四年改正時の国会審議における政府委員答弁が引用されている。当時、衆議院法務委員会では、血統主義の意味と国籍法三条一項の関係について、次のように説明されていた。

> 血統主義と申しましても単に血がつながっていさえすればというふうなことではなくて、やはり血統がつながっていることが、一つは日本の国に対する帰属関係が濃いということを明確ならしめる一つの重要な要素としてとらえられていることだろうと思います。そういう面から考えますと、認知というだけでは、〔中略〕認知した者とその子との間には生活の一体化がまずないであろうということが一つの前提になっていると思います。〔中略〕これが準正になりますと、そこでは両親の間に婚姻関係があるわけで、生活の一体化というものが出てまいりますから、そういう場

合は意思表示によって日本の国籍を取得させてもいいだろうけれども、認知だけではそうはいかないのではないか、そういう考えから現在のような案にしておるわけでございます。[26]

当時改正作業に関わった法務局担当者によれば、法的父子関係が確定するということよりもむしろ、認知のみの場合と準正の場合とは「生活の実態関係が違う」ため、「認知をされた子どもにはたして日本国籍を簡易的に、いわば無条件で与えなければならない、父親と同じような国籍にしてやらなければいけないというような事情があるかどうか」といえば、そうではない、という認識があり（池原ほか 一九八三：二〇田中発言）、「家族共同体という実態を備えているものには特別な配慮をする」（池原ほか 一九八三：二二林発言）という考え方が、準正要件の導入につながっていったという。

しかし、立法過程の議論からは、「日本社会との密接な結びつき」の判断基準としての準正要件というだけではない、別の説明もまた見られる。当時の座談会における法務省関係者の説明によれば、このとき念頭にあったのは「日本人父親の婚姻前に生まれた子供と婚姻後に生まれた子供で国籍の扱いに差が出てくる事案」だったのであり、このようなケースでの準正子に対する救済措置の必要性を感じていたという（池原ほか 一九八三：二〇田中発言）。

この点に関しては、一九八四年改正時の衆議院法務委員会でも、同旨の発言がみられる。

世間では往々にいたしまして子供が生まれてから婚姻届を出す、それで認知をするとか、そういうふうなケースが少なくないわけでございまして、実際上は後になって婚姻をした夫婦の間の子供なんだけれども、出生のときに婚姻届が出ていなかったというようなこともあるわけでございます。実質的には、血統主義という面から申しますと、そういう方にとっても日本国籍を与えるという道があってもいいのではないか。要するに血統主義の補完措置と申しますか、そういうふうなことがしかるべきだろうということで、準正による場合に、本人の日本国籍を取得するという意思表示があればそれで日本国籍を与えるという制度を設けた次第でございます。[27]

ここから読み取れるのは、準正要件の目的はむしろ、準正子の「救済」、すなわち生まれたのが婚姻の前か後かで国籍取得に関して生じる著しい差異を調整するものとして、準正子に簡易な手続で国籍を取得させることにあった、ということである。準正子の届出による国籍取得が目的であって、日本人家族への包摂による日本社会との密接な結び付きという説明は後付け的なもののようにすら感じられる。

ただし、この時期にも、準正要件の導入に否定的な見解はあった。前述の座談会に参加した研究者の一人は、「法律上の親子関係の成立を認める点では認知も準正も同じ」であり「日本の国籍法が血統主義を採用している以上、認知の場合と準正の場合とを区別すべき合理的な理由はあまりないのではないか」、「理論的には認知によって国籍の取得を認めるべき」と述べている（池原ほか 一九八三：二一〇山田発言）。研究者からは、準正要件導入後も、届出による取得の場合は準正子と非準正子とを区別する必要はなく、平等にするべきだとして、規定の見直しを求める声が多かった。たとえば国籍法に関する代表的な教科書の一つでは、血統主義の趣旨を徹底し、認知された子は準正子か非準正子かにかかわらず日本国籍の取得を認めることが望ましいと述べられており、ことに「母が日本国民であるときには子は日本国籍を取得するにもかかわらず、出生後の認知により日本国民である父と非嫡出親子関係が成立しても子が日本国籍を取得しないとすることは、両性の平等との関係でも問題があるものというべき」としている（江川ほか 一九九七：八八）。

つまり、これら学説は、婚姻や家族観あるいは婚外子の数などの社会の変化によって準正要件が不合理なものになったという二〇〇八年判決の立場はとっていない。立法当初から不合理だったのであって、もっと早く見直されるべきだったのだというのが、多くの研究者の見解である。のちの二〇〇八年国籍法改正の折に、参議院法務委員会に参考人として出席した奥田教授の次のような意見は、このような研究者の考えを率直に述べたものといえよう。

判決の方を見ますと婚外子が増えたということを言っておられますが、〔中略〕数は問題ではないんだろうと思っております。たとえ一人でもそういうふうな子供さんがいる、婚外子であって父母の婚姻がないために認知があるのに国籍取得ができないという子供さんが一人でもいれば、やはりそれは違憲という判断をするべきなんだろうというふうに思っております。[28]

2―3　二〇〇八年国籍法改正

最高裁の違憲判決を受けて進められた二〇〇八年改正では、準正要件の廃止と同時に虚偽認知に対する罰則が盛り込まれた。これは、従来要求されていた「父母の婚姻」という要件がなくなり、認知のみによる国籍の届出取得が可能になったため、国籍取得のハードルが低くなり偽装認知が横行するのではないか、という懸念を反映したためである。

実際、国会における法案審議でも偽装認知対策が議論の中心となった。[29] 偽装認知の防止という観点で議論されたのは、主に三つの点、すなわち、①罰則の強化、②ＤＮＡ鑑定の導入の可否、③実務（手続、広報、関係諸機関の連携など）である。

政府は、罰則の強化や行政実務の整備・周知に関しては前向きに取り組む姿勢を見せたが、ＤＮＡ鑑定には一貫して導入に消極的であった。審議では、外国人を母に持つ生後認知子にのみ鑑定を義務付けることは新たな差別を生みかねないという人権上の問題、さらには費用や時間など実務上の問題などが取り上げられたが、特に家族関係や血統主義との関係では、好意認知の問題が注目される。

好意認知とは、実子ではない子を自分の子とする意思をもって認知するような場合をいう。[30] これは外形上は虚偽の認知ということになるが、すべての認知届について真実性を確認することはないため、余程の疑義がない限りはそのまま受理されることになる。好意認知は決して積極的に認められてきたわけではないが、これまで比較的おおらかに黙認され、相続問題などで事後的に認知の無効が争われない限りは、形成された家族関係をそのまま維持させてきた経緯がある。このような好意認知によってすでに家族としての関係を築いているのであれば、その事実をＤＮＡ鑑定で覆すことは、国の方から積極的になすべきでなく、これまで築いてきた家族としての絆を一瞬で断ち切ってしまう

ＤＮＡ鑑定は、日本の家族法の体系と相入れないという説明がなされた[31]。しかし、このような好意認知はあくまで例外的なものであって、真実ではない認知を積極的に容認するものではもちろんない。議会では、次のような答弁がなされている。

好意認知であろうといわゆる偽装の悪意の認知であろうと、父子関係がないのにそういう認知をするというのは無効でございます。無効でございますが、いわゆる普通の日本人同士の間でそういうことが行われた場合というのは、およそ国がそういうことを知るなんてことはあり得ないわけでありまして、しかも親族間でそれでいいでなあなあでやっているんだったら、だれも文句を言う人がいないのでそのままになっていくと。法律的にそれが非常に望ましい状態だと考えているわけではございません。しかし、それはそれで一つの家族のありようなのかなと言っているだけのことでございます。

しかし、国籍取得の場面になれば違います。幾ら好意認知で、本当にその子を自分の子供ではないんだけれども育てたい、そして日本国籍を与えたいという本当の熱意があったとしても、それは血の関係がないんだったら駄目ですよということを、国籍取得届が出してきたときに法務局に分かった場合にはそれを言います。そして、そういうときはちゃんと本来の養子縁組の手続を取ってくださいと、このように指導しているということでございます[32]。

認知のみによって国籍取得が可能になったことで、好意認知が外国人母の場合にも及ぶことへの懸念の声に対する、法務省担当者の答弁である。日本人家族における親子関係では血縁関係が比較的ゆるやかにとらえられていたのに対し、国籍取得の場面では、血縁関係への強いこだわりが見て取れる[33]。

ＤＮＡ鑑定への消極性は、民法上の親子関係が必ずしも生物学的父子関係を保障するしくみになっていないことと、国籍法上の血統主義が生物学的親子関係を要素の一つとしていることとの間の微妙な齟齬のすりあわせともいえるかもしれない。

3　血統主義の意味

3―1　血統主義と「日本社会との密接な結び付き」

以上から明らかになった日本の血統主義について改めて確認しておきたい。

日本の国籍法が前提とする血統主義は、生物学的親子関係と法的親子関係の両方が満たされたときに国籍を取得する、というものである。少なくとも生来取得の場合は、婚外子であれ婚内子であれこの二つの親子関係が満たされれば日本国籍を取得する。

判例や立法過程からは、国が生来取得と伝来取得とを分けて考えていることがわかる。二〇〇八年改正前の国籍法が、伝来取得の一種である届出取得の場合に生物学的親子関係と法的親子関係に加えて準正要件を設けていたことは、立法当時には合理的だったと述べているのは、そのあらわれである。つまり、届出取得の場合は、親子関係以外の「我が国との密接な結び付き」を要件として加えることを許容していることになる。

二〇〇八年判決は、立法当時は合理的だった届出取得における準正要件が現在は不合理な差別と判断された根拠として、家族のあり方の変化を挙げる。具体的には、家族の多様化と国際化である。その上で、「我が国との密接な結び付き」は、もはや親が法律上婚姻しているかどうかで測ることができなくなったのだ、と述べた。しかし本来、このように言うためには、家族のあり方がどう変わり、それによって日本との密接な結び付きの程度にどう影響が及んだかを、実証する必要がある。ところが、判決も立法過程も、この因果関係の証明に必ずしも成功しているとは言い難い。先に引用したように、二〇〇八年判決は「家族生活や親子関係に関する意識も一様ではな」く、「出生数に占める非嫡出子の割合が増加」し、また「近年、我が国の国際化の進展に伴い国際的交流が増大することにより、日本国民である父と日本国民でない母との間に出生する子が増加」していると述べているが、「日本社会との密接な結び付き」の度合いが時代の変化にともなって変遷したことの客観的根拠を示しているわけではない[34]。他方で、三人の裁判官による反対意見（横尾・津野・古田反対意見）は、統計資料によれば過去二〇年間の婚外子の増加は微増にとどまるとして、むしろ国民一般の意識が変化していないことを論証しようと試みている。今回のような家族のあり方や国民一般の意識が変遷したことを客観的に論証することは容易ではなく、逆もまた然りであろう。

そもそも日本との「密接な結び付き」の指標として、家族のあり方、とくに日本人家族への包摂にこだわることが適切だったかという点に関しては、すでに述べたように、疑問が呈されてきた。家族のあり方いかんに関わらず、日本国民との親子関係のみをもって平等に国籍取得を認めることが、血統主義の趣旨であるということである。この点に関しては、むしろ二〇〇八年判決の補足意見の方が明快である。泉裁判官の補足意見は、「日本国民である父に生後認知された非嫡出子は、「父母の婚姻」により嫡出子たる身分を取得していなくても、父との間で法律上の親子関係を有し、互いに扶養の義務を負う関係にあって、日本社会との結合関係を現に有するものである」と述べており、生活の実態がどうであれ、血縁関係のある父から認知されたことで充分に日本との密接な結び付きが形成されているとする。つまり、届出取得の場合も、生来取得と同じように、親子関係以外の結び付きは必要としない、ということである。結果的に、二〇〇八年改正は、この泉補足意見の考え方に沿ったものといえるし、判決のみならずこれまでの学説も反映した妥当な結論だったといえるだろう。

3—2　血統主義の意味

更に考察を進めよう。血統が示すその国との「密接な結び付き」とはいったい何であるのか、つまり血統が国籍取得の原因となるのはいかなる理由によるのか、ということである。そもそも、血統主義は親子関係をもって自国との密接な結び付きとするものである。親子関係は、個人のレベルでは確かに密接な結び付きであろうが、それが国家と結び付くとなると、また別の説明が必要になるように思われる。

血統主義を近代国民国家におけるエスニックな国民像と結びつける考え方は、すでにロジャース・ブルベイカーによっても提示されていたものであるが、日本の憲法学の分野においては樋口陽一によって広く認識されたといえる。

樋口は、「国民＝nation」概念の二義性を指摘し、エスニシティを前提とする「国民＝エトノス（ethnos）」と、社会契約という擬制によって構成される「国民＝デモス（demos）」とを対比させる。そして、前者のエトノス的国民像の典型として血統主義を採るドイツを、後者のデモス的国民像の典型として生地主義を採るフランスを挙げる（樋口二〇〇二：一七七‐一七八）[35]。

その一方で、最高裁の説明に従えば、血統主義とは、その国の国民から生まれ国民家族に包摂される――すなわち国民たる親に育てられる――ことによって、当該国家との密接な結び付きを形成するものである[36]、ということになろう[37]。ただし、これを強調することは、このような成育モデルに合致しない者を排除することにつながりかねない。移民、特に海外で出生したのち国民たる親と離れて養育された子を想定すれば、それは明らかである。たとえば日本から海外に移住した日本国民およびその子孫は、受入国に溶け込み社会的に統合されたとしても、国籍離脱や喪失の要件を満たさない限り日本国籍を取得し保持する。このような場合はむしろ、国籍こそが、国家との密接な結び付きを形成する契機となろう。いみじくも二〇〇八年判決が述べたように、特に生来取得の場合は、国籍を取得することは、「その後の生活を通じて国籍国〔中略〕との密接な結び付きを生じさせ」る可能性が高い[38]。

上記をふまえて改めて血統主義の意味するところを考えれば、血統を国籍の原因とするということは、つまるところ、血縁から発する個人と個人又は個人と社会との関わりを媒介にして、将来に向かって国家との密接な結び付きを形成しようとするしくみであると理解することができる。

おわりに

以上、最高裁判決と立法過程の議論を読み解きながら血統主義の意味を考えてきたが、最後に、憲法学が今後向き合わなくてはならないであろう論点について、若干補足的に述べておきたい。それは、国籍とアイデンティティの問題である。

前述の血統主義と結び付いた「国民＝エトノス」モデルは、エスニシティを前提とするが故に、排他的なイメージをまといがちであった。血統や民族という概念が排他的ナショナリズムと結び付きやすいことによる連想もいくぶん寄与しているであろう。しかし、多文化共生社会をめざす現代においては、エスニシティはむしろ、開かれた社会における多様性を構成する一つの要素としてとらえられるべきである。そのような社会において血統主義をエスニックなものとして理解するなら、それは純血主義的なものではなく、アイデンティティの観点で理解されるべきではないだろうか。

憲法学——あるいは法学一般においてといっていいかもしれない——においては、国籍をアイデンティティと関連づけて語ることには消極的であった。国籍とアイデンティティの関係については、すでに一〇年以上も前に門田（一九九八）によって指摘されていたが、その後議論が発展することはなかった[39]。それは、アイデンティティを法的権利あるいは制度的な枠組みとして語ることの難しさにも起因するであろう。しかし最近は、憲法学においても、多様な価値を認め合う社会を前提として、たとえばマイノリティの権利や女性の自己決定権といった文脈で、アイデンティティを積極的に理論付けようとする研究がみられる（志田 二〇〇六）。

国籍は、制度であると同時に、自己規定のよすがでもある。ここで取り上げた判例の原告のような境遇にある子どもが発する「私は何人なの？」という生の声に、現在の憲法学が満足のいく答えを提示できるかどうか、筆者はなお心許ない。

†注

[1] 最高裁二〇〇八（平成二〇）年六月四日大法廷判決、判例時報二〇〇二：三。

[2] 国籍法の一部を改正する法律（平成二〇年一二月一二日法律第八八号・平成二一年一月一日施行）。この改正では、虚偽の認知に対する罰則も新設された。また、衆参両院で付帯決議がなされており、改正法の周知、虚偽認知防止措置の検討、組織的虚偽認知への対応、重国籍に関する検討などへの配慮が求められた。

［3］この判決では、少なくとも本件原告による届出があった二〇〇三年当時には、問題となる規定は違憲であったと判断されたことから、経過措置として、①二〇〇三年一月一日時点で準正要件を除いた本規定の要件を満たす者（具体的には日本人父から生後認知を受けた未成年）、②判決の日より前に届出をしていた者、③上記「②」により日本国籍を取得した者の子で届出より後に生まれた者、以上の三つの場合に該当する者は、二〇一一年一二月三一日までに届け出ることで日本国籍を取得するとした。

［4］この場合、法的な親子関係が確定していることが、生来的国籍取得の前提になっているという点に注意しなければならない。このように、国籍法は民法や戸籍法など私法の規定に基づく法律関係に依拠することが多い。したがって、婚外子や認知など、親子関係や家族の身分関係に関する問題が、国籍取得の場面にも引き継がれることになる。言いかえれば、国籍取得の問題を論じるにあたっては、私法上の問題を先決的に論じる必要のある場合が多いといえる。

［5］届出による取得は要件を満たせば当然に国籍を取得するが、帰化の場合は、法務大臣が「許可」するという文言になっており、国籍を付与するか否かは法務大臣の裁量事項である。

［6］認知と父母の婚姻により嫡出子たる身分を取得することを、準正という（民法七八九条）。

［7］準正要件が削除された現在の国籍法三条一項は、次のように定められている。

三条　父又は母が認知した子で二〇歳未満のもの（日本国民であつた者を除く。）は、認知をした父又は母が子の出生の時に日本国民であつた場合において、その父又は母が現に日本国民であるとき、又はその死亡の時に日本国民であつたときは、法務大臣に届け出ることによつて、日本の国籍を取得することができる。

［8］最高裁二〇〇二（平成一四）年一一月二二日判決（判例時報一八〇八：五五－五八）。

［9］憲法問題には触れずにこの問題に関して拡大解釈をもって当事者の救済を図った事例として、最高裁一九九七（平成九）年一〇月一七日判決（判例時報一六二〇：五二－五七）。また、一九九七年判決と同じ基準に従って同様に日本国籍取得を認める判断がなされたものとして、最高裁二〇〇三（平成一五）年六月一二日判決（判例時報一八三三：三七－四〇）。

［10］大阪地裁一九九六（平成八）年六月二八日判決、判例時報一六〇四：一二三、判例タイムズ九二八：六四。

［11］大阪高裁一九九八（平成一〇）年九月二五日判決、判例タイムズ九九二：一〇三。

［12］東京地裁二〇〇五（平成一七）年四月一三日判決、判例時報一八九〇：二七。

［13］東京高裁二〇〇六（平成一八）年二月二八日判決、家庭裁判月報五八（六）：四七。

［14］この第二事件については、原告の代理人であった近藤博徳弁護士によるいくつかの論稿があり、原告らの日本と日本国籍に対する思いや、提訴に至るまでの経緯が明らかにされている。近藤博徳（二〇〇八：二〇〇九ａ：二〇〇九ｂ）参照。

[15]　JFC弁護団およびJFCネットワークは、当初はフィリピン在住のJFCを支援の対象としていたが、一九九六年頃から在日JFCにも対象を広げて、育児放棄した父親に対する認知や養育費請求を行うようになった。近藤（二〇〇九b：一三）参照。

[16]　日本の司法制度は抽象的違憲審査を認めていないため、提訴のためには、原告が具体的な不利益処分を受けた上で、その不利益を争うというかたちをとらなくてはならない。不受理になることを承知の上で届出をしたのは、そのためである。

[17]　東京地裁二〇〇六（平成一八）年三月二九日判決、判例時報一九三二：五一。

[18]　二〇〇八年判決は、大法廷で一五人の裁判官により審議された。ここでは基本的に法廷意見を扱うが、本判決には、六人の裁判官による四つの補足意見、一人の裁判官による一つの意見（以上が法廷意見と結論を同じくするもの）、五人の裁判官による二つの反対意見が付されており、この問題に対する多様な考え方を反映している。

[19]　たとえば木棚（二〇〇三：一〇九）は「単なる事実上の血縁関係としての親子関係ではなく、法律上の親子関係であることはいうまでもない」と述べる。

[20]　なお、国際カップルの場合は外国人たる親の本国法も関連することになるが、ここでは主に日本人父との法的親子関係を考察の対象とするため、渉外問題についてはひとまず措くことにする。

[21]　二〇〇八年判決に付された泉裁判官の補足意見は、より端的に、「父との間で法律上の親子関係を有し、互いに扶養の義務を負う関係にあって、日本社会との結合関係を現に有する」として、「法的親子関係＝密接な結び付き」と理解しており、それ以上の要件を認めない趣旨であると考えられる。他方、近藤裁判官の補足意見は、仮装認知への警戒から、「立法政策上の判断として、我が国との密接な結び付きの指標となるべき他の要件」の導入の可能性を示唆している。泉補足意見と近藤補足意見とでは、「密接な結び付き」を判断する指標として新たな要件を導入することが許されるか否かという点で、決定的に異なっている。このことを指摘するものとして、高橋ほか（二〇〇八：六四－六五）を参照。

[22]　夫婦国籍同一主義に関しては、外国人たる妻には自動的に日本国籍を付与する一方、外国人と婚姻した日本国民たる女性は自動的に国籍を喪失し、また、夫の国籍の変動が妻の国籍にも影響を及ぼすなど、「妻は夫の国籍に従う」という考え方に基づく制度設計がなされていた。子の国籍についても同様で、日本国民たる父に認知されたり養子となった子は自動的に日本国籍を取得し、また親の国籍変動が子の国籍にも影響を及ぼした。本書1章および国友（二〇〇一：一〇四－一〇五）も参照。

[23]　妻の国籍については、かつては国際的にみても夫の国籍に随伴させるしくみを採る国が多かったが、一九五七年の「既婚婦人の国籍に関する条約」は、夫の国籍が妻の国籍に自動的に影響を及ぼすことを禁じ（一条）、妻が自らの国籍を維持する権利を宣言した（二条）。ただしこの条約は、妻についてのみ、夫と同じ国籍の取得を容易にする帰化手続を採用すべき旨を求めており、両性の平等の

観点からは限界があったといえる。国籍に関する両性の平等が国際的なコンセンサスとなったのは、一九七九年女子差別撤廃条約においてである。その九条一項は「締約国は、国籍の取得、変更及び保持に関し、女子に対して男子と平等の権利を与える。締約国は、特に、外国人との婚姻又は婚姻中の夫の国籍の変更が、自動的に妻の国籍を変更し、妻を無国籍にし又は夫の国籍を妻に強制することにならないことを確保する」とし、同二項では「締約国は、子の国籍に関し、女子に対して男子と平等の権利を与える」と定める。国際女性の地位協会編（二〇一〇：二一三－二一五館田執筆）も参照。

[24] 第七回国会衆議院法務委員会会議録第二〇号、一九五〇（昭和二五）年四月五日村上朝一政府委員（民事局長）発言（発言番号二）。国会会議録検索システム参照。

[25] 国際的には重国籍（複数国籍）を容認する傾向にあり、現在は、認知によって国籍を遡及的に取得するとただちにもとの国籍を喪失するというケースは、減少しているといえるかもしれない。しかし、重国籍を容認するか否かが各国の立法政策上の裁量である以上、国籍喪失のおそれを完全に払拭することは難しい。

[26] 第一〇一回国会衆議院法務委員会会議録第一〇号、一九八四（昭和五九）年四月一七日枇杷田政府委員（民事局長）発言（発言番号九）。国会会議録検索システム参照。

[27] 第一〇一回国会衆議院法務委員会会議録第五号、一九八四（昭和五九）年四月三日枇杷田政府委員（民事局長）発言（発言番号一五六）。国会会議録検索システム参照。

[28] 第一七〇回国会参議院法務委員会会議録第五号、二〇〇八（平成二〇）年一一月二七日奥田参考人（中央大学）発言（発言番号八）。国会会議録検索システム参照。

[29] その他の論点としては、婚外子差別とりわけ民法九〇〇条の相続差別への影響、子どもの権利や国籍取得権など国際人権との関連、移民・外国人政策、重国籍などが取り上げられたが、これらは一部議員の発言にとどまり、偽装認知対策に関する議論が質・量ともに圧倒的である。

[30] 養子縁組をすることなく親子関係を築くことができるため、俗に「藁の上の養子」とも言われる。他人が生んだ子を夫婦の子として届ける場合も同様である。日本では従来から、養子になった事実を隠すために行われてきた。

[31] たとえば、第一七〇回国会参議院法務委員会会議録第五号、二〇〇八（平成二〇）年一一月二七日倉吉政府参考人（民事局長）発言（発言番号七一）など。国会会議録検索システム参照。

[32] 同、倉吉政府参考人（民事局長）発言（発言番号二一五）。

[33] 国会における偽装認知への強い警戒を反映して、改正法には、偽装認知の防止を明記する付帯決議が付された。秋山（二〇〇九：

五）参照。

[34] 佐野（二〇〇八：八九）は「全体として具体性と実証性に乏しく、やや印象論的な論証になっている」と述べる。また、高橋ほか（二〇〇八：五九）における早田発言でも、法廷意見の論理は「当初合憲だったものが違憲になるほどに、立法事実・社会情勢・人々の意識等がはたして本当に変化しているのだろうかという重大な疑問を呈されかねない」ものであると指摘されている。

[35] もっとも、このようにドイツとフランスをその典型的モデルとする単純化した見方に対しては、異論も存在する。たとえば山元（二〇〇三：一〇〇）は「近代フランス国籍法が〔中略〕、ナポレオン民法典から一八八九年法までの間、出生地主義を意識的に断ち切っていたという事実は、極めて重要であろう」と指摘し、フランスの国籍法制が一貫して社会契約的理念に沿ってきたわけではないことに注意を促す。

[36] 生地主義であれば、その国で生まれその国で育ち生活していくことによって、当該国家との結び付きが構築されるという説明になろう。かつて国籍制度が成立した当初は、人の国際移動は一般的とはいえず、人々は何世代にも渡って同じ国で生まれ育ち、血縁関係を受け継いでいくのが通例であった。そのような時代にあっては、誤解を恐れずに言えば、血統主義と生地主義との違いは、国家との結び付きを説明するにあたって、どこに力点を置くかという違いに過ぎなかったともいえる。

[37] 樋口によってデモス的国民像の典型とされたフランスでも、ナポレオン民法典制定当初に生地主義が拒否され血統主義が採用された背景には、これと同じような考え方があった。館田（二〇〇六：一五三八－一五四五）参照。

[38] 他方、帰化の場合は、すでに形成されたその国との実質的な結び付きが、国籍取得の要件となる。

[39] 門田（一九九八：一二五）は、国籍唯一の原則との関連でも、次のように指摘している。「国境を越えての移動と定住が随所に見られる現代にあっては、国籍唯一の原則を貫こうとする限り、ある共同体へ新たに定住したうちのある者は往々にして、自己のアイデンティティを犠牲にその共同体の一員として認められるか、あるいは逆に、アイデンティティを保持して共同体構成員性の取得を断念するか、苦渋の選択を迫られることになるのである」。これは直接的には在日韓国朝鮮人を念頭に置いた指摘だが、より一般的に、多文化に向かおうとする社会が克服すべき重大な課題の一つを示すものであろう。

†文献

【日本語文】

秋山実（二〇〇九）「国籍法の一部を改正する法律の概要」『ジュリスト』一三七四号、二－九頁。

池原季雄・久保田きぬ子・塩野宏・田中康久・林良平・宮崎繁樹・山田鐐一（一九八三）「座談会　国籍法改正に関する中間試案をめぐ

って（上）」『ジュリスト』七八八号、一二一―一二九頁。

江川英文・山田鐐一・早田芳郎（一九九七）『国籍法〔第三版〕』有斐閣。

木棚照一（二〇〇三）『逐条註解国籍法』日本加除出版。

国友明彦（二〇〇一）「家族と国籍」『日本と国際法の一〇〇年（五）個人と家族』三省堂、九九―一二六頁。

国際女性の地位協会編（二〇一〇）『コンメンタール女性差別撤廃条約』尚学社。

近藤博徳（二〇〇八）「「立法事実の変遷」を読み取った国籍法違憲最高裁判決」『法と民主主義』四三三号、一九―二一頁。

――――（二〇〇九ａ）「国籍法違憲訴訟――大法廷判決獲得までのあゆみ」『法学セミナー』六五一号、二六―二九頁。

――――（二〇〇九ｂ）「国籍法違憲判決――ＪＦＣに対する法的支援活動の通過点」『法律時報』八一（八）号、一一一―一一五頁。

佐野寛（二〇〇八）「国籍法違憲判決と国籍法の課題」『ジュリスト』一三六六号、八五―九一頁。

志田陽子（二〇〇六）『文化戦争と憲法理論――アイデンティティの相克と模索』法律文化社。

高橋和之・岩沢雄司・早川眞一郎（二〇〇八）「〔鼎談〕国籍法違憲判決をめぐって」『ジュリスト』一三六六号、四四―七六頁。

舘田晶子（二〇〇六）「フランスにおける国籍制度と国民概念（三）」『北大法学論集』五八（四）号、一五三三―一五五五頁。

樋口陽一（二〇〇二）『憲法　近代知の復権へ』東京大学出版会。

門田孝（一九九八）「憲法における「国籍」の意義」『憲法問題』九号、一一五―一二八頁。

山元一（二〇〇三）「「デモスの国民国家フランス」という幻想？」『法律時報』七二（二）号、九七―一〇一頁。

【ウェブサイト】
国会会議録検索システム　http://kokkai.ndl.go.jp/

第３章

外国人とは誰か？

国籍法制が旧植民地問題と連動することは、説明するまでもないだろう。（樋口　一九九九：二一〇）

柳井健一

はじめに

「外国人とは誰か？」。本章のタイトルでもあるこの問いに対しては、学問分野あるいは問題関心に応じて、さまざまな回答がありえよう。しかしながら、こと法律学に関する限り、さしあたり、その答えは明快である。日本国憲法一〇条は、「日本国民たる要件は、法律でこれを定める。」としている。そして、同条を受ける形で、「国籍法」[1]という名称の法律が定められている。法律学の観点からみた場合、第一義的には、同法の下で日本国籍を保有する者が日本国民であり、日本国籍をもたない者が外国人であるとされている。なお、ここでいう外国人とは、日本国籍をもたず、外国籍を保有する者、またはいずれの国籍をもたない者＝無国籍者の双方をも含む概念であるとされている。

このように、法的には日本国籍の保有の有無を基準にして、国民と外国人とは、明確に区分される。だが、実際の法の運用ないし解釈といった機能的な局面では、両者の別はたちまち漠然としてくる。たとえば、日本国憲法第三章の標題は「国民の権利及び義務」であり、同章に含まれる条文のなかには、一見、明示的に国民（のみ）を主体として措定としているかのような文章が散見される。ところが、日本国憲法三〇条によれば「法律の定めるところにより、納税の義務を負う」のは、「国民」であるとされているが、外国人が、所得税や住民税といった納税の義務を、国民ではないからという理由で、免れることはない。他方、権利についてみれば、判例上も、学説上も、今日において、憲法が保障する権利が、外国人に対して一般的に及ばないという見解は、ほとんど存在しない。

外国人の人権という主題は、憲法学では、人権総論と呼ばれる分野の中で、人権の享有主体と言われる論点の一つとして位置づけられている。ここでは、憲法が保障する権利の享有主体が、第一次的には自然人たる国民、すなわち「法人」などのように法的擬制のもとで便宜的に人格として扱われるのではない生身の人間であって、日本国籍を保有する者であることがまずは前提とされる[2]。その上で、このような標準的な人権享有主体とは、何らかの点で、性質を異にする人の諸類型（天皇・皇族、法人、あるいは本稿の主題である外国人）について、各々の偏差を考慮しつつ、憲法上の権利の保障の許否、権利が保障されるとしてその範囲ないしは程度のありかたが検討される[3]。外国人については、日本国籍をもたないという法的特質を踏まえつつ、権利の保障の許否、程度が、考察されることとなる。

かつて、外国人については、憲法第三章の権利主体として認めないという否定説が有力とされた時期もあった。だが、現在の通説では、外国人の人権享有主体性を肯定したうえで、いわゆる「権利性質説」によって具体的な問題の解決を図ろうとする立場が採られている。すなわち、「権利の性質によって外国人に適用されるものと、そうでないものとを区別し、できるかぎり（その範囲・程度については争いがあるが）人権の保障を外国人にも及ぼすべきである」（芦部 一九九四：一二六）とする、あるいは「憲法によって保障された権利の性質を検討したうえで、外国人にも可能な限り保障を及ぼそうとする立場」（辻村 二〇〇八：一四二－一四三）である。

他方、判例上もこの点については同様であり、「憲法第三章の諸規定による基本的人権の保障は、権利の性質上日本国民のみをその対象としていると解されるものを除き、わが国に在留する外国人に対しても等しく及ぶものと解すべき」と述べる、いわゆるマクリーン事件判決[4]が、この問題についてのリーディング・ケースとなっている。憲法学を専攻する者にとっては、馴染みの深いこの判決も、研究領域を異にする者にとってはそうではあるまい。そこで、以下では、この事件の判旨を紹介しつつ、簡単な説明を加えることとしよう。

1　外国人の人権という議論枠組

1―1　マクリーン事件

この事件は、英語教師として日本に滞在中、無届で勤務先を変更したこと、およびベトナム反戦運動に関わったこと（実際には、むしろこちらに在留許可の不更新の実質的根拠があったものと思われる）を理由に、在留許可の更新を拒否された原告＝ロナルド・アラン・マクリーンが、当該拒否処分を争った事件である。原告の主張を要約すれば、憲法上、表現の自由が保障されており、外国人である原告がその権利を保障されるのであれば、ベトナム反戦活動という政治的表現の自由行使を理由とした在留許可の更新拒否処分は、当該権利を侵害する違法なものである、ということになる。

このマクリーン事件判決において、最高裁は、外国人が日本国においていかなる法的条件の下に在留する存在であるのかという点から、検討を説き起こす。

憲法二二条一項は、日本国内における居住・移転の自由を保障する旨を規定するにとどまり、外国人がわが国に入国することについてはなんら規定していないものであり、このことは、国際慣習法上、国家は外国人を受け入れる義務を負うものではなく、特別の条約がない限り、外国人を自国内に受け入れるかどうか、またこれを受け入れる場合にいかなる条件を付するかを、当該国家が自由に決定することができるものとされていることと、その考えを同じくするものと解される[5]。……

したがって、憲法上、外国人は、わが国に入国する自由を保障されているものではないことはもちろん、所論のように在留の権利ないし引き続き在留しうることを要求しうる権利を保障されているものではないと解するべきである。

そして、上述の憲法の趣旨を前提として、法律としての効力を有する出入国管理令は、外国人に対して、一定の期間を限り〔中略〕特定の資格によりわが国への上陸を許すこととしているものであるから、上陸を許された外国人は、その在留期間が経過した場合には当然わが国から退去しなければならない。[6]

その上で、これら外国人に対する憲法上の権利の保障については、権利性質説を採ることを明示しつつ、先に触れたとおり、外国人がそもそも入国・在留する権利を憲法上、保障されているわけではないという点を確認すべく、以下のように述べる。

思うに、憲法第三章の諸規定による基本的人権の保障は、権利の性質上日本国民のみをその対象としていると解されるものを除き、わが国に在留する外国人に対しても等しく及ぶものと解すべきであり、政治活動の自由についても、わが国の政治的意思決定又はその実施に影響を及ぼす活動等外国人の地位にかんがみこれを認めることが相当でないと解されるものを除き、その保障が及ぶものと解するのが、相当である。しかしながら、前述のように、外国人の在留の許否は国の裁量にゆだねられ、わが国に在留する外国人は、憲法上わが国に在留する権利ないし引き続き在留することを要求することができる権利を保障されているものではなく、ただ、出入国管理令上法務大臣がその裁量により更新を適当と認めるに足りる相当の理由があると判断する場合に限り在留期間の更新を受けることができる地位を与えられているにすぎないものであり、したがって、外国人に対する憲法の基本的人権の保障は、右のような外国人在留制度のわく内で与えられているにすぎないものと解するのが相当である。[7]

以上のような論拠により、マクリーンに対する在留更新の不許可処分は、法務大臣の裁量権の範囲内で行われた合法的な処分であるとの判断が下された。要するに、ベトナム反戦運動への参加のような行為は、憲法上の権利としては保障されるが、原告が外国人である以上、そのことを理由に在留期間の延長が認められなかったとしても、法的にみて、当該判断自体には問題はない、というのがこの判決の趣旨である。これでは、実際上、問題となった権利が保障されていないということとほとんど径庭はない。

この判決については、外国人を過度に委縮させる効果を生ずるであろうと思われる点で、一般的見地からは「行き過ぎ」であり、あるいは非常識ですらあるとの批判をうけるのではないかと想像する。この点、筆者自身も、判決の結論については、到底賛同することはできない。だが、この判決が前提としている論拠＝判断の枠組自体は、法律学において広く共有されているものである。[8] それゆえ、この点をいかにして批判するのかということは、憲法学にとって、かなりの「難問」であるとされている（樋口ほか 一九九四：一八九）。これが、どのような意味において「難問」であるのか？　次に、この点について検討しよう。

1―2　「安念教授のパラドックス」のインパクト――憲法学のアポリア？[9]

既述のように、外国人の人権という議論枠組自体は、判例のみならず、学説も概ね議論の前提として共有している。そして、このような立論のあり方に対しては、根本的な問題提起がなされている（安念 一九九三：一六二）。まずは、この問題提起について、必要な範囲で祖述してみよう。

そもそも、外国人は、わが国に入国し、在留し、または引き続き在留することを、憲法上、権利として認められている訳ではないと考えられている。通常、各主権国家は、国境管理を行い、入国審査をした上で、入国・在留を認めることが適当と考える外国人のみに、それを認めている。この点は、世界共通に認められている事態である。[10]

それゆえ、「外国人の在留には、内容的に中立あるいは無色な在留一般というものは存在せず、すべての外国人は、それが適法に本邦に在留するものである限り、出入国管理及び難民認定法〔中略〕の定める細分化された在留資格のいずれかを有し、また当該在留資格に応じて定められた在留期間に限って在留するものであり、この在留資格の制度自体が、外国人の人権を根本的に制約するものとなっている」（安念 一九九三：一六七）。実際にも、「入管法別表第一の在留資格制度の特徴は、在留外国人が本邦においてなしうる活動をあらかじめ一定の範囲に――しかも相当に狭く——限定して」（安念 一九九三：一七一）おり、「在留資格制度は、経済的自由にせよ精神的自由にせよ、外国人の人権保障という要請に配慮するものではなく、却って、いかなる在留資格を定めるか、その在留資格によっていかなる活動をいかなる期間にわたって許容するか、を決定することは、立法者が自由な裁量によってなし得る、という前提に立って構成されている」（安念 一九九三：一七五）。

かくして、「在留資格制度こそが外国人の人権を最もドラスティックに制限している」（安念 一九九三：一七六）、という状況が観察される。そうだとすれば、「本邦に在留する外国人にどこまで人権が保障されるのか、という問題の立て方自体、甚だミスリーディングではないかと思われる」（安念 一九九三：一六七）。なぜなら、「外国人の入国・在留を認めるか否かが国家の完全な自由裁量に任されている結果、入国・在留の条件を付すという意味で在留外国人の人権を自由に制限できることになるのだとすれば、外国人の入国・在留は憲法上の権利ではないという原則を前提としつつ、なお本邦に在留している外国人の人権を論ずることが、そもそも問の立て方として正当か、という疑問が生じ」（安念 一九九三：一七七）るからである。

このような指摘は、在留資格制度によるドラスティックな人権の制限という様相を明らかにするとともに、このような枠組で外国人の人権を論じることは、実は外国人に対する人権保障が行われないことを含意する可能性を示しているという点で、根本的な問題提起を行うものである[11]。実際にも、このような指摘が、憲法学上の「難問」であると受け止められているのも、こうした理由による。

だが、本稿の見るところ、外国人の人権について、学説・判例が前提とする判断枠組が提起する問題点は、以上のように、在留制度が外国人に対する人権保障を実質的に掣肘するという点には留まらない。そこで、次にいかなる点が問題であるのかについて、検討することとしたい。

1—3　隠された問題

前項で検討した議論は、外国人の人権という議論枠組に付きまとう「難問」を提起することで、憲法学に対して、重大な問題提起を行った。ただし、当該議論を展開する論者自身は、その際、一定の留保を行っている。すなわち、第一に「「定住外国人の人権」といった fashionable な問題を取扱うことを意図していない」こと、また第二に「問題を簡単化するために、考察の対象を本邦外から本邦に上陸して在留する外国人に限定」することである（安念 一九九三：一六八）。このような留保が含意していることは、何か？

第一の論点は、このように理論的に透徹した立論が、定住外国人の人権論を考察の対象とはせずに[12]、議論を展開している理由如何である。論者も指摘するとおり[13]、当該立論のもとでも、定住外国人の人権について、論理的に整合性のある議論を展開することができるはずである[14]。それではなぜ、敢えて定住外国人の人権について考察することを目的としない旨の留保が行われたのであろうか。

考えられうる一つの理由は、以下の通りである。そもそも権利性質説を前提とすれば、定住外国人に関して、社会的関心の対象とされている参政権的権利については、これらの権利の性質に照らして、（必ずしも）外国人に対して保障されないものであるとの理解が一般的である[15]。だとすれば、ここでこれらの権利を制限しているのは、国民主権という原理であることになる。先に検討したように、在留制度こそが、ドラスティックにではあれ、外国人の人権を間接的に制限するという構図とは、異なるとも理解できる[16]。

加えて、憲法上の権利のうち、参政権以外のものについては、当該立論が示すインパクトが、理論的というよりも、むしろ実際上大幅に減殺されるという点も指摘できると思われる。具体的には、定住外国人、とりわけ在留期間に制限のない永住者に関する限り、出入国・在留制度による人権保障の制約という問題は、一見、相当に緩和されるように思われるからである。

繰り返しになるが、外国人の人権という枠組のもとでは、外国人はわが国に入国・在留する憲法上の権利を認められておらず、したがって外国人に対して入国・在留を認めるか否かについて、国家は完全な裁量権を有することが、そもそもの前提とされている[17]。

しかしながら、永住者については、在留資格に付随する活動の制限というものが課されず、また在留期間の更新手続も存在しない。そのため、憲法上保障された権利の行使を理由として、在留自体が否定されるという事態を惹起することは基本的にないものと考えられる。もちろん、外国人の人権というものが、出入国・在留制度の枠内で保障されたものに過ぎないのではないかという理論面での問題が、完全に払拭されるわけではない。例えば、退去強制に該当しうるような行為を行うことで、永住者の地位の喪失につながる危険性が生ずるという意味での制約が課されることが想定される。[18]この点を除けば、実際問題として、永住者たる外国人については、在留資格制度によるドラスティックな人権の制限という様相は、相当程度減殺されるとも言いうる。

ただし、改めて強調しておきたいのは、「再入国許可」制度という在留法上の手続を考慮すると、やはり論者の指摘は端的にあてはまる。従来も再入国不許可処分が、とりわけ指紋押捺制度との関係で、押捺拒否者に対して発せられてきたことに鑑みれば[19]、定住外国人については、出入国にかかわる立場の不安定化を甘受した限りでのみ、憲法上保障されたさまざまな権利を行使しうるということとなり、やはり出入国管理および在留制度による掣肘を受けることとなってしまう。この点は、ひとたび永住資格を与えられた外国人についてまで、再入国許可制度の対象とすることの是非について、法的に詰めた議論をする必要があるものと思われる。

次に、「本邦外から本邦に上陸して在留する外国人に限定し」て論じるという視座について考えてみたい。ここで除外されている外国人は、具体的にはどのような人々なのだろうか？　実は、このような類型に該当する外国人が、日本には、構造的に多数存在している。本章での問題関心の中心となるのは、かつて植民地として日本の統治に服していた、台湾や朝鮮半島といった旧植民地出身者およびその子孫である。これらの旧植民地出身者については、サンフランシスコ講和条約の発効時に、かつての日本国籍を一斉に離脱した（剥奪した）ものとして扱う法的処遇が行われている。[20]終戦以来、日本国民として日本国内に居住していた旧植民地出身者は、この日を境に、突然外国人となったわけである。したがって、これらの人々は、「本邦外から本邦に上陸して在留する外国人」ではないし、外国人として本邦に上陸するのであれば、当然に有しているべき一般入管法上の在留資格も有していなかった。[21]後に詳細に検討するように、これらの人々が、現在、いわゆる入管特例法の下で、特別永住者として、在留法上、まさに特別の処遇の対象となっているのも、以上のような理由による。

現在の日本社会における定住外国人の相当部分を占めているのは、これら旧植民地出身者およびその子孫、すなわち「本邦外から本邦に上陸して在留」していない外国人である。このように考えた時、先に紹介した議論に付された二つの留保点は、実は、かつて帝国臣民あるいは日本国民であった旧植民地出身者である外国人を、かれらが日本国籍をもたない外国人であるという理由のみで、外国人の人権という議論枠組の対象とすることの、「すわりの悪さ」を示すものと理解することはできないであろうか？[22]

2　新たな枠組を求めて

2―1　問題の整理

そもそも、前項で表明した「すわりの悪さ」をより厳密に表現するとすれば、従来の外国人の人権論が、外国人という法的類型に属する具体的な人間が、歴史的・社会的のみならず、実定法上置かれている状況について、十分に精査することなしに、権利性質説に拠りながらその人権保障のありようについて議論をしてきたことに対する違和感であったと換言できる。言うまでもなく、そこで見落とされがちだった法的状況とは、外国人がわが国に入国し、在留する憲法上の権利を有さず、従ってその入国・在留の許否については、全面的に国家の裁量権のもとに置かれるという一般的な命題である。従来の憲法学説に比して、わが国の出入国管理・在留制度について格段の重点を置いた議論を展開したと評価できる安念が、自らの議論について、慎重な留保を付した大きな理由の一つは、現在の日本には、「本邦外から本邦に上陸」することなしに在留している外国人、とりわけ、旧植民地出身者およびその子孫が、構造的かつ多数存在しており、実定制度上も一般の出入国管理・在留制度とは異なる位置づけを与えられているからであると考えられる。

これら旧植民地の出身者およびその子孫は、現行制度上、特別永住者としてわが国に在留している。特別永住者とは、「出入国管理及び難民認定法」の特例について規定する、入管特例法により、「特別永住者」として永住資格を有する者である。これらの人びとは、広義の出入国管理・在留制度の規整対象ではあるが、出入国管理及び難民認定法上の在留資格ではなく、特例法によりその地位が規定されている。同法は、一般法としての「出入国管理および難民認定法」に対する特別法であると位置づけられている。だが、この特例法制定に至る関連法規の前史、またそもそもその発端となっている歴史的社会的事実に鑑みたとき、特例法の意義は、単に一般法に対する特別法であるという形式的意義には到底収まりきらない重大な問題を提起するものと考えられる[23]。

これらの人びとは、帝国臣民として、現行入管制度の成立以前に日本に到来し、以来世代を重ねてわが国に居住している。それゆえ、特別永住者は、国家の自由裁量に基づき入国・在留を許されるという前提のもとで、わが国への入国と一時的な在留そして出国を行う一般の外国人とは、そもそも存在の前提を全く異にしている。同時的かつ包括的に、日本国籍を喪失するという取扱を受けることとなった結果として外国人となったがゆえに、出入国管理・在留制度に何らかの形で位置づけられざるをえなくなった旧植民地出身者を、通常の外国人と同列に論じることは、到底できないものと思われる。そもそも、これらの特別永住者の在留について、日本国が自由裁量権を有するかどうか自体も、極めて疑わしいはずではないだろうか。

以上の考察は、外国人の人権論という憲法学上の議論枠組そのものが、あるいは定住外国人の人権をめぐる問題の相当部分が、とりわけわが国が抱える歴史的経緯のもとで、このような出入国管理・在留制度上の異物とでもいうべき地位に置かれた外国人によって占められているという具体的な問題状況を考察するに際して、その枠組に相応しいものであるかという疑問を提起するものとも考えられる。そこで、次にこのような疑問について考えるべく、特例法および特別永住者制度について、若干立入って検証してみたい。

2—2　特別永住者

現在、かつての植民地支配の結果として、日本に定住することとなった人びとおよびその子孫たちの出入国・在留法上の地位は、入管特例法によって規定されている。

そもそも、一般の出入国・在留制度に対して、このような特別立法が必要となった経緯については、特例法の制定過程において、以下のような説明がなされている。

我が国には、終戦前から引き続き居住し、昭和二十七年の日本国との平和条約の発効に基づき日本の国籍を離脱した在日韓国人・朝鮮人及び台湾人並びにその子孫が多数在留しておりますが、これらの人々の我が国社会における定住性がますます強まりつつある今日、これらの人々が我が国の社会秩序のもとでできる限り安定した生活を営むようにすることが重要であると考えられます。〔中略〕この法律案は、右に述べた経緯を踏まえ、在日韓国・朝鮮人及び台湾人並びにその子孫を対象として、その歴史的経緯及び我が国における定住性を考慮し、これらの人々の法的地位のより一層の安定化を図るため、出入国管理及び難民認定法の特例を定めることを目的とする。[24]

特例法自体は、特別永住者について、以下のように定義している。まず特別永住者となるための前提として、サンフランシスコ講和条約により日本国籍を離脱した者＝「平和条約国籍離脱者」であることが要件とされているが、これについて規定する第二条は、

第二条　この法律において「平和条約国籍離脱者」とは、日本国との平和条約の規定に基づき同条約の最初の効力発生の日（以下「平和条約発効日」という。）において日本の国籍を離脱した者で、次の各号の一に該当するものをいう。

一　昭和二十年九月二日以前から引き続き本邦に在留する者

二　昭和二十年九月三日から平和条約発効日までの間に本邦で出生し、その後引き続き本邦に在留する者であって、その実親である父又は母が、昭和二十年九月二日以前から当該出生の時（当該出生前に死亡したとき

は、当該死亡の時）まで引き続き本邦に在留し、かつ、次のイ又はロに該当する者であったもの
イ　日本国との平和条約の規定に基づき平和条約発効日において日本の国籍を離脱した者
ロ　平和条約発効日までに死亡し又は当該出生の時後平和条約発効日までに日本の国籍を喪失した者であって、当該死亡又は喪失がなかったとしたならば日本国との平和条約の規定に基づき平和条約発効日において日本の国籍を離脱したこととなるもの

2　この法律において「平和条約国籍離脱者の子孫」とは、平和条約国籍離脱者の直系卑属として本邦で出生しその後引き続き本邦に在留する者で、次の各号の一に該当するものをいう。
一　平和条約国籍離脱者の子
二　前号に掲げる者のほか、当該在留する者から当該平和条約国籍離脱者の孫にさかのぼるすべての世代の者（当該在留する者が当該平和条約国籍離脱者の孫であるときは、当該孫。以下この号において同じ。）について、その父又は母が、平和条約国籍離脱者の直系卑属として本邦で出生し、その後当該世代の者の出生の時（当該出生前に死亡したときは、当該死亡の時）まで引き続き本邦に在留していた者であったもの

これらの条件を満たすわが国に居住する旧植民地出身者およびその子孫のうち、特別永住者となりうる者については第三条が規定している。

第三条　平和条約国籍離脱者又は平和条約国籍離脱者の子孫でこの法律の施行の際次の各号の一に該当しているものは、この法律に定める特別永住者として、本邦で永住することができる。
一　次のいずれかに該当する者
イ　附則第十条の規定による改正前のポツダム宣言の受諾に伴い発する命令に関する件に基く外務省関係諸命令の措置に関する法律（昭和二十七年法律第百二十六号）（以下「旧昭和二十七年法律第百二十六号」

という。）第二条第六項の規定により在留する者

ロ　附則第六条の規定による廃止前の日本国に居住する大韓民国国民の法的地位及び待遇に関する日本と大韓民国との間の協定の実施に伴う出入国管理特別法（昭和四十年法律第百四十六号）（以下「旧日韓特別法」という。）に基づく永住の許可を受けている者

ハ　附則第七条の規定による改正前の入管法（以下「旧入管法」という。）別表第二の上欄の永住者の在留資格をもって在留する者

ニ　旧入管法別表第二の上欄の平和条約関連国籍離脱者の子の在留資格をもって在留する者

また、同法第四条一項、「平和条約国籍離脱者の子孫で出生その他の事由により入管法第三章に規定する上陸の手続を経ることとなく本邦に在留することとなるものは、法務大臣の許可を受けて、この法律に定める特別永住者として、本邦で永住することができる」としている。

この特例法の目的については、以下のような説明が行われている。[25] 第一に、特別永住制度を創設することであり、それにより、

（1）特例法施行前から既に永住許可を受けている者などについて、同法施行後は特別永住者として本邦で永住できることとする。

（2）法施行後に新たに出生した者などについては、申請に基づき、特別永住者として永住を許可することとし、その申請受理等の手続は、市区町村の長において行うこととする。

（3）法施行前から引き続き在留している者で、定住者等の在留資格をもって在留する者については、申請に基づき特別永住者として永住することを許可することとし、その申請受理等の手続は地方入国管理局において行うこととする。

第二に、特別永住者に対する出入国管理及び難民認定法の特例を定めることであり、それにより、

（1）特別永住者に係る退去強制は、内乱、外患もしくは国交に関する罪、外交上の重大な利益を害する罪またはこれに準ずる重大な罪を犯した者に限定する。

（2）特別永住者については、再入国許可の有効期間を四年以内とし、さらに、一年以内に限り、在外公館での延長を認め、再入国許可による出国期間を最大限五年とする。

（3）再入国の許可を受けて上陸する特別永住者については、出入国管理及び難民認定法第五条に定める上陸拒否事由につき審査しないこととする。

法案審議の舞台となった衆・参法務委員会において、このような立法を行うことにより、特別永住制度を創設することの理由として、しばしば言及されたのが、同法の対象となる旧植民地出身者が有する、「歴史性」と「定住性」という特徴である。繰り返し言及してきたとおり、これら旧植民地出身者は、サンフランシスコ講和条約の発効に際して発せられた、いわゆる法務府民事局長通達の時点までは、日本国籍を有する日本国民であった。しかしながら、出入国管理・在留法制度、あるいはその他の領域においても、かならずしも日本国民としては処遇されていなかった[26]。通達による日本国籍の一斉離脱後も、その位置づけは、極めて複雑かつ曖昧であった。この点についての簡単な整理は、旧植民地出身者が有する「歴史性」について理解する上でも、必要不可欠と思われる。そこで、次に、この点について、簡単な整理を行っておくこととしたい。

2―3　沿革

一九五二年「ポツダム宣言の受諾に伴い発する命令に関する件に基く外務省関係諸命令の措置に関する法律」、いわゆる法律一二六号が、制定された。そもそも戦後の出入国管理制度の嚆矢であった出入国管理令は、「純粋に出入

国とそれに伴う在留を前提とし、その意味で、生活の本拠を日本以外の外国に有し、日本での在留はあくまで一時的な外国人を管理の対象とするものであり、戦前から日本に在住する者や、その子孫等、その生活の本拠を日本にもつ者の社会関係を規律することをまったく予想しない体裁をとっていた」（大沼 二〇〇四：一三二）。当初日本政府は、その案の附則において、「日本人で戸籍法の適用を受けないものは、当分の間、この政令の適用については外国人とみなす」旨の規定を置いていた。GHQの強い反対により、当該条文は削除されたものの、サンフランシスコ講和条約の発効に際し、旧植民地出身者が一斉に日本国籍を離脱したことにより、結局これらの者は、同令の対象となることになった（大沼 二〇〇四：一三三－一三四）。しかしながら、「そもそも外国から入国したものでなく、旅券をもたず、査証も受けずに、すでに国民として昨日まで居住していたもの」に、出入国管理令をそのまま適用できるはずはなかった（大沼 二〇〇四：一三四）。かくして制定されたものが、法律第一二六号である。

同法により、「日本国との平和条約の規定に基き同条約の最初の効力発生の日において、日本の国籍を離脱する者で、昭和二十年九月二日以前からこの法律施行の日まで引き続き本邦に在留するもの（昭和二十年九月三日からこの法律施行の日までに本邦で出生したその子を含む）は、出入国管理令第二十二条の二第一項の規定にかかわらず、別に法律で定めるところによりその者の在留資格及び在留期間が決定されるまでの間、引き続き在留資格を有することなく本邦に在留することができる」（二条六項）とされた。加えて、外務省令第一四号により、この法律第一二六号二条六項該当者の子についても同様の法的処遇が定められている。

一九六五年には、「この協定の効力発生の日から五年以内に永住許可の申請をしたときは、日本で永住することを許可する」（＝「協定永住」制度の創設）、「協定永住者の子孫については協定発行から二五年を経過するまでは協議を行う」ことを内容とする、日韓法的地位協定の署名が行われた。これを受けて、「日本国に居住する大韓民国国民の法的地位及び待遇に関する日本国と大韓民国との間の協定の実施に伴う出入国管理特別法」（昭和四〇年法律第一四六号）が制定された。ただし、当該法律の対象となったのは、大韓民国国籍を有する者のみであり、その他の旧植民地出身者については、協定永住資格の取得は認められなかった。

以上のような沿革ゆえに、旧植民地出身者の法的地位は、錯綜することとなった。実際にも、特別永住資格の取得対象者の従前の法的地位については、①法律第一二六号の該当者、②法律第一二六号の二条六項該当者の子供、③日韓協定永住の許可を受けている者、④一般の入管法の永住者の在留資格をもっている者、⑤その他一般の在留資格の五類型にわたっていた[27]。現在の特別永住者という法的地位の確立に至るまでに、このような紆余曲折があったのである。

2―4　新たな局面へ

二〇〇九年七月一五日に「出入国管理及び難民認定法及び日本国との平和条約に基づき日本の国籍を離脱した者等の出入国管理に関する特例法の一部を改正する等の法律」が公布され、外国人登録法を廃止するなど、新たな在留管理制度が導入される事となった[28]。この制度の特別永住者に関わる部分について、本稿での議論に必要な限度で、いくつかの特徴を指摘したい。新たな在留管理制度の導入にともない、外国人登録証明書も廃止されるが、特別永住者については、新たな在留制度の対象とはならないものとされている[29]。また、現在特別永住者に交付されている外国人登録証明書がその法的地位を証明するものであることなどから、これと同様の証明書として、法務大臣から特別永住者証明書が交付される。加えて、再入国制度が緩和され、有効な旅券および特別永住者証明書を所持する者が二年以内に再入国する場合、原則再入国許可が不要となる。また、再入国許可を受けた場合の再入国許可の有効期間の上限について、従来の四年から六年に伸長される。

このような特別永住者への処遇の根拠として、「特別永住者に対し、他の外国人とは異なる様々な配慮がなされている理由は、日本国との平和条約の発効により本人の意思に全くかかわりなく、関係なく日本の国籍を離脱した方々であること、終戦前から引き続き日本に在留している方々であり、我が国に対する強い定着性があることという点にあり、この点、そのほとんどが新たに来日した外国人、いわゆるニューカマーである一般永住者とは、その歴史的経緯や定着性に関し全く異にしております」との理由が挙げられている[30]。

従来から、同様に永住資格を有する場合であっても、特別永住者と一般永住者に対する法的処遇は異なってきた。今次の改正についても、歴史的経緯と定着性という理由から同様の方向性が採られていることが確認できる。

むすびにかえて

現在の特別永住者は、日本国憲法制定時において日本国籍を保持しており、サンフランシスコ講和条約発効時の法務府民事局長通達により日本国籍を剥奪されて以来、一貫して一般在留制度の枠外にあり続けた。広く外国人について言及される、入国ないし在留の権利の不保持あるいは、「主権国家の専管事項」という議論枠組に、かれらが本質的に馴染まないのも、本稿で縷々述べてきた歴史的経緯、ないし社会的あるいは生活実態面での一般的な日本国民との相同性ゆえのものであろう。逆に言えば、だからこそ、入管特例法において、特別な（ある意味で、国民にかなり近い）処遇をせざるをえないのではないか？ そうであるとすれば、これらの特別永住者の人権という問題を、外国人の人権という議論枠組のもとで論じることは、間違いである。[31]本稿のタイトルに照らしつつ、換言するとすれば、彼らの実体的な法的特性に鑑みた場合、必ずしも、「外国人」ではない。

この点は、植民地統治、およびその独立にともなう旧植民地出身者の法的処遇という、近代国家形成に付随する歴史的経緯に対する国家としての責任という問題に関わる。たとえば、イギリス一九四八年国籍法のように、旧植民地に属する人びとについて、既に自治権を獲得していた自治領（Dominion）も含めて、その法的地位に関して、自国民として処遇するという事例がある。[32]このイギリスに見られるような「過剰包摂」の事例と比較した場合の日本の「過少包摂」を自覚したとき、国籍保有を基準とした形式的二項対立的把握は妥当なのであろうか？[33] 日本の植民地統治に起因する「特別永住者」という存在を、この点に無自覚なまま「外国人」として処遇し続けるのか？ 現在、特別永住者という地位を占める人びとは、日本国籍をもたないという点で、国籍保持者という意味での「国民」ではない。だが、一般的に想定される外国人とも明らかに異なる法的属性を有している。このような人びとを構造的に抱える日本国を法的側面において構成する日本国憲法は、かれらを「国民」に準じて法的に処遇する責務を、国に課していると考えられる。

最後に、補足的な説明をして、本稿を閉じることとしたい。以上の検討は、一般の外国人の人権保障を疎かに考えていいという話では、もちろん、ない。例えば、日本で出生し、継続的に日本で生活する一般永住者の子孫は、現行制度上、特別永住者とは異なり、通常の外国人に近い処遇を受けている。だが、その社会的ないし生活実態は、二世・三世たる特別永住者とそれほど違うものだとは言えまい。

このような点に鑑みれば、理想としては、従来、憲法学が議論してきたように、「定住外国人」が広く人権保障の対象となることが望ましいことは言うまでもない。しかし、特別永住者との関係では、国家形成過程での特別な経緯を踏まえて、とりわけ、植民地統治に対する歴史的責任という観点から、一般の外国人とは別異の取扱がなされるべきである。他方で、特別永住者に対して制度として認められるような権利は、平等性という観点から、少なくとも一般永住者にも、もしくは定住性を持った外国人についても、同様に認められるべきであろう。とはいえ、歴史的・社会的経緯といった構造性が明らかに異なる両者を、無前提に、同一に処遇することについて、現時点で筆者は懐疑的である。同一処遇が望ましいとしても、あくまでも、あるいは少なくとも、現時点では両者を分けて考えるべきではないかと考える。

†注

[1] 昭和二五・五・四　法一四七。

[2] なぜ、そうなるのかについての原理的な説明は、それ自体重要な問題であるが、さしあたり、ここでは、憲法とは、一つの主権国家の存在と相補的に、当該国家の構成員＝国民への人権保障を目的に設立された政治共同体を法的に現在化させるものであるという理解（このような理解の基底にあるのが、自然権思想と社会契約論）を提示しておく。

[3] 代表的な憲法教科書は、この点について、以下のように述べる。「人権は、人種、性、身分などの区別に関係なく、人間である以上

当然に享有できる普遍的な権利である。しかし、日本国憲法は、世襲天皇制を定め、また、第三章には「国民の権利及び義務」という表題をつけ、文言上、人権の主体を一般国民に限定するかのような外観をとっている。そこで、一般国民のほかに、いかなる者が人権を享有するかが問題となる」（芦部 二〇一一：八七）。

[4]　最大判昭和五二・一〇・四民集三二巻七号一二二三頁、引用部分は一二三三頁。

[5]　最大判昭和三二・六・一九刑集一一巻六号一六六三頁が先例として引用されている。

[6]　最大判昭和五三・一〇・四民集三二巻七号一二三〇頁。

[7]　最大判昭和五三・一〇・四民集三二巻七号一二三三頁。

[8]　この点は、国際法上広く共有されている考え方であり、日本に限られない。たとえば、ノンルフールマン原則故に、国外へ退去させえない外国人たるテロリスト被疑者についての無期限拘留を正当化する文脈で、「外国人を入国させ、退去させ、あるいは強制的に退去させる権限は、最も初期から、また最も広範に認められた主権国家の権限であり、今日に至るまで疑われることなくそうであり続けている」と述べる Finnis（2007: 417）を参照。

[9]　「安念教授のパラドックス」という表現は、長谷部（二〇〇六：一一六）による。

[10]　念のため確認すれば、ここでの判断枠組は、第一に、外国人には入国・在留する権利がなく、それについては国家の主権的な裁量によって決定されるということ、第二に、他方で、憲法上保障されている権利については、その性質に照らして、保障可能なものは極力保障すべきであるという点である。

[11]　さらに付言すれば、ここでの論点は、主権国家という枠組を前提としつつ、当該政治共同体としての国家における人権保障の実現を目指す近代憲法が抱える、「構成的なディレンマ」（ベンハビブ 二〇〇六：二）の表出であるとも理解できる。すなわち、「普遍的人権は文脈を超越した訴求力をもっているが、国民主権および民主的な主権は自らを統治するために行動する、限定づけられたデモス〔市民〕を構築しなければならない。自己統治には自己構築も含まれるのである。かくして、普遍的人権に係留された、拡大的で内包的な道徳的および政治的普遍主義の原理と、個別主義的で排他的な民主的囲い込みの概念とのあいだには、解消しがたい矛盾あるいは「宿命的な緊張」とさえいってよいものが生まれる」（ベンハビブ 二〇〇六：一六―一七）。この問題についての立ち入った検討は、他日を期したい。

[12]　「定住外国人」（permanent alien residents）という概念は、国籍の有無という形式的な指標によって国民―外国人という区分を設け、両者を単純な二項対立的として把握するのではなく、外国人の一定の生活実態を重視しつつ立論を行うことで、その権利保障の進

展を図るべく提唱されたものである。従前の定義に対して、その社会的ないし生活実態を踏まえつつ提示されたこの概念は、少なからぬインパクトを学説、実務に与えたことは間違いない。ただし、それ自体は、法令上の用語ではなく、その提唱者の一人によれば以下のように定義されている。「日本社会に生活の基盤があって、社会的生活関係が日本人と実質的に差異がなく、日本国籍をもたない人（＝外国人）のことをいう」として、具体的には、①大日本帝国の侵略によって、直接・間接を問わず渡日を余儀なくされた韓朝鮮（ハンチョソン）人、中国・台湾人など、②その人たちの子孫で日本に生まれ育った者、③日本に居住して三年（国籍法上、帰化の最短年数）以上の者で、生活の基盤が日本にあって納税の義務を果たしているその他の外国人である。参照、徐（一九九二：一九－二〇）。

[13] 安念（一九九三：一六八）は、「定住外国人」とは実定法令が作り出したカテゴリーに過ぎず、立法者がこのカテゴリーを作り出しあるいは維持する憲法上の義務はないと考えられるから、〔中略〕本邦に在留する外国人の人権一般と共通の問題性を有しており、「定住外国人」だけを別個に考察する必要はないと思われる」と述べる。

[14] ただし、後に検討するとおり、特別永住者についてもこの点が首肯できるか否かについては疑問である。

[15] この点については、座談会での発言であるが、長谷部ほか（二〇〇九：六七）の柳井発言、およびこれについての長谷部ほか（二〇〇九：七二）の長谷部発言を参照。

[16] ただし、出入国管理・在留制度の実体的根拠は、いうまでもなく、国境管理という国家主権の典型的一属性であることはいうまでもない。

[17] ただし、後に示すとおり、一般入管法上の永住者については、永住資格の付与自体が、完全な国家の裁量によるものであること、他方、特別永住者についてはそうではないことを、さしあたりここでは確認しておく。

[18] とはいえ、このような行為が憲法上の権利として保障されるということを想定すること自体が非常に困難であるので、ここでは、出入国管理・在留制度が人権を掣肘するという構図は、実際上、さほど問題となることはないものと思われる。

[19] この点に関わる重要な判例として、いわゆる「森川キャサリーン事件」（最一判平成四・一一・一六民集一六六号五七五頁）がある。本件は、外国人登録法の下での指紋押捺拒否を理由に再入国許可が認められなかった事例である。

[20] 昭和二七年四月一九日民事甲第四三八号法務府民事局長通達「平和条約の発効に伴う朝鮮人台湾人等に関する国籍及び戸籍事務の処理について」。

[21] 「日本国との平和条約に基づき日本の国籍を離脱した者等の出入国管理に関する特例法」平成三年法律第七一号、参照。以下、入管特例法もしくは単に特例法と表記する。

［22］無論、このような理解は、筆者の一方的な原テクストの誤読である可能性がある。

［23］さらに、後に見るように、二〇〇九年七月一五日に公付された、「出入国管理及び難民認定法及び日本国との平和条約に基づき日本の国籍を離脱した者等の出入国管理に関する特例法の一部を改正する等の法律」により、特別永住者に対する出入国管理・在留制度は大幅に改正され、その地位は、国民の地位に近づきつつあると評価できる。

［24］第一二〇回国会衆議院法務委員会議事録第九号平成三年四月九日二頁。

［25］第一二〇回国会衆議院法務委員会議録第九号平成三年四月九日二〜三頁、同参議院法務委員会議録第八号平成三年四月二五日一〜二頁。

［26］典型的には、一九四七年五月二日の勅令である「外国人登録令」によって、外国人登録制度の対象とされていたことである。

［27］第一二〇回国会参議院法務委員会議録第八号平成三年四月二五日二一－二三頁。

［28］以下の記述に際しては、法務省入国管理局「平成21年度入管法改正について　入管法が変わります！――新たな在留制度」http://www.immi-moj.go.jp/newimmiact/newimmiact.html を参照した。

［29］他方、特別永住者以外の一般永住者および三ヵ月を超え在留資格を持って在留する者については、基本的に在留制度の管理下におかれ、新たに導入される在留カードの携帯および提示義務が課せられる。

［30］第一七一回国会参議院法務委員会議事録第一五号平成二一年七月七日一五頁。

［31］なお、これまで、判例は、特別永住者であるか否かを問わず、外国人の人権については、先に紹介したマクリーン事件判決の枠組のもとで論じてきた。先に筆者は、このような判例の議論枠組を前提としても、論理必然的になお、特別永住者については一般の外国人ないしは永住者とは異なった、より日本国民に近い権利保障の対象となるはずである旨を論じた（柳井（二〇〇九：一頁以下）参照）。その際、特別永住者を、他の類型の外国人、とりわけ一般永住者と同等に処遇すべきか否かについて判例の枠組を離れた自説の提示は差し控えた。既に明らかなとおり、特別永住者については、国民に準じた存在として考えるべきであるというのが、筆者の立場である。

［32］この法律は、帝国の中心としてのイギリスの地位の維持を目指したものであり、またその後法的には「自国民」である有色人種の本国への入国を出入国管理制度によって阻止したという事実をも併せ考えたとき、イギリスがこのような歴史的責任を果たしたとは、到底いえない。それでも、植民地統治の解体という歴史的文脈においてイギリスが日本とまったく正反対の対応をしたことは銘記すべきものと思われる。この点について、柳井（二〇〇〇：五八）、および柳井（二〇〇四：二八六－二八七）参照。

［33］この点について、長谷部ほか（二〇〇九：六九）での筆者発言を参照。

十文献

【日本語文】

芦部信喜（一九九四）『憲法学Ⅱ　人権総論』有斐閣。

――（二〇一一）『憲法　第五版』高橋和之補訂、岩波書店。

安念潤司（一九九三）「「外国人の人権」再考」樋口陽一ほか編『現代立憲主義の展開　上』有斐閣、一一六―一二六頁。

大沼保昭（二〇〇四）『在日韓国・朝鮮人の国籍と人権』東信堂。

徐龍達編（一九九二）『定住外国人の地方参政権――開かれた日本社会をめざして』日本評論社。

辻村みよ子（二〇〇八）『憲法〔第三版〕』日本評論社。

長谷部恭男（二〇〇六）「「外国人の人権」に関する覚書――普遍と特殊性の間」『憲法の理性』東京大学出版会、一〇〇―一二〇頁。

長谷部恭男・大沢秀介・川岸令和・宍戸常寿・青柳幸一・柳井健一（二〇〇九）「日本国憲法研究第三回・外国人の選挙権・公務就任権」『ジュリスト』一三七五号、六〇―八五頁。

樋口陽一（一九九九）『憲法と国家――同時代を問う』岩波新書。

樋口陽一ほか（一九九四）『注解法律学全集①　憲法Ⅰ〔前文・第1条～第20条〕』青林書院。

ベンハビブ・セイラ（二〇〇六）『他者の権利　外国人・居留民・市民』向山恭一訳、法政大学出版局。

柳井健一（二〇〇〇）「国民とは何か」元山健・倉持孝司編『新版　現代憲法――日本とイギリス』敬文堂、五八頁。

――（二〇〇四）『イギリス近代国籍法史研究――憲法学・国民国家・帝国』日本評論社。

――（二〇〇九）「国民と外国人の間――判例法理における「外国人の人権」論の再検討」『法と政治』六〇（一）号、一―二四頁。

【英語文】

Finnis, John (2007) Nationality, Alienage and Constitutional Principle. 123 *Law Quarterly Review*, pp.117–455.

【ウェブサイト】

法務省入国管理局

「平成21年入管法改正について　入管法が変わります！――新たな在留制度」http://www.immi-moj.go.jp/newimmiact/newimmiact.html（二〇一一年八月一日現在）。

第4章

複数国籍の容認傾向

近藤　敦

はじめに

二〇〇八年に最高裁は、はじめて国籍法を憲法違反とする判決を出した。それは法律上の婚姻関係にない日本人の父と外国人の母との間に生まれ、父から生後認知された子ども達についての事件であった。いわば、「父母の婚姻により嫡出子たる身分を取得した」準正子の場合に限り国籍取得を認める国籍法三条一項は、父母の婚姻の有無という「子にとっては自らの意思や努力によっては変えることのできない」事柄による区別をする規定であり、今日の国内外の社会環境では、合理的な理由を見出し難い不合理な差別といえる。したがって最高裁は、憲法一四条一項の法の下の平等に反するとした[1]。その後、この準正要件を削除する国籍法改正に際して、衆・参両議院は、「本改正により重国籍者が増加することにかんがみ、重国籍に関する諸外国の動向を注視するとともに、我が国における在り方について検討を行うこと」という付帯決議を付している。そこで、本稿は、重国籍[2]に関する諸外国の動向と日本での問題を分析することにする。

第1節では、国際的な動向と日本の判例・学説の状況を概観する。第2節では、反対論と賛成論の根拠を分析する。その際、従来の重国籍という用語は、重婚になぞらえて倫理上問題視する議論も一部にあり、相対的に中立的な複数国籍という新しい名称をここでは用いる。第3節では、複数国籍に対する諸外国の対応を整理する。そして終節では、とりわけ、日本の国籍選択制度をめぐる国際法上および憲法上の論点を検討するものである。この点、人権救済の申立を受け、日弁連は、異なる国籍の両親から生まれたり、外国籍者との婚姻等により自動的に複数国籍となったりした場合、国籍選択義務を課さないように国籍法改正を求める意見書を二〇〇八年に提出している（日本弁護士連合会 二〇〇八）。

1　国際的な動向と日本の判例・学説の状況

今日、平和主義、民主主義、人権擁護[3]などを促進する手段として、複数国籍の増大を歓迎する見解が増えている。近年の複数国籍の増大要因として、冷戦の終焉、徴兵制の廃止、移民・国際結婚の増大、国際法の変化を挙げることができる。移民受け入れ国では、社会統合のための帰化・届出の要件緩和、女性差別撤廃条約にともなう父母両系血統主義への移行が、複数国籍を増大させた[4]。移民送り出し国では、移民受け入れ国との関係強化、在外国民の人権擁護の機運が要因といえる（Martin 2003: 5–10）。

判例上も、たとえばドイツの場合、たしかに一九七四年に連邦憲法裁判所が、当時の父系血統主義の国籍法を違憲とした判決の中で、複数国籍（doppelte oder mehrfache Staatsangehörigkeit）を国内法上も国際法上も「悪弊（Übel）」とみなした[5]。しかし、一九八九年には連邦行政裁判所がこれまで複数国籍は回避すべきとされてきたが、今日の国際私法の進展により法的不安定の危険は以前より少なくなっており、（忠誠）義務の衝突の危険は、とりわけEU諸国間では重要ではなくなったと指摘した[6]。そして、一九九八年の連邦行政裁判所の判決では「複数国籍回避原則（Grundsatz der Vermeidung der Mehrstaatigkeit）は、多くの国で侵食（Erosion）にさらされている。とりわけ国際結婚や移住労働の増大との関係で複数国籍の容認傾向が強まっている」と判示した[7]。

この点、日本では、一九八一年に東京地方裁判所が、「国籍唯一の原則を実現することは、国際的に承認された国籍立法の理想」といい、「重国籍の弊害」を認めつつ、当時の父系血統主義の国籍法を簡易帰化制度の存在ゆえに性差別（一四条違反）にはあたらず合憲とした[8]。また、一九九八年にも大阪高等裁判所が、「国籍の積極的抵触（重国籍）及び消極的抵触（無国籍）の発生を可能な限り避けることが理想とされている」といい、当時の国籍法三条による届出によって、準正子が母の国籍を喪失する可能性について、「二重国籍が望ましくないものである以上、やむを得ないことである」とも判示している[9]。重国籍の国際法上の容認傾向に言及した判決はまだない。条約上の複数国籍回避原則をもっていたドイツとは違い、日本にはその種の国際法上の要請はない。

国際法上、複数国籍を禁止する条約はない。たしかに、国際連盟主催の国際法典編纂会議による一九三〇年の「国籍法の抵触についてのある種の問題に関する条約」の前文では、無国籍と複数国籍をなくす理想のために、「各個人が一個の国籍を有すべきであり、かつ一個のみを有すべきである」と定めていた。しかし、この前文には、法的効力はない。また、二〇世紀の初頭では、大半のヨーロッパ諸国は、帰化による従来の国籍喪失の規定を設けるなど、複数国籍が生じないように国籍法を定めようとしていた（de Groot 2003: 99）。その後、複数国籍は多くの問題につながるとして、欧州評議会は、人の国際移動の規模がまだ小さかった一九六三年に複数国籍削減協定を締結し、同一条では「締約国の国民は、成人であり、自己の意思で、帰化、選択または回復により、他の締約国の国籍を取得した場合は、従来の国籍を放棄する」ことも定めていた。とはいえドイツ、オランダ、スウェーデン、フランスなどは、この協定を批准したが、イギリスなどは、複数兵役の防止の部分だけを批准したにすぎなかった。

その後、複数国籍削減協定を締結したにもかかわらず、国際結婚と国際移住の増大により、複数国籍者は大量に増えることになった。その主要な要因の一つとして、女性差別撤廃条約の批准により、父系血統主義から父母両系血統主義への国籍法改正が各国にみられたこともあげられる。このため、一九九三年には、増大する国際結婚と国際移住にともなう複数国籍の承認傾向が一定の国々にみられることから、一九六三年の協定の第二選択議定書を欧州評議会は採択している。これは家族の国籍の統一と移民の二世の社会統合のために、国際結婚による配偶者と子、移民の二世の複数国籍を承認するものであった（Europarat 1994: 411）。そして、一九九七年のヨーロッパ国籍条約一五条は、複数国籍が望ましいものであるかどうかについての問題は中立の立場を表明し、加盟国の自由に決定できるようにした（Council of Europe 1998: par.97）。しかし、同一四条では複数国籍を通常は回避しようとしている国でも認めている出生・結婚により当然に取得した二つの場合には複数国籍の保持の容認を加盟国に要請している。また、同七条が国家主導の国籍喪失事由の限定列挙をしていることから、同七条に該当しない国籍喪失を禁止している（Council of Europe 1998: par.58）。こうした国籍喪失事由の限定列挙は、同四条 c号の国籍の恣意的剥奪禁止規定を包括的に保障するためのものであり、同号は世界人権宣言一五条二項の国籍の恣意的剥奪禁止規定にならって取り入れられたものである（Council of Europe 1998: par.35）。以上のように、複数国籍を容認することは、国際法に反しないばかりか、今日の国際法の動向に照らすならば、逆に国際結婚で生まれた子どもが成人した際に国籍選択を義務づける国籍法の改正が求められている（近藤 二〇一一：四二－四四）。

一九九八年の日本とドイツの判例において、複数国籍防止が国際法上必要とされているのか否かについて、大きく評価を違えていることは、一九九七年のヨーロッパ国籍条約についての理解をもっていたかどうかの差によるとともに、日本における代表的な国籍法の教科書が複数国籍に否定的な見解を示していたことにも原因があるように思われる。江川ほか（一九九七：一九－一二三）は、「最近、重国籍に好意的ないし肯定的な見解がみられる」としながら「重国籍が種々の不便と困難をもたらす」例として、複数の国の「兵役義務」、「外交的保護」の紛議、戦時での反逆罪などの深刻な問題をあげて、複数国籍に否定的な見解を示している（もっとも、憲法学の代表的な教科書、芦部（一九九七：二〇九）は、「最近の急激な国際化の動きは、「国籍唯一の原則」に基づく従来の厳格な重国籍防止の考え方に波紋を投げかけている」と指摘していた）。

国籍取得原理と複数国籍との関係について、整理しておこう。一般に、移民受け入れ国では、移民の二世を簡単に国民とすべく生地主義が好まれ、移民送り出し国では、在外国民の子との密接な関係を維持すべく血統主義が好まれる。今日、生地主義と血統主義が併用される傾向があり、生地主義国は一般に血統主義の要素も備え、血統主義国も生地主義の要素を大なり小なりもつ。生地主義と血統主義の混合形態の程度に応じて、複数国籍の容認の程度は、表1のようになる。[10] 一般に、生地主義の要素が大きいと複数国籍に寛容である。血統主義国は相対的に複数国籍に不寛

表1　国内居住者を中心にみた場合の各国における複数国籍の状況

	生地主義	生地主義の優勢な混合形態	混合形態	血統主義の優勢な混合形態	血統主義
複数国籍には非常に寛容	アメリカ カナダ	オーストラリア ニュージーランド イギリス アイルランド	ベルギー フランス	ポルトガル トルコ	イタリア ギリシア スウェーデン フィンランド ルクセンブルク
複数国籍にはかなり寛容			ドイツ	オランダ	
複数国籍にはかなり制限的				スペイン	オーストリア ノルウェー デンマーク
複数国籍には非常に制限的					日本

容であったが、移民受け入れ国への転換後には、生地主義の要素の導入や、移民二世の届出[11]により、複数国籍を認める傾向が強い(Hailbronner 1992: 101)。

2　反対論と賛成論の根拠の検討

複数国籍の反対論の根拠は、忠誠の衝突、二重兵役義務、外交上の保護、外国政府の影響、二重投票、特権的優遇、国籍の価値低下などである。

しかし、忠誠の衝突に関しては、君主制下の主権者への排他的な忠誠概念とは違い、今日の民主国家では多様なメンバーシップに対する忠誠や愛着が競合する。国への忠誠の法的意味はもっぱら法の遵守にあり、複数の法体制を同時に守ることができれば忠誠は衝突しない。民主国家間での戦争の現実性は少ない（旧ユーゴなどの民族紛争は、国家間の戦争ではなく、複数国籍であるか否かが問題となるものではない）。かりに独裁国家と民主国家との争いを想定しても、その複数国籍者は大半が難民として民主国家側に住んでいるのであって、その場合、自らを迫害した政府への忠誠は予想しがたい。忠誠の衝突の弊害として、日米の複数国籍者がアメリカで反逆罪とされた一九五二年の判例[12]がよく指摘される。しかし、一九六三年に彼は恩赦で許され、第二次世界大戦以後、複数国籍者がスパイとして疑われた実例も聞かない（Spiro 2002: 24）。

二重兵役義務を条約により回避する国は多い。外交上の保護には、二つの問題がある。一つめの第三国における外交上の保護の問題は、一九五五年の国際司法裁判所のノッテボーム（Nottebohm）事件判決[13]以来、真正な結合を有する実効的国籍の国の側が保護の責任を負うことで解決可能とされる。二つめの他方の国籍国に対する外交上の保護が可能かという問題は、より重要である（Boll 2007: 114）。しかし、国際的な人権保障の進展は、いずれの国籍国の人権侵害行為も正当化せず、国籍国間での外交上の保護はもはや不可能ではない（Hailbronner 1999: 107; Hokema 2002: 291–294）。

複数国籍者の政治参加にともなう外国政府の影響や、二重投票を含む特権的優遇も、経験的には、それが深刻な問題といえるのかどうかは明らかではない（Aleinikoff and Klusmeyer 2001: 81–82）。二重投票といっても、理念上は、一つの政治制度では一人一票の原則が守られており、実際には、国外居住者の投票率は低い。将来、どの国に住み、どの国の国籍を離脱するかの選択は、特権的優遇とみるよりも、従来の国籍放棄を好まないために定住国での権利が保障されない劣位の状態を避けるための方策とみる方が重要である。

複数国籍による国籍の価値低下は、帰化による国籍取得を完全な統合過程の最後を飾るものとみる立場からの議論であり、国籍取得を統合の前提とみる立場からは、複数国籍は望ましいものとなる（Faist and Gerdes 2008: 13）。

複数国籍の賛成論の根拠は、国の安定・移民の統合・安定した将来計画・人権擁護・複合的なアイデンティティへの対応に役立つ点にある（近藤 二〇〇一 a：一七三）。移民と移民送り出し国では、複数国籍への異論が少なくなり、移民受け入れ国では、国によって、賛否が拮抗状態にあるといわれる（Jones-Correa 2003: 312–320）。

日本では、忠誠の衝突、外交上の保護権の衝突、重婚などの身分関係の混乱が指摘されるが、「具体的に重国籍で何らかの問題が生じたという事例は把握しておりません」というのが法務省民事局長の説明である[14]。したがって、実証的な根拠は今日乏しい。日本は徴兵制がないので、二重の兵役の問題は生じない。そこで、「日本国籍を持っている方が相手の国に徴兵制などがある場合には徴兵にとられてしまう、そうした場合にどうするか」という問題の立て

表2　外国人人口に占める後天的な国籍取得者の割合：広義の帰化率（%）

年	1990	1991	1992	1993	1994	1995	1996	1997
日本	0.7	0.7	0.8	0.8	0.8	1.0	1.1	1.1
オランダ	2.0	4.2	4.9	5.7	6.3	9.4	11.4	8.8
スウェーデン	3.7	5.7	5.9	8.5	6.9	6.0	4.8	5.5
ドイツ	2.1	2.7	3.1	3.1	3.8	4.5	4.2	3.7

1998	1999	2000	2001	2002	2003	2004	2005	2006	2007	2008
1.0	1.1	1.0	0.9	0.8	1.0	1.0	0.8	0.7	0.7	0.6
8.7	9.4	7.7	7,0	6.6	4.1	3.7	4.1	4.2	4.5	3.9
8.9	7.6	8.9	7.6	7.9	7.0	5.9	8.2	10.7	6.8	5.3
3.2	1.9	2.5	2.4	2.1	1.9	1.7	1.7	1.8	1.7	1.4

参照：OECD 2010: 330; 2000: 307.

方になる。[15] しかし、「現実に、特定の外国の軍隊に日本人との二重国籍者が入ったことによって外国との間でそれが外交問題になったということは、今まではない[16]」。

3　複数国籍に対する諸外国の対応

複数国籍の容認が帰化率の上昇につながることは、スウェーデン、オランダおよびドイツの経験からうかがえる。表2は、狭義の帰化に加えて、行政裁量によらない届出などの後天的な国籍取得を含む広義の帰化率を示している。帰化に際して複数国籍を原則として認めず、届出による国籍取得が認知などごく限られた場合にしか認められていない日本では、広義の帰化率は相対的に低い。

スウェーデンでは、一九七九年に、父母両系血統主義を採用し、同年一月一日以前に生まれた子どもは届出により国籍を取得できることになった。その際、国際結婚で生まれた子どもの複数国籍者が協定を結んだ他の国籍国に居住して成人となった場合に、スウェーデン国籍を喪失する規定七a条が定められたが、その後、その種の協定はどの国とも締結されることはなかった（Sandesjö and Björk 2005: 27, 220–221）。したがって、複数国籍が認められた。一九八〇年代半ばに、外国人参政権を地方だけでなく国政にも拡充することの代替案として複数国籍を認めることの是非を国会の国籍委員会で多角的に調査した（Spång 2007: 106–

108)。二〇〇一年に複数国籍を全面的に認める国籍法改正をして、自由な体制の仲間入りをした。その背景には、人の国際移動と重層的な国のつながりが増大し、すでに多くの複数国籍者が存在していても実際には何ら深刻な問題は生じておらず、多文化社会としてのスウェーデンにおける新たなスウェーデン人らしさのあり方が問われ、冷戦後の複数国籍に寛容な国際傾向に沿った国籍法の現代化が必要とされた点が指摘されている。また、市民権の保障について国籍よりも居住に基づく要素が大きくなるにつれ、国籍は権利の源泉というよりも、アイデンティティの源泉であるとの見方も大きくなり、複数国籍は、移民が社会的に排除されている問題を解消し、（多文化主義的な）統合を実現する上で有益であるとの見方も強まった。さらに、二重の兵役、外交上の保護の困難、二重投票、忠誠の衝突といった複数国籍にともなう国家の不利益と従来考えられてきた問題は、実際には非常に限られたものである一方、旅行、居住、就労、社会扶助、財産権などに関する移民にとっての個人の利益が大きいとの見方がスウェーデンでは広まった（Gustafson 2002）。

オランダでは、一九九二年一月から一九九七年一〇月まで、複数国籍を実務上全面的に容認することで帰化率を上昇させている。この時期の帰化者の八〇％は、従来の国籍を維持している（de Hart 2007: 78）。その後も、①国籍国が国籍放棄を認めない場合、②一九六三年の複数国籍削減協定の第二選択議定書批准国の国民の場合、③オランダ生まれの場合、④オランダ国民の配偶者の場合、⑤難民の場合、⑥従来の国籍放棄により実質的な経済的損失をこうむる者の場合、⑦兵役を果たさないと従来の国籍放棄ができない者の場合、⑧従来の国籍放棄に対する特別な実質的理由がある場合など、従来の国籍放棄を義務づけない帰化行政の指針が示された（Groenendijk and Heijs 1998: 6）。そこで、二〇〇〇年においても七七％の帰化者が従来の国籍を維持している（de Hart 2007: 94）。二〇〇三年四月一日に施行されたオランダの新たな国籍法によれば、オランダ社会への同化の要素が強化され、帰化の要件として、従来のオランダ語の読み・書き・話す能力だけでなく、オランダ語とオランダ社会の知識を試す「帰化試験」に合格しなければならない[17]。また、オランダ国民の配偶者、一八歳になるまでに継続して五年以上居住の場合など例外も多いのだが、帰化により国籍を取得する場合は、従来の国籍を放棄する必要がある。一方、一九八五年一月一日に施行された旧国籍法に基づき、国外の出生国に一〇年以上継続して居住し、出生国の国籍も有するため、オランダ国籍を失った者は、国籍を回復することができる。また、一〇年以上国外およびEU域外に住む複数国籍者は（一年以上国内またはEU域内に住所があるか、二〇一三年四月一日までに一〇年の延長を申請しないかぎり）、オランダ国籍を喪失する。したがって、在外国民の複数国籍が一定の範囲で容認された。

ドイツでは、一九九〇年から一九九三年の外国人法の改正により、（1）ドイツで六年以上教育を受けた若者、（2）一五年以上の長期滞在外国人およびその配偶者と子に関する権利帰化が定められた（八五条および八六条）。この場合、原則として従来の国籍を放棄する必要があるものの、①出身国に国籍放棄の定めがない場合、②出身国が国籍放棄を拒絶した場合、③出身国が国籍放棄の決定を長く保留している場合、④難民など国籍放棄を要求することが困難な場合は、例外的に、従来の国籍放棄を免除された（八七条）。この改正が、帰化率を上昇させた。さらに、一九九四年以後、トルコ人がドイツにいったん帰化して、トルコに再帰化することにより、隠れた複数国籍者も増えたこともあって、ドイツの帰化率は、かなり高い状態に推移した（表2参照）。一九九六年には、裁量帰化の場合の三〇％が複数国籍を容認されている。また、ベルリンの帰化率が最も高く、最も低いバイエルンの四、五倍もあるのは、州政府の複数国籍に対する賛否の姿勢の違いを表していた（Kreuzer 2003: 357–358; Bulltmann 2002: 148–152）。国籍法が一九九九年に改正され、二〇〇〇年からは永住者の子どもは、二重国籍となり、一八歳から二三歳のあいだに選択する義務を有するが、外国の国籍放棄が不可能、もしくは期待できないとき、または外国人法八七条所定の複数国籍が容認される場合など、複数国籍の維持が認められる例外が定められている（国籍法二九条三項・四項）。また、権利帰化に必要な居住要件を一五年から八年に短縮した。帰化の場合に従来の国籍を放棄する規定もあるが（国籍法九条、外国人法八五条）、改正以前から、ドイツ民族の帰還者とその家族（一三〇－一四〇万人）、国際結婚で生まれた子ども（七〇万人）、出身国での国籍喪失が不可能または過度な負担を強いられる場合など（二三万人）、少なくとも二二〇万人（人口の二・七％）の複数国籍者が推計されていた（Münz 2002: 18, 30）。一九九九年改正により、（1）相手国の法律に国籍放棄の規定がない場合、（2）相手国が国籍放棄を通常拒絶している場合、（3）相手国が不合理な理由により国籍放棄を拒絶したり、不当な条件を付した場合、[18]（4）高齢者で国籍離脱が困難であり、帰化の拒絶が過酷な場合、[19]（5）国籍放棄が当人にとって経済上または財産上の相当な不利益となる場合、[20]（6）難民等の場合に、複数国籍が容認される旨の規定を定めている（外国人法八七条一項）。また、（7）EU市民が帰化する場合は、相互主義により、相手国が複数国籍を認めていれば、複数国籍を容認する規定も定められた（外国人法八七条二項）。いわば、EU市民に対し、帰化に対する特権を認めた（Hokema 2002: 162）。こうした幅広い例外のため、二〇〇〇年から二〇〇七年までの帰化者のおよそ四五・九％が複数国籍を容認されている（Worbs 2008: 26）。

イギリス政府は、伝統的に複数国籍に無関心な立場をとっている。第一に、一六〇八年の Calvin 事件[21]以後、大英帝国に生まれた者がイギリス臣民となる生地主義のもと、個人は君主への忠誠（allegiance）から平等な権利を有するとされた（柳井 2004: 38-49）。一八七〇年の帰化法により国籍の離脱が定められるまでは、君主への忠誠は永久的なものとされたので、コモン・ローと忠誠の伝統から複数国籍が認められた。第二に、一八七〇年から一九四八年に国籍法が定められるまでは、外国に帰化した者は、自ら明示的に放棄すればイギリスの国籍を失うが、そうでない場合は、実務上、イギリス国籍を保持しているものと扱われた。第三に、一九四八年の国籍法以後、上記の実務が明文化され（一九条）、一九八一年の現行の国籍法により、生地主義は親が国民と永住者の場合に限定されたものの、イギリスに帰化する外国人の場合も、他国に帰化するイギリス国民の場合も、国籍放棄は義務づけられることなく、複数国籍が容認されている（Hansen 2001: 74-82; Hansen 2002: 179-185）。

アメリカでは、憲法修正一四条を定めた一八六八年以来、アメリカで生まれるか、帰化し、アメリカの管轄権に服する者は、アメリカ市民である。一八六八年の法律で「国籍の離脱がすべての者の自然かつ固有の権利」である旨を宣言し、一九〇七年の国籍離脱法および一九四〇年の国籍法により、他国への帰化、他国への忠誠の宣誓、他国の選挙への参加などの理由に基づく市民権の喪失の手続を定めていた。しかし、連邦最高裁は、一九六七年の Afroyim v. Rusk 事件[22]で、アメリカ国民が他国の選挙に参加したことによるアメリカの市民権の剥奪を違憲とし、最終的には、一九八〇年の Vance v Terrazas 事件[23]により、他国の国籍証明書の発行が他国への忠誠を意味するかどうかが争われ、アメリカ市民権を放棄する自発的な意思が証明されないかぎり、複数国籍を容認する判例が確立した。今日、一九八六年に改正された移民国籍法三四九条により、アメリカの市民権を放棄する自発的な意図をもって他国に帰化などしないかぎり、アメリカの市民権を失うことはない。また、同法三三七条により、外国人がアメリカに帰化する際に出身国への忠誠を放棄する宣誓をアメリカ自体は課しているが、この忠誠の放棄を国籍放棄の意思表明とみなさない出身国の場合は、複数国籍が認められる（Weissbrodt 1998: 329, 381–391; 高佐 2003: 247–252; Aleinikoff 2000: 139, 147–150）。

他方、アメリカに多くの移民を送り出しているラテンアメリカ諸国ではどうか。複数国籍を容認する国は、一九九〇年代以前は、ウルグアイ、パナマ、ペルー、エルサルバドルだけにすぎなかった。しかし、一九九〇年代に、コロンビア、ドミニカ、エクアドル、コスタリカ、ブラジル、メキシコとつぎつぎに複数国籍を容認するようになり、これらの国々の出身者におけるアメリカでの帰化率は上がっている（Jones-Correa 2003: 306, 323）。とりわけ、一九九八年から帰化の際の従来の国籍の保持と以前の帰化により失った国籍の回復が認められるメキシコ人の場合、五〇〇万人以上がアメリカで複数国籍となる可能性があるといわれる（Spiro 2002: 22; Ramírez 2000: 325, 331）。

カナダでは、一九七七年が転機である。一九四六年の国籍法は、カナダに帰化した者が、従来の国籍を放棄する旨を定めていなかった。しかし、カナダ国民が他国の国籍を自発的に取得した場合は、国籍を喪失した。一九七七年以降、複数国籍が全面的に認められるようになった（Galloway 2000: 99–101）。カナダへの帰化者が複数国籍者である比率は、一九八一年に五・五％、一九九一年に一〇・七％、一九九六年に一六・六％と上昇したが、二〇〇一年には一三・七％と下降している。この下降の原因は、主に移民の出身国の変化にあり、複数国籍に不寛容な国からの移民の増加によるものと思われる。

また、アメリカにおける移民（男性）の帰化率が一九七〇年の六四％から二〇〇〇年の四〇％に低下しているのに対して、カナダにおける移民（イギリス出身を除く）の帰化率は一九七一年の六〇％から二〇〇一年の七五％に増えている。両国の違いの背景には、「差異の承認」の程度の違いがあり、アメリカの移民は、アメリカ国籍だけになることに同化の強制を感じるのに対し、カナダの移民は、たとえ、出生国との政治的ないし法的なつながりに関心がなくても、複数国籍を多文化主義的な承認の自然な延長とみているという指摘もある（Bloemraad 2007: 171–177）。

オーストラリアでは、一九一七年法により、オーストラリアでイギリス臣民になるには、従来の忠誠の放棄を要件とすることを定めた。戦時下のこうした警戒は、一九二一年法では取り除かれたが、行政実務の要件としてはその後も残った。もっとも、従来の忠誠の放棄は、従来の国籍の放棄を意味する場合も、意味しない場合もあって、帰化者の出身国によってまちまちである。一九六六年からは、女王への忠誠の宣誓の中にこれが組み入れられたが、一九八六年からは従来の忠誠の放棄は削除された（Jordens 1997: 178–180）。したがって、在住外国人の帰化に際して従来の国籍放棄の規定はない。しかし、一九四八年の国籍法は、在外オーストラリア人が他国に帰化した場合のオーストラリア国籍の喪失を定めており（一七条）、この点の制限があった。二〇〇二年にはこの国籍法一七条を削除し、全面的に複数国籍を認める法改正をした（Boll 2007: 316）。

フランスでは、一九七三年が転機である。一八〇四年の民法は父系血統主義を採用し（一〇条）、帰化などで外国への忠誠を示す場合はフランス国籍を失うため（一二条）、原則として複数国籍を認めなかった。しかし、フランス生まれで成人になった外国人の子ども（九条）、フランス人の妻である外国人（一二条）、元フランス人で国籍を回復した者（一八条および一九条二項）には、複数国籍が認められる余地があった。また、それ以前の君主制下の生地主義や一八五一年からの二世代生地主義の伝統もあって、複数国籍には無関心な点もあった。一九六二年に独立したアルジェリア人は、フランスとの二重国籍が認められた。一九七三年からは、父母両系の血統主義を採用し、国際結婚の配偶者や子どもの複数国籍やフランスに帰化した者の複数国籍を容認し、欧州評議会による一九六三年の複数国籍削減協定の締約国でないかぎり、自発的に他国の国籍を取得しても、フランス国籍を維持できるようになった（de la Pradelle 2002: 197–204）。また、一九九五年に欧州評議会の複数国籍削減協定の選択議定書を批准し、締約国であるイタリアやオランダに対する複数国籍削減の義務はなくなった。

トルコでは、かつての一八六九年の国籍法では、血統主義であったものの、オスマン帝国の住民はすべて帝国の国民とみなすべきとの考え方から、帝国で生まれた外国人の子どもは、大人になったときに国籍を申請できた。現行の一九六四年の国籍法は、父母両系の血統主義であり、外国人がトルコに帰化した場合の重国籍には寛容であったが、トルコ国民が別の国に帰化した場合の重国籍には不寛容であった。しかし、一九六〇年代からの国外移住者の増大により、トルコでの相続権を失うことのない、定住国における国籍取得を求める声も大きくなり、一九八一年の国籍法改正により、内務省の許可を得れば、国外居住者の重国籍も容認することになった。さらに、一九九五年の国籍法改正により、帰化者に従来の国籍放棄を要求するドイツなどにも対応すべく、ピンクカードと呼ばれる証明書の保持者は、国民と同様の居住権、財産権、相続権、自営・就労権を認められるが、地方と国の参政権だけは認められないとする新たなステイタスを設けた（Kadirbeyoğlu 2007: 128–133, 144; Faist 2007a: 23; Tdryakdoğlu 2006: 6）。

日本は複数国籍に不寛容な国であり、国際結婚で生まれた子どもの複数国籍も二二歳までに選択義務が課されており、従来の国籍放棄の要件が帰化の障害となっている。一般に、複数国籍に寛容な国は、アジアとアフリカでは少ない（Boll 2007: 311–566; Wernick 2004: 279-280; U. S. Office of Personnel Management 2004; Faist and Gerdes 2008: 17–19）。この理由は、植民地からの独立の過程で、ナショナリズムが大きな役割を果たした影響が大きいものと思われる。たとえば、イギリスから独立した国は、イギリス法の影響を受けて、複数国籍に寛容である傾向になりそうだが、そうなっていない国もある。

なお、多くの国を比較する上で、複数国籍に寛容かどうかは、在住外国人に対する場合と、在外邦人に対する場合で、基準を異にする場合がある。たとえば、かつてのオーストラリアは、在住外国人に対してのみ寛容であった。世界の複数国籍者の数は、正確にはわからない。最もその比率が高いであろうオーストラリアでは、五〇〇万人近く、人口の二五％以上が複数国籍者ではないかと推測されている（Castles and Zappalà 2001: 144; Aleinikoff and Klusmeyer 2001: 79）。とはいえ、多くの国ではそこまでの比率ではなく、中国がともに在住外国人に対しても、在外邦人に対しても、複数国籍を認めていないことがおそらく一つの要因となって、世界の複数国籍人口はそれほど大きな数になっていないといえる。もっとも、世界第二位の人口を有するインドが、在外邦人に対する複数国籍に寛容になりはじめた。インドがインドの社会発展に貢献し、インド出身者の文化的なつながりを維持するために二〇〇三年に一六ヵ国の在外インド市民について一種の複数国籍を認める国籍法改正を行った。在外インド市民とは、一六の特定国の国民であるインド出身者であり、特定国の国民になる直前にインド国民であった者であり、インド政府により在外国民と登録されている者である。在外インド市民は、インド国民と平等の公務就任権をもたず、国会の選挙権と被選挙権をもつものではないが、入国と出国の自由を有する。一六ヵ国のインド出身者の推定は、アメリカに一六七万八〇〇〇人、イギリスに一二〇万人、カナダに八五万一〇〇〇人、その他のオーストラリア、フィンランド、アイルランド、イタリア、オランダ、イスラエル、ニュージーランド、キプロス、スウェーデン、スイス、フランス、ギリシア、およびポルトガルを合わせた全体では、四五〇万人という。フィリピンでも二〇〇三年に施行された法律により、生まれながらのフィリピン人は外国の国籍に帰化した場合も複数国籍を維持できることになった（近藤 二〇〇四：六五、七三）。ベトナムも二〇〇九年に、国外居住者の複数国籍を認めるなど、今後、アジア出身の複数国籍者は大幅に増加することが予想される。

4　日本の国籍選択制度をめぐる国際法上および憲法上の論点

日本国憲法一〇条に「日本国民たる要件は、法律でこれを定める」とあり、一般には、複数国籍を認めるか否かは、立法裁量の問題として憲法上「許容」されている。ドイツの少数説のように（Scholz and Uhle 1999: 1511）、国籍唯一の原則を国籍制度の制度的保障と考え、複数国籍を認める法改正を「禁止」する違憲論は、日本では知られていない（近藤 二〇〇一b：一一三－一一八）。

ヨーロッパ国籍条約にみられるように、一般には今日の国際法上も、複数国籍は「許容」されている。また、むしろ、本条約一四条一項は「出生により当然に相異なる国籍を取得した子ども」などへの複数国籍許容立法を「要請」

さえしている。この点、本条約四条c、七条一項および一四条一項aの体系解釈上、国際結婚により生まれた複数国籍の子どもの国籍選択制度を「一般に」禁止していると解することができる。

本条約一四条一項aは「出生により当然に相異なる国籍を取得した子どもが、これらの国籍を保持すること」を当事国が許容する義務を定めている。したがって、出生により自動的に複数国籍となった子どもに、選択義務を課すことは、同項a違反になる。また、子どもが一八歳以上の成人となった場合であっても、本条約七条一項は、当事国が「法律上当然のまたは当事国主動の国籍喪失を規定すること」を、aからgまでの七つの場合を除いて禁じているが、国籍選択制度はこの七つのいずれの場合にも該当しないため、本条約七条一項違反となる。

本条約七条一項は、いわば、「国籍自由の原則」とでも呼ぶべき、本人の自由な意思による国籍喪失を原則としており、国家の主権の行使として、本人の自由な意思によらない国籍喪失が許される場合を限定列挙するものである。たとえば、一定の国で任意の外国国籍取得（a）、虚偽申請等による国籍取得（b）、職業軍人としての外国兵役従事（c）、国家反逆罪等（d）、当事国との間の真正な結合関係の欠如（e）、一定の国で子どもの父母が真実でないことの判明（f）、養子縁組で父母の外国籍の子の取得（g）、という7つの場合に、「合理的な国籍喪失」の理由を限定している。そして、本条約七条一項所定の合理的な理由を欠く、「国籍の恣意的剥奪禁止」の原則規定として、本条約四条cは、「何人も、ほしいままにその国籍を奪われない」と定めているのである。

本条約の公式解説書（Explanatory Report）にあるように、恣意的な国籍剥奪に当たらないことの実体的な根拠基準は、予見可能であること、法律で定められていることだけでなく、目的と手段が「比例的であること（proportional）」に求められ、本条約七条は国籍喪失の理由を網羅的にかかげている（Council of Europe 1998: par.36）。国籍を喪失する手段により生じる個人の不利益を上回るだけの正当な目的と思われる合理的な理由が、国家の一方的な意思による国籍喪失には必要ということである。この合理的な理由の列挙事項に該当して、「例外的に」国籍の選択を求めることが許される場合が、本条約七条一項eの「外国に常居所を有する国民と当事国との間の真正な結合関係の欠如」の場合と考えられる。この規定の主たる目的は、外国に常居所を有する国民の何代にもわたる国籍保持の阻止を国家に認めることである（Council of Europe 1998: par.69）。例外的に認められる正当な目的としての国籍の選択義務が、このような場合に認められることはあっても、当事国に常居所を有する複数国籍者や当事国との真正な結合関係を有しつつ国外に常居所を有する複数国籍者に対して課される一般的な国籍選択制度は、本条約七条一項ｅが許容する合理的な国籍喪失事由に該当するものではない。そうした合理的な理由を本条約七条一項に網羅したこととの関連において、七条一項違反の国籍選択制度は、恣意的な国籍の剥奪として、本条約四条ｃ違反ともなる。

なお、一九九九年に改正され、二〇〇〇年一月に施行されたドイツ国籍法二九条は、永住者の子どもは生地主義によりドイツ国籍を取得し、複数国籍となることができるが、一八歳から二三歳までに国籍を選択しなければならないという内容の国籍選択制度を定めている。ドイツ政府は、この国籍選択制度が、本条約七条に抵触する可能性のあることをあらかじめ考慮して、本条約の批准に際し、七条を留保している。このためドイツの場合は、本条約に違反しないことになる。ただし、このことは、留保しなければ、国籍選択制度が本条約七条違反となりうるとの解釈に立つことを示すものともいえる。

世界人権宣言一五条二項は、「何人も、ほしいままにその国籍を奪われ、又はその国籍を変更する権利を否認されることはない」と定めている。世界人権宣言は、直接の法的効力はないものの、日本国憲法の解釈指針としても参照されるべきものである。通説は、日本国憲法二二条二項の「何人も、……国籍を離脱する自由を侵されない」規定の解釈指針として、世界人権宣言一五条二項が「国籍を変更する権利」と規定していることを援用して、無国籍となる自由を保障するものではないとの解釈を導いている。しかし、通説は、「何人も、ほしいままにその国籍を奪われ」ないとする部分の内容には、無頓着である。国籍選択制度が、本人の意思に反して、国籍を剥奪する危険性にも目を向けるべきであろう。国籍を「離脱する自由」は、「自己の意思に基づいて離脱する自由」を意味し、その内容には、「自己の意思に反して離脱しない自由」、すなわち「国籍の恣意的剥奪禁止」も含むものと解すべきである。

日本国憲法二二条二項の沿革は、イギリスなどからの移民に対して、一八六八年にアメリカ議会が「国籍離脱は、すべての人民の自然かつ固有の権利」と宣言したことに由来する。ただし、実際には、国籍離脱の自由は、個人の意思に反して国籍の離脱を強制されない自由の側面も重要であり、[24] 送り出し国からみた①「自国の国籍を離脱する自由」と②「自国の国籍を離脱しない自由」、受け入れ国からみた③「外国の国籍を離脱する自由」と④「外国の国籍を離脱しない自由」の四つの場合に分けて考える必要がある。「自由」は、一般に、作為の自由とともに不作為の自由も含むものである。

たしかに、通説のいうように、アメリカの歴史にみられた③については、自国の主権の及ぶ問題ではないので、「何人も」という文言はむしろ誤りであり、「日本国民は」の意味で解釈する一般の性質説がこれまで多くの支持を得てきた。そのような通説にしたがい、①の意味でこの規定を考えてみるとしてもこれは、今日の多くの民主国家の国籍法上は、ほとんど解決済みの問題であり、重要とはいえない。むしろ、②と④こそが、自国の主権の及ぶ範囲での保障が可能な、すぐれて今日的な問題といえる。ここに日本国憲法が「何人も」と定めていることの重要な意義があり、成文憲法をかかげ国家権力から個人の権利を守るという立憲主義の基本を大切にする立憲性質説（近藤 二〇〇五ａ：三二三）に立てば、国籍離脱の自由は、在外国民の①だけでなく、在外国民の②と在住外国人の④も保障すべく、日本の国会が複数国籍容認立法を制定することを憲法上「要請」する規定と解するべきである（近藤 二〇〇五ｂ：一二七－一三二）。複数国籍の回避が国際法の理想とされた時代の日本国憲法の「国籍離脱の自由」の解釈は、従来の性質説により①の場合のみを射程とすることがかつての国際法上の要請との整合性を有したといえよう。しかし、人の国際移動と国際結婚の盛んな時代にあって、一九九七年の本条約のように、複数国籍の回避よりも、むしろ国際結婚で生まれた子どもの複数国籍など一定の複数国籍を要請することが国際法の理想と考えられる時代の日本国憲法の「国籍離脱の自由」の解釈は、立憲性質説により①のみならず、②と④の場合も射程とする方が、今日の国際法上の要請に合致する。

実のところ、これまでの実務は、この点の解釈とは別に、結果として、国籍剥奪の手続には慎重である。国籍法一五条の上では、二二歳まで、または二〇歳以後に複数国籍となった場合はその二年後までに「日本の国籍の選択をしないものに対して、書面により、国籍の選択をすべきことを催告することができ」、「催告を受けた日から一月以内に日本の国籍の選択をしなければ、その期間が経過した時に日本の国籍を失う」とある。しかし、法務省民事局長の答弁によれば[25]、これまで法務大臣が催告を行なった例はない。催告手続には、極めて慎重な運用がなされるのは、国籍の剥奪を禁ずる世界人権宣言の趣旨を踏まえているためである。世界人権宣言の国籍の恣意的剥奪禁止の理念を具体化したヨーロッパ国籍条約を解釈指針として、日本国憲法二二条二項を解釈するならば、少なくとも血統主義に基づいて複数国籍となった者に対して、国籍選択制度を課すことは、「ほしいままに国籍を奪い」、本人の自由な意思による「国籍離脱の自由」を侵害する憲法違反の行為と思われる。

また、そもそも、「国籍離脱の自由」（憲法二二条二項）、「国籍剥奪の禁止」（世界人権宣言一五条二項およびヨーロッパ国籍条約四条c）は、「国籍自由の原則」とも呼ぶべき国家の主権としての国籍に関する包括的な決定権よりも、国籍に関する個人の意思を尊重する考え方に基づいており、究極的には個人の尊重を定める憲法一三条から導かれる。

一方、憲法一四条一項の法の下の平等に違反するかどうかは、どの観点に着目するのかによって意見が異なる場合がありうるように思われる。一人が複数の国籍を有することは、一つの国籍を有する者と比べて不平等だとする観点に立てば、国籍選択制度の正当化を導く議論も可能であるが、日本の国籍法ないし主権の及びうる範囲は、日本の国籍をどうするかという問題だけであり、その際、親の国籍を同一とする者と、親の国籍を異にする者の間の、親と子どもの国籍を同一とする権利が不平等だとする観点に立てば、国籍選択制度の違憲性を導くことも可能であろう。ただし、より重要なのは、ドイツの議論にもあるように（Badura 1999: 43, 88）[26]、国籍選択の義務を将来課された者の国籍が、その他の通常の国籍とは違い、いわば停止条件付きの暫定的な国籍としての法的取扱いを受けることの不平等を問題とする観点であろう。複数国籍回避原則ではなく、むしろ複数国籍で生まれた子どもの複数国籍の維持を国際法上の理想とする時代には、停止条件付きの国籍と無条件の国籍との法的取扱いの違いを説明するだけの十分な合理的理由を、見出すことは困難なように思われる。

†注

[1] 最大判二〇〇八・六・四民集六二巻六号一三六七頁。
[2] 重国籍または複数国籍という場合は、二重国籍にかぎらず、三重国籍以上も含む。
[3] 難民などの場合に事実上の無国籍状態を防止する手段として二重国籍が認められたり、男女平等の法規範は婚姻した女性の独自の国籍を保持する権利や、いずれの親も子に国籍を継承させる機会を保障すべく、二重国籍を容認する（Faist 2007b: 174）。
[4] イギリスなど旧植民地との結びつきも要因としてあげうる（Koslowski 2003: 161）。
[5] BVerfGE 37, 217（1974）. ドイツの当時の父系血統主義の国籍法が、子の看護に対する両親の権利（六条二項）と結びついた男女平等の権利（三条二項）に反して違憲とされた判決。
[6] BVerwG 84, 93（1989）. 父母両系血統主義導入以前の国籍法が、イタリア人の父とドイツ人の母から生まれた子どもの帰化の不許可決定を違法とされた判決。
[7] BVerwG 107, 223（1998）. 一九六三年の欧州評議会の複数国籍（および兵役義務）削減協定一条一項において、イタリアが自国に在住する国民の場合は自己の意思で他国の国籍を取得してもイタリア国籍を喪失しない旨の留保を付していたことに対する相互主義との関連で、イタリア人と婚姻し自己の意思によりイタリア国籍を取得したドイツ在住のドイツ人がドイツ国籍を喪失しないとした判決。
[8] 東京地判一九八一・三・三〇訟月二七巻九号一六七五頁。生地主義をとるアメリカの国民を父として日本人の母から日本で出生した子どもが無国籍となった場合などにおいて、「重国籍を防止するためであれば父母を差別すること」も許されるわけではないとしながらも、簡易帰化制度の存在により合憲とした判決。なお、控訴審の東京高判一九八二・六・二三判タ四七〇号九〇頁の確定判決は、国籍法の欠缺を補う法改正は国会の権限であり、裁判所の権限でないとした。
[9] 大阪高判一九九八・九・二五判タ九九二号一〇三頁。認知の遡及効を認めず、生後認知の非嫡出子に国籍法二条一号を適用し日本国籍を認めないことは、憲法一四条の禁ずる不合理な差別とはいえないとした判決。
[10] 近年、アイルランドが生地主義の要素を弱め、外国人の親の三年以上の居住要件を課すものの、複数国籍の容認は変わっていない。オランダの実務が複数国籍の全面的容認をやめ、デンマークは複数国籍にかなり制限的になったが、スウェーデン、フィンランドおよびルクセンブルクは全面的容認に移行した。Huddleston et al.（2011）では、国外居住者の場合に不寛容な要素があるため、フィンランドが低い評価となっているが、国内居住者の場合は非常に寛容である。
[11] 国籍取得方法は、出生時の生地主義と血統主義、後天的な帰化と届出がある。ヨーロッパ大陸では、血統主義の伝統に加え、届出により居住等を要件として国籍を取得する「居住主義」も併用する（近藤二〇〇一ａ：一〇三）。ドイツ系民族に後天的な国籍取得を

認めた「出自主義」もある。居住主義は地縁原理の点で生地主義の、出自主義は血縁原理の点で血統主義のバリエーションといえる（Westin 2003: 195）。居住主義や出自主義では、複数国籍が容認される場合が多い。

[12] Kawakita v. U.S., 343 U.S. 717（1952）.

[13] Liechtenstein v. Guatemala（6. 4. 1955）.

[14] 第一五九回国会衆議院法務委員会・二〇〇四年六月二日（房村精一法務省民事局長発言・発信番号七八）。

[15] 第一六四回国会衆議院法務委員会・二〇〇六年六月一三日（河野太郎法務副大臣発言・発信番号一八四）。

[16] 第一六四回国会衆議院法務委員会・二〇〇六年六月一三日（寺田逸郎法務省民事局長発言・発信番号一八八）。

[17] ただし、類似のオランダ語やオランダ社会の知識を試すニューカマー統合法の「市民化テスト」合格者、オランダでの中等教育を修了した者、身体・精神の障害をもつ者は免除される。

[18] 国籍放棄の手数料が平均月収より多く、二五〇〇マルクを超える場合および出身国での兵役の履行を条件とする場合。

[19] 六〇歳以上で、健康を害していたり、ドイツ在住の家族はみなドイツ国籍をもっていたり、一五歳のときからずっとドイツに住んでいたりする場合。

[20] 平均年収より多く、二万マルク以上の場合など、国籍法に関する一般行政規則八七参照。

[21] Calvin's Case, 77 Eng. Rep. 377（1608）.

[22] Afroyim v. Rusk, 387 U.S. 253（1967）.

[23] Vance v Terrazas, 444 U.S. 252（1980）.

[24] 国籍離脱の強制について、立法裁量に制約を課すのが今日のアメリカの重要な判例法理である。Vance v Terrazas, 444 U.S. 252（1980）.

[25] 第一五六回国会参議院法務委員会・二〇〇三年七月一七日（房村精一法務省民事局長発言・発信番号二〇）。

[26] 基本法二〇条二項が「すべての国家権力は、国民に由来する」と定めており、この民主主義原理をもとに、「民主主義的平等」の要請から、国籍の統一性原則が導かれる。そして、選択義務をともなう「新しい形式の国籍」は、血統や帰化による「通常の形式の国籍」と比較して、この構成員資格がもつ「無条件かつ無期限」という本質基準を切り捨てた「国籍の変種」をつくるものである。

文献

【日本語文】

芦部信喜（一九九七）『憲法〔新版〕』岩波書店。

江川英文・山田遼一・早田芳郎（一九九七）『国籍法〔第三版〕』有斐閣。

近藤敦（二〇〇一ａ）『新版　外国人参政権と国籍』明石書店。

――――（二〇〇一ｂ）「憲法と国籍制度」ドイツ憲法判例研究会編『未来志向の憲法論』信山社、一〇七－一三〇頁。

――――（二〇〇四）「市民権の重層化と帰化行政」『地域研究』六（二）号、四九－七九頁。

――――（二〇〇五ａ）「外国人の「人権」保障」自由人権協会編『憲法の現在』信山社、三三三－三五三頁。

――――（二〇〇五ｂ）「移民政策と二重国籍の容認」『比較法研究』六七号、一二七－一三二頁。

――――（二〇一一）「グローバル時代における国籍と市民権」『自由と正義』六二号、三九－四四頁。

高佐智美（二〇〇三）『アメリカにおける市民権――歴史に揺らぐ「国籍」概念』勁草書房。

日本弁護士連合会（二〇〇八）「国籍選択制度に関する意見書」（http://www.nichibenren.or.jp/ja/opinion/report/data/08119_3.pdf）

柳井健一（二〇〇四）『イギリス近代国籍法史研究――憲法学・国民国家・帝国』日本評論社。

【英語文】

Aleinikoff, Thomas Alexander（2000）Between Principles and Politics: U.S. Citizenship Policy. In T. A. Aleinikoff and D. Klusmeyer（eds.）*From Migrants to Citizens. Membership in a Changing World*, pp. 119–172. Washington, D. C.: Carnegie Endowment for International Peace.

Aleinikoff, Thomas Alexander and Douglas Klusmeyer（2001）Plural Nationality: Facing the Future in a Migratory World. In Thomas Alexander Aleinikoff and Douglas Klusmeyer（eds.）*Citizenship Today: Global Perspectives and Practices*, pp. 63–88. Washington, D. C.: Carnegie Endowment for International Peace.

Badura, Peter（1999）Sitzungsniederschrift der öffentlichen Anhörung – 12. Sitzung des Innenausschusses des Deutschen Bundestages am 13. April 1999. In Innenausschss des Deutchen Bundestages（ed.）*Reform des Staatsangehörigkeitsrechts - Die parlamentarische Beratung-*, pp. 27–131. Berlin: Deutcher Bundestag, Referat Öffentlichkeitsarbeit.

Bloemraad, Irene（2007）Much Ado about Nothing? The Contours of Dual Citizenship in the United States and Canada, In Thomas

Faist and Peter Kivisto (eds.) *Dual Citizenship in Global Perspective: From Unitary to Multiple Citizenship*, pp. 159–186. New York: Palgrave Macmillan.

Boll, Alfred M. (2007) *Multiple Nationality and International Law*. Leiden: Martinus Nijhoff.

Bulltmann, Peter Friedrich (2002) Dual Nationality and naturalization Policies in the German Länder. In David A. Martin and Kay Hailbronner (eds.) *Rights and Duties of Dual Nationals: Evolution and Prospects*, pp. 136–157. The Hague: Kluwer law International.

Castles, Stephen and Gianni Zappal (2001) The Rights and Obligations of Immigrant Citizens and Non-Citizens in Australia. In Atsushi Kondo (ed.) *Citizenship in a Global World: Comparing Citizenship Rights for Aliens*, pp. 136–157. New York: Palgrave.

Council of Europe (1998) European Convention on Nationality and Explanatory Report. In Síofra O'leary and Teija Tiilikainen (eds.) *Citizenship and Nationality Status in the New Europe*, pp. 205–254. London: Sweet & Maxwell.

de Groot, G.- R. (2003) The Background of the Changed Attitude of Western European States with Respect to Multiple Nationality. In A. Kondo and C. Westin (eds.) *New Concepts of Citizenship: Residential / Regional Citizenship and Dual Nationality / Identity*, pp. 99–120. Stockholm: CEIFO.

de la Pradelle, Géraud (2002) Dual Nationality and the French Citizenship Tradition. In Randall Hansen and Patrick Weil (eds.) *Dual Nationality, Social Rights and Federal Citizenship in the U.S. and Europe. The Reinvention of Citizenship*, pp. 191–212. New York: Berghahn.

de Hart, Betty (2007) The End of Multiculturalism: The End of dual Citizenship? Political and Public Debates on Dual Citizenship in the Netherlands (1980–2004). In Thomas Faist (ed.) *Dual Citizenship in Europe. From Nationhood to Societal Integration*, pp 77–102. Aldershot: Ashgate.

Europarat (1994) Zweites Protokoll zur Änderung des Übereinkommens über die Verringerung von Mehrstaatigkeit und die Wehrpflicht von Mehrstaatern (2.2.1993). In Klaus Barwig et al. (eds.) *Vom Ausländer zum Bürger*, pp. 411–412. Baden-Baden: Nomos.

Faist, Thomas (2007a) Dual Citizenship: Change, Prospects, and Limits. In Thomas Faist (ed.) *Dual Citizenship in Europe. From Nationhood to Societal Integration*, pp. 171–200. Aldershot: Ashgate.

—— (2007b) The Fixed and Porous Boundaries of Dual Citizenship. In Thomas Faist (ed.) *Dual Citizenship in Europe. From Nationhood to Societal Integration*, pp. 1–44. Aldershot: Ashgate.

Faist, Thomas and Jürgen Gerdes（2008）Dual Citizenship in an Age of Mobility, Migration Policy Institute. Available at: <http://www.migrationpolicy.org/transatlantic/docs/Faist-FINAL.pdf>.

Galloway, Donald（2000）The Dilemmas of Canadian Citizenship Law. In Thomas Alexander Aleinikoff and Douglas Klusmeyer（eds.）*From Migrants to Citizens. Membership in a Changing World*, pp. 82–118. Washington, D. C.: Carnegie Endowment for International Peace.

Groenendijk, Kees and Heijs Eric（1998）Immigration, immigrants and nationality law in the Netherlands 1945–1998, Paper for a Workshop in Immigration and Nationality Law, Paris: CEPIC.

Gustafson, Per（2002）Globalisation, Multiculturalism and Individualism: the Swedish Debate on Dual Citizenship. *Journal of Ethnic and Migration Studies* 28（3）: 463–481.

Hailbronner, Kay（1992）*Einbürgerung von wanderarbeitnehmern und doppelte Staatsangehörigkeit*. Baden-Baden: Nomos.

——（1999）Doppelte Staatsangehörigkeit. In Klaus Barwig et al.（eds.）*Neue Regierung – neue Ausländerpolitik*, Baden-Baden: Nomos.

Hailbronner, Kay and Renner, Günter（2001）*Staatsangehörigkeitsrecht*. München: C.H.Beck.

Hansen, Randall（2001）From Subjects to Citizens: Immigration and Nationality Law in the United Kingdom. In Randall Hansen and Patrick Weil（eds.）*Toward a European Nationality: Citizenship, Immigration and Nationality Law in the EU*, pp. 69–94. New York: Palgrave.

——（2002）The Dog that didn't Bark: Dual Nationality in the United Kingdom. In Randall Hansen and Patrick Weil（eds.）*Dual Nationality, Social Rights and Federal Citizenship in the U.S. and Europe. The Reinvention of Citizenship*, pp. 179–190. New York: Berghahn.

Hokema, Tido Oliver（2002）*Merfache Staatsangehörigkeit*. Frankfurt am Main: Peter Lang.

Huddleston Thomas et al., *Migrant Integration Policy Index Ⅲ*（Brussels: British Council and Migration Policy Group, 2011）.

Jones-Correa, Michael（2003）Under Two flags: Dual Nationality in Latin America and Its Consequences for naturalization in the United States. In David A. Martin and Kay Hailbronner（eds.）*Rights and Duties of Dual Nationals: Evolution and Prospects*, pp. 303–334. The Hague: Kluwer law International.

Jordens, Ann-Mari（1997）*Aliens to Citizens. Settling Migrants in Australia, 1945–75*. Sydney: Allen & Unwin.

Kadirbeyoğlu, Zeynep（2007）National Transnationalism: Dual Citizenship in Turkey. In Thomas Faist（ed.）*Dual Citizenship in*

Europe. From Nationhood to Societal Integration, pp. 127–146. Aldershot: Ashgate.

Koslowski, Rey（2003）Challenges of International Cooperation in a World of Increasing Dual Nationality. In David, A. Martin and Kay Hailbronner（eds.）*Rights and Duties of Dual Nationals: Evolution and Prospects*, pp. 157–182. The Hague: Kluwer law International.

Kreuzer, Christine（2003）Double and Multiple Nationality in Germany after the Citizenship Reform Act of 1999. In David A. Martin and Kay Hailbronner（eds.）*Rights and Duties of Dual Nationals: Evolution and Prospects*, pp. 347–373. The Hague: Kluwer law International.

Martin, D. A.（2003）Introduction: The Trend Toward Dual Nationality. In D. A. Martin and K. Hailbronner（eds.）*Rights and Duties of Dual Nationals: Evolution and Prospects*, pp. 3–18. The Hague: Kluwer law International.

Münz, Rainer（2002）Ethnos or Demos? Migration and Citizenship in Germany. In Daniel Levy and Yfatt Weiss（eds.）*Challenging Ethnic Citizenship. German and Israeli Perspectives on Immigration*, pp. 15–35. New York: Berghahn.

OECD（2000）*Trends in International Migration. SOPEMI 1999 ed.* Paris: OECD.

——（2010）*International Migration Outlook: SOPEMI. 2010 ed.* Paris: OECD.

Ramírez, Manuel Becerra（2000）Nationality in Mexico. In Thomas Alexander Aleinikoff and Douglas Klusmeyer（eds.）*From Migrants to Citizens. Membership in a Changing World*, pp. 312–341. Washington, D. C.: Carnegie Endowment for International Peace.

Sandesjö, Håkan and Kurt, Björk（2005）*Nya medborgarskapslagen med kommentarer*. Stockholm: Norstedts Juridik.

Scholz, Rupert and Uhle, Arnd（1999）Staatsangehörigkeit und Grundgesetz. *NJW* 21: 1510–1517.

Spång, Mikael（2007）Pragmatism All the Way Down? The Politics of Dual Citizenship in Sweden. In Thomas Faist（ed.）*Dual Citizenship in Europe. From Nationhood to Societal Integration*, pp. 103–125. Aldershot: Ashgate.

Spiro, Peter（2002）Embracing Dual Nationality. In Randall Hansen and Patrick Weil（eds.）*Dual Nationality, Social Rights and Federal Citizenship in the U.S. and Europe. The Reinvention of Citizenship*, pp. 19–33. New York: Berghahn.

Tdryakdoğlu, Bilgin（2006）Multiple Citizenship and its Consequences in Turkish Law. *Ankara Law Review* 3（1）: 1–16.

U. S. Office of Personnel Management（2004）*Citizenship Laws of The World*. Fredonia Books.

Wernick, Allan（2004）*U.S.Immigration & Citizenship*. 4th ed. Indianapolis: Emmis.

Weissbrodt, David S.（1998）*Immigration Law and Procedure*. 4th ed. St. Paul: West Group.

Westin, Charles（2003）Citizenship and Identity. In A. Kondo and C. Westin（eds.）*New Concepts of Citizenship: Residential/ Regional*

Citizenship and Dual Nationality /Identity, pp. 171–204. Stockholm: CEIFO.

Worbs, Susanne（2008）*Die Einbürgerung von Ausländern in Deutschland. Aus der Reihe 〝Integrationsreport〟, Teil 3.* BAMF（Bundesamt für Migration und Flüchtlinge）.

第５章

血と国

――中国残留日本人孤児にみる国籍の変遷

佟　岩

はじめに

中国残留日本人孤児（以下、残留孤児と表記する）とは、一九四五年の日本敗戦時、中国東北地方（「満州」）で実父母と離死別し、戦後も中国に取り残された一三歳未満の日本人の子どもたちである。戦後、彼・彼女らは中国人の養父母によって育てられ、多くは日中国交回復（一九七二年）以降に日本に永住帰国してきた。

残留孤児の国籍は、きわめて複雑な変遷をたどった。その変遷は、まず何よりも帝国主義やポスト・コロニアルの世界社会変動と密接に関連している。残留孤児が戦前・戦中に中国に渡り、または中国で生まれたのは、いうまでもなく日本帝国主義による「満州」支配という歴史の一端である。戦後、残留孤児が長年にわたって日本に帰国できなかった背景には、東西冷戦下での日中の国交断絶がある。そして残留孤児の日本への永住帰国は、東西冷戦の終焉・グローバリゼーションの進展と無縁ではありえない。残留孤児の国籍は、こうした一九三〇年代から九〇年代までの長期に及ぶ国境を越えた世界社会変動に規定され、振り回されてきたのである。

また残留孤児の日本国籍は、戦後日本の「単一民族神話」や血統主義的ナショナリズムとも深く関わっている。残留孤児の肉親捜し・永住帰国は、しばしば「血が呼んだ祖国」といった血統主義的ナショナリズムの文脈で語られる。彼・彼女らは、日本人の血統に基づいて日本国籍を認められ、日本に永住帰国した。このことは一方で帰国後の彼・

彼女らに「日本人」としての同化を強制する圧力となり、他方で日本国民として日本政府の責任を問う主体的根拠となる。残留孤児が日本政府の責任を追及する集会で「我々は日本人の血を引く日本国民だ」と訴え、デモ行進で日の丸の鉢巻きを締める姿は、その象徴ともいえよう。

なお「血統主義」は、国籍認定における「生地主義」の対概念としてしばしば用いられる。前述のように残留孤児も多くの場合、日本人の血統に基づいて日本国籍を認定された。しかし本来、日本人の血統、および日本の国籍は、それぞれ別個の社会的属性である。日系外国人、あるいは帰化した外国系日本国民の例をあげるまでもなく、日本人の血統は、日本国籍保有の必要条件でも十分条件でもない。そして残留孤児としての認定は、日本国籍ではなく、あくまで日本人の血統の認定にほかならない。したがって当然、日本人（の血統）と認定された後も、中国籍のまま、中国に定住する残留孤児もいる。また後述するように、日本人としての認定を求め、日本に永住帰国しても、日本国籍への変更に抵抗し、中国籍の保持を望む残留孤児も一部にいる。そして大多数の残留孤児の人生において、「日本人であること」および「日本国籍であること」——血と国——は、どちらも血統主義に基づき、密接に関連しているにもかかわらず、両者は容易に一致せず、むしろつねに互いにせめぎ合ってきた。

本章では、こうした観点もふまえ、残留孤児の国籍の変遷がもつ歴史的・社会的意義の一端を明らかにする。[1] なお本章で紹介する残留孤児の発言はすべて、二〇〇二年以降、私たちが日本と中国の双方で継続している面接聞き取り調査で得られたものである。[2]

1　出生時の国籍

ではまず、残留孤児の出生時の国籍についてみよう。

残留孤児のなかには、日本で誕生して実父母とともに「満州」に渡った人もいれば、実父母が「満州」に渡った後に本人はそこで生まれた人もいる。また、今日に至るまで実父母・身元が未判明で、自らがどこで出生したのかわからない残留孤児も多い（浅野・佟 二〇〇八）。

しかし大多数の残留孤児は出生後、日本の行政機関に出生届が出された時点で戸籍に登録され、日本国籍になっていたと考えられる。たとえ「満州」で生まれても、「満州国」では一九四〇年に日本帝国臣民の二重身分を認める暫行民籍法が施行され、日本人移民は日本国籍を保持したまま、日本と満州の二重民籍（戸籍）登録をしていたからである（南 二〇〇九：一一三）。

とはいえ、すべての残留孤児が出生時に日本国籍を取得したわけではない。ごく一部だが、一九四五年の日本敗戦の混乱の渦中、または戦後になってから中国で生まれた残留孤児もいる。彼・彼女らの出生届は、日本の行政機関に出されなかった。私たちの調査でも、一九四七年に中国で生まれ、一九五三年に実父母が日本に引き揚げて本人は残留孤児となり、一九八五年に肉親が判明した残留孤児がいた。彼は日本の行政機関に出生届が提出されていなかったため、一九八五年に出生届を出して新たに戸籍を作り、日本国籍を認定された。こうした残留孤児の場合、出生後、直ちに中国籍として登録されていたとも考えにくく、少なくとも一九五〇年代までは無国籍であったと思われる。

また、たとえ客観的には出生時に日本の戸籍・国籍を得ていたとしても、その事実を確認できるのは、後に肉親・身元が判明した残留孤児だけである。残留孤児には、前述の如く、今日に至るまで肉親・身元が未判明のケースも多い。彼・彼女らの現在の戸籍・国籍は後述するように主に一九八〇年代以降、新たに作成されたものであり、出生時の戸籍・国籍を確認することはできない。残留孤児の出生時の国籍について考える際、本人を含む誰にも語りえず、またおそらく永遠に確定できない事実があることを、まず銘記しなければならない。

2　国籍の変遷と錯綜

さて、大多数の残留孤児は日本の敗戦直後、中国人養父母に引き取られた時点に中国人としての氏名をつけられた。またいずれかの時点で、自らの意思とはほとんど無関係に中国籍に登録された。養父母が幼い孤児を引き取った際、養子として、または養子であることさえ隠して実子として登録したケースもある。一九五〇年代、中国の公安局は、残留日本人の集団引揚げに協力するため、一斉調査を実施した。その際、本人の知らぬ間に養父母が中国籍として登録した残留孤児もいる。また、一九五八年に残留日本人の集団引揚事業が終結した時点で、中国政府は中国籍を希望する残留孤児に国籍証を発給する政策をとった（関・張 二〇〇八：七）。その際、中国で生きていく上で、他に選択肢がほとんどないなかで、中国籍に加入した残留孤児もいた。そしてもちろん、いつの時点で自分が中国籍に正式に登録されたのかを知らない残留孤児も少なくない。

一九五〇年代、政務院で中国籍をとる手続きをした。周恩来がサインした中国籍加入許可証をもらった。私の意思というより、養母が私のことを思って申請した。公安局は私が日本人だと把握していたし、中国籍でなければ、入党も昇進も難しいからだ。

一九五八～五九年頃、公安局がうちに来て、中国籍をとって下さいと言った。当時、残留日本人を中国籍にするという指示があったようで、今も多くの残留孤児が周恩来総理がサインした中国籍加入許可証をもっている。でも私は、養父母がすでに実子として役所に届けていたので、もともと中国籍に入っていた。養父母がそのことを公安局の職員に説明した。だから私は中国籍加入許可証は持っていない。

ただしきわめて少数だが、戦後も中国籍を取得せず、一貫して日本国籍者・「外僑」として、日本人としての氏名だけを名乗って中国社会で生きてきた残留孤児もいる。私たちは中国での調査で、こうした残留孤児にも出会った。彼は日本敗戦時に八歳だったが、中国人養父母に引き取られることなく、雑技団の綱渡りなどをしながら各地を転々として生きてきた。彼は中国政府が発給した外国人居留証をもち、その国籍欄には「日本国籍」、氏名欄には「大塚満春」と明記されている。日本には彼の戸籍もある。しかし日本政府は最後まで、彼を日本国民・大塚満春であると認定しなかった。彼は日本への永住帰国を切望していたが、それが果たせないまま、数年前に中国で死去した。

とはいえ、この大塚満春氏のようなケースはやはりごく少数で、大多数の残留孤児は戦後、いずれかの時点で中国籍に加入している。

しかしまた一方で、日本政府は一九七二年まで、中華人民共和国を国家として承認していなかった。そこで同年まではは日本政府が、残留孤児について「日本国籍を離脱した」とみなしていたかどうかは明確ではない。一九五七年に日本政府は「日本人が中共の国籍を取得しても、日本の国籍は離脱できない」とする方針を発表した（南 二〇〇九：一二七）。また国交がないなかで、ごく少数ではあるが、肉親・戸籍が判明した中国残留日本人が個別に日本に帰国するケースがあり、そうした場合、日本政府はこれを「日本人の引揚げ」とみなして受け入れてきた。なかには中国政府発給のパスポートを持って帰国したケースもあったが、日本政府はそれでも「日本国籍を失っているか否かの判断が困難」として、事実上、日本国籍者として入国を許可してきたのである。ただしこのように入国を許可されたのは、いうまでもなく肉親・身元が判明し、戸籍が確認できた残留日本人に限られている。

つまり日中国交回復（一九七二年）以前、中国に取り残された大多数の残留孤児は――個々人の意思・記憶を問わず――、中国政府からみれば中国人としての氏名をもつ中国籍者であった。しかし日本政府からみれば、日本の戸籍が確認できる残留孤児は日本人としての氏名と戸籍をもつ日本国籍者であった。ただしまた同じ残留孤児であっても、肉親・身元が未判明で日本の戸籍が確認できない場合、日本政府は彼・彼女らを日本国籍者とは認めなかったのである。

そして残留孤児自身の立場からいえば、国籍に対する認識・思いは多様で、しかも一人ひとりのなかでも時期・状況によって変化したと思われる（佟・浅野 二〇〇九）。戦後も一貫して、「日本国民」であることを主張しつづけた大塚満春氏のような残留孤児は、稀である。たとえば、日本敗戦時に一三歳だったある残留孤児は、一貫して自分の日本人としての氏名・戸籍の所在地・日本国籍者であることを鮮明に自覚・記憶していた。それでも彼は日本への永住帰国を具体的に考え始める一九七二年以前には、中国籍者であることを自らの宿命として受け入れ、中国の公民として、中国人としての氏名を使って生活してきた。また敗戦時に〇歳だった別の残留孤児は、日本人としての記憶がまったくなく、中国人養父母の「実子」として育てられた。彼女が、実は日本人であると養父母から打ち明けられたのは、一九八〇年代に入ってからであり、これを聞かされたとき、彼女は大きなショックを受けたという。ただし彼女は、幼いころから近所の人々に「日本人」と呼ばれ、文化大革命時代には「小日本鬼子」として迫害を受けた経験もある。その時、彼女は周囲に対して「自分は日本人ではなく、中国人だ」と主張したが、心のなかでは「本当は日本人かも知れない」とも感じており、養父母に真相を確かめるかどうか葛藤を続けてきた。一九八〇年代、死を目前にした養父の遺言として「実は日本人だ」と打ち明けられた彼女は、前述のようにショックを受けたが、しかしそこには「やはりそうだったのか」といった気持ちも含まれていたと語る。

総じて大多数の残留孤児にとって、日本と中国のいずれかへの帰属を単純に二者択一することは、現実の生活やそれに根ざした感情からいえば難しい。またそれは個々人の内部でも、時期や状況に応じて変化している。彼・彼女らは自ら決して望んだわけではないマージナルマンとしての心性を、いやおうなく引き受けて生きるしかなかったのである。そうした生活や心性とは無関係のところで、国家は相互承認によって初めて成り立ち、しかも両属を許さない。固定的な国籍の二者択一を迫るのは国家間システム・国民国家の側であり、残留孤児自身の生活上の必要性や論理ではないのである。

3　戦時死亡宣告と血統主義

さて前述のように、日中国交回復（一九七二年）以前、日本政府は、肉親・戸籍が確認された残留孤児に限って、事実上、日本国籍を認めていた。ただしこのことは、日本政府が残留孤児の戸籍・国籍の認定、および日本国民としての保護に積極的であったということを意味しない。むしろ日本政府は、残留孤児の捜索・身元確認にはまったく消極的であった（浅野・佟　二〇〇九）。

日本政府は、中国に取り残された残留孤児の捜索にほとんど着手しなかった。むしろ一九五九年には、日本政府は残留孤児の戸籍に重大な影響をもたらす政策を実施した。多数の残留孤児が中国で消息不明者として生存しているという事実を認識しつつ、未帰還者特別措置法を施行し、戦時死亡宣告を促進して戸籍を抹消したのである。死亡宣告を受けた残留孤児は、厚生省の未帰還者調査の対象から外された。大蔵省は、「死者」とされた残留孤児の調査への予算支出に疑義を呈した。日本政府は、残留孤児の戸籍を「生きた日本国民」の認定・保護に活用するのではなく、行政上の死者と定義しうる手段として活用することで、問題の存在を消し去ったのである。後にこの事実を知った残留孤児は、大きな衝撃を受けた。

私の戸籍は抹消された。一九四六年二月一三日に発疹チフスで死亡したというデタラメの死亡届が出されていた。これを知った時には、言葉では言えないほど精神的ショックを受けた。生きている人を死者にしたのは日本政府の大きな犯罪だ。

一九七〇年一二月二五日付けで、戦時死亡宣告を受けていた。特別措置法で私たちは死人にされた。私の戒名が刻まれた墓も建てられていた。中国で必死に生きてきたのに、勝手に死んだことにされていたのは許せない。私たちが日本に帰るために身元確認を必要としているのに、なぜ戸籍を抹消したのか？　日本政府は、大きな間違いを犯した。

残留孤児や肉親、ボランティアの批判を受け、日本政府がようやく残留孤児の肉親捜しの訪日調査に着手したのは、敗戦から三六年、日中国交回復から数えても九年が経過した一九八一年以降であった。しかもこの肉親捜しの訪日調査も、実際には遅々として進まなかった。そこには多くの理由があったが、その一つは、逆説的だが、訪日調査があくまで血統主義に基づく「肉親捜し・身元判明」を目的とした調査だったことにある。訪日調査の目的が「肉親捜し・身元判明」にある以上、それに参加するには、単に日本人であるというだけでなく、肉親・身元につながる何らかの具体的な情報・手がかりを、残留孤児自身が提供しなければならない。つまり日本政府は、残留孤児が日本の敗戦時、中国に置き去りにされた年少の日本人であるという歴史的・社会的事実を示す証拠・証言よりも、むしろ肉親の判明につながる証拠——生物的・私的に日本人の血統を引く日本人であることの証拠——を重視した。そこでこうした証拠を提出できない残留孤児は、訪日調査にも容易に参加できず、彼・彼女らの肉親捜し・国籍認定・永住帰国はますます遅延した。日本敗戦時の混乱状況、および当時の残留孤児の多くが幼少であり、ただでさえ情報・証拠が乏しいことをふまえれば、肉親・血統の判明に焦点を絞った訪日調査は、残留孤児の認定を極度に狭く限定するものであった。

> 敗戦時〇歳だった私に、日本人孤児であることを立証せよ、証拠を出せ、というのはあまりに理不尽だ。本来、私たち残留孤児を作り出した日本政府が、もっと早く私たちを捜索し、日本人孤児であると認定して私たちに通知すべきだった。

しかも、このように日本政府が、残留孤児を血統主義的に絞り込んで日本人として認定する背景には、国家と社会の（国民国家と市民社会）の分裂（＝公私の二分法）という近代社会の特質が横たわっていた。すなわちそれは、残留孤児問題を国家の公的責任から切り離し、血統・家族の「私事」に封じ込める役割を果たした。残留孤児の認定に際しては、「日本人／日本国民」の子供であることより、特定の肉親・家族の子供であることの確証が重視されたのである。残留孤児を中国に置き去りにした責任は、国家ではなく、肉親・家族に科される。残留孤児の捜索や永住帰国、帰国後の自立生活に責任を負うのも、国家ではなく肉親・家族またはせいぜい市民社会（ボランティア）ということになる。肉親・戸籍による血統の確証という日本政府の認定基準は、一方で残留孤児を日本国民として認定する条件を厳しく限定しつつ、同時にそれを「私事」へと封じ込めるための梃子でもあった。

なお中国政府はいうまでもなく残留孤児の認定において、日本の肉親や戸籍による血統の確証には固執しなかった。

そのような認定基準がまったく非現実的であることが明らかだったからである。日本の肉親・戸籍による確証が不可能でも、日本人の血統をもつことが明白な残留孤児は枚挙にいとまがなかった。そこで中国政府は、養父母をはじめとする幅広い関係者の証言や文書記録に基づき、社会的・現実的に残留孤児の認定を行った。総じて、日本政府が個別家族の私的・生物的な血統関係の確証を重視したのに対し、中国政府は残留孤児が歴史的・社会的に構築された「日本人」であることを重視したといえよう。

4　日本の戸籍をもつ中国籍者

さて、日中国交回復（一九七二年）以降、肉親・身元が判明した残留孤児の多くは、本人または肉親が申請することによって死亡宣告が取り消され、戸籍上、日本人として「生き返った」。しかし日本政府は、彼・彼女らを直ちに日本国民と認めたわけではない。

前述のように、日中国交回復以前、日本政府は中華人民共和国を承認していなかったため、残留孤児の中国籍も認めていなかった。しかし国交回復後、遅くとも一九七四年頃までに日本政府は、残留孤児が日本国籍を離脱し、中国籍に加入している可能性が高いと判断するに至った。そして個々の残留孤児の意思を問わず、国交回復の日（一九七二年九月二九日）にさかのぼって日本国籍を喪失し、中国籍になったものとして行政的に処理した。こうして残留孤児は、たとえ身元が判明して日本の戸籍が確認・回復できても、行政的にはほぼ一律に中国籍者とされた。日中国交回復は、残留孤児に日本への帰国の道を開くと同時に、日本国籍の剥奪という新たな帰国の壁を作り出したのである。

これにともない、残留孤児の永住帰国の手続きも、日本人の引揚げから、外国人（中国籍者）の新規入国へと一変した。中国政府発給のパスポート、日本政府発給の査証、および日本国内での身元保証人の確保が不可欠となったのである。また帰国を果たした後も、残留孤児には外国人登録をするよう指導がなされた。こうした取り扱いは、地域によって異なるが、一九八六年以降まで続いた（菅原　一九八九：一六三－一六四）。

ただしここで留意すべきことは、日中両政府が、残留孤児を単純な中国籍者とはみなしていなかったという事実である。

中国政府は確かに残留孤児を中国籍者とみなしたからこそ、パスポートを発給した。しかし当時、中国では出国管理が厳しく、特別の理由がなければ、パスポートは発給されなかった。中国政府は、残留孤児が日本人であるという特別の事情を考慮したからこそ、パスポートを発給したのである。

一方、日本政府は残留孤児の帰国に際し、査証――つまり外国人（中国籍者）としての入国手続き――を求めた。しかし残留孤児の身元保証人を日本に住む肉親に限定し、しかも肉親の身元保証さえ得られれば残留孤児に永住帰国をも許可した。一九八五年以降は、訪日調査で身元が判明しなかった残留孤児にも永住帰国を認めた。このような措置は一般の外国人にはもちろん適用されない。つまり日本政府もまた、残留孤児が日本人であるという特別の事情を考慮していたといえる。

このように日中両政府はともに、残留孤児を中国籍者と位置づけつつ、しかし潜在的・実質的な日本人でもあるとみなしていたのである。

ただし、日中両政府の対応には違いもあった。中国政府によるパスポート発給は、残留孤児の帰国・日本国籍の取得を援助・促進する立場からなされ、実際にもそのように機能した。これに対し、肉親による身元保証を求める日本政府の措置は、残留孤児の帰国・日本国籍の回復を厳しく制限し、阻むものであった。

一方で潜在的な日本人と認めつつ、他方で日本への帰国・国籍回復を阻む。こうした日本政府の矛盾は、一九八一年に肉親捜しの訪日調査が始まると、さらに増幅した。訪日調査の参加資格は、綿密な事前調査に基づき、日中両政府が「日本人である可能性が高い」と認定した残留孤児に限られていた。しかし実際の訪日調査での身元判明率は――訪日調査の実施が一九八一年以降まで遅延したことが大きく影響して――、約三割程度ときわめて低かった。そこで、日本政府によって「日本人の可能性が高い」と認定されて訪日調査に参加したにもかかわらず、肉親が未判明であるため身元保証人が確保できず、日本に帰国できない残留孤児が激増したのである。それに加え、肉親・戸籍が判明しても、肉親の身元保証が得られず、日本に帰国できない残留孤児も増え続けた。日本政府が帰国後の残留孤児の生活保障に関する公的責任を回避し、肉親・家族の「私事」と位置づけ、しかも肉親の身元保証を帰国の不可欠の条件としたことが、身元が判明した残留孤児の実際の帰国をも大幅に遅延させたのである。

一番困ったのは、身元保証人がいなければ帰国できないことだ。すぐにも帰国したかったが、肉親がみつからず、身元保証人が確保できないため、帰国できなかった。これは全く不当だ。私たちは、正々堂々、日本国民だ。どうして私たちが日本に帰国するのに身元保証人が要るのか。

身元保証人制度は不当だ。日本人が日本に帰ってくるのに、なぜ身元保証人が要るのか。大使館の職員にたずねると、まだ日本人かどうかはっきりしていないと言われた。日本人でなければ、なぜ肉親捜しの訪日調査に参加させたのか。矛盾している。あれほど詳しく調べられ、ようやく日本人だと日本政府に認定されて訪日調査に参加したのに。

身元保証人制度は、全く不当だ。日本人である私の権利を、なぜ親戚に決めてもらわねばならないのか。なぜ親戚の同意がないと、日本に帰国できないのか。私は日本人で、日本の名前も戸籍も実家もある。本来、身元保証人は必要ないはずだ。国は妨害せず受け入れるべきだ。

このような事態に対する内外の批判を受け、日本政府は一九八六年頃から、肉親・戸籍が判明した残留孤児に、永住帰国のための特別の渡航証を発行するようになった。これにより、肉親・戸籍が判明して身元保証が得られた孤児は、ようやく日本国籍者として査証なしで帰国することが可能になった。

日本の厚生省が渡航証を送ってきた。これを瀋陽の領事館に提出して、日本への帰国の許可をもらった。私は日本の戸籍があり、中国のパスポートはもたずに帰国した。

来日前に中国でパスポートを作ったが、それは役に立たず、私の出費は無駄になった。日本に帰ってきた時、すでに戸籍が回復されていた。日本には、渡航証をもらって入国した

ただしその後も最終的には一九九四年頃まで、日本の戸籍と渡航証をもつ残留孤児が日本に帰国する際、各種の身元保証を課されるという矛盾は継続した。一九九四年六月一〇日の衆議院法務委員会で法務省入国管理局長が、「入国手続の際に中国残留邦人を日本人として扱う。入管法上、残留孤児の入国に際して身元保証など要求しない」旨を答弁した[3]。この頃になってようやく、残留孤児の永住帰国における各種の身元保証という障害が、ほぼ解消したといえよう。

5　未判明孤児の就籍・永住帰国

訪日調査を経ても肉親・身元が判明しなかった残留孤児に対しては、日本政府は一九八五年まで、永住帰国を認めなかった。ただしこうした未判明の残留孤児も、日本の家庭裁判所に申し立てれば、新たな戸籍を作ること（「就籍」）ができた。訪日調査を終えて中国に戻った身元未判明の孤児の一部は、中国にいながらにして日本の戸籍を作った。とはいえこれができたのは、日本のボランティア（中国残留孤児の国籍取得を支援する会 二〇〇〇）と連絡がとれたごく一部の孤児だけである。中国で暮らし、日本語もできず、日本の法律知識もない大多数の未判明孤児は、独力で就籍の申請手続きができるわけもなかった。

私は永住帰国より前に、中国にいる時に就籍して日本国籍を取った。戸籍を作ってくれたのは、東京の凍土の会の

ボランティア・山村文子さんだ。私の戸籍には実父母の記載はない。
永住帰国以前に就籍した。東京の河合弘之弁護士が手続きをすべてやってくれた。当時、私はまだ中国にいた。知人の残留孤児に、「日本国籍に入るか」と聞かれた。私は「まだ中国にいるのに、日本国籍が取れるのか」と聞くと、この弁護士を紹介され、手紙を出した。すると手続きの方法を書いた手紙がきた。

そして一九八五年以降、日本政府は身元未判明の孤児に査証を発行し始めた。身元未判明の孤児は、中国国籍のまま、身元保証人なしで帰国できることになった。これにより、未判明孤児の帰国が急増した。大多数の未判明孤児は、帰国後、残留日本人定着促進センターや自立指導員・ボランティア等の援助を得て、就籍を申請し、日本国籍を取得していった。

中国のパスポートで来日してから、所沢の帰国者センターで残留孤児としての認知が終わり次第、日本国籍をくれた。帰化ではなく、日本人として認定した上での国籍の回復だ。家庭裁判所に申請した。千野誠司という人が手続きを全部してくれた。就籍許可証には、次のように記されている。「父母の氏名は不祥。申立人は出生により日本国籍を取得した日本人である。しかるに、申立人は中国人として成長してきたため我が国に戸籍を有しない。……申立人の両親の身元は全くといってよいほど不明ではあるが、少なくとも、申立人は日本人母の非嫡出の子か、日本人夫婦の嫡出子と認めることが許されると考える。……また、申立人が一旦取得した日本国籍を喪失したとする事由の存在は認められない。しかして、申立人については、戸籍を有しないから、就籍を認めるのが相当である」。

以上のような複雑かつ多様なプロセスをへて、身元判明・未判明を問わず、日本に永住帰国した残留孤児の戸籍と日本国籍は「回復」されていった。日本国籍が回復すると同時に、中国籍からは離脱したものと、日中両政府は認定した。特に身元未判明の残留孤児に対しては、永住帰国と前後して「就籍（戸籍の作成）」と「日本人としての（血統を示す）氏の作成」が実施され、血統主義的国民規定のほころびが取り繕われた。残留孤児の国籍と戸籍をめぐる混乱が、既存の国民国家と国家間システムの秩序に沿った形で、ひとまず調整されたのである。

ただしこうした就籍・国籍変更のプロセスに疑問を感じた残留孤児も少なくない。

まず第一に、一部の残留孤児は、日本政府が自らの責任で就籍を行わず、申請経費も当事者（または身元保証人等）の個人負担だったことに疑問を感じている（関・張 二〇〇八：一三九；庵谷 二〇〇六：八三）。

> 本来、日本政府が私たちの戸籍を作ってくれるべきだ。私たちは日本政府の責任で残留孤児になり、しかも日本人と認定されて帰国した。なぜ自分で申請しなければ、戸籍をもらえないのか。中国政府のように、戸籍を作ってくればいい。私たちは中国に遺棄されたが、中国政府は黙っていても戸籍を作り、受け入れてくれた。

第二に、中国の国籍証明書がなく、二重国籍になると言われ、手続きが繁雑だった残留孤児もいる。

> 私は中国籍だった。でも養母が中国の国籍を取ってくれたので、私の手元には中国籍加入証がなかった。それで日本にきて日本国籍を回復する時、とてもややこしかった。中国籍の証明書がないと二重国籍になる可能性があり、日本国籍をとるのは却って面倒になると言われた。

第三に、日本国民としての姓（名字）のつけ方に納得していない残留孤児もいる。なぜその姓になったのか、本人にもわからないケース、および「いかにも日本人らしい名前」をつけるよう強要されて不満を感じたケースも少なくない。

私の日本名は、誰がどのようにつけたのかわからない。おそらく夫の名字と私の中国名から一字ずつとって、いかにも日本人らしい名字をつけたのだろう。私が自分でつけたのではない。知らないうちに決まっていた。祖先とのつながりもわからない。私たちは本当にかわいそうだ。自分の本当の名字すらわからない。

私の中国の名字はRだ。日本でもRという名字にしたかった。養父が私を大人になるまで育ててくれたので、名字に愛着があったからだ。でも所沢の帰国者センターで、日本人の名字にRはないと言われた。Rという字に発音が近い漢字を教えられ、それを名字にするしかなかった。

名字は所沢の帰国者センターの通訳につけられた。私は本当は中国名のままにしたかった。養父母がつけてくれた名前であり、私はその名前でずっと生きてきたのだから。でも通訳に言われ、仕方なく日本名に変えた。私は最初、名前の変更なんか全然考えていなかった。日本の戸籍に入り、日本国籍をとるには、日本人らしい名前が必要だと言われ、しかたなく名前を変えた。でも、なぜ名前まで変えなければならないのか、納得できる説明はなかった。その時、考える暇も与えてくれなかった。「この名前でいいか」と、すぐに認めるよう求められた。未判明の人はその場で数十人が即座に次々に名づけられた。

第四に、国籍変更の必要性・理由の説明が不十分だったと語る残留孤児もいる。

日本国籍への加入も、日本政府が面倒を避けるためにしただけではないか。要するに私たちが日本国籍に入れば、政府はもう普通の国民として扱い、中国との関係でも面倒がなくなるからだ。私は、帰国者センターの職員に「日本国籍をとることのメリットとデメリットを教えてほしい」と言った。すると職員は「君は日本人だから、日本国籍をとらねばならない」と答えた。本当は私たちにきちんと説明すべきなのに、日本政府はもう決めていて、形だけ私たちに承認させるという感じだった。

私は来日してすぐには日本国籍を取らなかった。これまでの日本政府の対応に、不満があったからだ。でも、子ども一家を呼び寄せる手続きをすると、子どものビザは下りたが、孫は許可されなかった。驚いて入国管理局に理由を聞きに行くと、日本の法律では三世まで呼び寄せられるが、私が日本国籍を取らないので二世になり、子どもは三世、孫は四世になるそうだ。だから孫（四世）は呼べないと言われた。私は、やむなく日本国籍を取った。このことで何度も泣いた。でも孫が恋しいから、仕方なかった。

第五に、日本国籍の取得に家族が反対したが、事実上、家族も含めて強制的に国籍変更をさせられた孤児もいる。

来日後、自立指導員に言われて、私はすぐに日本国籍を回復した。でも四人の子どものうち二人は、国籍変更に抵抗した。まだこれから日本での生活がどうなるかわからず、不安だったからだ。すると自立指導員は怒り、家族全員が日本国籍に加入しなければ、まだ中国にいる子どもたちを呼び寄せられないと言った。私たち一家は、二度と家族が離ればなれになりたくなかったので、やむなく全員が日本国籍に変更した。

自立指導員に言われ、私たち母子四人とも日本国籍に入った。私は、「なぜ家族全員、日本国籍に入らねばならないのか。私は日本人だが、子どもたちは中国籍でもいいのではないか」とたずねた。すると自立指導員は、「全員、日本国籍をとらないと、生活保護が受けられない。それに今すぐ国籍変更しなければ、後で自分たちで手続きをすれば、ややこしくなる。そもそもあなたたち一家は日本人だから日本に帰国できたので、日本国籍にするのは当然だ」と言った。私はよく理解できなかったが、当時はそれに従うしかなかった。

そして第六に、一九八五年の国籍法改正まで、子どもの国籍取得に性差別があったと批判する孤児もいる。

女性の残留孤児の子どもは、三ヵ月以内に手続きしなければ、帰化という形でしか日本国籍に入れなかった。男性の残留孤児の子どもは、すぐ日本国籍に入れた。これは男女差別だ。誰もそんな規則があると教えてくれなかった。子どもが学校でいじめられて初めて、子どもも日本国籍に入れようと考えた。でも、もう遅いと言われた。こういう男女差別の意識は、日本政府だけでなく、男性の残留孤児にもある。ある男性の残留孤児は私に、「あなたの子どもは半分の日本人だ。うちの子はすぐに日本国籍に入れた」と自慢した。私はすごく腹が立った。日本政府に日本人として認められていない。日本政府はなぜこのような男女差別の制度を作り、残留孤児の内部に愚かな差別意識を生み出すのか。

まとめにかえて

以上、中国残留日本人孤児における国籍の変遷を分析してきた。

ここでまず明らかなことは、残留孤児の国籍が、諸個人の生活や意思とはほとんど無関係に、国家または国家間システムによって決定されてきたという事実である。国家は相互承認によって初めて成り立ち、しかも原則として諸個人に両属を許さない。一九七二年以前に、肉親・戸籍が判明した残留孤児の大多数は、日本政府からみれば日本国籍者であり、中国政府からみれば中国籍者であったが、しかしそれは少なくとも日本政府の側からみれば「二重国籍」でも「両属」でもない。なぜなら中華人民共和国という国家は、日本政府にとって存在しなかったからである。したがって日本政府が中華人民共和国を承認した瞬間から、事実上の両属をいかになし崩し的に解消していくかが、日本政府にとって不可避の課題となった。残留孤児が戦後の中国で日本国籍を維持し、あるいは帰国後の日本で中国籍を維持する自由は、一部の例外を除き、ほとんどなかったといえよう。しかしそれにもかかわらず形式的には、国籍変更は個人の申請・選択に基づくものとされる。戦後の中国での中国籍への加入、および帰国後の日本での日本国籍取得は、いずれも個々の残留孤児やその家族による自主的な申請・選択という形式が踏まれた。こうした国籍変更における個人申請の矛盾は、一般の自由意思に基づく移民では、それほど顕在化しない。しかし残留孤児の場合、日本から中国、中国から日本への二度の国籍変更において、実質的に個人による選択の余地はほとんどなかったのである。

残留孤児の国籍をめぐっていま一つ特徴的なことは、日中国交回復後、両政府が残留孤児を形式的に中国籍者と位置づけつつも、実際には特殊な歴史的事情をもつ「潜在的日本人」であることを否定しえなかったという事実である。国交回復後、日本政府は中国籍者と規定したはずの残留孤児に、日本への永住帰国、および日本国籍の回復・取得を認めてきた。中国政府は、日本に「永住帰国」するためのパスポートを、自国民であるはずの残留孤児に発給した。これらはいうまでもなく、残留孤児の特殊な歴史的事情――戦争・植民地政策によって生み出され、その後、東西冷戦・日中国交断絶によって日本帰国の道を閉ざされてきた特殊な「日本人」であること――を、日中両政府が条理として認めざるをえなかったことを意味する。いわば日中両政府は、歴史的・社会的に構築された「越境的な人間」としての残留孤児を、いずれかの国民国家を単位とした公共性の枠内に位置づけることができなかったのである。

ただしその上で、残留孤児を血統主義的に「日本人/日本国民」と認定する基準には、日中両政府間で大きな違いがあった。中国政府は、幅広い証言・記録・証拠に基づいて残留孤児が「日本人」であることを社会的・現実的に認定した。もとよりこれは、あくまで「日本人」としての認定であり、「日本国民」としての認定ではない。これに対し、日本政府は個別の肉親や戸籍による血統の確証を求め、しかもこれと日本国籍・永住帰国の認定と緊密にリンクさせた。さらに日本政府のこうした個別家族レベルでの血統主義は、国家と社会（公私）の分裂という近代社会の特質とも重ね合わされ、残留孤児問題を私的で自然本質的な親子の物語へと収束させ、国家の責任を解除することとも表裏一体であった。

一般に血統主義的ナショナリズム（「血が呼んだ祖国」）は、残留孤児の永住帰国や国籍回復の促進要因とみなされがちである。確かに残留孤児は、日本人としての血統に基づいて日本国籍を認められ、日本に永住帰国した。しかし日本政府のこうした個別家族レベルでの血統の確証に基づく「日本人＝日本国民」という規定は、残留孤児の肉親捜し・永住帰国・国籍認定に大きな障害をもたらし、それらを遅延させた側面も決して見逃すことはできないのである。

†注

［1］本稿の内容に関する詳細な分析は、佟・浅野（二〇一〇）及び浅野・佟（二〇〇九）を参照。

［2］調査結果の一端は、浅野・佟（二〇〇六a：二〇〇六b）にも所収。

［3］第一二九回国会衆議院法務委員会議事録第五号、一九九四年六月一〇日（塚田千裕法務省入国管理局長発言、一九頁）。

†文献

【日本語文】


浅野慎一・佟岩（二〇〇六a）『異国の父母』岩波書店。

――（二〇〇六b）「中国残留孤児の労働・生活と国家賠償訴訟」『労働法律旬報』一六三三号、三四－三五頁。

――（二〇〇八）「中国残留孤児の「戦争被害」」『神戸大学大学院人間発達環境学研究科研究紀要』二－一号、一九三－二一二頁。

――（二〇〇九）「血と国――中国残留日本人の肉親捜し」『神戸大学大学院人間発達環境学研究科研究紀要』三（一）号、一一五－四七〇頁。

庵谷磐（二〇〇六）「中国帰国者支援施策の展開と問題点」『アジア遊学』勉誠出版、八五号、七五－八六頁。

関亜新・張坤（二〇〇八）『中国残留日本人孤児に関する調査と研究』佟岩・浅野慎一監訳、不二出版。

菅原幸助（一九八九）『「日本人になれない」中国孤児』洋泉社。

中国残留孤児の国籍取得を支援する会（二〇〇〇）『中国残留孤児国籍取得一〇〇〇人達成の記録』中国残留孤児の国籍取得を支援する会出版。

佟岩・浅野慎一（二〇〇九）「ポスト・コロニアルの中国における残留日本人孤児」『神戸大学大学院人間発達環境学研究科研究紀要』二（二）号、一五七－一七六頁。

――（二〇一〇）「祖国と越境――中国残留日本人孤児の永住帰国」『神戸大学大学院人間発達環境学研究科研究紀要』三（二）号、一三五－一五四頁。

南誠（二〇〇九）「「中国帰国者」をめぐる包摂と排除」庄司博史編『移民とともに変わる地域と国家』（国立民族学博物館調査報告八三）国立民族博物館、一二一－一三七頁。

第二部　人からのアプローチ

公的アイデンフィケーションは桎梏か？

第６章

「掌握」する国家、「ずらす」移民
——李大媽のライフ・ストーリー[1]から見た身分証とパスポート

木村自

はじめに

パスポートや身分証、国籍の取得に関する問題は、徹頭徹尾国民国家の形成にかかわる問題である。国家の側から見た場合、単純な国境管理の次元を越えて、国家の領域内部においても国民と国民ならざるものとを区別し、管理するための重要な手段として、パスポートや身分証が機能するに至っている。「近代世界における国家と国際国家系全体による合法的な移動手段の独占によって、人々の移動を規制し、誰がどこに帰属しているのかを明確にすることが効果的にできるようになった。さらにこれは、国家が想定上均質な「国民」を構築しようと活動するときに、きわめて重要な役割を果たしたのである」（トーピー　二〇〇八：二六六）。人の移動に関する管理と規制を、国家が一手に担うようになることによって、国民概念が創出される。

一方、移民の帰属をめぐる問題は、国民国家が国民の内包を規定しようとするとき、その国民概念をもっとも脅かすものである。国民国家の側から見た場合、移民の帰属先が国民と国民ならざるもののいずれかに明確に規定できないことは、国民国家の内実を曖昧にする。「国民という概念の根底にある所属するという観念は、人々が国境を越え、「所属する」空間を離れて所属していない空間に入るとき、脅かされる」（トーピー　二〇〇八：二一）。逆に、国民国家を「脅かす」移民の側から見た場合にも、パスポートや身分証の取得は、彼らの居住する国民国家へのアイデンティティを醸成するとは限らないまでも、いずこかの国民国家との関係性を、一定程度決定付けることになる。

ところで、近代国民国家が形成されるプロセスにおいて、とくに国家の周縁部に位置する国境地域においては、国境により画定される国家の領域に居住する人々が、必ずしもその「国民」に内包されるわけではない場合がある。タイ北部の国境線の確定と国境統治について分析した片岡の論考によれば、タイ政府による北タイ国境地域に対する政策には、「表の運転原理」と「裏の運転原理」が存在していた。北タイの国境防衛政策においては、「政府が国境線の統治をあえて見送り、それを第三の勢力に意図的に委ねることで領土を保全するという間接統治の方法は、近代的国境線と矛盾しないばかりか、むしろ副産物でさえあった」（片岡 二〇〇四：二〇二）。国家は、国家領域とそこに包含されるべき人々を規定するため（表の運転原理）に、国民に本来属さない人々を動員した（裏の運転原理）。

国家側に見られる政策の「表」「裏」にともなって、こうした国家の周縁部を生きる人々の側にも、「表のコード」と「裏のコード」が生じる。とくに移民の視点から見た場合、国民や国民ならざるものに分類されていくリジッドな法制度・国家観念が「表のコード」として厳格に存在する一方で、そうした法制度や国家観念と日常実践との間にある多義的な境界領域が「裏のコード」として理解される。本章は、国家の周縁部において、国民と国民ならざるものとの境界が国家によって確定されていくなかで、移民たちがいかに「裏のコード」を利用しながら、生活領域を拡大してきたのかを分析する。その際、李大媽という雲南人ムスリム女性のライフヒストリーに着目して、彼女の語りのなかから国家制度や国家観念がどのように「ずらされて」理解されてきたのかを検討する。

本章が中心に紹介する李大媽は、一九二七年に中国雲南省の騰衝に生まれ、一九四七年頃ミャンマーに移住した。[2] 李大媽の本名は黄芳蘭で、黄姓の女性であるが、人々は夫の姓を用いて、彼女を李大媽と呼ぶ。元々ムスリムではなく漢人であった李大媽は、雲南ムスリムの李応隆との結婚によりムスリムに改宗した。ミャンマーにて三〇年ほど生活するものの、当時のミャンマー政府の経済政策の失敗、居住地域における反政府勢力の活動などの理由から、一九七〇年代後半にタイ北部に再移住した。タイに移住した後、夫・李応隆の死をきっかけに、一九九一年に台湾に再再移住し、現在は台湾桃園県にあるモスクの近くで息子夫婦と孫とともに生活している。中国に約二〇年、ミャンマー

地図１　中国・ミャンマー・タイ国境域

に約三〇年、タイに約一五年、そして台湾に約一五年暮らしたことになる。

李大媽の子供たちは、ミャンマー、タイ、台湾に離散して生活している。それぞれの居住国が李大媽の移住のルートを示している。長女（二〇〇七年時点で五四歳）は上ミャンマーのピンウールィン[3]に暮らしており、衣類の縫製屋をしている。タイのチェンマイには長男の李棟良と末息子が、それぞれの家族と生活している。末の息子は、彼が八歳のときにミャンマーからタイにつれてこられた。現在彼はタイにあるアメリカ資本の保険会社で働いている。長男の李棟良は、子供の頃に上ミャンマーのモゴックにある雲南系アラビア語学校で学び、その後エジプトのアズハル大学に留学した。留学後は、駐サウジアラビア王国台北経済文化代表処（駐沙烏地阿拉伯王國台北經濟文化代表處）に勤務したのち、チェンマイで旅行代理店を経営していた。

それ以外の子供たち五人は、現在ではすべて台湾に居住している。桃園県の中壢には五番目の息子の李昇永とその家族が、李大媽と一緒に暮らしている。台北県の中和市（当時）には三番目の息子李昇強とその家族、それに娘の一人とその家族が生活している。台北市の士林には歯科医を開業している娘が一人いる。

1　李大媽の生い立ちとミャンマーへの移住——交易と戦争

李大媽の男性家族〔父と兄たち〕は、日中戦争の戦火を逃れるために、故郷の騰衝からミャンマーへと避難した。男性家族のみが中国を離れていることから、おそらくは国民党軍による徴兵を逃れることが目的であったと思われる。李大媽には兄が三人おり、そのうち三番目の兄がイギリス軍に参加している。彼が何ゆえイギリス軍に参加したのかは、よく分からない。第二次世界大戦が終了すると、別の兄の一人は雲南に帰った。

父と兄たちが先に中国を出てミャンマーに行きました。私は私の実の両親には育てられず、父の弟〔叔叔〕の家で育てられました。ところが、当時雲南ではある病気が流行っていて、私を養っていた父の弟夫婦が死んでしまいました。それで、再び父の兄夫婦〔大伯父母〕のところに預けられることになりました。ですので、兄たちと一緒にミャンマーには行っていません。私の三番目の兄は未年《ひつじ》生まれです。[4]イギリス軍がまだミャンマーにいたときに、イギリス軍に参加しました。だから、英語が非常によくできました。私には兄が三人いました。すでに亡くなってはいますが、三番目の兄には五人の息子と七人の娘がいました。二番目の兄は第二次世界大戦が終わったときに亡くなりました。第二次世界大戦が終結したときに、二番目の兄は中国に帰ったのですが、何かの毒水にでも当たったのか、結婚前に死んでしまいました。

当時の雲南には様々な忌避があった。李大媽によると、そうした忌避の一つが、生まれてすぐに咳をした子供は、実父母が育ててはいけないというものであった。そのため、彼女は父の弟に預け育てられた。よって、父の弟夫婦が病気で死去しても、実父母のところには帰ることができず、父の一番上の兄夫婦のところで育てられることになった。李大媽は、日中戦争が終了すると、ミャンマーに移住する。李大媽がミャンマーに来てから約一年後にアウンサンが暗殺されたと述べていることから、[5]一九四六年から一九四七年ごろにミャンマーへ移り住んだものと思われる。李大媽がミャンマーに移住した頃には、上ミャンマーにはまだ日本人が残留していた。

私たちは騰衝を離れ、三日間馬に乗って中国側の国境の町、畹町までやってきました。畹町からは、小さな木板の橋を渡るとすぐにミャンマーへ行くことができました。畹町にもいくつかムスリムの家庭があったと思います。[6]ミャンマー側では、私の三番目の兄が、イギリス軍の車に乗って迎えに来てくれていました。それから、モンニという町に行きました。そこに住んでいたのは、すべて雲南人でした。ミャンマーに出て一年後に、アウンサンが暗殺されました。

騰衝からミャンマーへ抜けるには、道沿いを西南に行き、畹町という国境線上の町を経由する。畹町は現在でもミヤンマーと中国の往来の結節点となっており、国境付近に居住する中国人は「辺民証」を所持していれば自由に国境を通り抜けることができる。畹町から橋を渡ってミャンマー側に抜けると、ミャンマー側にはムセという国境の町がある。ミャンマー側では、イギリス軍に志願兵として入隊した三番目の兄が彼女を待っていた。一九四八年に、イギリス植民地政府がミャンマーから撤退する以前のことであった[7]。

一方、後に李大媽の夫となる李応隆は、国共内戦のさなかに、馬幇交易（雲南省と上ミャンマーとを結んで行われたキャラバン交易）のために郷里の蒙化（現在の巍山県）を離れ、ミャンマーに来ていた。

> 私の夫、李応隆が雲南を離れたのは[8]、「老共（中国共産党）」が雲南に来るより以前のことでした。忽然茂らとともに商売をするために雲南を離れていました。李応隆が商売でミャンマーに行っている間に、中国での国共内戦が激しくなりました。そこで、彼の父は彼に手紙を書き、中国に戻らないほうが良いと忠言しました。それで、李応隆はミャンマーに残ったのです。私と李応隆は一九四九年に結婚しました。

彼は、忽然茂[9]などの同郷人と一緒に馬幇交易の隊商を組んでいた。馬幇交易では数百人規模で隊商を組み、ミャンマーや北タイに赴き、そこに数ヵ月から数年居住して商品を仕入れ、再び雲南に帰る。このとき李応隆は三二歳であった。その間に雲南省では国共内戦が激しくなり、彼は帰国を断念する。一九四九年一〇月に中華人民共和国が成立し、同年一二月に雲南省は共産党軍によって「解放」された。共産党による「解放」前に雲南を離れてミャンマーやタイに留まっていた人の多くは、共産党による迫害を恐れて、雲南への帰還を断念した。また、「解放」時に雲南に留まっていた人たちのなかにも、共産党による迫害をおそれて、あるいは共産党により迫害されて、その後ミャンマーへと移住したものが多数いた。李大媽と李応隆は、一九四九年に結婚した。

李大媽の語りから見る限り、日本軍によるミャンマー統治期から日本の敗戦を経て、中華人民共和国が成立するまでの間、雲南と上ミャンマー間の国境は、相当自由な往来が可能であったようだ。李大媽は、畹町にある橋の対岸を

「ミャンマー領（緬甸地）」、畹町側を「中国領（中国地）」と明確に区別しているものの、国境において何らのパスポートの審査も経ていないことを記憶している。こうした浸透性のある国境は、一九四九年に中華人民共和国が成立すると大きく変容する。人々の往来は制限され、特に一旦中国国境を離れた人々が、再び中国に入ることは極めて困難になった。

資本家や地主など中国領内に属すべきでないとされた（あるいは属すべきではないと自ら理解する）人々は、中国領を離れミャンマーへと逃れた。また、国共内戦期にミャンマー領内に居住していた人々は、中国領内への帰還を断念する。ところが、実際には、ミャンマー領内においても、彼らは必ずしも歓迎される人々ではなかった。李大媽の一家も、ミャンマー領内において、国家の他者としての生活を迫られる。次節では、ミャンマーにおいて国民がいかに構成されていたのかをミャンマー市民権法の側面から整理すると同時に、李大媽のミャンマーにおける生活のなかで、法に基づいて発行されている身分証やパスポートがどのように認識されていたのかを検討したい。

2　李大媽とミャンマー国籍

2―1　ミャンマーにおける国籍法の概要

一九五〇年から一九八二年までの約三〇年間にわたって、中国系・インド系住民の多くは、外国人として扱われ、ミャンマー国民としての身分証は発給されていなかった[10]。まず独立後のミャンマーにおける市民権や国籍に関する法規定について、高谷の分析（高谷 二〇〇八）に沿って整理したい。ミャンマーにおける市民権および国籍法規は次のようなものである。

ミャンマーにおける市民権は、一九四八年のミャンマー連邦市民権法（The Union Citizenship Act）、および一九八二年に制定されたミャンマー市民権法（Myanmar Citizenship Law）によって規定されている。一九四八年、イギリスからの独立に際し、ミャンマーは「ミャンマー連邦市民権法」を制定した。同法に先立つ一九四七年に制定されたミャンマー憲法によれば、「市民権（citizenship）」は「連邦全体をとおして、一つの市民権しかない。つまり、連邦市民権からは独立した単位の市民権は存在しない」と規定されており、事実上「国籍」と同義で用いられている[11]。

同様に同憲法によれば、ミャンマーにおいて市民権を有することができる者は、次のように規定されている。つまり、両親双方がミャンマー土着の民族（indigenous races）であるか、もしくはミャンマー連邦内で生まれ、祖父母のいずれかがミャンマー土着の民族であること、あるいは英国、英連邦、英領植民地内で生まれ、ミャンマーの独立時もしくは、一九四二年一月一日より以前の一〇年間のうち、八年間をミャンマー連邦領内に継続して居住しているものに、ミャンマーの市民権が付与される。ここで述べられている「ミャンマー土着の民族」については、一九四八年のミャンマー連邦市民権法において規定されており、「アラカン族、ビルマ族、チン族、カチン族、〔中略〕シャン族など、一八二三年以前にミャンマー連邦領内のいずれかの地域を永住の地としていた人種（racial）集団」を指すとされている（高谷 二〇〇八：二二〇－二二二）。

一方、中国系住民やインド系住民を含むそれ以外の人々の市民権の取得については、一九四八年のミャンマー連邦市民権法において規定されたものの、この一九四八年市民権法は二年間のみ施行され、すぐに失効した。その間にミャンマー市民権を取得しなかったものは、その後一九八二年に新たに市民権法が公布されるまで、法律上は外国人として扱われることになった。そのため中国系住民やインド系住民のなかに、数多くの市民権未取得者を生み出していた。

中国系・インド系の住民に対して管理を強化する目的から、一九八二年にミャンマー市民権法が制定された。同法によれば、国民は「市民」「準市民」「帰化市民」の三つに分類される。「市民」は一八二三年の第一次英緬戦争の前年からミャンマー領内に居住している者の子孫、「準市民」は一九四八年のミャンマー連邦市民権法に基づいて市民権を取得した者、「帰化市民」は一九四八年四月以前からミャンマー領内に居住している人とその子孫で帰化手続きをした者として定められた。「準市民」と「帰化市民」は、三世代以降から「市民」として分類される。

国家の側が国民と国民ならざるものとを明確に境界付けていく過程のなかで、国民ならざるものとして有徴化された移民たちは、こうした法とそれにともなう人の分類をどのように理解していたのであろうか。李大媽が語るミャンマーの身分証をめぐる問題をとおして、彼女が国家制度とどのように交渉しながら、ミャンマーにおける日常生活を構築していたのかを検討したい。

2―2　ミャンマーにおける李大媽の身分

李大媽は一九七〇年代後半にタイに移住しており、その当時一九八二年のミャンマー市民権法はまだ発布されていなかった。そのため、制度上はミャンマーの市民権を獲得することができなかった。しかし次節で見るように、彼女はミャンマーを出国するに当たって、ミャンマーの市民権とパスポートを取得し、タイに移住した。それまでの経緯を、李大媽自身の語りから見てみよう。

> 私の夫は必ず中国に帰ると固く心に決めていました。とても頑固でした。ですので、彼自身はもちろん、私や子供たちにも「緬甸字」を取らせようとはしませんでした。ミャンマーでは、私たちは「パスプ」だけを持っていて、「マッポウンディン」は持っていませんでした。「マッポウンディン」を持っていない私たちは、国内を自由に移動することが許されず、しばしば警察が家に来て、登録している居住地域に、家族全員が住んでいるかどうかを確認しました。私の夫がタイに行ってから、一度警察が私たちの家に来たことがあります。私の夫がおらず、警察に嫌がらせをされたので、こう言ってやりました。「私の夫はパダウン族の女と駆け落ちして、彼女のところに行ってしまったんだよ。必要なら、行って取り返してきておくれ」。ビルマ人はパダウン族をとても恐れていたのです。

ここで李大媽は、「マッポウンディン」と自らが持つ「パスプ」とを対比させて語っている。上ミャンマーに居住する華人の多くは、身元を証明する書類を中国語で「字《ツー》」と呼んでいる。ミャンマーの市民であることを証明する書類を「緬甸字《ミエンディエンツー》」と呼び、ミャンマー国籍を有していないことを「緬甸字がない」と言い表している。また、ミャンマー国民が携帯する具体的なIDカードのことは、一般的にマッポウンディンと呼ばれる。マッポウンディンには、動詞としては「登録する」という意味があり、名詞としては「登録証」の意味がある。「緬甸字」と「マッポウンディン」は互換的に用いられるようであるが、「緬甸字」がミャンマー国籍というより抽象的な意味で用いられる場合もあるのに対して、マッポウンディンはものとしてのIDカードを指す。また、中国語で会話をする際にも、マッポウンディンは、それに対応する中国語で語られることはなく、そのまま「マッポウンディン」が用いられる。

一方、マッポウンディンを有しない人は「パスプ」の所有者ということになる。制度上の市民権の有無は、「マッポウンディン」の所有と「パスプ」の所有というかたちで象徴的に語られる。「パスプ」は制度的にはFRC（Foreign Registration Certificate）と呼ばれる外国人登録証である。ミャンマーに居住する外国人にはFRCが発給される。李大媽がミャンマーに居住していた頃には、こうした登録証が各戸に配布され、人々に「パスプ」と呼ばれていた。おそらく「パスポート」を語源とすると思われる「パスプ」は、しばしば中国語を混ぜて「長《チャン》パス」と呼ばれたり、中国語で「緑本子《ルーベンズ》」などと呼ばれたりしていた。「パスプ」は手帳というよりは丈の長い帳簿で、「長パス」と呼ばれていたのはそのためである。彼らは書類上で指定された行政市町村を無許可で離れることが許されず、事前に「里長」許可を取得しなければならなかった。警察が各戸を定期的に訪れ、居住者がいることを確認すると、その「パスプ」に判を押していく。また、外国人である「パスプ」所有者は、毎年外国人税を徴収されていた。[12]

パスプは、トーピーの分類する国内パスポートの役割を果たしていたと言える。国内パスポートとは、「特定の国民集団の移動を規制し、特定の地域へのその立ち入りを制限し、居住地を離れる自由を否定するために使われる」（トーピー 二〇〇八：二六二）。「パスプ」も、ミャンマーに居住する非ミャンマー国籍者（無国籍者を含む）に対して、その登録居住地域からの移動を制限するために使われており、同様の役割を果たしていると思われる。マッポウンディンを所有していない場合、その活動領域は大幅に制限されることとなった。そのため、上ミャンマーで交易に従事していた華僑は、何らかの方法でミャンマーのマッポウンディンを手に入れている。実際には、「パスプ」所有者から「マッポウンディン」所有者への変更は、さほど困難なことではなかったようだ。法律上ミャンマー国籍を取得することが不可能である人々であっても、「何らかの方法」[13]を用いて「マッポウンディン」を取得しているものが少なくない。

しかしその一方で、「マッポウンディン」の取得を頑なに拒否し続けていた人々もいる。李大媽の夫もその一人であった。夫の李応隆は、交易に従事していたので、指定の居住地域を離れることが多かった。そのため、李大媽によると、複数の少数民族（シャン族など）を含む、五種類の身分証明書を携帯しており、交易に赴く先々で使い分けていた。李応隆がこれらの身分証をどのように入手したのかは知る由もないが、いずれも偽造のものであったと思われる。ところが、李応隆は、自身と自身の家族がミャンマー国籍を取得することは断固として拒否し続けた。李応隆にとって、パスプ所有者からマッポウンディン所有者への変更は、単なる身分証の変更を意味するのではなく、帰属やアイデンティティそのものの変更をも意味していた。多くの人がマッポウンディンを取得している一方で、李応隆のようにパスプからマッポウンディンへの身分証の移行を拒否し続けた人も少なくなかった。李応隆にとって、偽の身分証を入手することと、パスプを返還してマッポウンディンを取得することはそれぞれに全く異なる意味合いを持つ行為であった。偽の身分証については、自分や家族があくまでそれを偽物であることを理解していることが重要なのであり、その意味でマッポウンディンは単なる便宜上のものではなかったのだ。

さらに、李大媽自身の身分証の問題に対する関心に目を向けると、彼女自身はマッポウンディンの取得を、必ずしもアイデンティティや帰属の変更と認識していたようではない。李大媽は当時を振り返り、彼女自身のミャンマー国籍取得について、次のように語っている。

当時は夫の国籍にあわせる必要があったので、私も「緬甸字」を持つことができませんでした。

妻である李大媽の国籍取得について、法律の規定がどのようなものであったのかは不明である。ただ、子供の国籍取得に関しては、父親優先の原理が適用されていたようである（高谷 二〇〇八：二一二）。よって、夫の国籍に合わせる必要があったため、李大媽がミャンマー市民権を取得できなかったというのは、必ずしも正確ではない。しかし、李大媽は自分が女性であり、妻であることが、ミャンマー市民権の取得を阻んでいたと理解しており、必ずしもミャンマー市民権の取得を拒否していたわけではないように思われる。この点では、李大媽と彼女の夫である李応隆との国籍取得に対する認識の違いを垣間見ることができる。

本節をまとめておこう。国民国家に包摂・排除されていくなかで、李大媽も国民ならざるものとして自らを認識するようになる。彼女の語りのなかでは、「マッポウンディン」と「パスプ」という身分証が、象徴的に対立させられて語られている。また戦後、上ミャンマーの混乱した状況下においては、「パスプ」から「マッポウンディン」への移行は、実際には「何らかの方法」を用いて可能であった。ところが、そこに夫の「中国（中華民国）」への帰属意識と市民権取得を困難にする妻としての立場が、問題系として挿入されている。国家が身分証をとおして国民を包摂し、国民ならざるものを排除していくのに対して、身分証や市民権に対する認識は、常に李大媽の日常実践を通して、再解釈されたものなのである。

3 李大媽の生活——ミャンマーの経済・政治・治安

3—1 ミャンマーにおける経済生活

国共内戦の戦火や共産党による迫害を逃れるために、雲南からミャンマーへと避難した華僑の多くは、移住先の土地で交易や小規模な商売に従事した。レストランや雑貨店の経営、馬や車による交易、小規模工場の経営などで生計を立てるものがほとんどであった。

李大媽と李応隆は結婚すると、タンヤンに家を構え、小規模な喫茶店兼食堂を経営し始めた。上ミャンマーのタンヤンは、総人口に占める雲南人の割合が非常に高い[14]。共産党支配下の雲南から、着の身着のままミャンマーへと逃れてきた雲南人も多かった。李応隆は洪門幇の「大哥」（兄貴分）であったために、雲南を逃れてきた洪門幇のメンバーを、自分たちの家に住まわせ食事を提供していた。

ミャンマーではタンヤンに住んでいました。タンヤンでは「シュエイェ[15]飯店」という食堂を経営していました。ミャンマーでの生活は大変でしたが、タンヤンで経営していた「シュエイェ飯店」はとてもうまくいっていました。私たちの店では、麺類や餅〔ビスケット類〕、奶茶〔ミルクティー〕、乳扇〔乳製品の一種〕、それにコーヒーも売っていました。餅を作る人だけでも、数十人は雇っていましたよ。私も、中国から来た人を何人も養いました。たとえば、中国の下関から誰かが出てきたとすると、ミャンマーでは住むところも、食べるものもないでしょう。それで、私たちの家に住まわせていたのです。

李大媽が作る乳扇はタンヤンでは評判だった。李大媽の自慢は、彼女が乳扇を作るのが非常にうまかったということであり、インタビューのたびに私に繰り返した。毎朝午前三時ごろに起床して、乳扇を作る準備をする。午前四時過ぎに早朝の礼拝、イシャーを済ませると、何十も並べた甕の中に牛の乳を注ぎ、それぞれの甕の下から火を焚く。焦げ付かないように、すべての甕を一つずつかき混ぜて回るのは大変なことであったし、微妙な火加減は技術のいるものであった。乳搾りなどの作業は、インド系のムスリムを雇っていた。

私は乳扇を作るのが非常に得意でした。乳扇を作るのは大変なのです。……家の裏山では三〇〇頭近くの牛を飼っていました。[16]カラーを雇って毎日乳絞りをし、乳扇を作って販売していました。タンヤンでの商売は大変うまくいっていました。

3—2　ミャンマー政府の経済政策と華僑の生活

このように、雲南ムスリムのミャンマーでの生活は、経済的には恵まれたものであった。多くの雲南ムスリムが

「ちょっとした商売」をし、貯蓄を膨らませていた。しかし、ミャンマー政府の強引な金融政策によって、苦労して貯めた紙幣は一夜にしてごみ同然になった。ミャンマー政府が廃貨を決定したからである。李大媽の場合、ミャンマー政府の廃貨政策は、夫である李応隆の宝石の商いと結び付けて語られる。タンヤンでの生活に余裕が出てくると、夫の李応隆は宝石の商売に金を使うようになった。宝石を扱うには目が利かなければならないが、李応隆は宝石など扱ったことがなく、宝石の採掘にかけた資金は元を取れることは少なく、出費のほうが多かった。それに輪をかけたのがミャンマー政府の廃貨政策である。

私の夫は宝石を扱っていました。玉〔翡翠〕ではありませんよ。宝石と玉は違います。宝石は小さな粒ですが、玉は非常に大きな石です。大きなものになると、一頭の馬では引けないくらいです。私の夫は、宝石を採りにいって、採った宝石をヤンゴンに持っていって売りました。すべて売りさばくと、札束を何箱分も持って帰ってきました。ところが、そうやってお金を持って帰ってきてからほどなくして、旗が揚がったのです。ショックで、その時は八キロ痩せました。

李応隆はルビーなどの宝石を掘り当て、それをヤンゴンにまで売りに行った。採掘に資金を投入しただけのことはあり、何箱分もの紙幣をタンヤンに持って帰った。しかし、それからしばらくして、ミャンマー政府が廃貨を発表した（旗が揚がった）のである。

ミャンマー政府は一九六四年五月一七日の夜、当時流通していた紙幣のうち、高額紙幣である一〇〇チャット紙幣と五〇チャット紙幣を無効にし、流通を中止するとの通知を、ラジオを通して発表した（簡 一九九二）。その上で、小額紙幣は一週間以内に、新紙幣に変更することが認められた。チャットの廃貨は一九八五年と一九八七年にも再び繰り返された。高額所持者は追及を恐れてすべての紙幣を交換することができず、交換できなかった紙幣を焼却処分した。高額の紙幣を溜め込んでいたインド人と中国人に経済的打撃を与えるためであったといわれている。上記の李大媽の話からも、ミャンマー政府による突然の廃貨が、華僑華人に対して経済的に大きなショックを与えたことは確かなようである。こうした経済的な打撃と次節に見る不安定な治安のために、李大媽たちはタイへの再移住を決意した。

3—3　タンヤン——ゴールデン・トライアングル

ミャンマーでの生活の苦しさは、ミャンマーにおける法的身分の問題と政府の経済失策だけによるのではない。少なくとも、小規模な商売に従事している限り、ミャンマーでの生活も悪いものではなかった。しかし、とくにタンヤンなど、いわゆるゴールデン・トライアングルに近い地域においては、一九五〇年代から一九七〇年代にかけて、極めて劣悪な治安状態が続いていた。当時タンヤン一帯は、国民党ゲリラ部隊〔遊撃隊〕、シャン州軍〔The Shan State Army：反政府武装組織〕、麻薬王クンサーが、ゴールデン・トライアングルのケシ栽培地をはじめとする地域の覇権をめぐって争っていた。これらの組織は麻薬の密売で利益を上げていたからである。タンヤン一帯を手中に収めていたクンサーの部隊は、地域住民に対して徴兵を強要し、男子が三人いる家庭はそのうち一人をクンサー軍の兵役につけるよう地域住民に要求した。李大媽の息子の一人も、タンヤンにおいて兵役に取られ、右足を失う大怪我を負った。

タンヤンに滞在している間に、張奇夫〔クンサーの中国語名〕の軍隊から「紙〔徴兵の令状のことか〕」が届きました。私たちの家から誰か一人を出さなければならないというのです。私の三番目の息子の李昇強はそのころまだ高校に通っていました。あと二ヵ月で卒業できるというときに、学校の帰りに張奇夫の軍隊に捕らえられ、兵隊に持っていかれてしまいました。李昇強は張奇夫の軍隊で馬を引いているときに、地雷を踏んで右足を失ってしまいました。彼は、今は中和市〔台湾の地名〕に住んでいて、コンピューター会社で働いていますが、今でも義足をはめています。

国家による経済政策（廃貨）、上ミャンマーにおける治安の悪化（クンサー軍閥による統治）、家族の経済事情など、複数の要因が重なり、李大媽一家はミャンマーを離れて、タイ北部へと移住した。

4　ミャンマーからタイへ

4—1　タイへの移住と紛争地帯での生活

李大媽がタイに移住したのは一九七六年であった。タイでは、夫の李応隆と一緒に雲南を離れた忽然茂などが、先に商売を始めていた。この頃には、国共内戦で敗れミャンマーに滞在していた国民党軍が、ミャンマー政府に追われてタイ北部に再度部隊を移していた。一九四九年以降、上ミャンマーのシャン州に駐留していた国民党軍に関して、ミャンマー政府はミャンマー領内からの撤退を求めて国連に訴える。その結果、国民党軍は一九六一年に台湾（中華民国）に移送されることになるが、その移送を拒否した国民党の第三軍と第五軍は、ミャンマーからタイ領内に移住した。第三軍がチェンマイ県のタムゴップに、第五軍がチェンライ県のメーサロンにそれぞれ根拠地を置いていた。国民党先述のように、李大媽の三男の李昇強はクンサーの部隊に兵役に取られ、地雷を踏んで大怪我をしていた。国民党第五軍の指揮官の一人で、李応隆の友人の馬姓のものが、李昇強と義父子関係を結んでいた。この馬姓の指揮官は、すでにタイ北部で部隊を展開しており、タイに居住していた。この馬姓の指揮官は、義子である李昇強が大怪我をしたことを聞きつけると、足の治療のために彼をタイに呼び寄せた。李応隆と三男の李昇強はタンヤンを離れ、この馬姓の指揮官を頼って北タイのチェンマイに移った。

一方、李大媽はタンヤンの「シュエイィ飯店」で商売を続けていたが、夫がすでにタイに移住していたため、一人で何人もの子供を育て上げるのは並大抵のことではなかった。加えて、ミャンマーの廃貨や排華運動、クンサー政権による徴兵などミャンマーにおいて安定した生活を送る余裕は到底なくなっていた。そのころ、李大媽の長女はすでに結婚していた。彼女も李大媽と一緒にタイに移住したがっていたが、彼女の夫が移住をしないことにしたため、結局長女はミャンマーに残った。タンヤンではクンサーの部隊が勢力を維持しており、彼女の子供たちが成長すると徴兵される可能性があったので、李大媽の長女夫婦はタンヤンを離れて、マンダレーに近いピンウールィンに引越し、そこでゼロから生活を出発させていた。李大媽がタイへの移住を決意したのは、この長女が三番目の子供を産んで一年半後のことであった。

ミャンマーの地方小規模都市であるタンヤンから、タイの第二の都市チェンマイに出てきた李大媽一家の生活には大きな困難がともなっていた。結局、都市では経済生活を維持することができず、遊撃隊〔国民党ゲリラ部隊〕、国民党第三軍第五軍、クンサー軍、ミャンマー軍などが跋扈し、紛争が続いている山岳地帯に活路を見出そうとする。李大媽は山岳地帯に雑貨屋を開き、同地域にいた軍人を主な顧客として商売を始めた。李大媽が雑貨屋を開いたピンロンは、第三軍の根拠地であるタムゴップに程近いところであり、第三軍の管轄下にあった。

　私たちがタンヤンにいる間に、タイにいた忽然茂から、タイに移住したほうが生活が楽になるという手紙が来ました。それで、私たちはタイのチェンマイに移り住みました。その頃には、私には八人の子供がいましたが、長女はすでに結婚していたので、彼女はミャンマーに残りました。それで、私たちは子供七人を連れて、タイのチェンマイに行きました。

　タイに行く前には、私の夫は宝石に手を出して大損をしていたので、手元にはそれほどお金はありませんでした。忽然茂のところにはあんなにお金があったのに、私たちのところにはお金がありませんでした。それで、最初はチェンマイに住んでいましたが、生活が苦しく、都市部には住むことができず、タイの山地に行かねばなりませんでした。当時、山岳地帯には三軍と五軍のゲリラ部隊がおり、山岳地帯には行くべきではないという忠告を多くの人から受けましたが、行きました。

　私たちが滞在していたところは、ピンロン〔丙弄〕です。ピンロンには三年滞在し、商店を開いていました。タイ北部では、張奇夫と国民党軍、それにミャンマーの軍隊が戦争をしていました。戦争をしているところでしかお金が儲からないじゃないですか。ピンロンには、ムスリムの商店が三軒あり、そのうち一つは鶏を飼っている家で、残りの二つは雑貨を売っている家でした。うちは雑貨を売っていました。ここにいるときには、本当によく儲かりました。

ピンロンには三年間滞在しました。戦況がますますひどくなり、山を降りることも考えていました。ある日、私たちの家の近くに、敵軍の旗が落ちているのを見つけました。敵の軍旗が私たちのところまで飛んできたというのは、多分不吉なことの前兆じゃないだろうかと考えました。これはだめだ、絶対に山を下りないと大変なことになる、と皆で相談しあいました。

ある日のことでした。朝、起きてみると七体の黒虎隊[17]の遺体が、私たちの家の戸口にありました。夜に銃声がしていたのは知っていましたが、朝起きてみると七体もの死体が戸口の前にあったのです。これは絶対に山を下りなければなりません。商売のほうは、誰がいつ何を買ったかだけが記された、紙切れ一枚の付け払いが多くて、お金をもらっていませんでした。けれども、これはだめだと思って、二六日に山を下りました。そして、二九日にピンロンで大きな争いがあったのです。


ピンロンでの商売は非常にうまくいった。しかし、それは戦闘による危険の代償であった。生命の危険を感じた李大媽一家は、三年でピンロンでの商売を閉め、山を下りる決断をする。山を下りてからは、タンヤンで行っていたように、餅や乳扇などを作って販売し、生計を立てた。

4―2 タイへの身分証とタイでの身分証

タイへ出国するに当たって、李大媽は初めてミャンマー市民権を取得し、マッポウンディン（国民ＩＤカード）とパスポートを手に入れた。ミャンマーの国内航空券を購入するにはマッポウンディンが必要であり、また国境を合法的に通り抜けるためにはパスポートが必要だったからだ。

先述のように、夫の李応隆は必ず中国に帰るとかたく決意していたため、本人はもとより、妻の李大媽にも子供たちにもミャンマー市民権を取得させなかった。そのため、李大媽の一家は、早くに結婚していた長女を除いて、だれもミャンマー市民権を取得しておらず、マッポウンディンも所有していなかった。パスプのみが、李大媽とその家族の身元を保証する書類であった[18]。ところが、タイへの移住を決心してはじめて、李大媽とその家族はミャンマー市民権を証明するマッポウンディンとパスポートを取得した。当時マッポウンディンは「何らかの方法」を用いて取得することができたが、マッポウンディンの申請に際して、パスプを返却・破棄する必要があった。

マッポウンディンとミャンマーのパスポートを取得した李大媽一家は、三回に分かれてミャンマーを離れタイに向かった。まず、夫の李応隆と三人の子供たちが出発し、数ヵ月後に残りの子供たちが、最後に李大媽が彼女の姪や甥を連れて、タンヤンを後にした。李大媽は、居住地のタンヤンから飛行機に乗り、まずはチャイントンに向かった。

タンヤンからチャイントンに直接向かうと怪しまれるから、タウンジーを経由してチャイントンに行きました。ところが、チャイントンで飛行機を降り立った時に、そこに顔を見知ったミャンマーの警官がいたのです。本当に身の凍る思いがしました。その警官は私に、「お前はタンヤンの人間じゃないのか」と聞き、私はマッポウンディンを没収されそうになりました。私は人違いだと答えて、彼が別の旅行客に気を取られている隙に、空港から逃げました。チャイントンの飛行場から牛車でタチレックの知り合いの家に向かいました。大雨の降っている日で、丸一日はかかりました。タチレックで友人の家に数日隠れてから、国境を越えてタイ側のメーサイに行きました。怖くて、橋を越える［イミグレーションを通る］ことができませんでしたので、川を渡ってタイに行きました。その後、マッポウンディンとミャンマー・パスポートはどこかに失くしてしまいました。

ミャンマー側のタチレックとタイ側のメーサイとは川で隔てられており、正式にはこの川にかかる橋を渡り、入国審査を受けてタイに入国しなければならない。しかし、李大媽はこの橋を渡らずに、川を越えてタイ領内に入った。李大媽が所持していたマッポウンディンとパスポートは、当然偽造のものではない。「何らかの方法で」申請して、取得したものである。[19]

タイに移住した李大媽たちは、再び身元を保証されない生活を送ることになった。タイにおける李大媽一家の法的地位は、「難民」となった。身元について李大媽は、「身份」という語を用いている。「身份」とは単純には法的身分のことを意味する。しかし、李大媽に言わせれば、「身份」は単なる法的身分ではなく、国家を構成する国民として、国家によって生活が保障された法的身分のことを指す。よって、「難民」は「身份」ではない、と李大媽は語る。

タイでは「身份」なんてありませんでしたよ。「難民証」しか持っていませんでした。「難民証」は昇強の幹爹が作ってくれました。五軍の司令官でしたから。

タイにおける「難民」は特殊な身分である。先述のように、ミャンマーへと撤退した中国国民党の部隊の多くは台湾へと移送された。残った一部の国民党兵士とその家族は、ミャンマーから北タイへ進駐する。片岡によると、「(タイ)政府は一九七〇年一〇月の閣議で国民党軍兵士とその家族を難民として認定し、国軍最高司令部直属の「〇四指揮部」の監督下にタイ国内での居住を認める一方、その代償としてタイ共産党軍の勢力の強いチェンライ県東部(パターン)への一部国民党兵士の入植を決定」(片岡 二〇〇四:一九五)した。タイ政府は、共産ゲリラ対策として国民党の残党部隊を北タイの山間部に駐留させると同時に、その見返りとして彼らが「難民」としてタイに留まることを認めた。つまり、この時期のタイ北部における「難民」とは、元来国民党の残党部隊と直接的に関係した法的身分であった。

もちろん、李大媽一家は、元来国民党軍と直接関係を有していたわけではない。ところが、李大媽ら一家はタイに移住後、息子の李昇強と国民党軍第五軍の主任との義父子関係を利用して、「報難民字《パオナンミンツー》(難民証の申請)」をした。既述のように、李昇強は国民党第五軍の主任をしていた馬姓の雲南ムスリムと義父子関係を結んでいた。馬姓の主任は、義子の李昇強が大きな傷を負ったと聞いて、タイに連れてきて治療を受けさせるように連絡をよこし、そこで李応隆は彼をつれてタイに赴いて、タイで治療を受けさせた。李大媽一家は国民党軍官僚との個人的な関係を頼って、「難民字」を取得した。難民という法的地位の取得と運用も、李大媽の社会的ネットワークのなかに組み込まれている。ここでも、「難民証」という法的書類は、彼女の日常生活のレベルに解釈しなおされて理解されたのだ。

5　台湾への移住

多くの華僑がそうであったように、李大媽夫妻も子供たちを台湾に留学させた。海外に生まれ、台湾で教育を受けている華僑学生は「僑生」と呼ばれる。[20]

一九九四年に「帰国華僑学生戸籍登記法（回國僑生戸籍登記辦法）」が廃止される以前は、中華民国のパスポートもしくは入台証をもって台湾へと入国した華僑学生には、すべて台湾の戸籍と国民身分証明書（身分證）が発給されていた。そうした台湾の対華僑政策の歴史を背景にして、多くのミャンマー華僑の子弟たちが陸路タイに渡り、タイの中華民国経済交流事務所に赴いて、そこで入台証もしくは中華民国パスポートを発給してもらう。その後は、空路で台湾に入り、台湾入国後に中華民国の身分証明書を発行してもらうという方法を取った。李大媽もまた、まずは子供を台湾の学校に送って中華民国の国籍と台湾における居住地の戸籍を取得させ、その後その子供の家族として台湾に移住している。李大媽一家がタイに移住したとき、五番目の息子李昇永は一二歳であった。タイでの生活に慣れることができない李昇永を、李大媽は台湾に送った。李昇永が一四歳のときであった。

タイに到着してからは、言葉が通じませんでしたので、息子の李昇永はひどく怒って、「ここは言葉すら通じないじゃないか。俺はミャンマーに帰る。帰りの旅費をくれ」と私たちに言いました。そのころに新聞記事で「歓迎華僑帰国昇学〔華僑の帰国進学を歓迎する〕」という広告が出ているのを見ました。それで、タイに来て二年で、子供たちを台湾に送って学校に行かせることにしました。

当時北タイの難民村では、台湾国民党政府の認可を受け開かれている華僑学校があった。華僑学校での成績は台湾内の学校の成績とリンクされていたため、李大媽の子供たちはその華僑学校で学び、その成績を持って李大媽の子供たちは、四人が台湾の学校に入学した。現在では、ミャンマーに居住している長女、タイに居住している次男と末の息子を除いて、李大媽の子供たちは、全員台湾に移住している。李大媽自身は、夫の李応隆が他界した二年後の一九九一年に、台湾パスポートを取得して台湾へと移住した。現在は台湾桃園県中壢市のモスクの近くにいる五番目の息子の李昇永の家に、嫁と二人の孫と一緒に住んでいる。

6　分析――国家による「掌握」と「掌握されるもの」による「ずらし」

トーピーは「国家は単に社会に浸透しようとするだけではなく、それを掌握しようともする」（トーピー 二〇〇八：一八）と述べる。人々を掌握する（embrace）ための方法が、パスポートであり、身分証であった。国家はパスポートや身分証を通して、人々を掌握し、その結果として国民への所属意識が醸成されていくのである。ところで、当の掌握される側の人々から見た場合、このテーゼはどのように理解することができるのであろうか。本章が描いてきた李大媽のライフ・ストーリーは、こうした「掌握」される側の人々の視点からパスポートをとらえなおすひとつの材料を提示する。

本章で紹介した李大媽のライフ・ストーリーから見る限り、居住国家内において、パスポートや身分証が国民と国民ならざるものを分かつ書類として用いられていくなかで、「掌握されるもの」である李大媽（やその夫）自身も、パスポートもしくは身分証などの書類を取得することによって、ミャンマーやタイといった国民国家との間に一定の関係を築いていた。よって、国家が国民や国民ならざるものを「掌握」するという国民国家形成のメカニズムは、十分に機能していたように見える。しかしその一方で、異郷の地において直面する諸々の状況のなかで、李大媽がいかなる選択をし、その選択をどのように理解していたのかをつぶさに分析するならば、国家による「掌握」から多くのものが零れ落ちていたのではないかと思う。国家による「掌握」を生きる移民たちにとって重要なのは、国家によって「掌握」されたかどうかではなく、どのように「掌握」されたのかという点にある。国家は領域内に居住する人々を一網打尽に「掌握」しようとするが、「掌握されるもの」は国家側の意図からはずれたかたちで「掌握」されることになる。より積極的に述べるならば、「掌握されるもの」たちは、国家による「掌握」の技術をずらしながら利用していくのだ。ド・セルトーの議論を援用するならば、前者は「戦略」であり、後者は「戦術」である。「戦略が生産し基盤目に区切り、押し付けてくるこの空間内でおこなう操作のタイプの別なのであり、戦術のほうは、もっぱらその空間を利用し、あやつり、横領することしかできないのである」（ド・セルトー　一九八七：九〇）。最終節では、本稿の論点をまとめるかたちで、具体的に「掌握」のずれを検討しながら、「掌握されるもの」が、国家による「掌握」をずらす戦術を見てみたい。

ここではまず、小田（小田　二〇〇九）がドゥルーズとガタリの分析枠組みを利用しながら提示した、「条里空間」と「平滑空間」という対立的概念軸を参照したい。小田は都市空間におけるストリート性を切り取る視点の一つとして、「条里空間」と「平滑空間」という補助線を導入した。小田によれば「支配するための秩序である条里空間においては、閉鎖空間を区分してそこに直線的かつ固体的事物を配分するのに対して、平滑空間は、流体としての事物が開放空間のなかに配分される」（小田　二〇〇九：四九五）。条里空間とは国家や知の機制など権力システムによって一望監視的に区画化されていく空間であり、そうした「条里空間に閉じ込められた人びと」は「自分たちの日常生活の空間を部分的に平滑空間へと変容させる」（小田　二〇〇九：四九五）。条里空間に平滑空間を導入する実践とは、たとえば整然と区画化されていくインドの大通りにおいて、歩道を不法占拠する「歩道寺院」の建設などを指示している。小田は、人を制度やシステムの格子のなかにはめ込み、統治する条里空間のなかに、部分的にでも平滑空間が生成する可能性を見出すことで、雑多性をもつ生活の場としてのストリートを取り戻そうとする。

条里空間と平滑空間という分析軸は、パスポートや身分証から国民国家を分析する際の補助線としても有効である。先述のトーピーが明確に提示したように、パスポートや身分証の発給と取得をとおして、国家が人びとを「掌握」していくことで、国民と国民ならざるものは区分され、またときには国家の領域そのものが明示的に示されていく。まさに、「閉鎖空間を区別してそこに直線的かつ固体的事物を配分する」システムがパスポートや身分証であり、それらをとおして明示化されていく国家や国民は、「支配するための秩序である条里空間」だ。一方、インドの「歩道寺院」が、都市を区画化する支配秩序からの「ずらし」であり、条里空間に平滑空間を滑り込ませる実践であったように、パスポートや身分証をめぐっても、国家や国民を形づくる支配の秩序からすり抜けるような実践、国家システムや国民機制という条里空間のなかに平滑空間を導入するような実践を見出すことができるのではないか。こうした実践を見出し、そこから新たな知見を提示することができれば、パスポートや身分証をめぐる人類学的な議論は、新たに「条里空間」を導入し、法体系を整備することで今日のパスポートと身分証をめぐる問題を整理しなおそうとする議論とは異なる視点から、問題を提起することが可能になる。国民国家の機制が生み出す条里空間のなかに、平滑空間が生成する可能性を見るのは、国家による「掌握」を「掌握されるもの」が「ずらす」ことにおいてである。

本章で紹介した李大媽の事例に即して言うならば、パスポート、身分証、国籍、国民国家をめぐる問題は、「意味のずらし」と「機能のずらし」という二つの「ずらし」をとおして整理しなおすことができる。

第一に、「条里空間」としての国民国家は、それを支えるシステムとしてのパスポートや身分証に付与された意味が、「掌握されるもの」によって読み替えられることによって、部分的に「平滑空間」へと変容される。具体的に見てみよう。李大媽の夫である李応隆は、複数の身分証を携帯しながらミャンマー領内や、ミャンマーの国境を越えて縦横に移動し、交易に従事していた。国民と国民ならざるものを区別し、「掌握」する目的で導入されている身分証は、人が身分証によって逆に規定されるという特徴を逆手に取り、複数の異なる身分証を手に入れることで、移動地域に合わせて利用することのできる便利な通行書としての意味が付与される。また、李大媽について言えば、ミャンマーを出国するに当たってはじめて、「マッポウンディン」とミャンマー・パスポートを取得した。しかし、それはミャンマー国民として「掌握」され、アイデンティファイされることを目的としたのではなく、最終的にミャンマーの国民国家システムから離脱することを目的として「掌握」されたのである。こうした事例は、国家による「掌握」

という意図を包含する諸書類の意味をずらし、読み替える戦術である。

第二に、国民国家システムにおける「条里空間」から「平滑空間」への移行は、対面的な関係が重要なファクターとなるということである。小田は「条里空間のただなかにありながらそこに平滑空間を生成する実践に必要なのは」、「人と人との〈顔〉のみえる関係とそれによって作られている「生活の場」ないしは「共同体」」（小田 二〇〇九：四九七）であるという。この点は、李大媽が北タイにおいて、「難民証」を取得したプロセスに見出すことができる。李大媽はタイ北部において難民証を取得する際、息子と国民党軍指揮官の義父子関係という日常生活の領野、小田の言葉では「人と人との〈顔〉のみえる関係」を発動することで、強固に人を「掌握」しようとする国家制度の力を減じ、制度に含まれる意味をずらすことに成功している。これは、パスポートや身分証を支える国家の機能を、〈顔〉の見える関係へと「ずらす」ことで生成される、平滑空間である。[21]

当然、国家側の「掌握」と「掌握されるもの」の「ずらし」という構図は、第二次世界大戦後の一時期に、上ミャンマーやタイ北部という政治的に不安定な地域であるからこそ見られる限定的現象であると言える。しかし、そうした点を差し引いても、パスポートや身分証の意味を読み替え、「〈顔〉の見える関係」を制度のなかに導入していくことで、国民国家を中心としたリジッドな「条里空間」のなかに部分的にではあれ「平滑空間」を導入する可能性を議論することができるのではないか。

パスポートや身分証をめぐる議論は、法制度を整備することや、移民や「外国人」を国家制度のなかにいかに正当に組み込むのかをめぐって展開されることが多い。本論集においても、とくに法制度をめぐる議論の多くはそうした視点を採用している。こうした視点は、今日の移民や「外国人」をめぐる喫緊の課題を解決し、制度改革を促すという点で、非常に有効な議論を提示している。しかし、こうした議論の多くが最終的に到達する地点は、結局国家が人々を「掌握」する技術を、別の方向で更新していることになるのではないか。あるいは、制度の不備を整え、「外国人」を「我々」の一員として国家の法制度の中に絡みとっていくことで、今日の移民や難民、国籍やパスポートの問題を解決しようとする試みは、結局は国民国家システムという想像の共同体、すなわちある種の「条里空間」の延命に手を貸し、新たな社会想像の可能性を置き去りにすることになってしまうのではないか。

新たな社会想像の可能性とは何か。それは、国家と国民とが必ずしも一対一対応しなくなった時代における社会のあり方を、国民国家時期における社会とは全く異なるイメージのなかでとらえ直すことである。我々はポスト国民国家の時代を生きている。本論集で議論されているパスポートや国籍をめぐる問題も、国民国家がその影響力を減じて以降に、国籍や市民権をどのように設定し直すかをめぐる議論であると言える。ポスト国民国家の時代とは、国民と国家が必ずしも画一的でなくなった時代なのだ。我々は、そうした時代における国家と国民、国家と社会との関係を再考する必要に迫られている。しかし、他方で国民国家の側も、ポスト国民国家の時代にあわせて、国家と国民との関係を再構築し直す。つまり、国民国家はその内部に多様性を取り込みながら、国民国家システムの温存をはかろうとする。肌の色や母語、出身国家を異にする人々を排除するのではなく、それそのものとして承認し、国家の内部に「正当に」位置づけ直すことを目指す。[22] これは、ポスト国民国家時代における国家による統治の仕組みであり、国民国家による掌握技術の更新であって、条里空間の再導入である。

張大媽のライフヒストリーが私たちに教えてくれるのは、そうした国民国家の統治をすり抜ける人々のあり方の可能性である。国民国家の制度から排除されながら、国民国家の統治のシステムの下に甘んじざるを得なかった張大媽は、むしろ国家の統治の技術を戦略的に利用してきた。同時に、親族や同郷関係、宗教や諸々の結社など表には見えないコードを用いながら、国境を越えて移動を繰り返した。おそらく今日の移民たちの、国籍やパスポートをめぐる生活の実践においても、類似した営みが見られるだろう。

パスポートや身分証をめぐる人類学的な探究は、そうした他者を生き生きと想像することにあると言える。今ここではない何かの可能性を、他者の生きる世界に学び、我々が生きる世界を相対化しながら想像することこそが、人類学的な思索の営みである。人類学的なパスポート研究においては、人々が国家に「掌握」されないような可能性を、国家の「掌握」技術を使いつつ、それをずらしながら国家と関係を結ぶ様を、提示していく必要があると私は考える。[23]

注

[1] 本稿に登場する人名は、一部を除いてすべて仮名である。
[2] 一九八九年以降、現在の軍事政権は国名をビルマからミャンマーへと変更した。この国の呼称については、現在の軍事政権に対する各人の政治的姿勢と関わっており、高度に政治的問題である。本稿では在東京ミャンマー大使館の指図により、国名をミャンマーとして記述する。
[3] ミャンマーでは一般的に、北部を「上ミャンマー」、南部を「下ミャンマー」と呼ぶ。
[4] 李大媽は、年号を述べるときはすべて干支を用いている。未年は一九一九年である。
[5] アウンサンはミャンマー建国の父と呼ばれている。一九四七年七月一九日に暗殺された。
[6] モンヤイのことか。正確な地名と地図上の位置は不明である。
[7] ところで、李大媽の兄弟姉妹の数人も、騰衝から上ミャンマーに行き、その後国民党軍の「遊撃隊」の一部として、ミャンマーから台湾へと移送されている。雲南省で共産党軍と戦っていた国民党軍は、国共内戦で敗れると国境を越えてミャンマー側へと撤退した。ミャンマーへ撤退した国民党軍は、「反攻大陸」をスローガンに軍隊の建て直しを図った。そして、ミャンマーに逃避していた民間人をも、徴兵のターゲットにした。李大媽の弟と妹も、ミャンマー移住後に国民党軍に参加していた。弟が参加したのは、「遊撃隊」と呼ばれるゲリラ部隊である。ミャンマーへ撤退した国民党軍は、軍事強化策として、正規軍とは別に「雲南反共救国軍」というゲリラ部隊を組織した。ミャンマー、北タイの雲南人、台湾に移住した雲南人などの間では、普通「遊撃隊」と呼んでいる。また、妹は「政工隊」に参加している。「政工隊」とは「政治工作隊」の略で、中国大陸の共産党軍に対する政治宣伝を主な仕事とした部隊のようである。そして、李大媽の弟と妹は、台湾の国民政府によって国境地帯の国民党軍が台湾へと移送されたときに、一緒に移送された。彼らは現在も、台湾の桃園県に居住している。
[8] 李応隆の祖籍地は雲南ではない。李大媽の説明によると、李応隆の祖先は新疆から雲南へとやってきた。李応隆の父がその六代目に当たる。李応隆は若い頃にアラビア語を修得しているが、こうした理由により、兄弟数人で新疆にまで行き、そこのモスクで学んだ。
[9] 忽然茂はタイ、ミャンマーの雲南ムスリムの間では極めて著名な商人である。ミャンマーに渡ってすぐに、北タイのチェンマイに再移住し、そこでモーターや車を扱う商売を始める。一九七二年、チェンマイに敬真学校（アッタカワー・スクール）というイスラーム学校を設立し、初代校長に就任した。筆者が二〇〇五年にチェンマイの敬真学校を訪れたときには、学生数一五〇人であった。そのうちかなりの割合で、ミャンマーから来た学生が占めている。
[10] しかし、実際にはインド系住民と中国系住民の多くが、何らかのかたちで国民証明書（マッポウンディン）を取得している。

[11] 市民権概念については、近藤の整理が参考になる(近藤 二〇〇四)。
[12] 李大媽は、外国人税は年間八〇〇チャット(当時)であったと述べているが、正確な数字は不明である。
[13] 普通は、出身民族を詐称することによって、国籍を取得している。両親ともに華僑であり、ミャンマー市民権法上はミャンマー市民権を取得することができない場合にも、申請時に母親が「シャンタヨウッ(中国系シャン族)」や「アカ族」で、父親が華僑であると述べることによって、市民権を取得している人が少なくない。
[14] 明末清初に設立された中国の秘密結社(幇会)の一つ。
[15] ビルマ語で「金の水」の意味。
[16] カラーとは、現在の国籍を問わず、ミャンマー語で広くインド(パキスタン)系住民を指す言葉である。侮蔑的な意味合いを含む。ミャンマーで生活する雲南ムスリムも、インド(パキスタン)系住民のことをカラーと呼ぶ。ミャンマーのムスリムの多くはインド(パキスタン)系ムスリムで、そのため「〈カラー〉話」とはウルドゥー語のことを指し、「〈カラー〉学校」とは、ミャンマーにあるインド(パキスタン)系のアラビア語学校を指す。例えば、「他是〈カラー〉學校畢業的(彼はインド系のアラビア語学校を卒業した)」など。
[17] タイのゲリラ部隊の一つ。
[18] これ以外に、李大媽は華僑証明書も持っていた。華僑証明書は、台湾(中華民国)への入国書類を整える際に重要な役割を果たすが、ミャンマーに居住している間は、華僑証明書が身元を保証する書類にはならなかった。
[19] マッポウンディンの発行について李大媽は、タンヤンの李大媽の家の隣に、マッポウンディンの発行に携わる人が住んでいたと述べていることから、おそらく隣人のネットワークを利用して取得したのではないかと思われるが、詳細は不明である。
[20] 中華民国(台湾)における「華僑」の定義は、法律の運用を柔軟に保つために故意に曖昧にされている。「華僑身分証明書核發辦法」によると、台湾に戸籍を有していないことが必要条件であり、その上で中華民国のパスポートを持ちながら台湾に戸籍のない人、中華系でありながら海外に生まれるか、もしくは海外に四年以上生活しており、現地の国籍を有している人、あるいは無国籍のもの、などが華僑として認められる。しかしながら実際には、こうした規定に関係なく、中華民国国籍の発給がなされていたときもあれば、近年のように一親等以内の親族でも、国籍の取得が難しい時期も存在する(朱 二〇〇〇:二九二)。華僑の台湾への「帰国」が開始された当初は、入台者数に制限がなかった。しかしその後、年間の受入人口が四八〇人前後に制限され、一九九九年以降は一二〇人前後に制限されている(朱 二〇〇〇:二九四)。
[21] こうした「ずらし」の実践にもかかわらず、「想像の共同体」としての中華民国や中国は、しばしば彼らの語りのなかに挟み込まれ

る。李応隆は数多くの身分証を使い分けていたにもかかわらず、自分は当然のこと、彼の家族にもミャンマー国籍をとらせることはなかった。これは、「平滑空間」のなかに「条里空間」が構築される瞬間としても理解することができる。

［22］この議論は、ネグリとハートによる『〈帝国〉』論と重ね合すことができる（ネグリ&ハート　二〇〇三）。また、ここで述べる「統治」については、フーコーの議論を参照にされたい（フーコー　二〇〇〇）。他方、トランスナショナルな社会空間における市民権について議論したアイワ・オングは、国民国家そのものは実際には衰退している訳ではなく、むしろ国家がトランスナショナルな主体を取り込むかたちで、政治的・経済的なシステムを再構成し直して生き延びていることを指摘している（Ong 1999）。本章結論部の議論は、大阪大学グローバルコラボレーションセンターの中川理氏との会話に多くを依っている。

［23］繰り返し強調しておくが、私は法の整備が不必要であると述べているのではない。今日の移民や難民をめぐる議論、とくに人類学的な議論が、国民国家の統治システムを更新することのみで完了してしまうべきではないと述べているのである。

†文献

【日本語文】

蘭信三（一九九六）「青春を新中国建設に生きて――満州、中国、日本、イデオロギーを超えて生きた人生」谷富夫編『ライフヒストリーを学ぶ人のために』世界思想社、八九－一二二頁。

王柳蘭（二〇〇四）「国境を越える「雲南人」――北タイにおける移動と定着にみられる集団の生成過程」『アジア・アフリカ言語文化研究』六七号、二一一－二六二頁。

小田亮（二〇〇九）「生活の場としてのストリートのために――流動性と恒常性の対立を越えて」関根康正編『ストリートの人類学』（国立民族学博物館調査報告八〇）四八九－五一八頁。

片岡樹（二〇〇四）「領域国家形成の表と裏――冷戦期タイにおける中国国民党軍と山地民」『東南アジア研究』四二（二）号、一八八－二〇七頁。

近藤敦（二〇〇四）「市民権の重層化と帰化行政」『地域研究』六（二）号、四九－七九頁。

高谷紀夫（二〇〇八）『ビルマの民族表象――文化人類学の視座から』法藏館。

谷富夫編（一九九七）『ライフヒストリーを学ぶ人のために』世界思想社。

ド・セルトー、ミシェル（一九八七）『日常的実践のポイエティーク』山田登世子訳、国文社。

トーピー、ジョン（二〇〇八）『パスポートの発明――監視・シティズンシップ・国家』藤川隆男監訳、法政大学出版社。

中野卓・桜井厚編（一九九五）『ライフヒストリーの社会学』弘文堂。

ネグリ、アントニオ&マイケル・ハート（二〇〇三）『帝国――グローバル化の世界秩序とマルチチュードの可能性』水嶋一憲他訳、以文社。

フーコー、ミシェル（二〇〇〇）「統治性」蓮見重彦・渡辺守章監修『ミシェル・フーコー思想集成Ⅶ』筑摩書房、二四六－二七二頁。


【中国語文】

朱浤源（二〇〇〇）「歸僑與僑教：來台緬華個案的回顧與前瞻」『第二屆僑民教育學術研討會會議實錄』台北：教育部僑民教育委員會出版、二九一－三二〇頁。

簡會元（一九九二）「緬甸政情與華僑處境」『僑協雜誌』三五号、五〇－五四頁。

【英語文】
Langness, L. L. and Gelya Frank (1981) *Lives: An Anthropological Approach to Biography*. Navato, California: Chandler & Sharp Publishers.
Ong, Aihwa (1999) *Flexible Citizenship: The Cultural Logics of Transnationality*. Durham & London: Duke University Press.

第７章

国境を越える子供たち
——タイ・マレーシア国境東部における日常的越境と法的地位

高村加珠恵

はじめに

朝七時。タイ・マレーシア国境東部の境界線をなすスンガイ・コーロック川沿いの粗末な船着場には、リュックを背負った子供たちが列を作りサンパンボートを待つ。彼らはタイ側国境のスンガイ・コーロックから、マレーシア側国境のバンダクチル[1]の公立学校に向かう小中学生たちである。バンダクチルにある複数の公立小学校においては実に二割から三割の学生が、タイ側から日常的に越境を行う子供たちであり、しかも彼らはマレーシアとタイの両方の国籍を持つ。定員八名ほどの細長いサンパンボートに乗り込むと数分で向こう岸に到着する。子供たちは川岸からそのまま徒歩で学校へ向かう。スンガイ・コーロック川沿いにはこうした粗末な木製の船着場がほぼ一〇〇メートル毎に設置されている。国境沿いに住む人々にとって国境を渡る手段は橋を越えるか、川を渡るかの二種類に分けられるが、いずれも主な通学手段となっている。船着場のある川岸には「違法に国境を渡った場合、最高一万リンギット[2]の罰金、もしくは五年間の刑に処する。」とマレー語、英語、タイ語の三言語で表記された大きな赤い立て看板が置かれている。

本章で取り上げるタイ・マレーシア国境東部の場合、大部分の日常的越境はインフォーマルな越境行為である。ここで認識する「インフォーマルな越境」とは、まさに冒頭で取り上げたサンパンボートで川を渡る行為であり、移民

写真1　越境する子供たち

局で定められた法的な越境行為を逸脱する「非合法」な行為である。マレーシア国境には、近代的な出入国管理事務所が存在し、川沿いにはライフル銃を抱えた国境警備隊の姿も存在する。ではなぜこうした国家装置の存在にもかかわらずインフォーマルな越境が日常化するのか、である。

そもそも国境は、移民局や税関といった国家装置が絶対的な法的権威に基づき人やモノの法的地位の分類作業を行う場であり、国家にとってはその主権領域を日常的に具現化する場である。個人はひとたび国境線を越えると、入国先の国家が定める法的措置に従い、新たな法的地位が付与される。正規の出入国管理手続きを経ない越境行為に対しては有無を言わさず「非合法」というラベルが貼られる。本論文では、このような杓子定規の法的分類が国境空間の日常レベルにおいて実際にどのように機能しているのかという点に着目する。

インド・バングラデシュ国境地域を研究したヴァン・シェンデル（van Schendel 2005）は、国境空間における密輸行為について、法的には非合法（illegal）であっても、コミュニティ内部においては受け入れられる越境行為が存在することを明らかにしている。これを国家の規定する法に基づく合法性（legal）ではない、現地の人々の規範に基づく「合法性」（licit）であるとして解釈する。彼は従来の密輸行為に対する視角が、いかに法的概念のみによって単純化されてきたかを指摘し、国境研究における日常的、空間的視座の重要性を強調している（van Schendel 2005: 4）。本論の日常的越境行為に対する眼差しもまた、必ずしも明文化された法的概念に依拠しない、現地の人々の日常的実践に着目するものである。本章ではマレーシア側の公立華文小学校[3]に越境通学する子供たちに焦点を当てることによって、国境空間から越境と法的地位という問題の再考を試みる。

詳しい考察に入る前に、越境通学という概念について国家との関わりで簡単に位置づけておきたい。教育の場の選択そのものは、個人の意思に基づいて行われる私的な行為であるが、就学行為が国境を越える場合、国家と個人の関係性が浮上する。近代国民国家の特徴として、明確な境界線に基づいた主権領土を保有するだけでなく、その領域内において均質な国民性が生成される点が挙げられる（Anderson 1991）。この均質な国民性は、統一した言語、イデオロギー、文化を教授する国民教育制度の確立によって実現される。こうした側面から見れば、学校教育は重要な国家装置の一つであり、越境通学が問題視されるのは、まさに国民教育制度の持つ政治的機能が背景にある。とりわけ母語教育の権利を否定されたある特定の集団が国境を越えて教育を受ける場合、越境通学行為そのものが政治化して解釈される。本章で取り上げる南タイのマレー系ムスリムの事例はまさにこれに当てはまるが、彼らの実際の日常世界からは、教育の場の選択において必ずしも母語教育が優先順位にあるわけではないことが明らかとなる。

1　調査対象地

1―1　「周縁」としてのタイ・マレーシア国境東部

本研究の調査地であるタイ・マレーシア国境東部は、人口の圧倒的大部分がマレー系ムスリム[4]によって占められ、政治、宗教、経済的環境において際立った特徴を持つ。ナラティワートを含めたタイ南部国境地域ではイスラーム分離主義組織の活動とされる爆破事件や殺傷事件が連日のように報道されており、二〇〇四年以降の犠牲者は四千名を越え、解決の糸口の見えない状態が続いている[5]。一方のクランタン州（マレーシア側）では、汎マレーシア・イスラーム党PAS（Parti Islam SeMalaysia）が州政権を一貫して握っており、統一マレー人国民組織UMNO（United

地図1　タイ・マレーシア国境

Malays National Organization）を中核とする連合与党が連邦政府を掌握してきた他州とは非常に異なる政治的環境に置かれている。[6] 特にPASはその厳格な宗教概念を基盤とする政治スタイルに特徴を持ち、イスラーム法であるシャリアに基づく社会の実践を目指している。[7] このようにタイ・マレーシア国境東部地域は、きわめて特殊な政治的環境に位置する。

1—2　国境経済

本論の調査地であるマレーシア側の国境バンダクチルは国境画定（一九〇九年）[8] 後、国家と国家を分かつ境界線ができたことによって、そこに生まれる経済的差異を求めて人々が集まった町である。二〇〇〇年のセンサス（国勢調査）によればバンダクチル市街地の人口は四五〇二名であり、うちマレー人が八九％、中国系住民が四％となっている。[9] 現在のバンダクチル経済は主にマレーシア産のハラル食品[10]を中心とした「輸出」を行う商店街、そしてタイ側からの「輸入」品を扱うパサー・ブサー（市場）か

写真２　インフォーマルな国境経済

ら構成される。このパサー・ブサーは、一九八〇年代初頭に国境を訪れるマレーシア国内観光客用に設置されたものであり、現地住民のための生鮮食料品を取り扱う市場ではない。二〇〇近くの露店商が、フルーツ、乾物、鞄、衣料品、アクセサリー、おもちゃ、食器などタイ側から持ち込まれたありとあらゆる商品を並べている。バンダクチルのパサー・ブサーは、南タイ側と同様の安価な商品が手に入る市場として知られており、週末になるとペナン、ジョホールバルなどのマレーシア各地からの観光バス数台が同地を訪れる。[11]尚、バンダクチルの商店街およびパサー・ブサーのどちらにおいても、その「輸出入」行為は原則的には税関を通らない。川を介したモノの取引（商店街からの「輸出」）、もしくは税関施設のある国境の橋を通過（パサー・ブサーにおける「輸入」）する場合でも、量の出入りが小規模であるため、販売目的であるにも関わらず、国境地域内の消費とみなされ、税関検査の対象とはならないのである。つまり国境経済そのものがインフォーマルな交易によって成立している。[12]

一方、タイ側の国境の町スンガイ・コーロックは、バンダクチルと比べて、人口や経済の規模が大きい。二〇〇一年のセンサスによれば市街地の人口は三万七六七一名であり、うちムスリム人口が約八〇％を占め、中国系住民は一〇％ほどと推定される。[13]同経済の台頭は一九五〇年代前半の朝鮮戦争を契機にゴムの市場価格が急騰した、いわゆる「ゴムブーム」を背景とする。[14]その後一九七〇年以降のゴム価格の

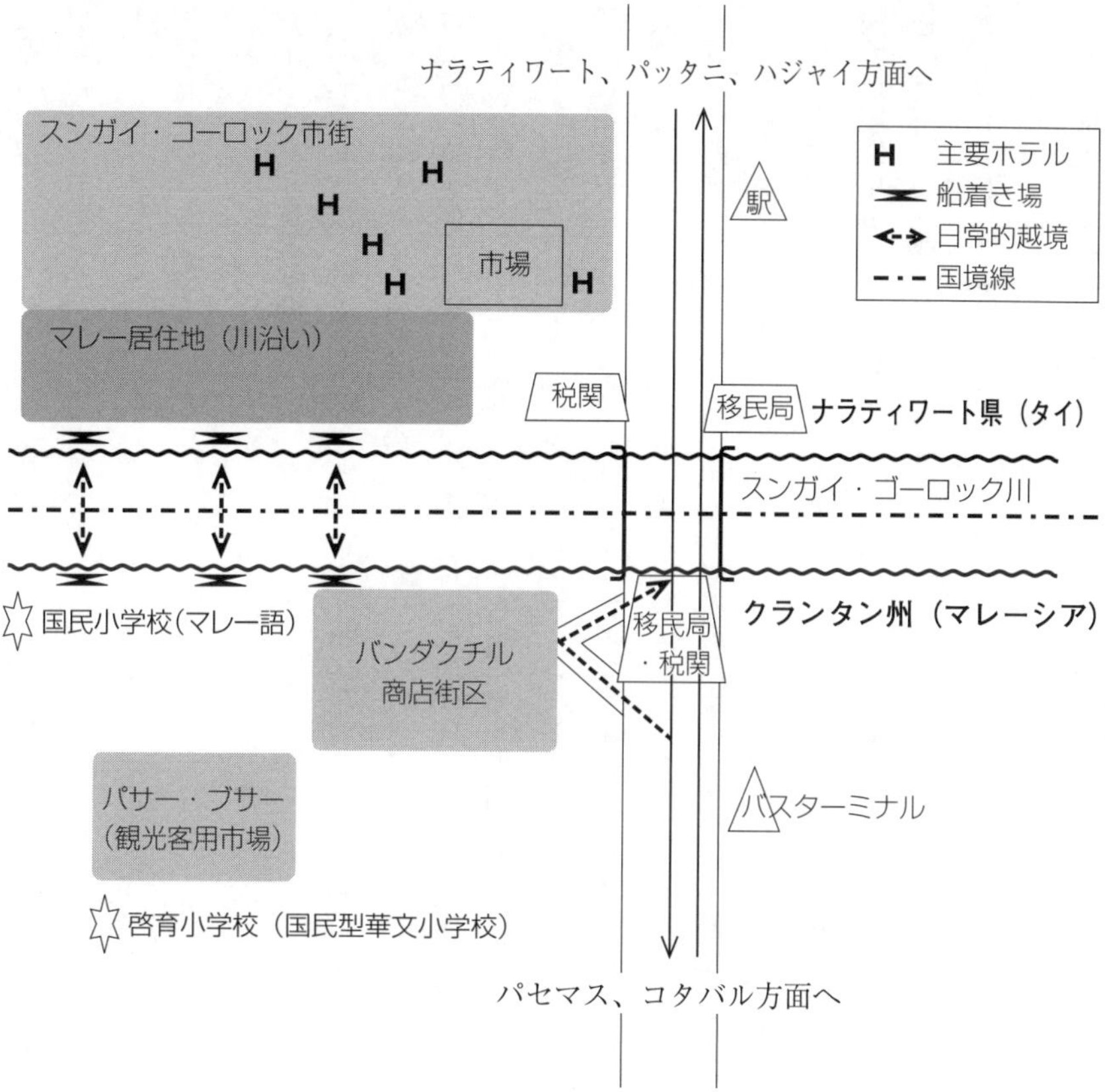

地図２　バンダクチル＝スンガイ・コーロック国境

下落により、同市の経済は次第に観光業や木材輸入業[15]に移行した。現在では、スンガイ・コーロックは南タイ国境地域ではハジャイに次ぐ、第二の観光都市となり、市内には、六つの大型ホテル、そして三〇軒以上の中小の旅館が立ち並び、レストラン、屋台街、カラオケバー、屋台バー、マッサージパーラーが軒を連ねる。

なお、国境経済を支える交易と関連して、タイ米の密輸が挙げられるが、これはマレーシア政府の管理が厳しくリスクも非常に高いため、バンダクチルの貿易商が公に扱っている商品ではない。タイ米は、麻薬・武器と並び輸入規制対象のトップ項目に挙げられており、二〇〇〇年の一年間に、バンダクチル地域における米の密輸の摘発だけで、六九九名が逮捕され、三万六〇〇〇リンギット相当（日本円約一〇八万円）のタイ米が押収されている。[16]ただし、バンダクチルの国境住民が家庭での消費用にタイ側の市場で購入しバンダクチル側に持ち込む場合、あるいはバンダクチルの観光客用市場パサー・ブサーに持ち込まれる場合は、持ち込まれる米の量が少量であることから、バンダクチルのマレーシア税関で没収されることはほとんどない。

1—3　二重国籍問題

本章で取り扱う越境学生のほとんどが二重国籍者であると冒頭で述べたが、タイ・マレーシア国境東部地域には推定で実に五万人から一〇万人の二重国籍者が存在するという報告もある。[17]原則として、マレーシアおよびタイ両国では二重国籍を認めていないが、実際には両政府が何らかの形で国境線の外側に住む住民に対し国籍を与えてきたという経緯がある。まずタイ政府は国内のゴム生産拡大を図るために、一九五〇年代から六〇年代に、ゴム栽培用の開拓地をマレーシア側国境地域（クランタン州）のマレー人やタイ仏教徒に対して開放した。この際に多くの人々がタイ国籍も取得したという。[18]また一九九〇年代にマレーシアの与党であるUMNOが、クランタンにおける支持勢力を拡大するために、南タイ側のマレー系ムスリムに対して国籍を与えたという説が広く聞かれる。[19]

近年の南タイにおけるイスラーム分離主義活動の泥沼化によって、国境における二重国籍者の規制に乗り出すタイ政府の動きが見られるようになった。具体的には、国境県の住民を対象にICチップの組み込まれた身分証明書カードを導入し、マレーシア政府と連携することで、二重国籍者の出入国を管理しようとするものである。[20]しかし実際の国境地域に見られる大多数の二重国籍者は、このような分離主義活動に関わる人々ではなく、国境空間を生活領域とし、経済活動や越境通学、あるいは生鮮食料品の買い付けなどを行う一般の日常的越境者である。また民族を問わず、婚姻関係が国境を越えて発生するタイ・マレーシア国境東部地域において二重国籍者であることはそれほど珍しいことではない。後述する二重国籍の越境通学の子供たちとその家族の事例からは、二つの国籍を持つことで、より有利な教育機会あるいは経済活動の場を見出す人々の日常実践が明らかとなる。

2　日常的越境者に対する法的取り決め

実際の越境通学の事例考察に入る前に、国境空間における日常的越境者および法的取り決めについて、概観しておく。表1は、バンダクチル国境における日常的越境者を目的別、方向別に分類したものである。本論文で考察する越境通学生の事例は、（d）に当てはまる。

国境住民の日常的越境に関する法的取り決めとしては、一九四〇年にタイ側と国境を接する北部マレー四州（クランタン、ケダ、ペラ、プルリス）の間で越境に関する合意書[21]が取り交わされており、現在もなおこの合意書に基づいて国境住民の越境が規定されている。それによれば、国境線から二五キロ以内に居住する南タイ側の住民および、北部マレー四州の住民[22]に対して、ボーダーパス（*Pas Sempadan*）を発行し、同範囲内における越境が許されている[23]。このボーダーパスの他に、国境線から三キロメートル圏内の移動においては、臨時通行証（*kad lawatan*）があり、旅券やボーダーパスがなくても、身分証明の提示があれば、移民局で臨時通行証を即座に発行し、入国が認められるものである。この臨時通行証は、マレーシア領内の複数の国境に設置された免税区への観光客の誘致を目指したものであり、観光客を中心とするタイ市民に対して発行されている。通行証の期限は一日のみである。なお、タイ政府は臨時通行証をマレーシア市民に対して発行していない。表2は、二〇〇〇年から二〇〇二年までにバンダクチルの移民局で発行された主な旅券の発行数である。

この表からも分かるようにバンダクチルの移民局では、国際旅券の発行よりも、ボーダーパスや臨時通行証など、国境住民に対する通行証の発行が圧倒的に多い。ボーダーパスの発行数とバンダクチルの人口を比較すれば分かることであるが、少なくともボーダーパスという法的地位の確保は行っているという点が指摘できる[24]。原則的にボーダーパス保持者の出入国手続きは、パスポート保持者同様、移民局のカウンターでボーダーパスを提示する義務があり、A4サイズのボーダーパスの裏側に出入国の記録の判が押される。筆者がインタビューを行った日常的越境者の多く

表１　国境における日常的越境者

方　向／目　的	バンダクチル（M）→スンガイ・コーロック（T）	スンガイ・コーロック（T）→バンダクチル（M）
a. 経済活動：商店街	ほとんどみられず（バンダクチルの商店主が集金目的で越境する場合を除く）	商店での労働（主にマレー系ムスリム）
b. 経済活動：市場	ほとんどみられず	市場（パサーブサー）での露店の経営（主にマレー系ムスリム）
c. 経済活動：行商	ほとんどみられず	タイ側の市場で仕入れた野菜や果物、魚介類の販売（主にマレー系ムスリム女性）
d. 通学	公立学校への通学（主にタイ仏教徒）	公立学校への通学（マレー系ムスリムおよび華人）
e. 買い物	市場での生鮮食品の買出し	ガソリンの給油、小麦粉、食料油、ハラル食品の購入

（2003年１月から2005年１月までの筆者の現地調査に基づく　＊Ｍ＝マレーシア、Ｔ＝タイ）

表２　バンダクチルで発行された主な渡航用旅券とその発行数

種類／年度	臨時通行証（kad lawatan）	ボーダーパス（pas sempadan）	国際旅券
2000年	30,917	26,457	212
2001年	28,704	27,922	149
2002年	24,968	28,050	114

（2003年３月バンダクチル移民局からの入手）

写真３　国境の橋からの越境（タイ国境側）（2003年３月著者撮影）

は、自ら所有するボーダーパスの有効期限に対して明確な認識を持っていた。

バンダクチルの商店街で雑貨商を営むある華人女性は、ボーダーパスの期限が切れている場合は、移民局のある橋を通って越境せずに、川からサンパンボートでタイ側に買い物に行くが、その際には船着き場にいる国境警備隊に何か言われないように用心すると言う[25]。ここに「有効なボーダーパスを所持する」ことによって、彼らのインフォーマルな日常的越境を「合法化」する様子がうかがえる。

3　華文小学校に越境通学するマレー系ムスリムたち

3―1　不可視化される越境者たち

「実のところ、どの生徒がどこに住んでいるのかは、はっきりとはわからない」。これは、バンダクチル唯一の華語による教育を行う華文小学校、啓育小学校の付属幼稚園における新入生登録日に発せられた担任の先生の言葉である[26]。

啓育小学校は、華文小学校にも関わらず、生徒数の七割が華語を母語としないマレー人学生によって占められている。啓育小学校における二〇〇五年度の新入生の内訳は、新入生五六名中、華人は八名のみであり、残り四八名がマレー人の学生数であった。バンダクチルの華人人口そのものが減少しているため、啓育小学校の全校生徒に占める華人学生数も減少しているが[27]、学校全体の入学者数そのものはマレー人学生の入学によって増加しており、これは付属幼稚園においても同様である。

付属幼稚園の入学申込書には、子供の名前、出生証明の番号、両親の名前、両親の身分証明の番号、職業、そして現住所などが記載される。併せて提出されるマレーシアの出生証明や連絡先住所はすべてマレーシア側に居住することを示すものばかりであり、タイ側からの越境通学生であることは公的な数字に表れることはない。学校側の資料で[28]は一〇%程度という数字を提示しているが、実際の数字はそれを上回る。表3に見るように、筆者の調査によれば二〇〇四年度の啓育小学校及び付属幼稚園における越境通学生の推定は八五名（小学校五七名及び付属幼稚園二八名）

表３　2004年度啓育小学校および付属幼稚園における越境者数内訳

2004年度	華　人	マレー人	タイ人	合　計
小学校	18名（49）	39名（123）	0名（10）	57名（182）
幼稚園	9名（20）	19名（85）	−	28名（105）
合　計	27名（69）	58名（208）	0名（10）	85名（287）

（筆者の現地調査に基づく　＊カッコ内は学校全体の生徒数を表す）

であり、少なくとも学校全体の三割の学生がスンガイ・コーロック居住者である。また越境通学生のうちマレー系ムスリムが圧倒的に多いことが分かる。

このような越境通学は啓育小学校だけに見られる現象ではない。タイ・マレーシア国境東部における越境通学者には、タイ側からマレーシア側の学校に通うもの、もしくはその反対の両方が見られるが、前者が圧倒的に多い。バンダクチルには国境川沿いの商店街を中心として国境から半径二キロ以内に、啓育小学校も含め三つの小学校と二つの中学校が存在する。筆者の調査からは、バンダクチル内の公立小中学校の生徒数の約二割の学生が越境通学生であることが明らかになった。単純に計算すれば、タイ側からマレーシア側国境バンダクチルに通う越境通学者の数は、推定で少なくとも七〇〇名に上ると考えられる[29]。

こうしたマレー系ムスリムの越境通学の理由について、一般的に南タイ側における母語教育および宗教教育の不在によって説明されることが多い。現在の南タイにおいて、マレー系ムスリムが母語や宗教教育を受けることができるのは、私立の宗教寄宿舎学校であるポンドック（*pondok*）である。しかしながら宗教教育をマレー語及びアラビア語で行うポンドックはタイの国民教育制度の中で疎外あるいは周縁化されてきたため、卒業生のタイ国内での進学や就職の機会は非常に限られている[30]。一般的に、南タイのマレー系ムスリムは放課後に、モスクや宗教リーダーの家でコーランを学ぶ（Cornish 1997: 8-9）。しかしながら、後述するバンダクチルの啓育小学校に通うマレー越境学生の事例からは、教育の場の選択において母語教育や宗教教育が必ずしも優先順位にあるのではない実情がうかがえる。

３―２　出生証明（Pendaftaran Kelahiran）

マレーシアの公立小学校に通うための必須条件として、マレーシア国民であることを証明で

子供の名前	性別
病院名	
父親の名前	
身分証.	その他の身分証（外国人の場合）
民　　族 （*Keturunan*）	宗教（*Agama*）
母親の名前	
身分証.	その他の身分証（外国人の場合）
民族（*Keturunan*）	宗教（*Agama*）

図１　出生証明（Pendaftaran Kelahiran）

きるもの、すなわちマレーシアの出生証明を持ち、なおかつどちらかの親がマレーシア国民であることが挙げられる。

　マレーシアの出生証明（*Pendaftaran Kelahiran*）はA４ほどの用紙であり、図１に見るように、子供の情報、父親の情報、母親の情報の三つの部分から構成される。ここで特記すべき点は、出生証明における「*keturunan*」の扱いである。*keturunan* とはマレー語で民族を意味するが、外国籍の場合、その *keturunan* の欄には、出身国名が記載される。こうして、タイ国籍のマレー系ムスリムの父親の場合、その *keturunan* は民族の *melayu*（マレー人）ではなく、国籍の *thai*（タイ人）となる。啓育小学校の越境通学生の間では、マレー系ムスリムにも関わらず親の *keturunan* が *thai* となっているケースがそれほど珍しくない。このように出生証明の親の *keturunan* から越境通学者の家庭背景をうかがい知ることができる。

　ここで、タイとマレーシアの国籍法について整理しておく。まずマレーシアの国籍法によれば、「連邦内で出生し、少なくとも出生時に両親のどちらかがマレーシア国民あるいはマレーシアの永住民であること」[31]が条件となっている。次にタイの国籍法によれば、「父親もしくは母親のどちらかがタイ国民であれば、その出生がタイ王国領内あるいは領外であるかを問わず、タイ国民である」[32]とある。よって、タイ国籍の取得条件は、どちらかの親が国民であることであり、マレーシアのように出生地は問われない。よって二重国籍の取得において、マレーシア側の病院で子供を出産し、出生証明を取得することが要件となっているのである。タイ側からの越境通学生が二割を占めるバンダクチル国民小学校の副校長は、「出生証明書がある限り、彼らを受け入れないわけにはいかない」と法的地位の合法性を強調する。それでは、実際にタイ側国境からマレーシア側の啓育小学校に通う越境学生の日常を考察する。

3—3　マレー系ムスリム越境通学生の事例

(a)　アリスとアフィク兄弟

アリスとアフィクは、くりくりっとした目が印象的な好奇心旺盛の兄弟であり、二人とも啓育小学校の付属幼稚園に通う。兄のアリスが黄色組（年長組）、一歳下のアフィクは赤組（年少組）で学ぶ。学校登録ではバンダクチルに居住していることになっているが、実際にはタイ側のスンガイ・コーロック市内に自宅があり、毎朝、二〇代後半になる母親がバイクの後ろに二人を乗せてバンダクチルにある啓育小学校付属幼稚園に送っている。マレーシア時間の八時に幼稚園が始まるため、彼らの朝は忙しい。タイ側は時差の関係で一時間マレーシア時間よりも遅い。このため兄弟はタイ時間の六時半には家を出る。彼らの自宅からはバイクであれば二〇分ほどでマレーシア側の啓育小学校に到着する。国境の朝はいつもこうしたバンダクチル内の小学校や中学校に通う子供たちを乗せた車やバイクで混みあう。小学校の敷地内の幼稚園に子供たちを送り届けると、母親は一旦、タイ側の自宅に戻る。そしてバンダクチルでの商売のため、再びバイクで国境を越える。彼女はバンダクチルの観光客用市場パサー・ブサーでマレー人女性用の普段着用ドレス、バジュクロンを売っている。幼稚園では、朝一〇時に三〇分間の「おやつの時間」があり、保護者たちがスナックや軽食を持って食堂にやってくる。アリスとアフィクの場合、いつも母親がやってくるわけではなく、たいていは母親の店で働くマレー人女性がやってきて、彼らの世話をする。そして幼稚園の終わる正午になると、また同じマレー人女性がバイクで彼らを迎えに来る。アリスとアフィク兄弟はそのまま母親のいる市場の店に行き、店を閉める夕方ごろまでバンダクチルで過ごす。なお、パサー・ブサーの露店商の多くはアリスらの母親のように、マレー人女性を中心とし[33]、しかもタイ側に居住する日常的越境者である[34]。このようなタイ側から通う露店商は非合法にバンダクチルで商業活動を行っているのではない。パサー・ブサーで商業活動を行うには営業許可の取得が必要であり、その取得において法的地位つまりマレーシア国籍を持つということが条件となっている。つまり営業許可を持つ露店主の多くが二重国籍者であると推定できる。

アリスらの母親の場合もタイとマレーシア両方の国籍を持つ二重国籍者である。もともと彼女の父親がコタバル（マレーシア）出身でマレーシア国籍を持ち、母親がスンガイ・コーロック（タイ）出身でタイ国籍を持つ。アリスらの父親はパタニ（タイ）出身のマレー系ムスリムであり、タイ国籍のみ持つ。スンガイ・コーロック市内で運転手として雇われているが、不安定な収入であり、一家を支えるに十分であるとは言えない。むしろ妻のバンダクチルでの商売が家計を支える重要な収入源となっている。アリス兄弟はパセマス（マレーシア）の病院で生まれ、なおかつ母親が二重国籍者であるため、兄弟はマレーシア国籍とタイ国籍の両方を持つ。アリスらの母親は彼女の実家があるスンガイ・コーロック側で育った。彼女の母語は基本的にマレー語であるものの、タイでの国民教育を受けているため読み書きに関してはタイ語が中心である。子供たちを啓育小学校に通わせる大きな理由に関して、「バンダクチル（マレーシア側）の華校（*sekolah cina*）は、市場のすぐ裏手にあるから、何かと便利。すぐ迎えにも行けるし。」と立地条件の便利さをまず強調する。そして「（バンダクチルの）国民小学校（*sekolah melayu*）に通わせるのもいいけど、マレー語しか学べないし。ここ（啓育小学校）はこじんまりしていて、子供には良い環境。私はタイ語教育しか受けていないけど、子供たちにはいろんな言葉を学ばせたい」。ここからは、マレーシア側で教育を受けさせることと、しかも母語ではない華語が中心の啓育小学校に通わせることについて、特別なことであるという意識は全く見られない。

（b）ナディアの場合

マレーシア時間午後四時、ナディアが夕方の補講を受けにバンダクチルの林老師（「老師」とは中国語で先生の意）の家にやってきた。林老師の家では週に三回、小学五、六年生を対象に数学と英語の補講を行っている。補講を受けている学生は八名であるが、うち四名はタイ側からの越境学生である。ナディアもまたそうした越境学生の一人である。彼女は啓育小学校の六年生であり、毎朝母親の運転する軽自動車でタイ側の自宅からバンダクチルに越境通学している。補講のある日は、一度タイ側の自宅に戻る。そして、再びサンパンボートでバンダクチルにやってくる。林老師の家は川沿いの商店街に位置し、船着き場から徒歩で三分ほどである。補講が終わる時間になると商売を終えた母親が車でナディアを迎えにやってくる。ナディアの母親はバンダクチルの郊外に新設された商業区にアクセサリーや洋服を扱う商店を持つ。それ以前はバンダクチルの市場パサー・ブサーで主に中国製のリュックサックや運動靴などを扱う店を持っていた。ナディアの父親はソンクラー（タイ）出身のタイ国籍を持つマレー系ムスリムであり、スンガイ・コーロックで洋服関係の貿易商を営む。ナディアの母親はナラティワート（タイ）で生まれ育ったが、彼女の父親がクランタン（マレーシア）出身であるため、二重国籍となったという。娘のナディアは、コタバル市内の病院で生まれ、母親同様マレーシアとタイの両方の国籍を持つ。ナディアは幼稚園から啓育小学校付属に通っているため、華語の学習暦は長い。三歳上の兄も啓育小学校の卒業生である。ナディアにとって華語を学ぶ環境はそれほど特別ではない。ナディアの得意科目は、華語である。廊下に張り出された成績優秀者のリストにはナディアの華語名が並ぶ。小学校六年生ともなると、華語での日常会話に特に問題がなくなり、他の華人学生たちとマレー語を交えながらも、華語で流暢に話をする。彼女の華語能力は、父親の商売においても手助けとなっているという。「お父さんの商売相手は主にクアラルンプールやシンガポールの華人だから、私が時々、通訳してあげている」。小学校卒業後の進路として、ナディアは兄と同じようにコタバルの中学校への進学を希望しているが、同市内の華文中学もその視野に入れているという[35]。

4　越境通学する華人たち

4―1　北タイ出身の母親を持つ華人の越境通学の社会的背景

上述したように啓育小学校において、マレー人学生が学校全体の七割を占め、華人学生の入学者数は年々減少している。しかしながら啓育小学校の開校の足跡を辿れば、もともと母語教育の場を求めるスンガイ・コーロック側の華人の要請[36]を受けて一九五〇年代半ばに設立されたという背景を持つ。一九六〇年代初頭までは華人の越境者数が全校生徒の半数を占めていた。しかしながら、現在の啓育小学校における華人の越境学生のほとんどが、かつてのようなタイ華商の子供ではなく、マレーシア華人男性の父親を持ち、北タイ出身のタイ仏教徒の母親を持つという特徴を持つ。表4に見るようにスンガイ・コーロック側から越境通学する華人学生の八割近く（二七名中二一名）が北タイ出身の母親を持つことが分かる。

このような北タイ出身の母親を持つ華人学生の増加の背景には、スンガイ・コーロック経済の観光地化、特に性産業を含む娯楽産業の発展が深く関わる。二〇〇三年以前の数字では年間一四〇万人の観光客がスンガイ・コーロックを訪れており、その八割以上がマレーシアからの観光客であった。特に娯楽目的の男性観光客は重要な収入源であり、スンガイ・コーロックを訪れる観光客のうち七〇％がマレーシア男性観光客であるという[37]。南タイ国境地域を訪れるマレーシアやシンガポールからの華人観光客について考察したアスキューによれば、同地域最大の観光地であるハジャイにおいてピーク時の二〇〇〇年には性産業関連の店舗数は二〇〇、性産業に従事する女性たちが一万人以上に上った。こうした女性たちは主に貧しい農村地域である北タイ出身者を中心とする（Askew 2006: 194）。スンガイ・コーロックにおける飲食娯楽産業はハジャイの半分の規模であるものの、性産業にリクルートされる女性たちの多くはハジャイ同様、北タイ出身である。啓育小学校に見られる華人の越境通学の子供たちの母親の多くが、こうした北タイ出身の女性たちであり、マレーシア華人男性と内縁関係にある。以下に啓育小学校における華人越境通学生について考察する。

4—2　北タイ出身の母親を持つ華人越境通学生の事例

二〇〇五年一月、幼稚園では「頑皮（中国語で「いたずらっ子」の意）」として、先生の悩みの種であった徳福が啓育小学校に入学した。新入生のクラスには付属幼稚園で顔なじみの同級生たちの姿が見える。しかし幼稚園でいつ

表４　啓育小学校における華人学生の居住地と親の出身地

	バンダクチル居住者		スンガイ・コーロック居住者		計
	①両親が華人	②北タイ出身の母親を持つ	①両親が華人	②北タイ出身の母親を持つ	
小学校	22名	9名	3名	15名	49名
幼稚園	8名	3名	3名	6名	20名
計	30名	12名	6名	21名	69名

（＊2004年1月の筆者の現地調査に基づく）

も一緒だったテーウィットの姿がない。テーウィットと徳福の母親が共に北タイ出身ということもあり、また自宅が近所にあることから、しばしば連れ立ってバイクの後ろに子供を乗せて送り迎えする姿があった。もちろん他の越境通学者同様、タイとマレーシアの出入国管理事務所の前は素通りである。幼稚園の年長組担任によれば、テーウィットは母親の出身地である北タイのチェンライに戻り、地元のタイの公立小学校に入学することになったという。彼はマレーシアの出生証明書を持たないため、マレーシアの公立小学校である啓育小学校には進学できなかったというのである。

徳福とテーウィットの家庭環境は非常に似通っている。どちらも父親がペナン出身のマレーシア華人、そして母親は北タイ出身のタイ仏教徒であり、タイ側のスンガイ・コーロックで母親と暮らす。五〇代初めの徳福の父親は、木材を運搬するトラック運転手であり、数年前までは頻繁にスンガイ・コーロックを訪れていた。しかし、タイにおけるマレーシア産木材に対する需要の低下により、最近ではスンガイ・コーロックを訪れる回数が三ヵ月に一回程度となっている。一方、五〇代半ばのテーウィットの父親は、ペナンで食堂を営む。彼の場合、商売上、スンガイ・コーロックを訪れる機会は非常に限られており、年に二回程度であるという。このようにどちらも父親の生活の基盤はペナンにあり、しかも両親が内縁関係にあるため、基本的に母子家庭の環境で育つ。

このように似通った家庭環境にあるにも関わらず、両児童の決定的な違いは、その法的地位にあった。徳福はコタバル市内の病院で生まれ、マレーシアの出生証明書を持つのに対し、テーウィットは、バンコクの病院で生まれたため、マレーシアの出生証明書がない。付属幼稚園は董事会（中国語で「理事会」の意）経営の私営であるため、テーウィットの入学時にマレーシア側の出生証明がないことについては、それほど大きな問題にはならなかった。テーウィットの父親もまた、息子の国籍問題について、彼が五歳の誕生日を迎えるまで考えていなかったという。テーウィットの小学校入学を一年後に控えた二〇〇四年一月、彼の父親が付属幼稚園の張老師のところにテーウィットのマレーシア国籍取得について相談に来ていた。テーウィットの父親が幼稚園に顔を見せるのはこれが初めてであった。父親は、テーウィットはタイの病院で生まれたとはいえ、自動的に自分と同じマレーシア国民になると考えていたようである。原則的にマレーシア国籍を持たない場合、啓育小学校への進学は困難である。相談を受けた張老師は、とりあえず国民登録局（Pendaftaran Negara）を訪ねるようにとテーウィットの父親にアドバイスする。「こういう複雑な問題は、私たちに相談されてもどうしようもない。これから彼らはどうするのだろう。」と張老師も困った様子であった。スンガイ・コーロックから越境通学するほとんどの児童がマレーシア側の出生証明を持っていたので、テーウィットのようなケースには遭遇したことがなかったという。

マレーシアの国籍法によれば、どちらかの親がマレーシア国民である場合、マレーシア国内の病院で生まれ、なおかつ、出生後四二日以内に政府に提出すれば、マレーシア政府発行の出生証明書が発行される。この出生証明書こそが、将来のマレーシア国民としての身分を証明するもの（マレーシアでは一二歳になると身分証明書が発行される）であり、これによってマレーシアにおいて国民教育を受ける権利が与えられるのである。テーウィットの場合、父親がマレーシア国民であるものの、バンコクの病院で生まれたため、マレーシア政府発行の出生証明書を持たない。彼に華語名がないのも、幼稚園での登録上、タイ側の出生証明を使用したためである。海外で生まれたマレーシア国民の子供の場合、四二日以内にマレーシア在外公使館に届ける必要がある。[38] しかしテーウィットの父親はこの法律を知らなかった。マレーシア国籍法では、血統主義（*jus sanguinis*）と生地主義（*jus soli*）の両方を重視するため、テーウィットのように父親がマレーシア国民であっても、マレーシア国内で生まれていない場合、出生証明の発行に制限が加えられる。コタバルの国民登録局の職員によれば、マレーシア国民の父親を持っていても、海外で生まれ、出生後すぐに大使館に届け出がない場合、マレーシア国籍を取得することは大変難しいという。もちろん、全くの救済措置がないわけではない。正式な婚姻関係を結び、なおかつマレーシア国内に二年以上滞在したことが認められれば、妻と子供（一八歳以下）にマレーシア国籍が与えられる[39]。しかしながらテーウィットの場合、両親が正式な結婚をしておらず、将来的にも婚姻関係を結ぶ可能性は非常に低いため、彼のマレーシア国籍の取得の可能性は絶望的である。こうして同じような家庭環境にあった二人の児童はまったく異なる道を歩むことになった。バンダクチルの華文小学校に入学した徳福は、マレーシア国民として教育を受け、一方、北タイの公立小学校に入学したテーウィットは、タイ国民として教育を受ける。このように二人の事例は、越境通学において二重国籍が要件となっていることを端的に示すものである。

4―3　二重国籍の母子家庭

最後に、両親共に華人であるものの、離婚した母親と共にスンガイ・コーロックで暮らす姉妹の事例を取り上げる。思美は、三〇代初頭の華人女性であり、スンガイ・コーロック駅前で菓子道具専門の卸売の店を持つ。彼女には九歳と一一歳の娘がおり、二人ともバンダクチルの啓育小学校に通っている。もともと母親の思美はマレーシア西海岸側の国境の町パダンブサーで生まれた。彼女の父親はハジャイ出身の福建人であり、タイとマレーシアの二重国籍を持つ。そして彼女の母親はペナン出身のマレーシア華人（福建系）である。彼女の父親はパダンブサーで雑貨商を経営していた。店にはタイ側から日常的に越境する従業員が数名働いており、またタイ側に住む父方の親戚がしばしばパダンブサーに遊びに来ていたという。このように、思美にとってタイ語は小さい頃からごく当たり前に耳にする言語であり、タイ語や福建語、マレー語が日常的に飛び交う家庭環境に育った。思美は地元パダンブサーの華文小学校を卒業すると、ペナンの名門女子華文中学に進学する。ペナンで五年間の中等教育を終了後、同地でマレーシア華人男性と結婚する。夫は同じパダンブサー出身であり、ペナンでアクセサリーを韓国から輸入する貿易商であった。しかしその結婚生活は長くは続かなかった。二人目の娘が生まれてまもなく、夫婦関係は悪化し離婚に至った。シングルマザーとなった思美は、父方の伯母が菓子製造の工場を経営するタイ国境の町スンガイ・コーロックに移り住むことになったのである。

思美は、タイもマレーシアもどちらも「私の属する場所」と言う。このような二重の帰属意識は、彼女の家庭環境や教育背景だけでなく、彼女の法的地位からも窺うことができる。彼女は、マレーシア生まれのマレーシア国民であるが、父親がタイとマレーシアの二重国籍者であるため、タイ国籍も保有している。興味深いことに、彼女は二重国籍という「特権」を状況に合わせて注意深く使用している。思美によれば、タイの身分証明カードをタイでの不動産の購入などの商売のためだけに使用し、通常の越境の際にはマレーシアのパスポートを用い、月に一度観光ビザを更新するという。ペナン生まれの思美の娘たちも同様に二重国籍者である。

> タイの身分証明書（ＩＣ）[40]を持つことは、娘たちの将来の助けになると私は確信している。二つのＩＣを持つことで、マレーシアでもタイでもどちらでも好きなところで生きることができるから。私の父は私に二つのＩＣをくれた。私はそれをとても感謝している。だから私も娘たちに二つの国籍を与える。ただそれだけのこと。

二人の娘たちの一日からは国境を頻繁に越境する様子が窺える。まずタイ時間の早朝六時には母親の車で家を出てバンダクチルの啓育小学校に向かう。学校が終わるマレーシア時間の午後一時過ぎ（タイ時間の正午）に母親の運転する車でスンガイ・コーロックに一度戻り、昼食を取る。タイ時間の午後二時過ぎに補講を受けに今度は伯母の車でバンダクチルに向かう。そしてテコンドーの練習のため、夕方には再び伯母の車でスンガイ・コーロックに戻る。娘たちの安全のために、スンガイ・コーロックで購入したタイの携帯電話を持たせているが、国境を越えたバンダクチル側でも電波が届き、娘たちの居場所をいつでも確認することができるという。[41]

表５　啓育小学校における越境通学生の比較

越境学生／比較項目	アリス、アフィク兄弟	ナディア	徳福	テーウィット	思美の二人の娘
民族（登録*）	マレー人	マレー人	華人	タイ人	華人
本人の国籍	二重国籍*	二重国籍	二重国籍	タイ籍	二重国籍
親の国籍	母：二重国籍 父：タイ籍	母：二重国籍 父：タイ籍	母：タイ籍 父：マレーシア籍	母：タイ籍 父：マレーシア籍	母：二重国籍 父：マレーシア籍
両親婚姻関係	正式な婚姻	正式な婚姻	内縁関係	内縁関係	離婚
家庭環境	両親と同居	両親と同居	母子家庭	母子家庭	母子家庭
両親の出身地	両親：南タイ	両親：南タイ	母：北タイ 父：ペナン	母：北タイ 父：ペナン	両親：パダンブサー
親の経済活動	母：バンダクチル市場でのマレードレスを売る店 父：スンガイ・コーロックで運転手	母：バンダクチル郊外で洋服・アクセサリーの店 父：スンガイ・コーロックで貿易商	母：無職（元スンガイ・コーロックでバーに勤務） 父：ペナンでトラック運転手	母：無職（元スンガイ・コーロックでバーに勤務） 父：ペナンで食堂経営	母：スンガイ・コーロックで菓子道具専門卸売の店
家庭での言語環境	マレー語	マレー語	タイ語	タイ語	タイ語＋福建語＋華語

（＊学校側での登録上の民族分類、ここでの二重国籍とはすべてタイとマレーシアの国籍を指す）

5　子供たちの越境通学

以上のようにタイ・マレーシア国境における越境学生について、その家庭環境や彼らの一日の越境経験に着目したが、表5は、本論文で取り上げた越境学生の五つの事例を比較したものである。

上記の表からも明らかなように、それぞれの家庭背景が国境経済の在り方と深く関わっている。まずアリス、アフィク兄弟の事例では、母親がバンダクチルの市場パサー・ブサーに店を持ち、そしてナディアの事例では、母親がもともとパサー・ブサーで商売を行っていた経歴を持つ。啓育小学校におけるマレー人学生数の増加は一九八〇年代後半に見られるが、これは現在のマレーシア国内観光客をターゲットとした市場であるパサー・ブサーの建設の時期とも一致する。パサー・ブサーを訪れる観光客は、マレー人だけでなく、クアラルンプールなど大都市からの華人観光客が多い。こうした華人観光客を店に引き付ける一つの方法が華語の修得にある。次第にバンダクチルで商売を行うマレー人の間では、華語は商売上に有用な言語として積極的な価値を持つようになった。従来、タイ側のマレー系ムスリムの越境通学の背景として、タイ側で母語教育や宗教教育が受けられないという言語宗教的要因によって説明されてきた。しかしながら華文小学校に越境通学するマレー系ムスリムの考察からは、学校選択においては母語・宗教教育よりも、むしろ経済活動と関わる実益が優先されている姿がうかがえる。

一方の華人学生の越境通学の場合、マレー系ムスリムの事例とは全く異なる仕方で国境経済と関わっている。たとえば、徳福やテーウィットの母親と父親が出会うきっかけとなったのは、スンガイ・コーロックにおける観光地化にともなう性産業の発達が背景にあり、性産業従事者としての北タイ女性と客として訪れるマレーシア華人男性という接点が生まれた。徳福の父親の場合は、マレーシアからの木材をスンガイ・コーロックまで運ぶトラック運転手であったが、一九八〇年代末にタイ側でチーク材の伐採が禁止されると、マレーシア産の木材をタイ側国境まで運搬するトラックが急増した[42]。最後の事例（思美）は、スンガイ・コーロックの観光地化とは直接の関係はないものの、明らかに国境に位置することによって、スンガイ・コーロックを訪れるマレーシア側からの顧客を見込んだ商売である。

しかしながら国境空間を生活領域として生きる誰もが、国境を越えた場において就学や経済活動を、自由に行うことができるわけではない。国家のメンバーであることの証明、すなわち国籍を保有することが、経済活動および就学という基本的な日常的行為を可能とする要件となっているからである。特に国民教育は、国家のメンバーに対して提供されるものであり、本質的に排他的な性格を持つ。このような排他性は、啓育小学校における越境通学の変容からもうかがうことができる。

図2からも分かるように、開校当時の一九五〇年代と現代では全く異なるタイプの越境学生が見られるが、この変容の背景には、単純にタイ側の華人がマレーシアでの教育機会を求めなくなったのではなく、マレーシア国籍を持たない学生の越境そのものが、次第に困難になっていったことがある[43]。現代に見られるマレー系ムスリムと華人を中心とした越境通学は、二重国籍を持つことが越境通学において要件となった結果である。これを典型的に示すのが、徳

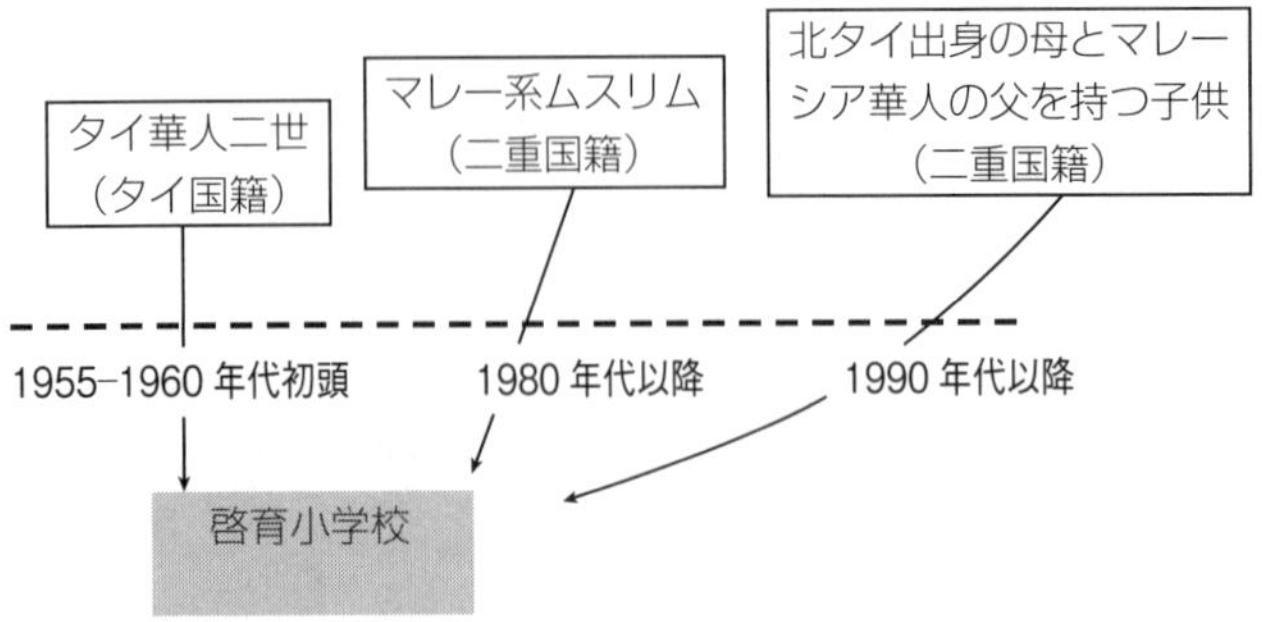

図２　啓育小学校における越境通学の変容

福とテーウィットの事例である。彼らの場合、北タイ出身の母親とペナン出身のマレーシア華人の父親を持ち、両親の婚姻が内縁関係にあるため、父親が家庭においては不在であるという共通性を持つ。しかしながら、両者の決定的な違いはその法的地位にあり、バンコクの病院で出生したにも関わらず、テーウィットの父親が在タイ国のマレーシア領事館に出生届を届けなかったために、テーウィットはマレーシア国籍を取得することができなかった。こうしてマレーシアでの国民教育の道がテーウィットには閉ざされてしまったのである。これに加えて、北タイ出身の母親たちの法的地位について述べておけば、彼女たちはマレーシア華人男性との内縁関係にあるため、マレーシア側での居住、就学、経済活動、福祉に関わる基本的な権利を持たない。子供たちは二重国籍者であったとしても、母親のマレーシア側での法的地位が確保されない限り、彼らの基本的居住はあくまでもタイ側に制限される。そのために、二つの異なる国家間を日常的に往還することが可能な国境空間を生活の場とすることで、彼らのインフォーマルな越境を安定化させているのである。

以上のように、本論文における越境通学の考察からは、法的地位の確保が国境を越えた教育の場の選択を可能にすること、そして越境通学を行う子供たちの家庭環境が、様々な形で国境経済と密接に関わっていることが明らかとなった。タイ・マレーシア国境東部は、タイ人、マレー人、華人という三つの民族境界と、タイとマレーシアを隔てる領域境界が交錯する空間であり、その特性が端的に顕れる日常的実践の場が国境の華文小学校であったと言えよう。

6　国境空間における日常的越境と法的地位――結びにかえて

冒頭で、タイ側からサンパンボートで国境を越える子供たちに触れたように、国境空間における日常的越境は、しばしばインフォーマルな性格を持ち、その自由な越境の様子からは、まるで政治的領域境界がほとんど機能していないかのようである。五つの越境通学の事例からも分かるように、彼らの日常的越境においては、公的な出入国手続きが不在であり、一日あたりの越境もしばしば複数回に及んでいる。表6は、本稿で考察した越境通学生および母親の一日当たりの越境回数やその目的を整理したものである。

たとえば、ナディアや思美の娘たちの場合、午前中マレーシア側の学校に通い、午後タイ側の自宅に昼食に戻り、補講のために再びマレーシア側に戻るというように、補講のある日は一日に四回国境を越えている。彼らを送迎する母親たちとなると、越境回数はその倍になる。しかもその越境手段も、バイクあるいは軽自動車で、あるいは川沿いからサンパンボートでというように様々である。このような越境通学生や母親たちの日常からは、越境者側において法的出入国手続きを逸脱する「非合法」な行為という認識そのものが不在であることがうかがえる。しかしながら、誰もが国境を自由に越えることができるわけではない。とりわけ就学や経済活動においては、明らかに国家の法的制限が機能しており、マレーシア国籍を持たないものの前には、確実に排他的な法的壁が立ちはだかる。[44]興味深いことに、インフォーマルな日常的越境者自身もまた、こうした国家の排他的な壁を理解しており、自身の法的地位に対して明確な認識を持つ。たとえば思美の言葉に見られるように、二つのパスポートをどのような文脈において使用するのかという点に関しては非常に慎重であった。このように生活領域として機能する国境空間においては、インフォーマルな越境行為が日常化し、法的な出入国手続きがほとんど意味を持たない一方で、しかしある部分では法的地位の確保が生活領域を最大限に活用する一つの要件となっている。この二つの点は共に、国境空間を生活領域として生きる人々が国家との日常的交渉の中で確立した、まさに生活実践（長津 二〇〇四：一二二）であると言えよう。

表6　越境通学生の一日の比較

越境学生比較項目	アリス、アフィク兄弟	ナディア	徳福	テーウィット	思美の二人の娘
子供たちの越境通学の手段	バイク（母親）	軽自動車（母親）、サンパンボート	バイク（母親）	バイク（母親）	ピックアップトラック（母親・叔母）
子供たちの一日の越境数	2回 午前： 自宅T→学校M 午後： 市場M→自宅T	4回 午前： 自宅T→学校M 午後： 学校M→自宅T 自宅T→補講M 補講M→自宅T	2回 午前： 自宅T→学校M 午後： 学校M→自宅T	2回 午前： 自宅T→学校M 午後： 学校M→自宅T	4回 午前： 自宅T→学校M 午後： 学校M→自宅T 自宅T→補講M 補講M→自宅T
子供たちの越境目的	通学	通学 補講	通学	通学	通学 補講
母親の一日の越境数	4回 午前： 自宅T→学校M 学校M→自宅T 自宅T→市場M 午後： 市場M→自宅T	4回 午前： 自宅T→学校M 学校M→自宅T 自宅T→店M 午後： 店M（→補講M）→自宅T	4回 午前： 自宅T→学校M 学校M→自宅T 午後： 自宅T→学校M 学校M→自宅T	4回 午前： 自宅T→学校M 学校M→自宅T 午後： 自宅T→学校M 学校M→自宅T	8回 午前： 自宅T→学校M 学校M→自宅T 午後： 自宅T→学校M 学校M→自宅T 自宅T→補講M 補講M→自宅T 自宅T→補講M 補講M→自宅T
母親の越境目的	学校送迎 商売	学校送迎 補講送迎 商売	学校送迎	学校送迎	学校送迎 補講送迎

（T：タイ、M：マレーシア）

本論文で考察したタイ・マレーシア国境東部は、国境を越えた密接な関係性が日常的に構築されることによって二重国籍者が再生産される空間であった。しかしながら、国境はこのような包摂的側面のみを持つわけではない。むしろ多くの国境空間は、国家の排他的側面を発揮する場として機能している。その端的な事例としてタイ・ミャンマー国境地域が挙げられる。同国境地域にはミャンマー軍事政権から逃れた数十万の人々が暮らすとされる難民キャンプがあり[45]、この難民キャンプで生まれる子供たちのほとんどは無国籍である。この背景には、彼らの出身地であるミャンマー政府からも法的地位が認められていないこと、そしてタイ政府が難民を公的に認知しておらず、よって法的地位を得ることができないことが挙げられる。彼らのタイ国内における移動範囲は限られ、就業、就学、健康保険の享受など市民としての基本的権利がない[46]。つまり同じ国境地域の住民であっても、無国籍である場合、二重国籍者とは全く異なる移動や生活条件が強いられているのである。国家のメンバーを決定する法的プロセスは、本質的に包摂と排除のプロセスであり、このプロセスが最も可視化される場が国境である。排他的政治境界が介在する国境空間は、国境を自由に越えることのできる二重国籍者だけでなく国境を越えることのできない無国籍者を生み出すという二面性を持ち、しかも両者の生活空間として機能している。このような国境空間の果たす機能については法的かつ日常的側面から研究者が取り組んでいかなければならない課題であると言える。

†注

[1] 本論文におけるバンダクチルとは仮名であり、学校名、個人名もすべて仮名である。

[2] 一マレーシアリンギット＝日本円約三〇円（二〇〇四年一月現在）。

[3] マレーシアの公立小学校は、マレー語を第一言語とする国民小学校と、華語又はタミール語を第一言語とする国民型小学校に分かれる。一般的に華語を第一言語とする場合、国民型華文小学校あるいは、華校と呼ばれる。

[4] 二〇〇〇年のセンサス（国勢調査）によれば、クランタン州の全人口一二六万のうち、その民族構成はブミプトラ（マレー人およびオランアスリ）が九五％（一二一万人）、中国系が三・五％（四万四〇〇〇人）、インド系が〇・三％（三四〇〇人）、その他（ほとんどがタイ仏教徒）が〇・六％（八三〇〇人）であった（*Ciri-ciri Pendidikan dan sosial penduduk Malaysia 2000*）。一方、タイ側のナラティワート県では全人口六六万人のうち、宗教別の人口構成はムスリムが八二％（五四万人）、仏教徒が一八％（一二万人）であった（*Key Statistics of Thailand 2002*）。一般的にタイ南部のムスリム人口は、西海岸側の「タイ語を話すムスリム」と東海岸側の「マレー語を話すムスリム」に分けられ、その性格もかなり異なる（西井 二〇〇一：三五－三六）。本稿では、東海岸側のマレー語を話すムスリム人口について、「マレー系ムスリム」として表記する。

[5] "Regional Perspective: Exit strategies for southern Thailand" *The Nation*, Feb 22, 2010.

［6］なぜクランタン州において唯一、野党であるＰＡＳが政権を握ることができたのかという点に関しては、クランタン政治社会を考察したケスラーが、以下のようなクランタン特有の背景を指摘している。すなわちクランタン人口の大部分を占めていたマレー社会内部における経済的不平等、階級化という問題が同社会において特に顕著であり、これが有権者の政治的意識に影響したという点である。よって与党ＵＭＮＯの主張する民族間の不平等よりも、むしろＰＡＳの提示するマレー社会内部の格差を訴える主張が、有権者にアピールすることができたのである（Kessler 1978.：35）。

［7］こうした厳格なイスラームの教義に基づく政策スタイルは、一九八〇年代以降のものであり、それ以前のＰＡＳは必ずしも宗教面にアピールするものではなかった。そもそもＰＡＳは、一九六九年の暴動後の七三年に連合与党に参加しており、非常に短い期間ではあったが、ＵＭＮＯとの協力体制も見られた（一九七三―七七年）。しかしながら一九七七年に連合与党から外れ、翌年七八年の選挙でクランタン州政権を初めて失ったことをきっかけに、ＰＡＳは政策転換を大きく迫られることになる。この過程において、イラン革命の影響を受けた新しい世代のＰＡＳの政治家たちは、むしろイスラーム性の強調に傾いていった（Crouch 1996）。

［8］一九〇九年の英暹条約に基づき、シャム（現タイ王国）とマラヤ（現マレーシア連邦）の国境が画定された。この背景には、シャム政府から条件付き治外法権の撤廃およびマラヤ連邦鉄道からの四〇〇万ポンドの借款という条件がイギリス側に提示され、交換条件としてマレー四州（クランタン、クダ、プルリス、トレンガヌ）のイギリスへの「移譲」が提示されたことが挙げられる。この条約によって、マレー四州は、「マレー非連合州（Unfederated Malay States）」として英領マラヤに組み込まれることになった。なお、国境画定に関する条約は実は二段階に分かれており、第一段階としてイギリス政府とシャム政府とのこの国境画定（一九〇九年英暹条約）、そして第二段階としてイギリス政府とマレー各州との取り決めが行われた。クランタンに関しては一九一〇年に英・クランタン協定が結ばれた（柿崎 二〇〇〇：一四二、Mohd. Kamaruzaman 1992）。

［9］*Taburan Penduduk Mengikut Kawasan Pihak Berkuasa Tempatan dan Mukim 2000*

［10］イスラームの教義に従い、特別に加工されたイスラーム教徒用の食品であり、豚の油であるラードは一切含まれない。

［11］二〇〇四年以降の南タイ国境地域における爆破事件などの治安悪化により、こうした観光客は減少したものの、最盛期の一九九〇年代半ばには、週末になると一日十数台の観光バスがマレーシア各地から訪れた。特に華人観光客の場合、ロトくじ当選祈願のため、クランタン州内の有名なタイ仏教寺院に参拝することが主要な目的である。こうした寺院参拝ツアー行程の中に、バンダクチルでのショッピングが含まれている。

［12］タイ・マレーシア国境東部の国境経済に関しては高村（二〇〇七）を参照。

［13］ムスリムの割合はナラティワート県全体のものであり（*Key Statistics of Thailand 2002*）、中国系人口に関しては公的なデータが

ない。一〇％という割合は現地の華人組織（スンガイ・コーロックの潮州会館や福建会館）の推定に基づく。

[14] 南タイ東海岸地域は、タイにおいてもゴムの主要な産地であり、一九三〇年代半ばには実にタイ国内における七割のゴムが南タイ東海岸地域（ヤラー、パッタニ、ナラティワート、ソンクラー）で生産されていた（満鉄東亜経済調査局 一九八六：八七）。一九五〇年代前半のゴムブームにおいては、スンガイ・コーロックには、タイ側だけでなくマレーシア側から密輸されたゴムも集積された（*Annual Report of Kelantan 1948*: 17）。当時のゴム価格は一九四九年には一ポンド（四五三グラム）当たり四〇セント（マラヤドル）であったものが、一九五一年二月には二・二ドルまで高騰し、その後も平均して、一・七ドルの値を保った（Bowie and Unger 1997: 72）。一九五〇年代から六〇年代のスンガイ・コーロックには、ゴムの仲介業者が軒を連ねており、福建系あるいは海南系の華商が中心であったという（筆者のスンガイ・コーロック福建会館でのインタビューより）。

[15] 一九七〇年代以降のタイ側における建設ブームおよび、タイ側でチーク材の伐採が法令で禁止されると（一九八九年）タイ側の木材に対する需要はますます高まった。マレーシア国内で伐採されたチーク材はタイ側国境のスンガイ・コーロックまでトラックで輸送され、その後タイ車両に積み替えられて、タイ各地に運ばれる。スンガイ・コーロックには、こうしたマレーシアからの木材を運ぶトラック運転手や、木材輸出関連業者が多く訪れるようになった。こうしたマレーシアからの木材関係者が同地における宿泊施設やレストラン、娯楽施設の発展に貢献したのである。なお、二〇〇〇年および二〇〇三年のマレーシアから輸出されるチーク材の量ではタイ向けのものが最も多い（Malaysian Timber Council）。

[16] "Pelajar Diperguna Seludup Beras" *Utusan Malaysia*, Jan 15, 2001. なお、地元の警察では、タイ側から密輸を行う足となる人々を運ぶ量が少ないため「兵隊蟻（*tentera semut*）」と呼ぶ。こうした「兵隊蟻」は、一キロの米をタイ側からバンダクチルの倉庫や店に運ぶにつき、一リンギット（日本円約三〇円）の報酬が得られる。ほとんどの米の密輸の場合、ボートではなく、むしろ日常的越境の中心であるバイクで運ばれる（"Lack of jobs makes smuggling a way of life in Kelantan," *New Straits Times*, Mar 9, 2003）。スンガイ・コーロック郊外で調査を行ったツネダによれば、ある米の密輸商人は、密輸収益の四分の一に相当する五〇万バーツ（日本円約一四〇万円相当）もの賄賂を役人に支払うが、一方の運び屋のほうは、一晩の労働として二〇〇バーツ（日本円約五六〇円）を受け取るのみであるという（Tsuneda 2009: 198）。

[17] "Malaysia, Thailand to address citizenship" *The Nation*, July 14, 2006.

[18] "Lukewarm response likely to citizenship offer" *New Straits Times*, July 17, 2006. なお、一九六〇年代にクランタンのあるタイ村で調査を行ったゴロンによれば、彼の調査した村から一四名がタイ側の国境地域のゴム開拓地に向かったという。タイ政府から開拓用の七エーカーの土地及び、住宅用の木材、そしてゴムの種が与えられた。これらはすべて無償であったわけではなく、最終的にタイ政

府に一万バーツ（当時の為替レートで約五〇〇ドル相当）を支払う必要があった。ゴロンによれば実際に成功したのは七名のみであったという。このような低い成功率の背景にはゴムの苗木が成木に成長するまでに七年かかり、この間にいかに他の収入源を確保するという大きな課題があった。成功した七名のほとんどが出身地の村とタイ側の開拓地の間を頻繁に行き来しながら、親族からの経済的援助を受けていたという（Golomb 1978: 21-23）。

[19] "20,000 Thais with Dual Citizenship voted in Kelantan claim" *Bernama*, Sep 7, 2002.

[20] "Bangkok to ask KL to revoke citizenship of 30,000 Thais" *The Straits Times*, Apr. 3.2004.

[21] "An Agreement between the Government of the Malay states of Kelantan, Kedah, Perak and Perlis, and the Royal Thai Government, with respect to traffic across the boundary between the Malay States and Thailand." *Legislation in Kelantan in 1939, 1940*: 423-427.

[22] マレーシア側の住民の場合、一八歳以上かつ三年以上の居住という件を満たし、市民権か永住権を持つものに限られる（ibid.）。

[23] ボーダーパスは一回の申請につき与えられる有効期間は半年であり、つまり半年ごとにボーダーパスを切り替えなければならない（ibid.）。またボーダーパスの発行手数料であるが、二〇〇五年現在は一〇リンギットであり、パスポートの発行手数料は、三二ページが三〇〇リンギット、六四ページが六〇〇リンギットである（マレーシア移民局資料）。

[24] ボーダーパスの年間発行数二万七〇〇〇という数字については、パスの期限が六ヵ月であるため、一人につき年二回発行を行っていると仮定すれば、一万三五〇〇名に発行していることになる。この数字と二〇〇〇年のバンダクチル全体の人口（市街地および周辺の農村部）二万三〇〇〇名と比較すれば、労働人口（一五歳から六四歳）の大多数がボーダーパスを保持していると考えられる。

[25] 二〇〇三年二月、筆者がバンダクチルで行ったインタビューより。

[26] 一般的なマレーシア国内の国民型華文小学校においては、華人学生が大部分を占め、マレーの学生の割合は一割程度との統計がある（"Chinese schools appeal even to Malaysia's non-Chinese." *The Straits Times*, May 15, 2001）。

[27] ピーク時の一九八〇年代には五〇〇名近くいたバンダクチルの華人人口も二〇〇〇年のセンサスでは、二九五名となってしまった（*Taburan Penduduk Mengikut Kawasan Pihak Berkuasa Tempatan dan Mukim 2000*）。

[28] 啓育小学校で四〇周年を記念して発行された記念集（一九九五年）より。

[29] 筆者がインタビューをおこなった川沿いの小学校で推定二六〇名、中学校で二〇〇名であり、啓育小学校から付属幼稚園を含めて八五名の越境通学者が確認されている。またこの他に小学校と中学が一校ずつあるので七〇〇という数字は決して非現実的な数ではない。なお、マレーシア英字紙の記事ではよれば、筆者がインタビューを行った同じ川沿いの小学校で一〇〇名、中学校で二〇〇名とい

う数字が提示されている（"Cross-border schooling a normal thing" *New Straits Times*, May 31, 2004）。

[30] 南タイにおけるイスラーム宗教学校の種類は主に三つに分けることができる。まず第一のタイプは公立学校においてイスラーム宗教授業が組み込まれたものであり、タイ語で授業が行われるものである。第二のタイプはマドラサ（Madrasah）と呼ばれ、政府登録された私立のイスラーム宗教学校（全日制）である。授業はマレー語及びタイ語で行われ、宗教科目だけでなく、科学、数学、外国語などの宗教以外の科目も教授される。第三のタイプは、ポンドック（pondok）と呼ばれる私立のイスラーム寄宿学校である。ポンドックの語源は「小屋」を意味し、モスクの敷地内に学校、寄宿舎が置かれるタイプが一般的である。主に授業はマレー語とアラビア語で行われ、聖典コーランに基づく宗教科目が教授される。一般的にマドラサが近代的宗教学校であるのに対し、ポンドックは伝統的宗教学校として区別される。しかしながら一九八〇年代以降、タイ政府によるポンドックの政府登録及び、タイ語授業が奨励され、近年ではポンドックに対する大幅な補助金制度が設けられた。このため、二〇〇四年に政府登録を受けたポンドックは二七〇校であったが、二〇〇六年には三三〇校と増加している（Liow 2009: 48–57）。

[31] Second Schedule Part II（Article 14（1）（b））"Citizenship by Operation of Law of Persons Born on or After Malaysia Day" *General Laws of Malaysia*（2002）: 157.

[32] *Thailand Nationality Act B. E. 2508*（*1965*）, Section 7 of Chapter 1.

[33] クランタンや南タイ地域において市場の経済活動の中心が女性であることは、複数の研究者から指摘されている（Fraser 1966: 12, Firth 1966: 122）。本研究の調査地からほど近いパセマスの市場で調査を行ったナッシュによれば、四六九の屋台のうち、三四〇が女性による経営であった（Nash 1974: 118）。またタイ側国境のスンガイ・コーロック郊外で調査を行ったツネダはタイ側に住むマレー系ムスリム女性たちがクランタン側のパセマスやコタバルなどの主要な市場の露店商に商品を持ち込み、新たな注文を取る様子を詳しく報告している。またこうした女性の多くが独身者ではなく、既婚者あるいは未亡人であるとの指摘をしている（Tsuneda 2009: 204–210）。

[34] パサー・ブサーにおける露店商の多くがタイ側に居住するマレー系ムスリムである背景としては、第一に観光客用の市場が建設される前にあった現地住民用の市場ではすでにタイ側に住むマレー系ムスリムが主な商業活動の中心にいたこと、第二にタイ側で安価に商品を仕入れることができるだけでなく、売上のマレーシアリンギットからタイバーツに換金することでより高い収益を上げることができたのは、タイ側に住むマレー系ムスリムであったこと、が挙げられる。

[35] マレーシアにおける学校システムは、中等教育レベルでは、公立学校は国民中学（マレー語のみ）及び国民型中学（マレー語＋民族母語）に分けられ、私立学校としては華語を第一言語とする独立華文中学が存在する。啓育小学校のマレー人学生の卒業後の進路に

関しては、九割以上が国民中学に進学するため、ほとんどの同校出身のマレー人学生は初等の華文教育にとどまる。

[36] この背景には、一九三〇年代後半以降のピーブン政権下で行われた排華政策の下、タイ国内において多くの華文学校が閉鎖に追い込まれたことが挙げられる。一九三七年を境に二一七校（小学校一九七、中学校二〇）であったものが一九三九年には四七校（小三八、中九）になり、同年の私立学校法改正に基づく授業時間の制限によって、翌年の一九四〇年には学校数が八校（小六、中二）にまで低下した（Coughlin 1960: 147）。スンガイ・コーロックには一九二〇年代半ばに華文小学校が開校していたが、一九三〇年代半ばに他の華校同様、閉鎖している。華文学校に対する規制が緩和された第二次大戦後においても、スンガイ・コーロックに華文小学校が再開されることはなかった。そして今度は一九五〇年代における反共政策の下で華校の新設そのものが困難となるのである。

[37] "Hoteliers to cooperate against bombers" *The Nation*, Feb 19 2005

[38] *Immigration Act 1959/1963 (Act 155) & Regulations and orders & Passports Act 1966 (ACT150)*.

[39] ibid.

[40] 一般的にマレーシアでは身分証明書のことを Identification Card の略でICと言うが、IDとは言わない。これは南タイでも同様である（Tsuneda 2009）。

[41] 筆者自身もバンダクチル側で携帯電話を手に入れていたが、これは国境を越えスンガイ・コーロック側に入ってもマレーシア国内同様に受信と発信が可能であった。

[42] 本稿注一五を参照。

[43] クランタン英アドバイザー公文書によれば、一九五八年にマラヤ連邦（現在マレーシア連邦）の教育省は、バンダクチルの小学校に通うマラヤ国籍を持たない越境学生の有無を学校側に確認し、マラヤ国民でない場合、その学生を退学させるように通達している（British Adviser Kelantan Archive No. 107. 52）

[44] この問題と関連して、南タイ国境地域からマレーシア国内への移民労働の事例との比較からも実証することができる。スンガイ・コーロック郊外の農村において、移民労働とジェンダーという視点から考察したツネダ（Tsuneda 2009）の報告では、マレーシアの大都市で出稼ぎ労働者として働く南タイ出身のマレー系ムスリムは、法的、社会的に周縁化されておりこの経験により、かえってタイ国民としてのアイデンティティを強める結果となっていることが指摘されている。こうした南タイ出身の出稼ぎ労働者たちは、観光ビザでマレーシアに入国し、数ヵ月単位で出入国を繰り返しているが、ほとんどが労働ビザを取得していないため、常に移民局による拘束・強制送還の危険が付きまとう。こうした点において本論文で取り上げた越境通学を行うマレー系ムスリムやその家族の経験とは大きく異なる。この背景には、法的地位の有無が決定的な要因となっていることが挙げられる。

［45］公的なタイ政府の数字では難民キャンプの人口は一五万人とされているが、実際にはキャンプ内だけでなくキャンプの外に非合法に暮らすミャンマー出身の難民がおり、彼らを含めるとその数は一〇〇万人を超えるとされる（Refugees International 2004）。

［46］ミャンマー政府がこうしたタイ難民キャンプで生まれた子供たちの国籍を付与しない理由に関しては①子供が出生証明を持たないこと、②両親が不法にミャンマーを出国したこと、③両親自身が適切な市民権の証明を持たないこと、が挙げられている（"Citizenship: Stateless flight for their birthright" The Nation, May 26, 2004. " 'Alien' Limbo" *The Nation*, March 2, 2005）。

✝文献

【日本語文】

柿崎一郎（二〇〇〇）『タイ経済と鉄道　一八三五年〜一九三五年』日本経済評論社。

高村加珠恵（二〇〇七）「インフォーマルな越境が日常化する空間のメカニズム――タイ・マレーシア国境東部からの考察」『アジア・アフリカ言語文化研究』七四号、一六五－一九二頁。

長津一史（二〇〇四）「越境移動の構図――西セレベス海におけるサマ人と国家」関根政美・山本信人編『現代東アジアと日本　四　海域アジア』慶応義塾大学出版会、九一－一二八頁。

西井凉子（二〇〇一）『死をめぐる実践宗教――南タイのムスリム・仏教徒関係へのパースペクティブ』世界思想社。

満鉄東亜経済調査局（一九八六（一九三九））『タイ國における華僑』（南方史料叢書４）、青史社。

【英語文】

Anderson, Benedict（1991（1983））*Imagined Communities; Reflections on the Origin and Spread of Nationalism*（Revised Edition）. London and New York: Verso.

Askew, Marc（2006）Sex and the Sacred: Sojourners and Visitors in the making of Southern Thai Borderland. In Alexander Horstmann and Reed L. Wadley（eds.）*Centering the Margin: Agency and Narattive in Southeast Asian Borderlands*, pp. 177–206. New York and Oxford: Berghahn Books.

Bowie, Alasdair and Danny Unger（1997）*The Politics of Open Economies: Indonesia, Malaysia, the Philippines, and Thailand*. Cambridge University Press.

Cornish, Andrew（1997）*Whose Place is This? Malay Rubber Producers and Thai Government Officials in Yala*. Bangkok: White Lotus.

Coughlin, Richard (1960) *Double Identity: The Chinese in Modern Thailand*. Hong Kong University Press.
Crouch, Harold (1996) *Government and Society in Malaysia*. Ithaca, New York: Cornell University Press.
Firth, Rosemary (1966 (1943)) *Housekeeping and Malay Peasants*. University of London, The Athlone Press.
Fraser, Thomas (1966) *Rusembilan: A Malay Fishing Village in Southern Thailand*. Ithaca: Cornell University Press.
Golomb, Louis (1978) *Brokers of Morality: Thai Ethnic Adaptation in a Rural Malaysian Setting*. Asian Studies Program, The University Press of Hawaii.
Kessler, Clive (1978) *Islam and Politics in a Malay State: Kelantan 1838–1969*. Ithaca, New York: Cornell University Press.
Liow, Joseph Chinyong. (2009.) *Islam, Education, and Reform in Southern Thailand: Tradition & Transformation*. Singapore: Institute of Southeast Asian Studies.
Mohd. Kamaruzaman A. Rahman (1992) Penasihat Inggeris : Pembaharuan Petadbiran Negeri Kelantan dan Pengukuhan Kuasa (1910–1920). *Warisan Kelantan* XI:56–89. Perbadanan Muzium Negeri Kelantan.
Nash, Manning (1974) *Peasant Citizens: Politics, Religion, and Modernization in Kelantan, Malaysia*. Center for International Studies, Ohio University, Southeast Asia Series 31.
Tsuneda, Michiko (2009) *Navigating Life on the Border: Gender, Migration, and Identity in Malay Muslim Communities in Southern Thailand*. Doctoral Dissertation, University of Wisconsin at Madison.
van Schendel, Willem (2005) Spaces of Engagement: How Borderlands, Illicit Flows, and Territorial States Interlock. In Willem van Schendel and Itty Abraham (eds.) *Illicit Flows and Criminal Things: States, Borders, and the Other Side of Globalization*, pp. 38–68. Bloomington and Indianapolis: Indiana University Press.

【政府刊行物】

Annual Report of the Social and Economic Progress of the People of Kelantan for the Year 1948.
British Adviser kelantan Archive, 1952. No. 107.52.
Ciri-ciri Pendidikan dan sosial penduduk 2000 (*Education and social characteristics of the population*) Jabatan Perangkaan Malaysia.
General Laws of Malaysia Vol. 1. 2002. International Law Book Services.
Immigration Act 1959/1963 (*Act 155*) *& Regulations and orders & Passports Act 1966* (*ACT150*). International Law Book Services.

Key Statistics of Thailand 2002. National Statistical Office, Thailand.
Legislation in Kelantan in 1939, 1940. The Legal Advisor, Kelantan.
Taburan Penduduk Mengikut Kawasan Pihak Berkuasa Tempatan dan Mukim 2000 (*Population distribution by local authority areas and mukims*) Jabatan Perangkaan Malaysia.
Thailand Nationality Act B. E. 2508 (*1965*).

【ウェブサイト】

Malaysian Timber Council. (http://www.mtc.com.my/statistic/stat00/2-3.html)
Refugees International. (2004) "Stolen Futures: The Stateless Children of Burmese Asylum Seekers" (http://www.refugeesinternational.org/content/article/detail/3014) 06/25/2004

【新聞・雑誌】

Bernama.
New Straits Times.
The Nation.
The Straits Times.
Utusan Malaysia.

第8章

並存するナショナル・アイデンティティ
——離散パレスチナ人によるパスポート、通行証の選択的取得をめぐって

錦田愛子

はじめに

二〇世紀後半以降のグローバル化の進展は、経済活動の流動性の増大、モノや情報の移動の加速化などを典型として注目を集めた。ヒトの移動や交易が必ずしも近代以降の現象とは限定されない点を考慮しても、科学技術の発展を前提とするこうした「時間と空間の圧縮」（ハーヴェイ 一九九九）は、近現代特有の現象といえよう。なかでもヒトの移動の地球規模での拡大は、既存の国家－社会関係や共同体のあり方そのものに対して影響を与える変化として重要な働きを成している。遠隔地への移住など、一回性の長距離移動のほかに、周期的に繰り返される出稼ぎ移民の行動などは、空間や場所のもつ意味そのものにも問い直しを迫っているからだ。トランスナショナルな移動は国民国家の脱領域化を促し、新しい社会空間を構築していく（Rouse 1991; Schiller, Basch and Blanc 1999）。また一方で、ヒトの移動のグローバル化に対する、ナショナルな管理については、国家の「統治性」が改めてその威力を発揮する場面となっている[1]。二〇〇一年に起きた「九・一一」事件以降、各国でみられる入国管理行政における規制の強化はその一例であり、入国審査における指紋や虹彩の接取など、個人を特定して移動を管理するシステムは技術的にもはるかに厳重化された。

これらヒトの移動の管理の道具として、重要性を増しているのはビザとパスポートの存在だ。両者の組み合わせは、

ヒトの「移動促進、移動抑制、身体の特定」という複合的機能を有し、移動の実現可能性に大きな影響力を発揮している（前田 二〇〇九：一二六）。だが他方では、こうした管理の技術を逆手にとった形で利用し、「柔軟な市民権」の取得・活用を試みる例も、今日では稀ではない（Ong 1999）。本稿ではこうしたヒトの移動をめぐる制度の構築と利用の両側面に注目し、それがアイデンティティ形成と密接に交錯するモデルとしてパレスチナ人の事例をとりあげる。

パレスチナ人は一九四八年のイスラエル建国の際に七〇万人以上の人々が故郷の村や町を追われるという大災厄（ナクバ）を経験した。彼らの大半はいまだに離散の状態におかれている。現在の居住地は、パレスチナ自治区内、および周辺アラブ諸国を中心とするが、他にもアメリカやカナダ、ヨーロッパ諸国などにも多数在住している。こうした離散の状況は、紛争を受けた迫害による「被害者ディアスポラ」のひとつと位置づけられる（コーエン 二〇〇一：一五、六一）。だがパレスチナの場合が特徴的なのは、その中でも離散の体験それ自体が、ナショナルなアイデンティティ形成と大きく関わっている点である。つまり移動にまつわる記憶そのものが、パレスチナ人としてのアイデンティティの基礎の一部を構成すると考えられるのである。[2] 西岸地区やガザ地区、イスラエル、周辺アラブ諸国など異なる地域に居住するパレスチナ人は、故郷からの「疎外や疎遠の「状態」」を共有し、ともに「ディアスポラ的生活」を生きるという共通項をアイデンティティの核として抱えている（Schulz 2003: 9–21）。

パレスチナ人はまた、母国たりうる国民国家をいまだもたないナショナル・コミュニティである。そのため彼らの帰属は複合的にならざるを得ず、またアイデンティティ保持のため移動手段の確保も不可欠となる。世界各地に離散したパレスチナ人が相互の間で紐帯を保つ上で、親族間の相互訪問は大きな要素として作用しているからである。こうして物理的な移動により構築される関係性のことを、筆者は「対面的ネットワーク」と呼んでいる（錦田 二〇一〇a）。実際のところ、パレスチナ人のアイデンティティ形成において重要な要素となる移動は、ナクバだけではない。周辺アラブ諸国や欧米などに住む在外パレスチナ人の間で、日常的な相互訪問により具体的な故郷とのつながりを確保しようとする傾向があることは、近年の研究では多く指摘されている（Al-Araj 2008; Hammer 2005）。だがその中でも、彼らが往来を維持する上で、国境を越えるための制度をどのように利用しているのか、またそれらがナショナル・アイデンティティに与える影響について、実証した例は少ない。本稿ではこの点について、ヨルダン・ハーシム王国およびパレスチナ／イスラエル[3]における現地調査に基づき明らかにするものである。

国民国家の枠組みが、第一次世界大戦後という比較的遅い時期に導入された中東においては、国境線を越えることに対する意識は、早い時期から国家を所与のものとしてネイション意識を発達させてきた諸国とは異なることが推測される。以下でとりあげる事例からも、浮かび上がってくるのは、複雑に絡みあった国境管理のルールを使いこなし、自由に越境を試みる人々の行動様式である。その姿は、国籍や、国民国家そのものがもつ意味にさえ疑問を突き付ける迫力をもつ。ディアスポラのパレスチナ人にとってパスポートや各種の通行証は、越境のための重要な道具である。彼らはそれをいかに取得し、活用しているのか。またそれは、同時に彼らのアイデンティティに対してどのような影響を与えているのか。考察を加えていきたい。

1　ヨルダン国籍とパレスチナ人

1―1　取得の経緯

往来の事例に入る前に、まずは本稿で検討の対象とするヨルダン在住のパレスチナ人について、彼らが離散した経緯と、その大半がヨルダン国籍を取得した理由に簡単に触れておきたい。後述するようにヨルダンが往来の中継地となり、パレスチナ人がヨルダンで各種通行証やパスポートの取得を活発に行える背景には、前提として彼らのヨルダンでの法的身分が安定していることが大きく影響しているからである。パレスチナ／イスラエル周辺のアラブ諸国の中でも、ヨルダンのように自国民と同様にパレスチナ人への国籍取得を認める国は例外的といえる（Arzt 1997; Schulz 2003）。

パレスチナ／イスラエルと、ヨルダン川東岸の現在ヨルダンが存在する地域は、歴史的、社会的に強く連続性を保ってきた。両者の間で政治的境界線が画定されたのは、英国委任統治下の一九二二年で、パレスチナがイギリスの直接委任統治を受けたのに対して、ヨルダンには間接統治が認められ、トランス・ヨルダン首長国が建国された。しかし実際には、その後もパレスチナとヨルダンの間での移動・移住は続き、後にヨルダン政府の閣僚で中核を成すリファーイ家や、アブルフダー家なども、この時期にヨルダンへ移住している（臼杵 一九八七a：一四）。ここまでの時点での移動には、ハーシム王家による徴用などを含め、自発的な移動という側面が強かったものと考えられる。

動機と人口規模の点で大きな変化が起きたのは、一九四八年のイスラエル建国以降である。一九世紀末にヨーロッパのユダヤ人の間で始まった「シオンの丘」[4]への帰還運動、すなわちシオニズムに基づきパレスチナへの入植が始まると、入植者と現地のアラブ人との間では、早い時期から衝突が発生した。騒乱を収めきれなくなったイギリスは一九四八年五月一五日、委任統治の終了を宣言し、同日のイスラエルによる建国宣言を受けて、翌日からアラブ連合軍との間で衝突が始まった（第一次中東戦争または一九四八年戦争[5]）。戦場となったパレスチナからは、多くの人々が家を追われて難民となり、ヨルダンには約七～一〇万人が逃れたとされる（Arzt 1997: 34）。イスラエルという国家の樹立は、他方で国なき民の存在を生み、彼らはその後数十年にわたり国籍と通行証を求めてさまよう立場に追い込まれたのである。

一九五〇年にＵＮＲＷＡ（国連パレスチナ難民救済事業機関）が活動を開始すると、ヨルダンのパレスチナ難民はその庇護下に入った。国連総会決議第一九四号は、難民のパレスチナへの帰還権と遺失財産の補償を要請したが、これらはいまだにイスラエルに否認されている。これに対して滞在国であるヨルダンは、難民問題の解決まで彼らが逗留することを認め、自国領内にいる一九四八年戦争のパレスチナ難民に対して一律に国籍を付与した。また一九六七年にイスラエルとアラブ連合諸国との間で起きた戦争（第三次中東戦争、または一九六七年戦争）戦争では、西岸地区およびガザ地区からさらに約三〇万人のパレスチナ人がヨルダン川東岸（現在のヨルダン）に逃れた。この度重なる離散や人口の自然増の結果、ヨルダンではその人口比の上でもパレスチナ人の存在が大きな割合を占めるようになっている。二〇〇八年時点のヨルダンの総人口は、ヨルダン中央統計局の推計によると約五八五万人（ＤＯＳウェブサイト）だが、パレスチナ中央統計局による同年の在ヨルダン・パレスチナ人人口の推計は約三一四万人である（ＰＣＢＳウェブサイト）。つまり単純計算では人口の過半数をパレスチナ人が占めることになる。

ヨルダン政府がパレスチナ人に対して国籍を付与した背景には、こうした圧倒的な人口比があるほかに、領域主権の問題も関係している。ヨルダン政府は一九四八年戦争において西岸地区を実効支配下におさめた後、一九五〇年に同地区の正式な併合を宣言した。宣言に先立ち、西岸地区内のナーブルスやエリコではパレスチナ名望家層を集めた会合がもたれ、アブドゥッラー国王の下でのヨルダン川東岸・西岸両地域の統一が要請された。だがこれらは、住民の意思を反映したとの体裁をとるための、あくまで形式上な手続きであった。実際にはアブドゥッラー国王の領土拡張への張意欲は明白であり（Massad 2001: 223）、またヨルダン政府は不足する人的資源を補うべく、比較的教育水準の高いパレスチナ人を取り込んで国家の近代化を図ったとされる（Brand 1988: 161；臼杵　一九八七ｂ：五四）。

併合が正式に発表されるまでの間に、ヨルダン政府は国内の法整備を進めた。一九四九年二月には旅券法が改正され、パレスチナ籍をもついかなるパレスチナ人もヨルダン・パスポートの保持が認められるようになった（北澤　二〇〇五：二一八）。一九五四年に制定されたヨルダン国籍法第三条は、ヨルダン国籍の取得を以下の人々に対して認めた（Davis 1997: 69–70; ʻAbdul-Raḥmān 1970: 24; Abū Bakr 2000: 8）。

第一項　一九二八年に制定されたトランス・ヨルダン国籍法、および一九五四年の修正条項第二号に基づき、ヨルダン国籍またはヨルダン・パスポートを取得したすべての者。

第二項　一九四八年五月一五日以前にパレスチナ籍（al-jinsīya al-filasṭīnīya）[6]をもち、一九四九年一二月二〇日から一九五四年二月一六日までの間に、ヨルダン・ハーシム王国内に通常の居住地を構えていた、ユダヤ人以外の者。[7]

第三項　父親がヨルダン国籍をもつ者。

第四項　ヨルダン・ハーシム王国内で生まれ、母親がヨルダン国籍をもち、父親が国籍不明、または無国籍であるか、法的な父親が不明な者。

第五項　ヨルダン・ハーシム王国で生まれて両親が不明の者、もしくは出生地がヨルダン以外であると証明されていない孤児。

これらの規定について、国籍法上の特徴としては、以下の三点を挙げることができる。第一に、ヨルダンの場合、国籍を定める資格要件は、先に存在していた国籍関連法規と深く関わり成立しており、ヨルダン建国の時点で既に存在しない政体で適用されていた条項もいまだ有効に機能するという点である。第三条の第一項で言及されている「一九二八年に制定されたトランス・ヨルダン国籍法」とは、ヨルダン・ハーシム王国の前身であるトランス・ヨルダン首長国により定められたものであり、そちらの国籍法第一条では「一九二四年八月六日の時点でトランス・ヨルダン（Sharq al-ʻUrdunn）に習慣的に居住していたすべてのオスマン帝国臣民（al-raʻāyā al-ʻUthmānīin）[8]」がトランス・ヨルダン国籍を有するものとされた（Davis 1997: 69; ʻAbdul-Rahmān 1970: 33）。つまりオスマン帝国からトランス・ヨルダン首長国に支配体制が変わる中、住民の帰属国籍の移行を定めたのが一九二八年の国籍法であり、同様の移行が、トランス・ヨルダン首長国からヨルダン・ハーシム王国にかけても一九五四年の国籍法で定められているといえる。同様に第二項でもまた、英国委任統治期のパレスチナ籍の継承を定めている。これらの規定は当該地域においてパレスチナ人がヨルダン国籍を取得する上で、有利に働いたと考えられる。

第二の特徴は、ヨルダン国籍の継承が父系血統主義をとっていることである。第三項の規定はこの点を明確に示す。ヨルダン国籍は父系親族を通じてのみ子孫に伝えられ、母親だけがヨルダン国籍をもつ場合、第四項のような例外的状況を除き、子どもにその国籍が継承されることはない。[9] これはヨルダン人男性と結婚したパレスチナ女性の子どもがヨルダン国籍を取得できるという面では、パレスチナ人による国籍取得に資する。だが半面で、逆の場合、子どもはヨルダン国籍を取得できないことを意味している。

第三の特徴は、ヨルダン国籍の取得要件が、第四項および第五項で示されるように、補足的に生地主義を採用している点である。これは主権領域内において出生した住民に対して、無国籍の状態をできるだけ生じさせないために設けられたものと考えられるが、生地主義があくまで補足に過ぎず、基本が血統主義であることは、同法第九条で「ヨルダン国民の子どもは、出生地に関係なくヨルダン国民である」との定めからうかがうことができる（Davis 1997: 71）。

これらの規定は全体として、ヨルダン国内に在住するパレスチナ人の大半に対してヨルダン国籍をほぼ網羅的に認める仕組みとして機能している。一九四八年戦争以前にヨルダン川東岸へ移動して来ていたパレスチナ人に対しては、第三条第一項および第二項によりヨルダン国籍が認められる。また一九四八年戦争による難民も、一九五四年までにヨルダン国内で定住していれば第二項によって、彼らの子孫は第三項によってヨルダン国籍を取得できることになる。

こうした中、ヨルダン国内のパレスチナ人の法的地位にやや複雑な要素をもたらしたのは、一九六七年戦争だった。戦火のもとで西岸地区およびガザ地区の家を追われたパレスチナ人は、第二波の避難民としてヨルダンに押し寄せ、その数は約二八万〜三五万人に上った（Arzt 1997: 17）。そのうち約一四万人は一九四八年戦争ですでに一度難民となった人々で、ＵＮＲＷＡに登録されており、残りは新たな「避難民」であった。[10] 後者はＵＮＲＷＡの本来の任務からは管轄外にあたり、緊急支援を受けても難民登録に加えられることはなかった。

ヨルダン政府からみれば、自国に併合された西岸地区から東岸への移動は「国内移動」であり、西岸の住民はもともとヨルダン国籍が与えられていたため、法的身分の変動はなかった。しかしガザ地区からの移動は、エジプト政府の管理下からの移動であるため異なる扱いを受けた。彼らは主権領域の境界線を越えた移動をしたとみなされたが新たな保護の対象とはならず、ヨルダン国籍の取得は認められなかった（錦田 二〇一〇b）。彼らは「ガザ難民」と呼ばれ、ヨルダン国内のパレスチナ人の中では例外的に無国籍の地位におかれることになった一九六七年戦争で離散した人々は、一部がイスラエル側の人道的ジェスチャーとして、赤十字を通じて帰還を認められた。だが大半は、一九四八年戦争による難民とともにヨルダンに住み続けている（Tamari 1996: 21-27）。

これら様々な経緯によりヨルダンへと移動してきたパレスチナ人は、移動や国家という枠組みをどう捉えているのだろう。以下では彼らの国境に対するナショナル・アイデンティティについて、事例を通して検討していく。

1―2　希薄な国境意識

中東において近代国民国家の枠組みは、第一次世界大戦以降に西欧列強の介入を通してもたらされた。そのため国境の確定は領土分割の意味合いが強く、必ずしも住民の帰属意識や境界認識を反映していない。ヨルダンとパレスチナの状況も同様であるそうした中、国家や国境といった枠組みは、どう捉えられているのか。[11]

最初にとりあげるのは、ヨルダンの首都アンマーン市内の富裕層居住区シメサニに住むラワーン・ハンマード[12]の例である。彼女はヨルダン・ハーシム王国建国以前に親が東岸へ移動しており、早い段階でヨルダン国籍を取得している。

【事例1】（以下、事例には、聞き取り調査を行った目地と地名を併記）**［二〇〇四年六月一六日、シメサニ］**（地図1を参照）

「私の父は〔パレスチナの[13]〕ナーブルスの出身です。父は弁護士でした。アブドゥッラー首長が父を司法長官に任命したので、〔留学後〕父はサルトへ行きました。当時、ヨルダンの中心地はアンマーンではなく、サルトだったからです。一九二二年のことでした。父はイスタンブルへ留学していたのですが、その後はナーブルスには戻らず、直接ヨルダンへ来たのです。〔当時、パレスチナとヨルダンは〕ひとつの国でした。父方の祖父もまたイスタンブルの大学を卒業しており、トルコ時代はワリー（地方総督[14]）でした。

地図１　パレスチナ、ヨルダン周辺

母はトルコ人でした。サルトへ来た二年後に、父は〔シリアの〕ダマスカスを訪ね、そこで母に出会いました。母方の祖父は、シリアに駐留するトルコ軍の将軍だったからです」。

ここでラワーンの夫が、次のように口をはさむ。「われわれは皆ひとつの国（one country）、ひとつの民族（one nation）だった。現在のすべての分割は、サイクス・ピコ協定によってもたらされたのだ」。

ふたたびラワーン「私の家族は皆、ヨルダンで生まれました。しかしハンマード家の多くはまだナーブルスにおり、またトルコにも、シリアにも住んでいます。彼らはシリア人であり、トルコに住んでいる彼らはいまやトルコ人です」。

一九二二年にサルト（ヨルダン中西部の町）へ移動したというハンマード家は、国籍法によると第三条第一項に基づきヨルダン国籍を取得したことになる。オスマン帝国末期からトランス・ヨルダンへの帰属資格をもっていたともいえる。ラワーンの父は、トランス・ヨルダン首長国の建国期という早い時期にヨルダンへ移動したため、現在のヨルダンでハンマード家は通常、パレスチナ系とは見られていない。むしろヨルダン南部のアカバの出身と考えられていた。だが筆者が行ったインタビューでは、彼女はパレスチナのナーブルス出身だと自称し、「自分はヨルダンで生まれたが、自分のことをパレスチナ人と思っている」と述べた。

ヨルダンとの関係性という面で、彼女が別に強調したのは、父とアブドゥッラー首長（後の国王）との個人的つながりだった。司法長官に任命されてサルトへ移った、とのくだりはこの後も話の中で何度も繰り返された。また、当時行政の中心地であった都市イスタンブルへの留学話はその後も何度か挙がり、彼女が政治的地位や教養に高い価値を置き、家系の著名さ、優秀さを重んじていることがうかがわれた。

相対的に低く感じられたのは、越境に対する意識である。上記の語りの中でも「イスタンブルから、ナーブルスではなくサルトへ」という表現がされ、それぞれの町があるヨルダンやトルコといった国名は一切言及されなかった。ここからは、国の間の越境意識の薄さや、むしろ各町を含む地域の一体性が潜在的に認識されている様子がうかがわれる。それを裏付けるように、ラワーンの夫は話の途中で口を挟んで「分割前は、ひとつの国、ひとつの民族」だったと言い添え、ラワーン自身もこれに即座に同意する場面が見られた。

こうした地域の一体性の認識は、中東がたどった歴史的背景に根ざしている。ヨルダンやパレスチナといった地域区分が英仏の委任統治下で画定される以前は、これらの地域一帯は、オスマン帝国下で「シャーム地方（Biāld al-Shām）」という一地域を形成すると考えられていたからだ。夫の述べた「ひとつの国」とはこの「シャーム地方」のことを指す。

だが興味深いのは、こうしたボーダーレスの感覚が、ラワーンの話の中では現在の国名を用いて表現されている点である。彼女は自分の出自を説明する中で「母はトルコ人」であり、親戚の一部は「シリア人」であると述べた。この「トルコ」「シリア」はそれぞれオスマン帝国下の地理的区分を示し、必ずしもナショナルな帰属を意味するものではないはずだが、彼女はそれをあたかも現代の国民国家の「トルコ」「シリア」を指すかのように語っている。さらにラワーンの夫は、話がしばしば途切れた際に、こう口をはさんだ「私の息子はトルコ国籍を取りました」。ここではオスマン帝国期の「トルコ」と現代の「トルコ」が、直接結びつけられている。つまり国境線への意識の低さが、同じ名前を介して現代にも及んでいるように感じとれるのである。

こうした国境認識は、ラワーンおよびその夫が、ともに委任統治以降の境界線の変遷を記憶する世代であることも影響していると考えられる。[15] 近代国民国家の枠組みが、時代の変遷の中での一過程に過ぎないとの認識をそこに見出すこともできる。言い換えれば彼女にとって、近代国民国家体制に基づく国籍そのものがもつ意味は相対的に小さいといえるのかもしれない。

しかし当事者の認識がどうあれ、二一世紀を迎えた現代において出入国を管理するのは、やはり国家である。国境を越える移動の際には、送り出し国政府が国籍に基づき発行したパスポート等に、渡航先国政府からビザを発給されてはじめて合法な移動が可能となる。帰属意識のレベルでいかに国家のもつ意味が小さくとも、こうした制度的な規制を免れる口実にはならない。

それではパスポートやビザといった制度は、パレスチナ人の移動とアイデンティティ形成にどのような影響を与えているのだろうか。ヨルダン在住のパレスチナ人の大半は、ヨルダン政府発行のパスポートを取得可能だが、それは彼らにどの程度の移動の自由を与えているのか。その有効性と限界がみられる場合の代替的な文書の存在や、往来によって導かれる関係性に注目しながら、以下で検討していく。

2　国境を越える道具

2―1　パスポートの有効性と限界

近代国民国家による国境線が中東においてもおおむね画定し、国籍の存在が定着し始めた後、国籍およびパスポートは人の帰属する国家を明示し、移動の際に便宜を図る手段として機能してきた。だがそこには限界もある。

その一例として、中東諸国を訪問する外国人訪問者の間で常識となっていることに、イスラエルの入国スタンプの問題がある。イスラエルに入国する際、パスポートに入国スタンプを押されると、その後ほかの多くのアラブ諸国に入国できなくなる。これは、一九四八年戦争以来、アラブ諸国とイスラエルとの間で紛争状態が続き、外交関係の正常化が進んでいないためである。現在ではカタールやモロッコ、モーリタニアなど一部の国がイスラエルと公的な関係を結び、渡航要件を緩和しているが、制約はいまだ大きい。

パレスチナ人にとっての移動の困難は、こうしたイスラエルと周辺アラブ諸国との関係にも影響されている。パレスチナ自治区は現在、イスラエル国境の内側に位置し、出入国はイスラエル側が全面的に管理している。そのため国境を越える移動に関してはイスラエル政府の移動規制に従う必要がある。またパレスチナ自治区からの移動は、イスラエル国からの出国とみなされることからアラブ諸国の中には入国を拒む国も出てくるのである。

イスラエルの周辺でそのような入国拒否が特に問題となる国としては、シリアとレバノンが挙げられる。両国はイスラエルとの間で、過去数度にわたり戦火を交えてきたが、同時に国内に多くのパレスチナ難民を抱えてもいる。だがそれらの難民は、移動制限のためパレスチナへの帰還はおろか、自治区在住の親族との交流すら難しい状態に置かれている。そうした中で、両国と隣接し、かつイスラエルと国交のあるヨルダンは、邂逅地点としての役割を果たすことがある。ヨルダン・パスポートの存在は、人々の往来を可能にし、親族間のつながりを保つことに資する。次に挙げる事例は、筆者が遭遇したそのような場面のひとつである。

【事例2】［**二〇〇三年七月一〇日、WA地区**］[16]（親族関係については図1を参照）

イブティサームはアンマーン市内にあるパレスチナ人集住地区WAに住んでいる。彼女の父親はヨルダン生まれだが、一九七〇年に起きた「黒い九月」事件[17]を受けてレバノンへ、その後シリアへ移住した。イブティサームはシリアで生まれたが、結婚を契機にヨルダンへ戻った。

イブティサームの母親ラシャーは、毎年夏になるとヨルダンを訪れる。イブティサームをはじめ、子どもたちが同じWA地区に住んでいるためである。彼らを訪問し、孫たちの入学や卒業などを祝うのが彼女の楽しみである。シリ

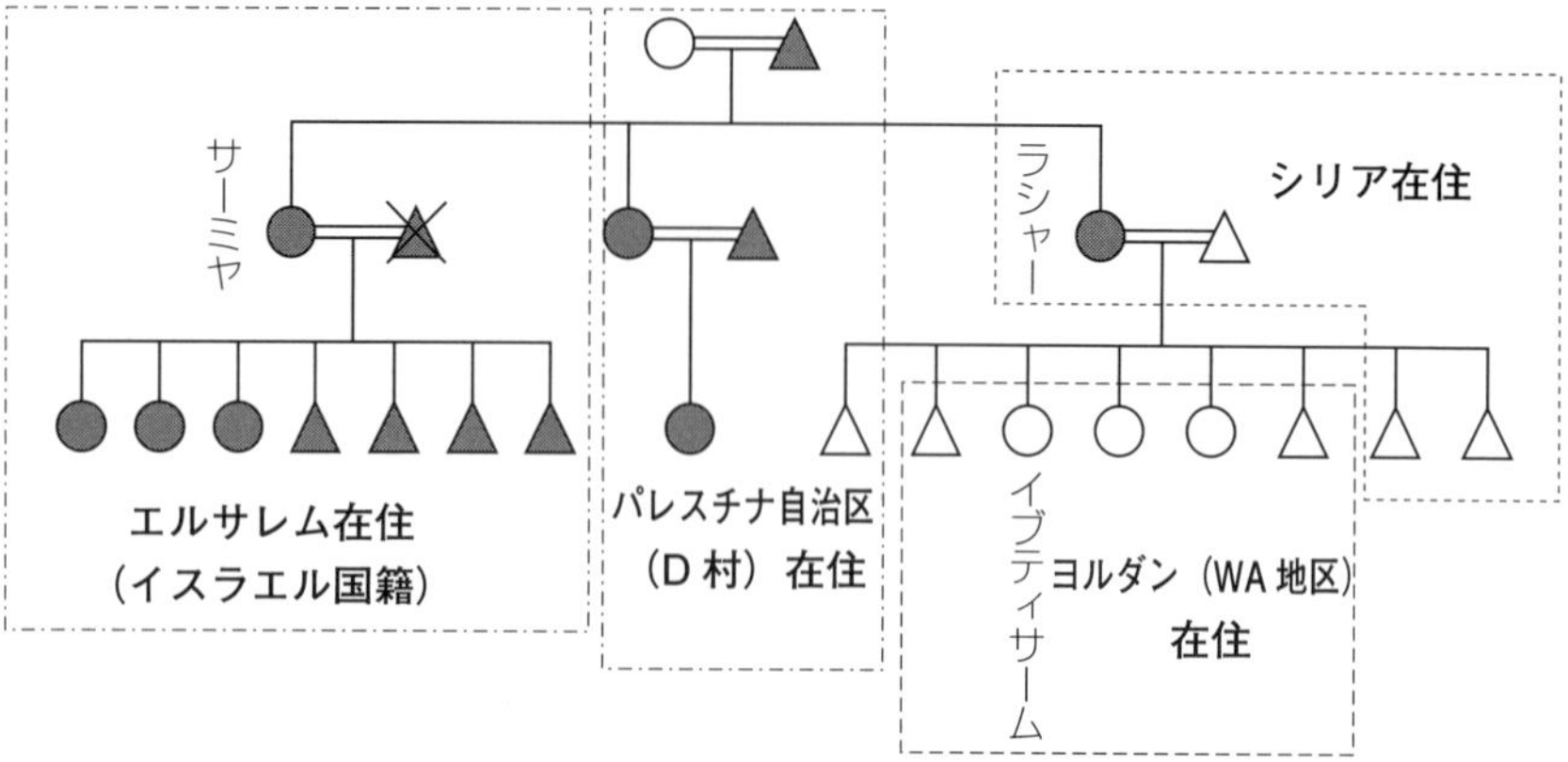

図１　イブティサームの親族交流関係図（色は家系、×印は故人を示す）

アからヨルダンへ来るとき、彼女はヨルダン・パスポートを使用する。しかしイブティサームの父親は彼女と一緒には来ない。政治的理由によりパスポートの取得が許されず、シリアから出国できないためだ。

　ラシャーの両親と、息子のひとり（イブティサームの兄弟）は、パレスチナ自治区に住んでいる。ラシャーの姉妹のサーミヤはイスラエル占領下のエルサレムに住む。しかしパレスチナ自治区を含むイスラエルとシリアとの間では、国交がないため行き来ができない。ヨルダン・パスポートを使っても、第二次インティファーダ（民衆蜂起）[18]開始以降、中東アラブ諸国からのイスラエルへの入国は困難である。つまりラシャーは両親のもとへ行くことができず、両親とサーミヤもシリアのラシャーを訪ねることはできないのである。

　そのため、各地に離散した家族が会う場所は、中間地点のヨルダンということになる。筆者がラシャーに会ったとき、彼女はイブティサームを訪ねてヨルダンに来ていた。そして実に二〇年ぶりに、そこで姉妹のサーミヤと再会したのだった。サーミヤはイスラエル国籍を取得しており、簡単な手続きでヨルダンへ来ることができる。しかし障害をもつ子どもを複数抱え、しばらくは足が遠のいていた。このときは初めて、幼い子どもたちを連れてヨルダンへ来ており、イブティサーム宅は大勢の来客による再会の熱気に包まれていた。

　この事例からは、パスポートの有効性・限界とともに、ヨルダンという場所がもつ中継地的な役割が示されている。イブティサームは、父親がヨルダン国籍をもつため、自身も国籍を取得しヨルダン国内に在住している（国籍法第三条第三項および第九条）。シリアに住むイブティサームの母は、同様に国籍にもとづきヨルダン・パスポートをもつため、娘を訪ねることができた。イスラエルに住むサーミヤと会うことができたのは、ヨルダンがシリアとイスラエルとの間で築く関係性の賜物である。ヨルダンはシリアとの間で筆者の調査当時、友好な関係にあり、両国間の移動は容易であった。一方でヨルダンはイスラエルと平和条約を交わしているため、サーミヤはイスラエル・パスポートによって、複雑な手続きを経ずにヨルダンへ渡ることができた。ヨルダンの占める立地と法的・政治的関係は、両国のパスポートが効果を発揮しうる場として、離散したパレスチナ人の家族を結びつける働きをしている。

またここで注目されるのは、移動の有無を決定するのが、なにもパスポートの有無ばかりではないということだ。実際に移動をするか否かは、各自のおかれた家庭環境にも大きく左右される。障害のある子どもたちの母であるサーミヤが、なかなか足を運べなかったのと同様に、イブティサームもまた、子どもたちが幼いうちはシリアへ訪ねることができなかった。代わりにヨルダンを毎年訪ねていたのは、母のラシャーである。このように、どちらが移動の主体になるかは、パスポートを含めた各自の移動可能性というリソースによって決まると考えることができる。

2―2　パスポート以外の通行証

国境を越えるための公的文書として、イスラエルの出入国に用いられるのはパスポートばかりではない。むしろ大半のパレスチナ人およびヨルダン人は、パスポートを用いずに、その他の通行証を用いて渡航する。その代表と言えるのが、身分証明書（ＩＤ）である。

一九六七年戦争以降、西岸地区およびガザ地区在住のパレスチナ人には、イスラエル政府が実質的に登録を管理するパレスチナＩＤが発行されてきた。当初はオレンジ色だったカードは、一九九四年の暫定自治開始後はパレスチナ自治政府を通して発給されるようになり[19]、色も緑色に変わった。記載事項に変化はなく、アラビア語とヘブライ語の二ヵ国語併記で、名前と生年月日、生まれた場所、現住地、宗教属性などが記されている（写真１下）。

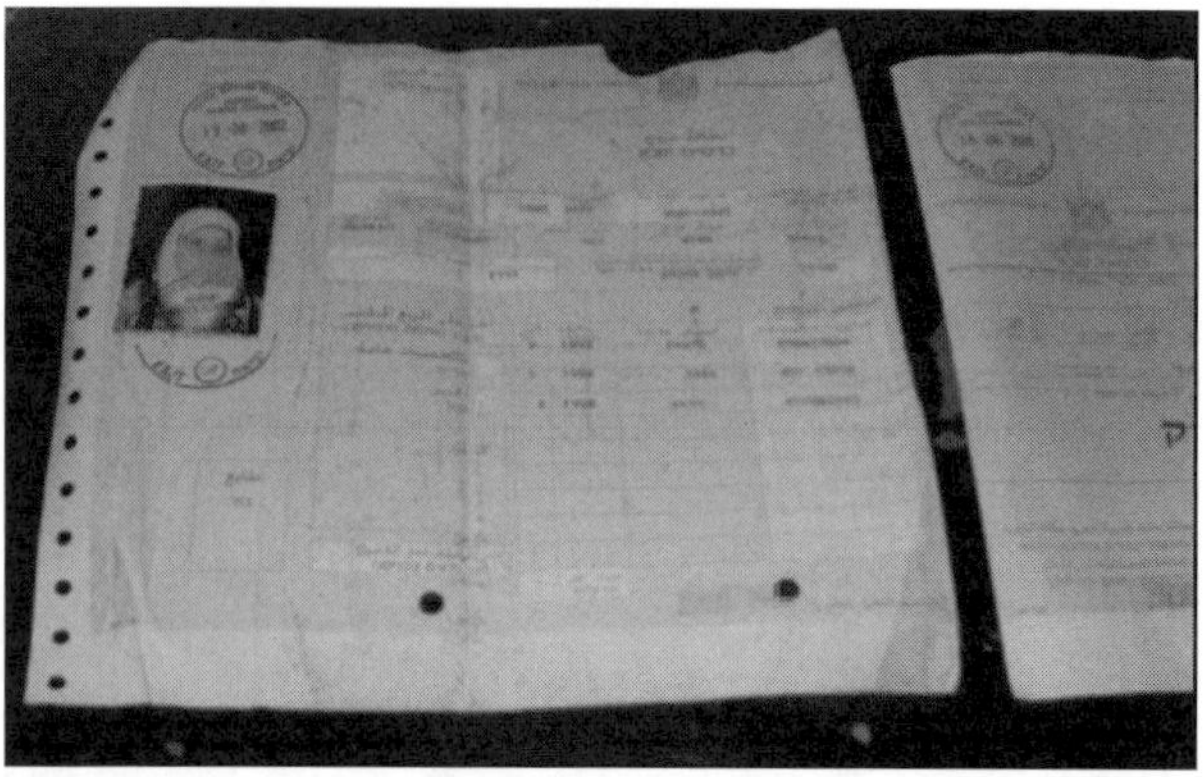

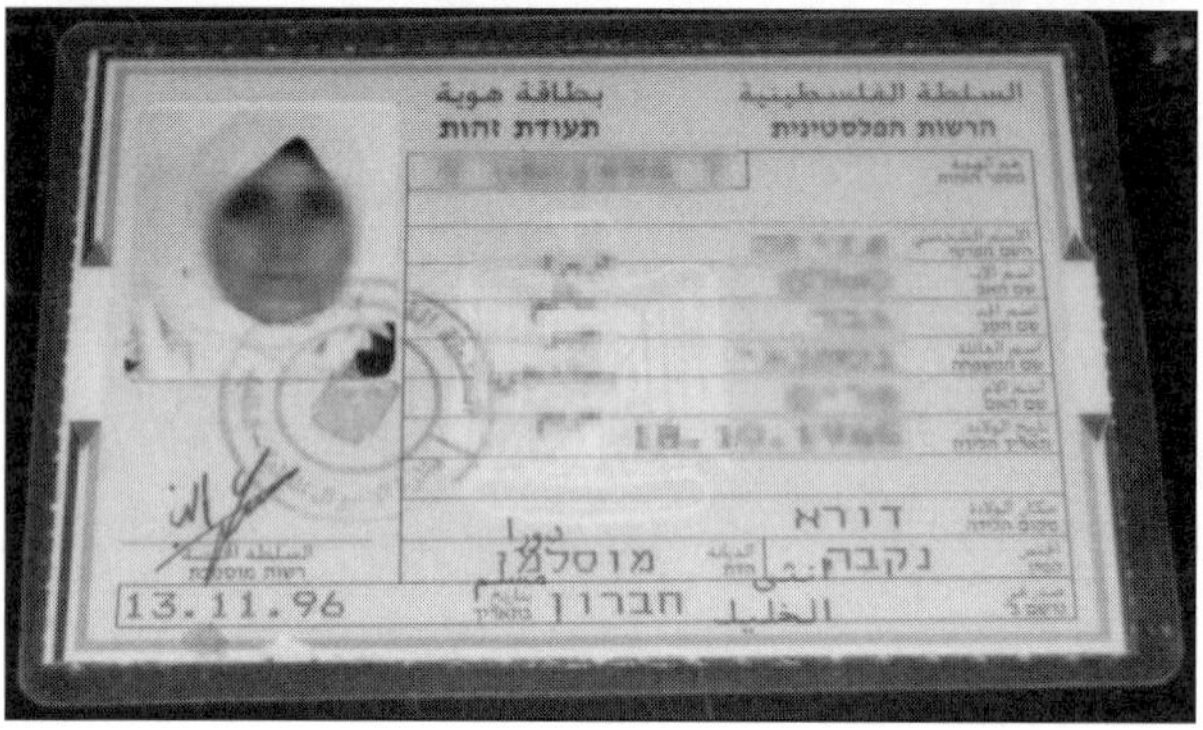

写真１　移動に用いられる「出国許可書」（上）とパレスチナ ID（下）

パレスチナIDをもつ者は、イスラエル政府から渡航の際に「出国許可書」を得ることで、第二次インティファーダ以降もヨルダンとイスラエルの国境を通過することができた。[20]「出国許可書」は、イスラエル政府との調整事務所から発行される物で、パレスチナ自治政府側窓口を通して申請する。移動の目的や行き先によって様式が異なり、A4一枚程度の大きさの紙面で発行される。許可書が発行されるとその記載内容の範囲で移動が認められ、自治区のパレスチナ人は、これとパレスチナIDを提示することで国境を越えることができた（現物写真は写真1上を参照）。

ヨルダン・パスポートによるイスラエル入国が事実上認められていなかった筆者の調査当時、パレスチナIDは、ヨルダンとパレスチナ自治区との間の往来を可能にする数少ない手段の一つと考えられていた。パレスチナIDは基本的に、自治区内の住民がもつが、自治区内で生まれてその後ヨルダンなど他の国へ移動した人々の間でも保持されている。また次の事例が示すように、本人が保持するだけでなく、その権利を子孫の代にも受け継ぐべく、取得の努力がなされていた。

【事例3】［二〇〇四年八月一四日、D村近郊］

パレスチナの西岸地区南部のD村で生まれ育ったアミーネは、ヨルダンのWA地区に住む兄の友人アンワールと知り合い、結婚してヨルダンへ移住した。調査当時、彼女はWA地区のアンワールの兄弟宅の階上に、夫婦と子ども三人で住んでいた。

アミーネはパレスチナIDとヨルダン・パスポートをもち、毎年のように、西岸地区に里帰りをする。しかしその際に同行するのは子どもたちだけである。ヨルダン生まれの夫のアンワールは、パレスチナIDをもたないため、イスラエルへ入国できないからだ。

アミーネが頻繁にパレスチナへ足を運ぶ目的は、主にふたつある。ひとつはD村に住む病気の母親の訪問であり、ふたつ目は新しく生まれた子どものパレスチナ自治政府への登録である。前者については、母親の家への道中で血縁の近い親族の家に立ち寄り、挨拶を交わすことも重要な過程に含まれる。それを欠かすと「どうして来なかったのか」と反感を買い、人間関係に軋轢を招きかねないからだ。後者については、パレスチナＩＤを取得する上で登録が不可欠な手続きとして重要性をもつためだ。

アミーネにとってＤ村は、生まれ育った場所としても重要な意味をもつ。ある夏、著者がＤ村で会ったアミーネは、ＷＡ地区にいる時よりもくつろいだ様子で「ここはいい、皆が食べさせてくれる」と語った。「ヨルダンでの自分らの家は狭いし」と彼女がつぶやくと、そばにいた娘のひとりは「こっちのほうがいいわよ、ね？」と筆者に尋ね、息子も「ずっといいさ」と調子を合わせた。

アミーネは子どもたちにパレスチナＩＤを取得させるために、登録期限までの間に必ず里帰りとし手続きを行っていた。それは夫がイスラエルに入国できない現状の中で、パレスチナＩＤがもつ効能を十分理解しているからといえるだろう。ＩＤ取得の条件には、親がパレスチナ人であることの他に、子どもがパレスチナ自治区の外で生まれた場合は生後五年以内に登録することが求められている。アミーネには三人の子どもがいるが、いずれも生後一年から四年の間に一度、パレスチナへ渡っていたことが渡航記録表（ヨルダン政府が発行する出入国記録）から確認された。

だが一方で、三人の子どもたちの登録が済むと、以後の里帰りは任意選択の頻度にとどめられた。彼女自身述べるように、ヨルダンでのアミーネの家族の生活は経済的に厳しい。夫のアンワールが定職をもたず、収入が不安定であるためだ。移動の際のコストは余分な出費として、家計に重くのしかかる。筆者とＤ村で会った夏も、アミーネのパスポートは期限が切れかけていた。そのため里帰りができず、Ｄ村からヨルダンに訪ねてきた親族が、パスポートの更新料を代わりに払ってはじめて渡航が可能になったのだという。これらの様子からは、パレスチナ／イスラエルへの訪問は経済的余裕に大きく依存しているが、パレスチナＩＤの取得など移動の可能性を高めるリソースの拡大は、さまざまな制約の間を縫って確実に実施されていることが分かる。それは親族とのつながりを将来的に維持するためであり、他方で往来を可能にする上でも、親族の支えは有効に機能している様子がうかがわれた。

事例２、事例３を通して確認されるもう一つの重要な点は、彼らのナショナル・アイデンティティである。出身地であるパレスチナを離れ、各地に離散する人々の間では、保有する国籍やパスポートの種類に関わらず、パレスチナに故郷をもつ同郷集団としての意識が強く保たれている。相互訪問や、往来手段としてのＩＤの取得などが積極的に行われるのも、こうした関係性の維持を重要視しているためと考えられる。ヨルダンやイスラエル政府発行のパスポートは、こうした関係性を守るための移動のための便宜手段としては活用されていた。

こうしたパスポートの道具化は、次に見る第三国パスポートの例で、さらに顕著にうかがうことができる。そこでは移動を有利にするために、単純にパスポートの「強さ」が問題とされ、戦略的な取得の対象とされていた。そこにはまた、第三国パスポートが関係各国のパスポートよりも移動に有利という、この地域の複雑な政情も関係している。

２―３　第三国パスポートという選択

事例３で見たように、ヨルダンとパレスチナ／イスラエルの間の往来には、パレスチナＩＤの取得が有効である。しかしパレスチナＩＤは自治政府という暫定的な政体から発行される物で、発行権限もイスラエル側に握られている。また移動に使われるヨルダン・パスポートも、パレスチナ人に対していつまで確実に発給され続けるのかは政治的に不確定といえる。

そうした状況を承知しているパレスチナ人の間では、ヨルダンでもパレスチナでもない、第三国のパスポートを取得しようとする動きがみられる。主な対象国として好まれるのは、アメリカ合衆国、カナダ、オーストラリアなどの移民が比較的多い国である。これらの国は英語が通るうえに[21]、国籍やパスポートの取得が比較的容易な国とみられている。また国家の安定を反映して、パスポートの効力が「強い」ことが魅力と捉えられている。ここでいうパスポートの「強さ」とは、渡航先におけるビザの相互免除が広範囲で締結されているなど、移動に便利であることを指す。

先進国へ渡航、移民するには当然、資金が必要となるため、こうした国のパスポートを取得できるのは、富裕層が中心である。彼らの中には、仕事で国際的に移動する機会の多い者もあり、その場合、パスポートの取得は特に優先課題となる。移動の自由だけでなく、「強い」パスポートをもつことによる、ビザ取得の手間やコストの節減という意味も大きいからだ。その他に、二〇〇一年にニューヨークで起きた「九・一一」事件以降は、非アラブ諸国のパスポートには更に付加的な価値も出てきているようだ。

【事例4】［二〇〇四年六月二二日、アブドゥーン］

パレスチナで生まれ育ち、結婚後クウェートに移動したファーティマはパレスチナIDをもつ。夫はアメリカに親族がいるためアメリカ市民権とパスポートをもつ。ファーティマは妻としてアメリカ・パスポートを取得し[22]、ヨルダン・パスポートと併用している[23]。だが旅行の際、彼女は必ずアメリカ・パスポートを使うという。「九・一一の後、私たちはまるで動物のように扱われるから[24]」というのがその理由である。空港での差別的な取り扱いや、ビザ発給の際の不具合を免れるため、アメリカ・パスポートを提示するらしい。

自分だけでなく、子どもにもアメリカ・パスポートを与えたい彼女は、妊娠中に渡米し、アメリカに三ヵ月滞在して出産した。生地主義をとるアメリカで、子どもに国籍を取得させるためである。その子どもはスイスで大学を卒業し、ヨルダンのアル＝フサイン癌センターで働いている。別の子どもはヨルダンで高校を卒業し、アメリカの大学へ進学が決まっていた。

ファーティマはIDカードと複数のパスポートの取得によって、移動の可能性を意識的に拡大している。なかでもアメリカ・パスポートは、渡航手続きの際などに、所持者を保護し、有利な立場を与えるものと捉えられていた。これはパスポートの種類により、所有者の個人属性が外部から規定されることがあるというアイデンティフィケーションの側面を意識した行為といえる。

ファーティマも語るように、「九・一一」事件の犯人がアラブ系イスラーム教徒であると報じられた後、中東出身者に対するセキュリティ・チェックは格段に厳しくなった。同じ空港を利用しても、パスポートの発給国や氏名などで中東出身者と分かると、厳重に取り調べを受ける。国際空港での荷物のチェックインの際などに、不快な質問を受けたり徹底的な荷物・身体検査を受けるという話は、パレスチナ人を含む他のアラブ系の人々からもしばしば聞かれた。こうした差別的ともいえる取り扱いを少しでも回避する上で、アメリカ・パスポートは有効に働くと考えられていた。個人のナショナル・アイデンティティは、本人による自覚だけでなく、パスポートの発給国という制度的な属性によっても一律かつ外在的に判断され得る場面があるからだ。

子どもに通行証を取らせるために妊娠状態で移動するというのは、ファーティマが唯一の例ではない。筆者の調査の中では、エルサレムＩＤをもつ女性が、子どもにも同様にＩＤを取得させるため、妊娠中にエルサレムへ戻ったという話が聞かれた。[25]彼女はエルサレムの出身で現在も両親が東エルサレムに住むが、本人は結婚して通常はアンマーン市内に住んでいた。故郷に対する思い入れは強い様子で、会話の中で筆者がエルサレムに行ったことがあることに触れると非常に喜び、三大宗教の聖地としてのエルサレムの特別な地位を強調してみせた。政治対立のため、多くのパレスチナ人は訪れるのが難しい場所に、自分は自由に行き来できることも自慢されているかのようだった。エルサレムＩＤは、パレスチナ人が個別の許可を得ずともエルサレムを訪問することのできる特権を付与する身分証である。その獲得のために移動するという行為からは、親のもつ法的立場を利用して、子どもにも移動リソースを引き継がせようという熱意が感じられる。またそれは同時に、エルサレム出身であるというローカルなアイデンティティを廃れさせまいとする意識の表れと考えることもできる。

移動リソースとしての価値という点では、第三国パスポートの取得は、パレスチナ自治区内の住民にとって特に大きな意義をもつ。自治区を出て他国へ渡る際に通らねばならないイスラエル国境での出入国手続きは、パレスチナでもヨルダンでもなく第三国発行のパスポートを所持している方がはるかに簡便だからである。外国人のほうがイスラエル国民や自治区住民よりも移動の自由度が高いという奇妙な現状が、ここからは垣間見える。

たとえば西岸地区住民のほとんどが出入国に使うキング・フサイン橋の国境では、所持するパスポートが自治政府またはヨルダン政府発行のものか、あるいはそれ以外かによって、ならぶべき窓口自体が分かれる。前者の窓口には長蛇の列ができ、通過するのに非常に時間がかかる。

またパレスチナが本章執筆時点ではまだ独立国家として広く承認されていないため、自治政府発行のパレスチナ・パスポート（一時旅券）は効力が「弱く」、ほとんど全ての国への渡航にビザが必要である。そうした中で、第三国パスポートは、自治区在住のパレスチナ人と、ヨルダンなど他の国に離散した親族との間で往来を可能にし、共同体内での接触を保つ上で、非常に有利な道具として機能しているのである。

3　パレスチナ人のナショナル・アイデンティティと越境をめぐる意識

ヨルダンをはじめ各地に離散したパレスチナ人は、移動の自由を得るために、国籍やパスポートをはじめ様々な種類の通行証・身分証明書を利用してきた。それらは彼らの移動の経緯に基づき政府から一律に付与されることもあれば、戦略的に取得が選択される場合もある。背景にあるのは、彼らがディアスポラ状態で生活を送り、パレスチナがいまだ国家の地位を確立しておらず[26]、そのためパレスチナの名の下に取得できる自治政府発行のＩＤとパスポート（一時旅券）の有効性が不安定であるという事実である。では移動をめぐる制度の実利主義的な利用が進む中、人々は自らの保有する国籍やパスポートの発給国に対して、どのような意識を抱いているのだろうか。

事例１で挙げたラワーンは、ヨルダン・パスポートの保有者であり、かつヨルダンへの移動の時期が早かったため、一般的に外部からはパレスチナ人と認識されていない。むしろヨルダン出身の有力一族とみなされていた。だが、筆者に対して彼女は明確に「自分のことをパレスチナ人と思っている」と述べた。これは一一歳年上の夫が、パレスチナ生まれであることを自慢し、ヨルダンで生まれた妻子のことを「パレスチナ人ではない、少なくとも国際社会ではそうみなされない」と述べたことに対する反発でもあった。また筆者によるパレスチナ系ヨルダン人を対象とした聞き取り調査に対して、ラワーン自身が積極的に応じてくれた経緯からも、彼女がパレスチナ人であることに誇りをもつ様子は明らかである。とはいえ彼女の中で、ヨルダンへの帰属は完全には否定されていない。出自の説明の中でヨルダン王室とのつながりを強調しながらも、「〔当時、パレスチナとヨルダンは〕ひとつの国だった」という夫の発言に同意していることからは、彼女が現代の国民国家とはややずれる意味合いにおいてパレスチナやヨルダンといった地理的枠組みを捉え、帰属意識を抱いている様子がうかがわれる。

これに対して事例２で挙げたイブティサームの家族の場合、居住地はシリア、ヨルダン、パレスチナ／イスラエルと広範囲に及んでいた。保有するパスポートはイスラエルまたはヨルダンと様々だが、移動の目的は総じてパレスチナ人である親族間の訪問というものだった。つまりパスポートは相当程度、便宜的に使用されており「道具化」しているといってよい。本事例においてはヨルダンという場所ですら、離散したパレスチナ人の邂逅地点として利用されていた。移動の過程において制度を利用されている国家が、彼らの帰属意識にどの程度の影響を与えているのかは定かでない。自らを「シリア人」「ヨルダン人」とは呼ばず「パレスチナ人」と自称する様子などからは、現住地としての愛着はあるものの、出身はパレスチナであるとの意識が保たれていると考えるのが妥当だろう。他方で国家による移動の管理は、外部からのアイデンティフィケーションの一例であり、往来の制限という形で影響を及ぼしている。イブティサームの父親がヨルダンに来れないのは、彼が一九七〇年の事件のせいで政治的にパスポートの発給を拒否されているためであり、実質的にシリアから移動できない状態にある。その意味で国家の「統治性」はいかんなく発揮されているのであり、グローバル化の時代にあっても人の移動は必ずしも自由ではないことが、ここに示されている。

ラシャーの姉妹であるサーミヤは、国籍とアイデンティティを考える上で興味深い存在だ。彼女と子どもたちはイスラエル国籍をもつが、これはサーミヤの夫がイスラエル政府の「協力者」[27]として働いたとの疑いで、自治区内で処刑されたことと関係がある。イスラエルは共謀者に対する保護措置として国籍の取得を許可したと考えられるが、結果としてサーミヤは、イスラエルとパレスチナの双方に対して複雑な思いを抱いていた。彼女は近い親族と筆者のみが集まった場で「パレスチナ人はテロリストだ」と声を荒げた後、エルサレムに住む理由を「障害をもつ子どもたちの生活環境として、イスラエルの方が好ましい」からと説明した。ここからは彼女の中で、夫を殺した「パレスチナ人」と好ましい生活環境を与えてくれる「イスラエル」の中間に身を置く微妙な感情が揺れ動いている様子が伺われる。とはいえ彼女らと出身村の親族との間で交流が途絶えることはなく、サーミヤ自身もときおり子どもを連れて、自治区内の親族宅を訪問していた。

事例3のアミーネは、頻繁なパレスチナ自治区への訪問が示す通り、現在もヨルダンのWA地区よりパレスチナ自治区のD村に対する帰属意識を強く抱く。生まれ育ちもD村の彼女にとって、子どもたちにパレスチナIDを取得させるのは、当然の手続きだったといえよう。居心地のよさをパレスチナ自治区に対して感じる背景には、経済状態の問題もある。夫のアンワールは定職をもたないため、比較的安定したパレスチナ自治区での生活の方が、彼女にとっては心地よいものと映るようだ。アミーネは結婚後、ヨルダン・パスポートを取得しているが、これが彼女のアイデンティティで重要な要素を占めている様子はうかがわれない。

より選択的に第三国パスポートを取得している事例4のファーティマは、アミーネと同様に自治区育ちでパレスチナIDをもつ。彼女にとってアメリカ・パスポートは、移動の際に重宝するものだが、アイデンティティの大きな構成要素として機能しているとは言い難い。彼女はそれよりも強い帰属意識をパレスチナに対して抱いているからだ。筆者と初めて会った際、彼女は難民キャンプで買ったTシャツを着て現れ、こちらが話を始める前に「言っておきたいことが二つある」といきなり切り出した。「たとえ天国や宮殿に住んだとしても、自分には［パレスチナへ］戻る権利があり［それを放棄するつもりはない］」。パレスチナの大義を強く訴える彼女いわく、「自分の国に帰るときに、ビザや許可書」の取得を求められるのはおかしく、本来なら自由に往来できるべきだという。この文脈において、アメリカのパスポートは移動のための「道具」以外のなにものでもない。

以上四つの事例からは、一九四八年戦争以降パレスチナ人が離散によって行き着き、往来を繰り返す地理的範囲の広さや、移動とそれを管理する制度とのかかわりが明らかとなっている。起点となる年代が示すように、パレスチナの場合、離散が始まった時期は比較的早く、必ずしも一九九〇年代以降その現象が顕著に指摘され始めたグローバル化の一環とはいえない。だが国籍やパスポート、ビザといった条件により、人の移動が促進、抑制され、身体が特定されるという点では、他の移動集団と共通である。これらの制度はパレスチナ人の間でも実利主義的に捉えられ、越境の道具として積極的に利用されている。

一方でナショナル・アイデンティティという側面では、彼らのおかれた立場は複雑だ。自前の国民国家をもたない民として、ナショナルな帰属先は滞在国を含めて複数化せざるを得ない。もしくはパレスチナ人としてのナショナル・アイデンティティを保ちながら、いずれの国の国籍も与えられない無国籍状態を維持するしかない。ヨルダンにおいては歴史的経緯により、大半のパレスチナ人が通常の国籍を認められるという例外的な状況にある。それが二級市民としての不利益な扱いを必ずしも明白な形で伴わないことから、彼らの間でヨルダンへの帰属を拒絶する意識は低いといえよう。

与えられたヨルダン国籍（ナショナリティ）を享受しながら、それと齟齬を生じることなくパレスチナ人としてのナショナルな帰属意識を維持し続ける。こうした併存するナショナル・アイデンティティが、長期化するディアスポラの状態を生きる彼らにとってのひとつの選択肢なのだろう。そこにはあえて対抗的というよりは、自然に選びとられたローカルな帰属単位の一環としてのネイションという性格を見出すこともできる。つまりヨルダンとパレスチナは、国家という単位として互いに排他的な関係に位置付けられるのではなく、どちらも「シャーム地方」の一地域名に過ぎないとの感覚である。これは事例１のラワーンの例に顕著にみられたもので、「シャーム地方」の一部に「パレスチナ」があり、その一部として個々の出身村や町といった共同体があるという捉え方である。こうした縮図関係の中でとらえれば、パレスチナやヨルダンといった地理区分は、政体として特に構成員の間での同質性や忠誠を求める単位ではなく、たまたま現在の居住地が位置する場所として相対化することが可能だろう。広島出身の東京都民というのが成立するのと同じように、二重の帰属意識をもつことは自然となる。その一方で、現代社会において市民的・社会的・政治的権利は特定の政府への帰属により保障されており、それは中東においても例外ではない。制度としてはこれらを利用せざるを得ず、道具的な国籍やパスポートの取得、利用が進んでいくことになる。

おわりに

本章では、ヨルダンとパレスチナ自治区を中心に移動する人々の間で取得される国籍とパスポートにまつわる実態や、そのなかで抱かれるナショナル・アイデンティティについて検討を加えた。離散が長期化するパレスチナ人にとって、各地に住む親族の間を相互に訪問することは、互いの間で同じ帰属集団に属するという共同体意識を高める上で大きな意義をもつ。そうした訪問は国境を越えておこなわれるが、当人たちの間に越境ということに対する特別な覚悟や違和感などの意識は低い。パスポートをはじめとする各種の連行証は、移動の自由を図るための道具として、その「強さ」すなわち有効性が問題にされ、戦略的な取得の対象となっていた。

越境の際に利用する道具としての渡航証と、その道具を発給する国に対する帰属意識は必ずしも同じレベルで取得されるものではない。ヨルダン在住のパレスチナ人は、その大半がヨルダン国籍を認められているが、彼らの間で自らがヨルダン人であるとの意識が、パレスチナ人であるという意識に必ずしも先行しているようには見られない。むしろ両地は出身地と現住地という区別において、彼らの帰属意識のなかで併存しているようであった。こうしたナショナル・アイデンティティの併存は、中東地域がたどった後発的な国家形成という歴史的プロセスに遠因があると考えられる。ヨルダン、シリア、レバノンといった国民国家の枠組みがもつ求心力は、親族や同郷集団などと比べていまだ強固なものとはいえないのではないか。人によってはむしろかつての「シャーム地方」といった地域枠組みの方が、深く根を下ろしている様子もうかがわれる。これに対して政府の側では、各種政策を通じて、ナショナル・アイデンティティの高揚に努めてもいる。ヨルダンでは二〇〇〇年代に入り「ヨルダン第一主義」などの一連の政策がとられたが、これはアブドゥッラー二世国王の下でヨルダン国民としての意識を強化するための試みであったと考えられる。

離散パレスチナ人は、パレスチナを含む複数地域の間でナショナル・アイデンティティを状況に応じて自覚的に選び取っているようにみえる。だが他方で、ナショナル・アイデンティティは本人による自覚とは別に、身分証やパスポートといった公的文書をもとに判断される側面もある。アメリカ・パスポートをもつ者はアメリカ人、日本パスポートをもつ者は日本人、といった解釈は、通常のものとして成り立ち、外部から文書の保有者に対する扱いの視線を変化させる。これらは身分証などの公的書類を通した国家の「統治性」の発現であり他者によるアイデンティフィケーションの次元と捉えることができるだろう。

以上の議論の中で、筆者が触れなかった点として、中東地域におけるアラブやイスラームという共同体意識がある。これらはパレスチナ人の帰属意識を考える上でも不可欠な要素であるが、紙幅の関係もあり本論に組み込むことができなかった。アラブ・ナショナリズムとパレスチナ・ナショナリズムの間の関係性などは議論の多いテーマであるが、こちらについては別稿に譲ることにしたい。

注

[1] フーコーの「統治性」の概念を用いた前田による論文を参照（前田 二〇〇九）。

[2] パレスチナ人において離散の記憶がアイデンティティの核となるのは、彼らがイスラーム教スンナ派、シーア派、ギリシャ正教、東方カトリック教会など、多様な宗派の集合体で形成され、かつ周辺諸国と同じアラビア語を共通語とする点にも理由がある。だが離散体験のみがパレスチナ人の間に共通項を生み出し、それ以外に彼らにはネイションの基礎となる要素が存在しないという考え方は、パレスチナ・アイデンティティを否定するシオニストの政治的言説に属する。パレスチナのナショナリズムの起源をめぐる議論は研究が多いが、土地に根ざした歴史性などを強調したアイデンティティ論の代表としては（Khalidi 1997）を参照。

[3] 本稿では、現在のパレスチナ自治区と一九四八年戦争によるイスラエル占領地をあわせたパレスチナ人の出身地である地理的領域を、英国委任統治期の地名ならびに現在の建国名に拠ってパレスチナ／イスラエルと呼ぶ。ただしイスラエル建国以前については地名としてのパレスチナという呼称を採用する。

[4] 旧約聖書で言及されるエルサレム内の地名で、ユダヤ教にとって宗教的に重要な意味をもつ場所。ローマ人により破壊されたユダヤ教の祭祀施設のあった「神殿の丘」を指す場合もあれば、広義ではエルサレム全体を指す。

[5] イスラエルとパレスチナの間の戦争は、日本では通常第一次、第二次中東戦争などと序数を冠して呼ばれることが多い。だがこの

呼び名は、当事者や性質の異なる戦争を均等に位置づけるものであり、狭間の時期に位置する知名度の低い戦闘や、長期化した緊迫状態をどう位置づけるかあいまいな点を含む。そのため本章では代わりに欧文献等でよくみられる「一九四八年戦争」「一九六七年戦争」など戦闘の始まった年を冠した呼称を適用する。

[6] 英国委任統治領パレスチナにおける在住登録を指す。アラビア語での原表記では、「パレスチナ籍」と第三項の「ヨルダン国籍」にともに「国籍（jinsiya）」という単語を用いている（'Abdul-Rahmān 1970: 24）。しかし厳密に言えば英国委任統治下の当時、パレスチナは地名であり国家として独立していたわけではない。そのため本稿では前者を「パレスチナ籍」と訳出している。

[7] Davis はここを「一九三九年」としているが、Abū Bakr および 'Abdul-Rahmān は「一九四九年」としている。また Abū Bakr による注釈によると、本規定は「一九四九年の法令五六号に従いヨルダン国籍を取得したすべての者」を意味するとあるため、本稿では一九四九年を正確な年代と判断した。

[8] ここでいう「トランス・ヨルダン」とは、ヨルダン川の東岸部で、現在ヨルダン・ハーシム王国を構成する地理的範囲を指す。また「習慣的に居住」とは、一九二四年八月六日までの一二ヵ月の間、通常の居住地がトランス・ヨルダンにあったことが求められている。

[9] こうした国籍の父系継承は、多くのアラブ諸国で共通する傾向であるが、レバノンなどでは母系継承も可能にするよう改正に向けた市民運動が起きている（Parolin 2009: 95–111）。

[10] 一九六七年の国連総会決議第二二五二号（ES-V）によると、「避難民」とは「一九六七年以降イスラエルに占領されたパレスチナの地域から来て、戻ることができない人々」のことを指す。これは後述のように、ヨルダン政府による定義とは異なる。

[11] アラビア語での正確な発音は「アッ＝シミーサーニー」となるが、本稿では煩雑になる場合、地名や国名などの一部で日本語での通称名を使用する。また一部で略称としてアルファベットによる仮称を用いる。

[12] 本稿で登場する人物の名前はすべて仮名とする。地名については実名を基本し、例外については個別に注釈を付ける。

[13] 会話文中の〔　〕は筆者による補足を表す。

[14] 軍事と徴税をおもな業務とする地方総督。本文脈ではオスマン・トルコ政府から任命された官職で、地方名士などが任命された。

[15] 回答者のうちラワーンは一九三七年にサルト（現在のヨルダン国内）で生まれ、彼女の夫は一九二六年にヤーファー（当時のパレスチナ、現在のイスラエル領内）で生まれた。

[16] WA地区は、D村の出身者を中心とするパレスチナ人の集住地区として一九四八年戦争後に形成された。D村はヘブロン市近郊にあり、その一部がイスラエル領に併合されたが、大部分は破壊を免れて西岸地区内部に残ったため、今でもパレスチナ人の村としてW

Ａ地区などとの間に往来がある。

［17］対イスラエル抵抗運動のため、ヨルダン国内で拠点を拡張し「国家内国家」状態を形成しつつあったＰＬＯ（パレスチナ解放機構）傘下の諸組織に対して、ヨルダン政府軍が一斉攻撃を加えたことに始まる一連の衝突。

［18］二〇〇〇年九月に始まったパレスチナ自治区内からの対イスラエル闘争の激化を指す。一九八七年に始まった同様の蜂起にちなんで第二次インティファーダ（アラビア語で「民衆蜂起」の意味）と呼ばれる。

［19］多くのアラブ諸国において、パスポートや身分証明書上の正式な氏名の表記は、三名連記の形でなされる。本人の名前、父の名前、父方の祖父の名前もしくは父系出自の親族集団の名前を並べるのが一般的であり（長沢　一九九四：二二二）、これには父系の系譜に対する重視がうかがわれる。一方でパレスチナＩＤ上では、母親の名も表示されるが、ここにはユダヤ教が母系で継承されることの影響がうかがわれる。

［20］二〇〇三年二月〜二〇〇五年三月の調査当時。ただし自治区住民がイスラエルの国際空港を利用するには別の許可が必要で、上記の調査当時は実質上、発行が停止されていた。

［21］第一次世界大戦後の委任統治期において、パレスチナおよびヨルダンはイギリスの委任統治下に入ったため、英語の使用率が現在も比較的高い。これに対してレバノンでは、同様にフランス語が用いられる。こうした往時の植民言語の影響は、道路標識や出入国書類などの他、母語以外に修得される割合の高い使用言語にみることができる。

［22］アメリカ市民と結婚した場合、配偶者は三年以上経過した後、市民権の取得を申請することができる。市民権を取得するとアメリカ国籍およびアメリカ・パスポートが取得できる。

［23］ヨルダンはアラブ諸国以外の第三国との二重国籍を容認している（Davis 1997: 71）。

［24］「動物（ハヤワーン）」とはアラビア語で、野蛮な行為、礼を欠く態度などを非難するため用いられる表現。

［25］イスラエル政府が、イスラエル国籍を持たないエルサレム住民（おもにパレスチナ人）に対して発行する、エルサレム地区在住を証明するＩＤカード。西岸地区やガザ地区在住のパレスチナ人は特別な許可なくしてエルサレム市内に入ることが許されず、同じパレスチナ人でもエルサレムＩＤ保持者と区別されている。

［26］ＰＬＯ（パレスチナ解放機構）国民評議会は、一九八八年一一月一五日にパレスチナの国家としての独立宣言を出し、国連をはじめ約一〇〇ヵ国から承認を得た。しかし国連におけるパレスチナの位置づけは、ＰＬＯに対して一九七四年に認められたオブザーバーとしての地位にとどまるため、正式な国連加盟国となることを求め、二〇一一年九月二三日に申請書が提出された。

［27］イスラエル政府がパレスチナ自治区内での要人暗殺などを遂行する上で、情報収集や連絡係として勧誘・養成する「協力者」

（collaborator，アラビア語ではアミール）のこと。自治区内では仲間を売り渡す裏切り者として憎まれ、私刑や自治政府による拷問の対象とされ、その人権侵害が国際的に問題とされている。

†文献

【日本語文】

臼杵陽（一九八七a）「ヨルダンにおけるパレスチナ人――歴代内閣閣僚構成の側面から」『中東研究』三一四号、一一－二四頁。

――（一九八七b）「ヨルダン国家の安定とパレスチナ人」『現代の中東』三号、五三－五八頁。

北澤義之（二〇〇五）「「人工国家」のナショナリズム」酒井啓子・臼杵陽編『イスラーム地域の国家とナショナリズム』（イスラーム地域研究叢書5）、東京大学出版会、二一三－二三七頁。

コーエン、ロビン（二〇〇一）『グローバル・ディアスポラ』駒井洋監訳、角谷多佳子訳、明石書店。

酒井啓子（二〇〇三）「国家、部族、アイデンティティー」酒井啓子編『国家・部族・アイデンティティー――アラブ社会の国民形成』アジア経済研究所、三－二八頁。

長沢栄治（一九九四）「エジプト――「家の名」をめぐって」松本脩作・大岩川嫩編『第三世界の姓名――人の名前と文化』明石書店、二二一－二二七頁。

錦田愛子（二〇一〇a）『ディアスポラのパレスチナ人――「故郷（ワタン）」とナショナル・アイデンティティ』有信堂高文社。

――（二〇一〇b）「ヨルダンにおけるガザ難民の法的地位――UNRWA登録、国籍取得と国民番号をめぐる諸問題」『イスラーム地域研究ジャーナル』二号、一三－二四頁。

ハーヴェイ、デヴィッド（一九九九）『ポストモダニティの条件』吉原直樹監訳、青木書店。

前田幸男（二〇〇九）「パスポート・ビザからみた統治性の諸問題――「e－パスポートによる移動の加速化・管理の深化」と「アフリカ大陸への封じ込め」」『国際政治』一五五号、一二六－一四七頁。

【アラビア語文】

Abū Bakr, Muḥammad（2000）Mawsū ʻa al-Tishrī ʻāt wa al-Ijtihādāt al-Qaḍā' iya. ʻAmmān: al-Dār al-ʻIlmiya al-Dawliya wa Dār al-Thaqāfa.

ʻAbdul-Rahmān, Jābir Jād.（1970）Majmū ʻa Qawānīn al-Jinsiya fī Duwal al- ʻArabiya. al-Qāhira: Ma ʻhad al-Buḥūth wa al-Dirāsāt al-

'Arabīya.

【英語文】

Al-Araj, Sheerin (2008) Social Ties between the People of al-Walaja Village at Home and Abroad. In S. Hanafi (ed.) *Crossing Borders, Shifting Boundaries: Palestinian Dilemmas*, pp. 12–26, Cairo and New York: The American University in Cairo Press.

Appadurai, Arjun (1996) *Modernity at Large: Cultural Dimensions of Globalization*. Minneapolis and London: University of Minnesota Press.

Arzt, Donna (1997) *Refugees into Citizens: Palestinians and the End of the Arab-Israeli Conflict*. New York: The Council on Foreign Relations.

Brand, Laurie (1988) *Palestinians in the Arab World: Institution Building and the Search for State*. New York: Columbia University Press.

Davis, Uri (1997) *Citizenship and the State: A Comparative Study of Citizenship Legislation in Israel, Jordan, Palestine, Syria and Lebanon*. Berkshire: Ithaca Press.

Hammer, Juliane (2005) *Palestinians Born in Exile: Diaspora and the Search for a Homeland*. Austin: University of Texas Press.

Khalidi, Rashid (1997) *Palestinian Identity: The Construction of Modern National Consciousness*. New York: Columbia University Press.

Massad, Joseph A. (2001) *Colonial Effects: The Making of National Identity in Jordan*, New York: Columbia University Press.

Ong, Aihwa (1999) *Flexible Citizenship: The Cultural Logics of Transnationality*. Durham and London: Duke University Press.

Parolin, Gianluca P. (2009) *Citizenship in the Arab World: Kin, Religion and Nation-State*, Amsterdam University Press.

Rouse, Roger (1991) Mexican Migration and the Social Space of Postmodernism. *Diaspora* 1 (1): 8–23.

Schiller, Nina Glick, Linda Basch and Cristina Szanton Blanc (1999) From Immigrant to Transmigrant: Theorizing Transnational Migration. In L. Pries (ed.) *Migration and Transnational Social Space*, pp. 73–105, Ashgate Publishing.

Schulz, Helena Lindholm (2003) *The Palestinian Diaspora: Formation of Identities and Politics of Homeland*. London: Routledge.

Tamari, Salim (1996) *Palestinian Refugee Negotiations: From Madrid to Oslo 2* (A Final Status Issue Paper). Washington D. C. : Institute for Palestine Studies.

【ウェブサイト】

ＤＯＳウェブサイト（人口統計）http://www.dos.gov.jo/sdb_pop/sdb_pop_e/index.htm（二〇一一年一〇月一日閲覧）

ＰＣＢＳウェブサイト（人口統計）http://www.pcbs.gov.ps/Portals/_PCBS/Downloads/book1553.pdf（二〇一一年一一月一〇日閲覧）

第９章

移動の制度化に見る国の論理、人の論理

――エストニアの独立回復とＥＵ加盟過程でのパスポートの意味

小森宏美

はじめに

本稿では、一九八〇年代後半のペレストロイカ期を経て、一九九一年にソ連邦から独立を回復したエストニアの事例を扱う。その過程でエストニアは国境・移動の管理などの国家の機能を取り戻したが、その後、二〇〇四年五月のＥＵ加盟により、その機能の一部に再度変化が生じている。ＥＵ加盟、正確には加盟に向けての準備は、国家主権の部分的移譲を意味したからである。こうしたエストニアの国家的変遷は、そこに住む人びとの移動実践に影響を及ぼさずにはいなかった。それはある意味で、再国民国家化と脱国民国家化の過程が同時並行的に起こっていたからにほかならない。

再国民国家化と脱国民国家化の過程は、エストニアをはじめとするバルト三国のみならず、旧東欧諸国でも同様に少なからず経験されている。移動の管理に着目すれば、ポーランド―ウクライナ間、ハンガリー―ルーマニア間など、歴史的に構築されてきた越境空間に、ＥＵ加盟を優先した結果、一時的にとはいえ分断線が引かれることになったのは、国や人の論理よりもＥＵの論理が優先されたためである。こうした優先すべき論理の選択は同時に、ハンガリーのいわゆる「地位法」に見られるような反応を国民国家の側に引き起こすこともある。同法は、ハンガリーの国境の外に居住する在外同胞に便宜を図ることを目的とした政策の一環であったが、在外同胞にまで範囲を広げたハンガリ

ーの「国民」概念は、「ヨーロッパ」では理解されにくかった。[1] こうした論理の衝突が起きた際、ヨーロッパの論理が一方的に採用されてきたわけではない。むしろ、旧東欧・ソ連諸国（の一部）が「ヨーロッパ」への回帰を果たした現在、「ヨーロッパ」の論理は、これらの諸国との交渉と討議を通じて再構築されつつあると筆者は見ている。

再国民国家化と脱国民国家化に眼を戻せば、この過程は旧東欧・ソ連諸国のみで起きているとは必ずしも言えないことを指摘する必要がある。確かに、EU諸国内では、政治・経済面での統治や意思決定の多層化（グローバル、EU、ローカルのレベル）が着実に進んでいるものの、他方で、人間であるがゆえの権利（パーソンフッド）の保持により実現されるべきトランスナショナル市民権の必要性や（Soysal 1995: 3）、多文化主義的な社会統合政策に基づく国民国家の変容に関する議論に対しては、国民国家の果たしてきた機能の現代社会における限界を示す上で有効であることは否定されないまでも、揺り戻しともいうべき国民統合の見直しの動きがあることも指摘されている。[2] ここでこれ以上この点に踏み込む用意はないが、本稿が東西ヨーロッパを二項対立的に見ることを意図しているわけではないことをあらかじめ付言しておきたい。

とはいえ、再国民国家化と脱国民国家化の同時進行が最も顕著に見られるのはソ連から独立回復を果たしたバルト三国においてである。それはその実態は別として独立国家としての体裁を維持した旧東欧諸国とは異なり、ソ連邦の構成共和国であったバルト三国は、国家建設過程をほぼ白紙の状態からはじめたからである。[3] この同時進行過程を見るためのひとつの視点は、ロシア語系住民[4]の国籍問題である。独立回復当初に採用された排除的な国籍政策は、EU加盟交渉過程において、完全とはいえないまでも包摂的な国籍政策への転換を見た。この過程で見られたヨーロッパの規範と国家の論理とのせめぎあいについては、すでにいくつかの研究成果がある（Budryte 2005; Galbreath 2005; 小森 二〇〇九）。それらの研究の中では、確かに国籍政策は包摂的になり、多文化主義的な社会統合政策が採られたことが確認されているが、同時に次の点が指摘されていることも看過できない。ひとつは、ロシア語系住民の国家語能力をある程度義務的に向上させることを意図する言語政策の採用もヨーロッパの承認の下でなされたということ、いまひとつは、ヨーロッパの介入が意図せぬ結果を招き、ナショナリズムの再燃に端を発する国内外の軋轢が生じている事態である。すなわち、いま起きているのは一方的なヨーロッパ化ではなく、討議と交渉の過程なのである。これこそが再国民国家化と脱国民国家化の同時進行過程にほかならない。

本稿では、すでに研究蓄積のある国籍ならびに社会統合政策ではなく、人の移動の制度化に焦点を当ててこの過程を分析する。それは、ＥＵ加盟の実現により、ＥＵの外囲境界となったエストニアに住む人びとにとっては、国籍や言語能力の違いによって生じる社会的地位の違いだけでなく、まさに移動こそが生活上問題となる場面が増加していると考えられるからである。人の移動の制度化はＥＵのような国家上位組織と国家の関係の中でどのように行われ、人びとの現実の生活にどのような影響を及ぼしているのであろうか。そうした制度の一部はパスポートとして目に見える形で表象されるだろう。一方、移動の制度化による管理は意図したとおりの結果を生まないこともまれではない。それは、たとえば、ＥＵ加盟によってＥＵの外囲境界となったエストニアと、その外囲境界の向こうにあるロシアという、国と国との関係にとって、人と人との関係、人と国との関係が意味を持たないはずはないからである。

以下では、エストニアにとっての再国民国家化の意味をおさえるために、まずその前段階である国民国家化の歴史的過程を概観し、その後にソ連からの独立回復とＥＵ加盟にともなう変化について考察する。

1　ロシアの旅券からエストニア・パスポートへ、そしてソ連パスポートへ
――国民国家の獲得と喪失

まず、一八世紀初頭からペレストロイカ期に到るまでの旅券制度の変遷をたどっておこう。そこには、独立に際し、エストニアが国家として移動の管理を初めて経験した時代も含まれる。

一八世紀初頭にロシア帝国に編入された後もスウェーデン時代の区分をほぼ踏襲してエストラント県とリフラント県北部に分けられていた現在のエストニアの領域が統合されたひとつの行政区分となったのは、ようやく一九一七年のロシアの二月革命後のことである。とはいえ、この二月革命でもエストニアは独立を目指したわけではなく、要求

されたのは、民族的エストニア人の居住地域におけるエストニア人による自治であった。しかしながらこうした要求は満たされることはなく、結局、一九一八年二月二四日、地方議会から全権を委任された救済委員会がエストニアの独立宣言に踏み切った。混沌とした状況のさなかの決断であった。だが、この独立宣言に実際の効力はなかった。エストニアの領域に展開するドイツ軍やソヴィエト・ロシア軍と戦いつつ、エストニア人は実質的な独立を模索することになる。そうした中、一九一八年一二月一日から、旅券（国外用）の発給は内務省旅券課で行われるようになるが（それ以前は外務省の管轄）、いったん外務省の管轄に戻り、一九二二年一月一日より内務省警察局にその任務が移されるなど、制度が落ち着くまでには時間がかかった。円滑な旅券の発給が可能になったのは、ようやく一九三〇年のことであった（Riigikantselei 1934: 222）。諸外国の承認を受けてはいないながらも、独立国を名乗るからには国の機能の一つである旅券の発給は、そうした混乱の中でも必要不可欠であったのである。一九一九年の旅券発給数は一四九五件であった（Riigikantselei 1934: 222）。

エストニアの独立は、一九二〇年二月二日にソヴィエト・ロシアとの間で締結されたタルト条約によって、初めて外国から法的に認められたことになる。その第四条は、ロシアの領域内（ラトヴィアやウクライナなども含む）に居住する一八歳以上の民族的エストニア人に対し、条約締結から一年間以内であればエストニア国籍の選択を可能にしている。独立や国境線の引きなおしに際し、国民の範囲の変更および決定が行われたのである。また、エストニアの領域内に居住していた者については、一九二二年に採択された国籍法により、以下のように解決が図られた。[5]

第一条　エストニア共和国国民の権利と義務は、以下の三点を満たす者にある。
（1）本法発効までに、エストニア共和国内に恒常的な居住地を有する者
（2）一九一八年二月二四日までロシア帝国の臣民であった者で、本法発効までに他国の国籍を取得しなかった者
（3）本人ないしその両親が現在のエストニアに当たる領域で、教会ないし身分団体に登録されている者

すなわち、民族的帰属に関わらず、エストニアの領域内に恒常的に居住する者には、原則的にエストニア国籍が認められたといってよい。

このように、エストニアがソ連／ロシアから事実上の独立を果たすのは、一九九一年が最初ではない。一九二〇年にもロシアからの分離独立を経験している。この二度の経験には多くの違いもあるが、自らの規模よりも大きな国からの分離独立（一九九一年は独立の回復）という点で、共通点も少なくない。その最たる点が、引かれてしまった国境線の両側に、国籍を与えたい人と、与えなければならない人が存在したことである。一九二〇年と一九九一年の状況比較を通じて、国家と個人の関係を描き出す上で興味深い視点が得られるゆえんである。

ところが、こうして獲得した独立は長くは続かなかった。一九三九年八月二三日に締結された独ソ不可侵条約の付属秘密議定書によりソ連の勢力圏に入れられたエストニアには同年秋にはソ連軍が駐留を開始し、翌一九四〇年六月一七日に同軍が増強されて、エストニアは、ラトヴィアおよびリトアニアとともに事実上ソ連の占領下に入った。そうした状況のなか実施された選挙で選ばれた議会が、ソ連邦への加盟を決議し、一九四〇年八月六日、エストニアはソ連邦の構成共和国となって独立を失ったのである。

ソ連時代の移動については、ここでは詳しく触れる余裕はないが、ソ連時代には国内用パスポートと国外用パスポートが存在し、国外への移動は言うまでもなく、国内の移動も厳格に制限されていた。また、パスポートによる移動の制限だけではなく、軍事的な理由等により閉鎖都市になっている都市へは招待状や許可証がなければ入ることができなかった。エストニア北東部のシッラマエ市は、かつてこの閉鎖都市であった。

2　再国民国家化への道

2―1　ソ連パスポートからエストニア・パスポートへ

ゴルバチョフのソ連邦共産党書記長就任により始まったペレストロイカの下、エストニアでは一九八八年四月一、

表1　ソ連時代の民族構成の変化

	エストニア人	ロシア人	ウクライナ人	ベラルーシ人	フィンランド人	その他
1959年	74.6%	20.1%	1.3%	0.9%	1.4%	1.7%
1979年	64.7%	27.9%	2.5%	1.6%	1.2%	2.1%
1989年	61.5%	30.3%	3.1%	1.8%	1.1%	2.2%

出典：Toivo U. Raun, *Estonia and the Estonians*, Stanford, 2001.

二日、創作家諸同盟（作家同盟など文学者や芸術家などの創作活動にたずさわる人々の団体）合同総会で、移動に関する重要な提案が行われた。共和国籍の創設提案である。

共和国籍が必要とされた背景には、「移民」の流入があった。一九四五年の第二次世界大戦終了を待たずに、ソ連邦の他地域からの「移民」の大規模な流入が起こり、それが断続的に続いた結果、エストニアでは民族構成に大きな変化が生じた（表1参照）。

「移民」流入の理由については、戦後復興のために必要とされた労働力不足などによって説明されるが[6]、他方で、エストニア人にとってそれは、エストニアの民族構成を変化させ、民族的な抹殺を目論むソ連邦中央政府の陰謀と受け取られた。その真偽はここでは問わないが、実際に起こった民族構成の急激な変化は、七〇年代以降強化されたロシア化政策の影響ともあいまって、エストニア人に民族消滅に対する危機感を抱かせるのに十分であったのである。

とはいえ、一九八八年の時点で要求されたのは、これ以上の「移民」の流入を防ぐための手段としての共和国籍創設であった。この段階では、独立の回復は現実的ではなかったことに加え、エストニアの領域内にすでに居住するロシア語系住民の存在も、いかんともしがたい現実として受け入れられていたといえる。なによりも、人の移動に対する管理の権限を連邦中央から地方（エストニア）の手に取り戻すことが肝要であった。

しかし、共和国籍創設ですら、実際には遅々として進まなかった。その理由としては、エストニア内の政治勢力間の立場の違いや、エストニアと連邦中央との関係など、様々な障害が考えられる。だが、共和国籍では急進派が満足できなくなるほど、事態が急速に進んでしまったことが最大の理由であろう。一九八八年、ペレストロイカ路線の支持を掲げ、連邦中央と共和国の関係の改革を目指す人民戦線が結成される一方、独立回復を明確に目標に掲げる急進的民族主義派が勢力を結集すると、事態は速度を速めて具体的な方向に進み、同年一一月にはエストニア・ソヴィエト社会主義共和国最高会議による主権宣言が行われ、独立（回復）に到る道のりをめぐっての議論が展開されることになったのである。

そうした中、一九九〇年一月一六日、エストニアに移民局が設置される。その任務は、①移民政策の策定、②割り当てを超えた人の流入の制限、③居住・労働許可の発給などであった。これらはすべてエストニアの恒常的住民を固定化することを目的としていたといえる。これに続き、同年七月一日には移住法が発効する。同法はエストニアに移住しようとする者に居住許可申請を義務付けた。共和国籍の創設が実現しない中で、居住許可制の導入を通じて移民の流入を回避しようとしたと考えられる。これがどの程度実効性のある制度であったかについては、今後の検証が必要である。いずれにせよ、独立回復についての見通しが明確でなかった時期に、人の移動だけでも規制したいと望んだ理由は、領域内における民族構成の現状維持、すなわち、ロシア化を押しとどめる必要にあった。

一方、この時期の議論の中心は、誰を国民とした国家を作るのか（回復するのか）に移り、移動実践にともなって生じる諸問題については、次節で見る外国人法の審議過程で議論されることになる。国民の範囲をめぐる議論に関しては、これまで別稿で論じているのでここで繰り返すことはしないが、一九一八年の独立とは異なり、次に見るように、エストニア領域内における恒常的居住が、自動的な国籍付与の基準として採用されなかったことは確認しておく。

2―2　外国人法による国民と外国人の二分化

一九四〇年六月一七日（ソ連軍による占領開始とされる日）以降の「移民」には自動的に国籍を付与しない、すなわち、「移民」には帰化を要求する政策をエストニア政府がとったことにより、一時的に大量の無国籍者が発生した（約五〇万人）。一九九一年八月のエストニアの独立回復に続き、同年一二月にソ連邦が解体したためである。これらの無国籍者には、国籍については、エストニア国籍ないしロシア国籍を取る、または、無国籍のままとどまるという三つの選択肢が論理的にはあった。とはいえ、エストニア国籍の取得には、エストニア語能力が必須要件とされたため、エストニア国籍の取得を希望しながらも、独立回復後すぐには申請できなかった者も少なくない。だが、多くのロシア語系住民にとっては、突然の状況の変化の中で、エストニア国籍の取得が望ましいかどうかもわからないというのが本音だったのではないだろうか。また、長年暮らしてきた国の、もしくは自分が生まれた国の国籍を、申請して試験を受けなければ取得できないことに納得できなかった人もいるだろう。あるいは、エストニア国籍の取得にメリットよりもデメリットを見出した人もいる。いずれにせよ、一九九〇年代半ばの時点で、エストニアでは、ロシア国籍取得者および無国籍者が合わせて人口の約三割を占めていた。これらの人びとを対象とした法律が外国人法である（その後、外国人法は徐々に性格を変え、一般に外国人全てを対象とした法律になる）。

外国人法の制定までには、ＥＵおよびＣＳＣＥ（欧州安全保障協力会議。のちにＯＳＣＥ＝欧州安全保障協力機構）などの国際機関を巻き込んだ議論があった。それは、この法律が実際にはロシア人の「母国」帰還促進を意図したものであったからである。そのことは、同法案作成者の一人であるマルト・ヌットが『人民の声（ラフヴァ・ハール）』紙上に寄せた同法案の出発点についての次のコメントに表現されている。[7] 本稿での議論に直接関係するのは第六点のみであるが、エストニアが一九四〇年にソ連邦によって占領され、その後五〇年間にわたり占領下にあったというエストニア政府の歴史認識が明確に示されたヌットの考えを見ることは、エストニアで再生が望まれた国民国家像を理解する鍵になると思われるので、やや長くなるが七点すべてを抜粋する。

一　エストニアは不法に併合された国であり、同国に対してはジェノサイドや植民地化が行われた。
二　エストニアの独立は一九一八―一九四〇年に存在した国家との法的同一性に基づいて回復された。
三　エストニアの国民は一九三八年の国籍法に基づいて形成されている。
四　エストニアに居住する外国人の大半は、国際法に従えば、不法移民であり、社会的には外国人労働者である。
五　その大部分はエストニアに住居を有しており、エストニアと自らの未来を結び付けている。
六　彼ら自身に外国人としての状況を認識させ、母国帰還希望者への援助を行い、エストニアを祖国と見なす者にはエストニア社会への統合を支援することがエストニアの国益にかなう。

七　エストニアの安定の保障は、ひとえに、エストニア人の存続と、同時に自らの祖国において「主人」であり続けることにかかっている。[8]

六に明言されているように、九〇年代前半の時点では、まだロシア語系住民の母国帰還がより強く望まれていた。すなわち、同住民の物理的排除による再国民国家化の道が理想視されていたのである。とはいえ、ヌットが急進的民族主義派に属する政治家であり、彼の発言に批判的であった政治家もまた少なからず存在したことも付言しなければ不公平であろう。外国人法案に関する九三年六月二一日の投票結果は、賛成五九票、反対三票であった（エストニアの国会は定数一〇一）。

その後の経過は、ヨーロッパの論理とエストニアの論理との間の交渉過程に他ならない。国会で採択された外国人法を受けとったレンナルト・メリ大統領（在職一九九二―二〇〇一）は、国内外の議論が沸騰する中、欧州審議会ならびにCSCEに法案を送り、その評価を受けるまで発布に必要な署名を行わないとする立場をとった。結局、ファン・デア・ストゥールCSCE少数民族問題担当高等弁務官の勧告を大幅に取り入れた修正案が九三年七月八日に採択された。

交渉の結果採択に至った外国人法の最大の目的が、いわゆる「外国人」に対し、同法の発効後一年以内に居住許可および労働許可の申請を義務付けることにあり、事実上の「外国人」登録を通じて好ましくない人物を国外退去処分にすることを可能にした点で、修正後の内容もエストニア政府の所期の目的から大きく変わるものではない。本稿の議論との関係で重要な点は、①ソ連パスポートを同法発効から二年間有効と認めたこと、②第八条で、外国人パスポートの発給について定めたことの二つである。①に関しては、諸手続きにかかる時間を考慮して、その間に身分を証明する書類がなくなることに対する配慮であったと考えられるが、同時に、ロシアとの間の越境では、この時期にはまだソ連パスポートが有効であったという事情も、その背景にはあった。あとで述べるように、実際には、すでに国家としては消滅していたソ連邦のパスポートは、その保持者の身元も安全も保証する国が存在しないにもかかわらず、一定期間、パスポートとしての機能の一部を果たしていたのである。

②は、まさに移動の制度化に関わる点でもある。パスポートがそもそもその所有者本人が国籍を有する国から発給されるものであるという原則に照らし合わせると、国籍とは関係なく発給される配偶者パスポートのような事例もあるものの、外国人パスポートという制度には矛盾がある。それは大量に発生した無国籍者の出入国の権利を保障するために作り出された救済措置であった[9]。先に述べたとおり、ロシアとの出入りには独立回復後しばらくの間旧ソ連パスポートが使用できたが、それ以外の外国に行く場合の有効なパスポートとしてこの外国人パスポートが使用されたのである。このパスポートの使用に当たっては、エストニア（および同様の制度を導入したラトヴィアも）と当該国との二国間協定が必要であったものの、エストニアのシェンゲン協定加盟により、外国人パスポートの保有者もシェンゲン協定加盟国に九〇日間以内査証なしで滞在できるようになった。また、ロシアは、一時期を除いて、この外国人パスポート所有者に対する査証取得を免除しているため、少なくとも現時点において、無国籍者の東へ移動の自由はエストニア国籍者のそれよりも大きいといえる。

このエストニアの外国人パスポート制度について、一九九三年の外国人法第八条第一項は、外国人パスポートは、パスポートないしそれに類する証明書を持たない外国人に発給される（may be issued）、と規定し、さらに同条第四項で、出身国あるいはその他の国のパスポートないしそれに類する証明書の取得の可能性のない外国人は、外国人パスポートを取得する権利を有する（shall have the right to obtain an alien's passport）、と規定していた[10]。第四項が問題としているのは、当該「外国人」がロシアあるいはその他の国のパスポート取得の可能性を有しているかどうかである。誤解を防ぐために確認しておけば、ここで問題にしているのはあくまでパスポートないしそれに類する証明書であって、国籍取得の可能性ではない。「可能性」というのはやや曖昧なので付言すれば、確かに、ロシア語系住民は比較的容易にロシア国籍を取得できたが、それでも無国籍のままでいる人びとについても、ある時期まで本人の希望いかんによることでありながら、それだけで、ロシアのパスポートが取得可能であるとはみなされなかった[11]。なお、エストニア以外の国のパスポート取得の可能性がないことを証明する際、当該国の証明書の入手が困難であれば、本人の提出する事由書でも認められる[12]。

この外国人パスポートは、一般パスポート同様、越境の権利に加え、居住国への帰国の権利を保障している。国民であるならば当然であるはずの帰国の権利がパスポートの所持によって保障されているのである。他方、これもまた国民であるならば保障されるべき国外での保護扶助は、外国人パスポートを所持していても受けることはできない[13]。越境というある意味で国際的／普遍的な権利を認められながら、どの国の国民でもない無国籍者という再国民国家化と脱国民国家化の間の存在が、ここに浮き彫りになっている。

ところで、外国人法は、外国人パスポートを利用した短期的な移動だけでなく、長期的な移動についても定めている。それが配偶者および近親者の呼び寄せに関する権利である。国民であればその権利は当然保障されるべきであるが、無国籍者ないし外国籍者の場合、その権利の行使は容易ではない。二〇〇二年六月の外国人法改正以前には、永住者の家族であっても、年間の移民割り当て[14]を超える場合には、居住許可の発給を受けられなかった。そのため、国境を挟んで別居を余儀なくされる家族（とりわけエストニアのナルヴァとロシア側のイヴァンゴロド間）や、違法滞在者をかかえる家族が存在した。しかし、二〇〇二年の改正で五年以上恒常的にエストニアに居住する者ならびに永住者の配偶者および近親者には年間の割り当てにかかわりなく居住許可が付与されることになった。二〇〇〇年には移民割り当ては居住許可の発給拒否の理由にはならないとの最高裁判決がでており、また、同年四月の外国人法改正により妊婦（妊娠一二週以上）や夫婦共通の子供（一八歳以下）がいる場合には割り当ての超過分についても居住許可が発給されるようになっていたから、この権利拡大はその延長としてとらえられる。

エストニア政府が当初、一定の国以外からの移民を制限したのは、ロシアをはじめとするＣＩＳ諸国からの家族呼び寄せはエストニアの民族構成におけるロシア語系住民の割合増加につながる恐れがあったからであった。移民割り当ての制限を受けない国として、ＥＵ加盟国やＥＵ外のヨーロッパ諸国に加えて、アジアの中で日本のみが挙げられていたことから、法の採択に当たって経済的配慮が働いていた可能性も考えられる。この移民割り当てがロシアおよびその他のＣＩＳ諸国からの人の移動の制限を眼目としていたことは間違いないが、必ずしもそれだけが決定的な要因であったわけではないのだろう。

ＥＵ加盟にともない再度改正された外国人法では（二〇〇六年六月一日発効）、いわゆる永住者資格（エストニアの法律では「長期滞在許可」）の取得に、初級程度とはいえエストニア語の能力が要求されている。[15] ここでの問題関心は、ロシアやその他のＣＩＳ諸国からの人の流入によって引き起こされる民族構成上の変化ではなく、グローバル化の文脈でのエストニア語の保護に移っている。とはいえ、関心の本質は同じである。すなわち、人の移動がもたらす文化的変化、とりわけ、言語環境の変化をコントロールしたいという願望である。

３　ＥＵ加盟と国境管理――脱国民国家化の諸相

エストニアは、一九九五年の加盟申請以来、ＥＵ加盟を目的とした諸制度改革に力を入れてきた。国境管理もそのひとつである。ここでは、西側との越境と東側との越境管理に分けて考える。

西側との越境と書いたが、実際に問題となっているのはここでも東側の国境である。というのは、西側にある国々との自由な行き来を可能にするために、エストニアはこれらの国々との査証免除協定締結を必要としたが、不法移民の再受け入れに関する協定の締結がそのための前提条件になったからである。冷戦終焉後、不法移民の増加にいっそう神経をとがらせていたＥＵ諸国は、その予防策として、不法移民の通り道になっている旧東欧諸国に対し、国境管理の厳格化と、それにもかかわらず通過してしまった不法移民の再受け入れを要求したのである。エストニアは、フィンランド、スウェーデンを皮切りに、多くの国との間でこの不法移民の再受け入れ協定を締結し、それによっていわゆる西側諸国との間に査証免除体制を拡大していった。同時に、北欧諸国を中心として、こうした状況の中、エストニアをはじめとするバルト三国における難民受け入れ体制を整備するための協力と支援が行われた。

西側との本来の意味での越境という観点で、いま一つ指摘しておくべき点がある。それは、ＥＵ拡大にともなう国境開放に関する例外的措置である。ＥＵはそもそも人・モノ・サービスの自由移動を保障する空間の形成を目的の一つとしているはずであるが、第一次東方拡大にあたり、国境の完全開放（すなわち、労働目的の移動の自由化）への最大七年間の猶予期間を設けた国が多かったのである。これは、とりわけ、ポーランドなどからの労働者の流入を懸念したオーストリアなどでとられた措置であった[16]。こうしたある種の例外措置ともとれるような対応は、旧東欧・ソ連諸国の人びとに、EUの中に存在する差別、あるいは目に見えない境界線を感じさせるのに十分であった。

では、EU加盟にともなう東との国境問題とはなんだろうか。エストニアはロシアと国境を接する国である。それまで比較的自由に行き来していた東の国々との間に厳格な国境管理を導入することは、鉄のカーテンが消滅した後に、位置はやや東に移動したものの、また冷戦期のような完全な分断ではないものの、新たな分断線、すなわち、絹のカーテンを引くことになるとして、とりわけEUの外側に残される国々の間で懸念を引き起こした（羽場 二〇〇四：一一四－一二〇）。しかしながら、ロシアと国境を接するエストニアとラトヴィアでは状況が若干異なった。

独立回復から二〇年が経過した二〇一一年八月現在、エストニアとロシアの間では国境協定が締結されていない。にもかかわらず、エストニアとロシアの間の国境は、EUとロシアの間の外囲境界として機能している。エストニアは、EU加盟交渉の過程でロシアと国境協定を締結すべく努力したが、これは功を奏さなかった。その理由はここでは述べないが[17]、いずれにしても問題が政治化していることが最大の要因であろう。他方、技術的なレベルで解決が図られた問題として、国境付近住民の越境がある。

一九九一年以降も長らく越境時に認められていた旧ソ連パスポートの効力が失効すると、エストニア・ロシア間の国境付近に居住し、日常的な移動を必要とする者に対しては名簿に基づく簡易国境通行を認めるなどの方策によって便宜が図られた。国境協定の有無とは無関係に人の越境に対する管理が強化され、また、国境施設の整備も進んでいる中で、例外措置が認められる人びとがいたのである。一方、国境管理の制度化は、当初はEU加盟とはかかわりなく、エストニアのソ連邦からの独立回復後の国家建設過程の一部であったが、EU加盟交渉過程でその動きが加速した。二〇〇〇年九月、前述の名簿に基づく簡易国境通行体制が廃止されたのである。エストニア外務省はこれをEU

の国境管理体制基準の適用であると説明した。ロシア側でも二〇〇〇年五月に就任したプーチン大統領の下、旧ソ連諸国に居住するロシア人「同胞」に対する政策が形を整えつつあった。対エストニアでは、二〇〇一年一月一日、外国人パスポートを保有する無国籍者に対して従来認められていた無査証越境が廃止された（それ以前は、エストニアにあるロシア大使館や領事館で外国人パスポートに通行許可印を押してもらうだけで可能であった）。このように越境体制の厳格化は、エストニア側だけでなく、ロシア側でも進んだ。

この簡易国境通行措置の廃止にともない、代替措置として、いわゆる「人道的」理由で越境を必要とする国境付近地元住民に対しては、無料の数次査証が、エストニア、ロシアのそれぞれで四〇〇〇件発給されることになった。また、二〇〇一年一月一日をもっていったん廃止された外国人パスポート保有者のロシアへの無査証越境が、二〇〇八年六月に復活した。エストニアに永住するロシア国籍者ないし無国籍者にとっては、シェンゲン域内の移動も短期滞在であれば二〇〇七年から無査証化されており、ロシアのこの措置により、外国人パスポート保有者の越境移動が簡便化されたことはすでに述べたとおりである。

ところが、外国人パスポート保有者の移動が簡便化される一方、数に制限があるとはいえ国境付近住民に無料で発給されていた数次査証の発給が、二〇〇九年一月一九日、停止されたのである。代わりに導入された査証料の返金制度はうまく機能していないと指摘されており、国境付近の住民の移動は、一時的である可能性もあるが、再び制限されている。そこには、ＥＵと国家とローカルのレベルの間のねじれた関係が見てとれる。エストニアとロシアの間で構築された越境体制が、ＥＵ加盟国の間で二〇〇六年一二月二〇日に採択された欧州議会および理事会規則「外囲境界における特定地方国境通行」（Local border traffic at external land boaders、以下、ＬＢＴ）の影響を受けて修正を迫られることになったのである。ＬＢＴはそもそもＥＵの外囲境界になっている地域に対し、外囲境界をはさんでＥＵ内外のそれぞれ三〇キロメートル以内に居住する住民を対象に、通行許可証の発給により、越境の簡便化を図ろうとする仕組みである（高橋　二〇一一）。ただし、この制度は、外囲境界に一率に適用されるのではなく、あくまで、その外囲境界をはさんで隣接する国家同士の二国間協定を前提として実現されると規定されている。エストニアとロシアの間では新たな協定締結に関する合意ができないために、このLBTを利用した簡便化された越境体制が構築できない状態にある。

しかしながら、この規則が矛盾をかかえていることは誰の目にも明らかである。はたして、許可証を持つ人びとに対し、国境から三〇キロメートル以内の移動のみに移動範囲を限定することは現実的であろうか。違反者にはペナルティーが科されるとはいえ、そうした限定はどのようにして保証されるのであろうか。エストニアとロシアの間で協定締結が進まないのは、両国ともに、この制度の陥穽を埋めるすべを見つけられないためであり、様子をうかがっているためでもある。ちなみに、同じくロシアと国境を接するフィンランドでは、当該協定締結の予定はないという。

そもそも、EUの外囲境界をはさんでの越境を、国境付近住民に限定して認めることには、外囲境界の出現によって、地元住民の利益が損なわれる事態を回避しなければならないというヨーロッパ的規範の人道主義的一面が表れている。

二〇〇九年一月までエストニアとロシアの間で機能していた制度では、無料の数次査証の発給を受けられる地元住民とは、ナルヴァや旧ペッツェリ県に居住し、親戚が国境の反対側にいるか、あるいは国境の反対側の教会に通う、ないし国境の反対側に墓地があるなどの理由から日常的に越境を必要とする人びとであった。これらの理由は、人道的な見地から説明された。しかし実際には、経済発展の遅れた国境地域では、ロシア側の安い品物（ガソリン、酒類、タバコなど）を仕入れてきて利ざやを稼ぐ人びとも存在していたという（Ehin and Berg 2004）。越境は相対的に失業率の高いこの地域で一種の安全網の役割を果たしていた面もあったのである。一部の人びとを対象とした例外措置はあったものの、独立回復後も続いてきたロシア側との関係が、一般には、EU加盟を理由として制限されたことにより、国境地域の人たちの生活に無視できない変化がおきた。そうした変化は、ロシアとの紐帯の切断を人びとに意識させたとしても不思議ではない。そうした意識は、二〇〇三年九月のEU加盟を問う国民投票で、反対票となって表れたこともある。[18]

外囲境界付近の住民に対して越境の便宜を図る理由は人道的なものだけとは限らない。EUとその外側に取り残された地域との間の、あるいはＥＵの中心部と周辺に位置する地域との間の格差の縮小も、意図されていると見ることもできる。だが、最終的な決定は国家にゆだねられている。エストニアとフィンランドが二の足を踏むのに対し、ウクライナとポーランドの間では、二〇〇八年三月、ＬＢＴの実現に必要な二国間協定が締結された。

むすびにかえて——越境体制の一元化と多様化

エストニアは、ソ連邦からの独立回復を果たした。その結果、個人に目を向ければ、所持するパスポートは、ソ連時代のＣＣＣＰ（「ＵＳＳＲ」の意）と書かれた赤色のパスポートから Eesti（「エストニア」の意）と書かれた青色のパスポートへ変わった。しかしその変化からわずか一五年余りを経て、パスポートの色はまた赤色に戻った。表紙には、Eesti のほかに、エストニア語でＥＵを意味する Euroopa Liit の文字がある。こうした目に見える違い以上にその所有者が経験した変化は大きい。ソ連時代には、パスポートを所有していても、それが国内用である限り、外国への移動とは無縁であった。この国内用パスポートは人の移動を縛る手段であると同時に、たとえば、就職や選挙の際に人を管理するための手段でもあった。ＥＵのパスポートを手にしたエストニア人は、西への移動に関していまや大きな自由を手に入れた。しかし同時に、東への移動については、個人の事情等を考慮した人道主義の御旗の下、多様化しているといえるが、結局二国間の関係に還元されていることは本稿でみたとおりである。また、外国人パスポートという灰色パスポートの所持者が、かなり広範な移動の自由を享受していることもいま一度指摘しておく。

ＥＵに目を向ければ、ＥＵは移動の管理についても、それをＥＵの共通政策の領域とすべく、諸改革を進めているが、そうした一元化に向けた動きも、それがまたヨーロッパ的規範の縛りを受けるがゆえに、多様化への模索を同時にはらむものである。ここでいうヨーロッパ的規範とは、人権の尊重である。そうした人権規範ゆえに、人道的理由による例外措置は認められざるをえない。それはエストニアに限ったことではない。たとえば、ＥＵに囲まれる陸の孤島となったカリーニングラードの住民に対しては、それが当人たちにとって満足できる制度であるかどうかは別として、本国ロシアとの行き来を保証するための例外措置がとられている[19]。

他方、人びとが移動する理由は多様である。近年の世界的経済不況の中、エストニア―ロシア間の国境を、EUの外の安い物資（とりわけガソリン）を求めて頻繁に超える人びとの数は増加している[20]。こうした形の越境の促進要因は、エストニアの国境が同時にEUの外囲境界であること、すなわち境界の存在が物価の格差を作り出し越境にともなう利得を生み出している状況と、ロシア語系住民の多くが、外国人パスポートという制度の利用によりこの国境／外囲境界を容易に越える手段を有していることである。エストニアを取り巻く移動の動態はまさに再国民国家化と脱国民国家化が交錯する局面として観察されうるといえるだろう。

†注

［1］いわゆる地位法については、家田（二〇〇四）を参照。

［2］各国の社会統合政策に見られる変化については、Joppke and Morakowa（2003）を参照。

［3］白紙の状態からの国家建設になったのは、ソ連時代を「占領期」と見なす歴史認識ならびに政治的立場がとられたためであり、国民感情を別にすれば、ソ連時代の経験を踏まえた国家改造という選択肢がなかったわけではない。

［4］本稿では、「ロシア語系住民」を、民族的ロシア人をはじめ、同ウクライナ人、同ベラルーシ人など、ロシア語を日常言語としてきた人びとを指す言葉として使用する。

［5］エストニアにおける各省の設置は一九一八年一一月。

［6］エストニアは一九三九―四五年に全人口の約二五％を失った。それは戦争による死者以外に、シベリアへの大量強制連行、西側への亡命などの理由による（Taagepera 1993）。

［7］Rahva Hääl. 1993. 6. 10.

［8］四および五に示されているように、ロシア語系住民を対等の国民とは見なさない、その後長らくエストニア人の少なからぬ部分が抱く感情が言語化されている。本稿の内容からはそれるが、シティズンシップの観点から指摘しておけば、後に、ロシア語系住民が、エストニア国籍を持っている者ですら、「自分はこの国では、二級市民である」という認識を抱くに至る背景には、こうした考え方が

あった。

[9] 実際には、現在のIDカードシステムが導入されるまでは、身分証明書の役割を果たす場合も多かった。

[10] 外国人パスポートについては、二〇〇〇年に採択された身分証明書法によって規定され、外国人法の条文からは削除された。

[11] 一九九六年一月一六日の政府決定で、外国人パスポートの発行を認める対象を、それまでの無国籍者（および国籍国の旅券の受給の可能性のない外国人）から、エストニアの居住許可を有する者で、有効な旅券を持たない外国人としたことにより、「無国籍」のロシア語系住民がその対象であることがより明確になった（Riigikantselei: 85）。この変更は、エストニアではロシア語系住民を「無国籍者」ではなく「国籍未定者」と位置づけているためでもあると考えられる。

[12] http://www.politsei.ee/et/teenused/isikut-toendavad-dokumendid/valismaalase-pass/taiskasvanule/vajalikud_dokumendid.dot（二〇一〇年二月四日閲覧）

[13] しかし実際には、外国人パスポートの所持者に対する保護扶助をエストニア外務省および在外公館は行っている。

[14] 外国人法は、年間の居住許可発給件数を恒常的居住者の〇・〇五％と定めている。この数字は、EU加盟諸国、ノルウェー、アイスランド、スイス、日本を適用除外にしたことから、九七年にそれまでの〇・一％から引き下げられたものである。二〇〇八年には再改正により再び〇・一％に戻され（外国人法第六条）、二〇一〇年に発効した新外国人法でも変更されていない（新外国人法第一一三条）。

[15] 二〇〇九年一月二六日の改正で言語法のB一レベルないし同等の能力という規定に変更された。

[16] 他方、アイルランドおよびイギリスのように、猶予期間を設けず、最初から完全に国境を開放した国もある。

[17] 詳しくは、小森（二〇〇六）を参照。

[18] 詳しくは、小森（二〇〇四）を参照。

[19] EUの東方拡大により、EUの中の飛び地となったカリーニングラードでは、本国であるロシアに移動するためにEU内を通過しなければならない。そこで、カリーニングラードの住民には簡易通過証明書（FTD。列車の場合は、簡易鉄道通過証明書／FRTD）が発給されている。

[20] http://www.e24.ee/?id=216434（二〇一〇年二月四日閲覧）

†文献

【日本語文】

家田修（二〇〇四）「ハンガリーにおける新国民形成と地位法の制定」『スラブ研究』五一号、一五七－二〇七頁。

小森宏美（二〇〇四）「EU加盟という「選択」——エストニアとラトヴィアを事例として」『地域研究』六（二）号、一七三－一九二頁。

——（二〇〇六）「EUの対外政策とエストニア」羽場久美子・小森田秋夫・田中素香編『ヨーロッパの東方拡大』岩波書店、二一二一－二三二頁。

——（二〇〇九）『エストニアの政治と歴史認識』三元社。

高橋和（二〇一一）「越境地域協力と国境管理」『山形大学法政議叢』第五〇号。

羽場久美子（二〇〇四）『拡大ヨーロッパの挑戦——アメリカに並ぶ多元的パワーとなるか』中公新書。

【英語文】
Budryte, Dovile (2005) *Taming Nationalism? Political Community Building in the Post-Soviet Baltic States*. Ashgate.
Ehin, Piret, Eiki Berg (2004) EU Accession, Schengen, and the Estonian-Russian Border Regime. In Andres Kasekamp (ed.) *The Estonian Foreign Policy Yearbook 2004*, pp. 45-61. Tallinn.
Galbreath, David (2005) *Nation-Building and Minority Politics in Post-Socialist States: Interests, Influence and Identities in Estonia and Latvia*. Stuttgart.
Joppke, Christian, Ewa Morawska (2003) Integrating Immigrants in Liberal Nation-States: Politics and Practices. In Christian Joppke and Ewa Morawska (eds.) *Toward Assimilation and Citizenship: Immigrants in Liberal Nation-States*, pp. 1-36. Palgrave.
Kodakondsus- ja Migratsiooniamet (2008) *Kodakondsus- ja Migratsiooniamet: Institutsiooni ajalugu aastail 1989-2008*. Tallinn.
Raun, U. Toivo (2001) *Estonia and the Estonians*. Stanford.
Riigikantselei (1934) *Valitsusasutiste tegevus 1918-1934*, Tallinn.
Soysal, Yasemin Nuhoglu (1995) *Limits of Citizenship : Migrants and Postnational Membership in Europe*. Univ. of Chicago Press.
Taagepera, Rein (1993) *Estonia; Return to Independence*. Westview Press.

第10章

中国朝鮮族と国籍
——移動の規制と家族の多国籍化

具知瑛

はじめに

中国朝鮮族（以下、「朝鮮族」）は、一九世紀から二〇世紀前半にかけて朝鮮半島から中国東北地方に移住し、東アジアの近代国家建設のプロセスにおいて中国の少数民族として集団化された人々とその子孫を示す。従来「朝鮮族」は、人口の九〇%以上が中国の東北三省——吉林省、黒龍江省、遼寧省——に集住し、主に農業を営みながら「民族文化」を維持していた。しかし、経済のグローバル化、中国の改革開放、中・韓間の国交樹立といった一九九〇年代の政治経済的変動を背景に、これまで途絶えていた中・韓間の交流が再開され「朝鮮族」の韓国への移動が著しくなった。こうした移動は、両国において社会的注目を集め、「外国人」と「同胞」、「合法」と「不法」、「国籍回復」、「二重国籍」という法的地位をめぐる問題との関連において様々な議論を巻き起こしている。

本稿は聞き取り調査[1]に基づいてこうした「朝鮮族」の移動と法的地位（国籍）について考察するものである。この考察によって、東アジアの近代国民国家の形成プロセスにおいて、移動する人々がいかに国家の枠組みのなかで集団化され、その移動が規制されたのか、そして、それがもたらした家族内の多国籍化が今日の「下からのトランスナショナリズム」にどのようにつながったのかを明らかにしたい。

1　移動から問う国家・国籍——近代化からグローバル化へ

国家は、国内においては国防、通貨価値の維持、景気対策、課税、福祉などの役割を果たし、国際関係においては単一アクターとして、国家を構成する私的団体と国民を保護することが期待される。国籍は、こうした国民共同体としての近代国家の誕生とともに一般化したものであり、国家と個人との間の真正な（genuine）結合関係を前提とし、国民となる個人には国家への帰属意識および忠誠心が求められる。こうした国民保護や忠誠義務は国際社会において「国籍唯一原則」につながり、重国籍と無国籍は国籍法に抵触するものであるとされる（江川・山田・早田 一九九七）。国民は暴力や飢餓の恐怖、あるいは予期できないリスクから自身を守ってくれる国家に対して忠誠を誓い、その意識は国家と自己の運命を同一化するアイデンティティに発展するものとされる。

近年、こうした理念的意味での近代国民国家像の一方で、移動から問い直す別の国家像が論じられつつある。ジョン・トーピーは、国家が個人から「暴力手段」を奪い「合法的に」用いることを可能にしたというマックス・ヴェーバーのレトリックを借用し、近代国家は個人や私的団体から合法的な「移動手段」を収奪したという。国家は国民全体を「掌握し」（embracing）——登録によって把握するという意味を含む——、不必要な侵入者を排除するために所属する者と所属しない者を明確に区別し、移動を規制するのである（トーピー 二〇〇八）。このプロセスを通して「領土・国民・主権」という近代国民国家の構造が成立する。

この構造下において、移民という存在は、故郷を離れ異なる社会に包摂されるものとしてイメージされる。つまり、定住こそが正常であり、移民は正常な定住状態からの逸脱であるとされ、ある定住した状態から次の定住状態までの一時的なプロセスとみなされるのである（伊豫谷 二〇〇七）。そこでの移民は、受け入れ社会に編入されるか排除されるか、もしくは文化的に同化するか自文化を維持するかが問題とされ、あくまでも受動的な存在として捉えられる。

ところが、グローバル化にともなう今日の移民は、従来のように単線的ではなく多元的かつ日常的になりつつあり、こうした移動はこれまでの国民国家の主権や機能のあり様を問い直す。個々の企業はすでに国家経済を越えたネットワークにおいて活動しているため、国民国家との結びつきが弱まっており、従来の国家の権威が他の分野――グローバル企業や市場など――に移りつつある。このような状況は「二〇世紀国家」の終焉（ストレンジ 一九九八、ベック 二〇〇五）、もしくは国家機能の変容・再構築（サッセン 二〇〇四）を帰結するとされるが、いずれにせよ従来の「領土・国民・主権」という近代国民国家の前提が揺らぐなかで、国家は新たな統治システムを構築せざるを得ない状況に置かれている。

こうした国家の「脱（超）領土化」は国家と個々人の関係性にも変容をもたらす。国民が国家の領土外に移動すると同時に領土内には外国人が流入しているため、国家は国外の国民・同胞および国内の外国人との間に新たな関係性を構築することによって再国民国家化を模索する。つまり、国家は移民送出国として民族イデオロギーを強調し、国家の空間的拡張を試みるのと同時に、領土内人口を自己と他者に区別する境界を構築したうえで全体として（多文化）「共生」をうたうという形で支配構造を再生産する。近年、こうした国家の「脱（超）領土化」にともない、事実上の二重国籍を承認する傾向が強まっている。この傾向は、忠誠心を前提とする「領土・国民・主権」という近代国民国家の前提とは根本的に相容れないものとされてきたが（江川・山田・早田 一九九七）、一方で、それはむしろ領土外の国民を道具的に活用しようとする国家戦略の一環であると指摘する議論もある（Bosniak 2002、이철우 二〇〇八）。

こうした脱領土化する国家の政治活動としての「上からのトランスナショナリズム」と、国境を越えて移動する人々の日常的実践や重層的アイデンティティ――「下からのトランスナショナリズム」――は同床異夢でありながらも互いに影響を与えている。一九九八年からはじまった韓国社会における「在外同胞の出入国及び法的地位に関する法律（以下、在外同胞法）」の制定と「朝鮮族」の排除をめぐる論争は、「上からのトランスナショナリズム」と「下からのトランスナショナリズム」が衝突した一例として挙げられよう。ここには国家権力の脱領土化プロセスにともなう在外同胞の包摂、冷戦体制終焉後の母国への帰還、グローバル化と労働力の移動のような様々な現象が複雑に絡み合っている。この議論では、中・韓両国政府、市民運動団体、法律家、研究者、在韓（あるいは、在中）「朝鮮族」など、多様な登場人物がそれぞれの立場において自分の主張を正当化してきた。このように国籍は法律の問題である以前に政治問題であると同時に歴史的な問題であるといえる。

2　国民国家の形成期における移動と国籍——流民から国民へ

朝鮮半島からみて辺境地帯である中国東北地方への大量移住は、一八六〇年代の朝鮮半島北部における飢饉や貧困と一九一〇年の日本の「韓国併合」による政治的抑圧からの避難、集団移住政策にともなって貧農層を中心に発生した。中国と朝鮮は豆満江を境界にしているもののほぼ地続きに等しく、人々はかつてから歩いて豆満江を渡り移動していた。一九四八年以降中国と朝鮮民主主義人民共和国間において近代的国境管理が開始されるまでは、駅や橋などに検問所があったものの、通行証を持つこともなく自由に往来していた（李 二〇〇二：二三二）。

こうして東北地方に居住するようになった朝鮮人は、彼らを取り巻く支配権力の力関係——移住当初は清朝と朝鮮間、植民地時代には日・中間、国共内戦の際は国民党と共産党と外国列強など——において、つねにその社会的地位が問われる不安定な状態に置かれ、朝鮮半島と中国を行き来する「流民」としての性格を強く有していた。本節では、流民から中国籍を取得するまでのプロセスを三つの時期に分けて概括したうえで、事例を通して国境線の決定が家族に与えた影響を紹介していこう。

2—1　流民期（一八六〇～一九一〇年）

一八六〇年代の咸鏡道（朝鮮半島の北部）における飢饉や貧困を背景に、土地を持っていない貧困層は間島地域（現在の延辺自治区）へ移動し、土地を開拓することによって生き残りを図った。移住当初当地域は「封禁令」で立ち入りが禁止されていたため、開拓行為は公式的には認められなかったが、彼らの開拓した土地が拡大するとともに一八八〇年代前半から徐々にその「封禁令」が廃止され、移動人口はさらに増加していった。

当時の朝鮮からの流民に与えられた法的地位については集住地と分散して居住する地域で差がみられる。個別的・分散的に居住していた「東邊道」地域（鴨緑江の北側）においては満州族と協力し生活を営んでいたため、そのまま同化する者も多数あった。一方、朝鮮人の集住地である間島地域においては朝鮮人の戸籍把握と徴税のために出された「薙髪易服」によって清朝へ入籍が強要されるが、決まった手続きがなく髪を剃ることだけが入籍の証拠であったという（孫 二〇〇四：五二）。このような政策の施行にともない一部入籍する者も現れたが、概して朝鮮人としてのアイデンティティを維持する者が多く、入籍は忠誠義務と結びつく今日的国籍の意味にまでは至らず、朝鮮人の法的地位は依然として領事問題と行政問題に留まっていた。

2—2　植民地期・満州国時代（一九一〇〜一九四五年）

一九一〇年「韓国併合」と一九一一年の清朝崩壊は東北地方の朝鮮人社会に激変をもたらす。当時の間島地域は住民の八〇％が朝鮮人であり、中国への入籍者が少ないまま移民二世が生まれ、家族単位での定着がみられつつあった。日本は、「韓国併合」によって彼らに「植民地朝鮮の国外民」かつ「在外日本臣民」という新たな身分を与え、東北地方の支配を強化するため朝鮮半島からの新たな移住を奨励する方針を採った。こうした日本の動きを警戒した中華民国は、朝鮮人の入籍のために一九一七年「墾民入籍簡易」を制定し、朝鮮人に入籍を強要するほか、すでに入籍した者に対しては厳しい管理を行った（孫 二〇〇四：五三）[2]。この時期の朝鮮人の入籍は個別帰化であったが、条件としては五年以上中国に居住し品行方正で、中国人二人の保証を得ること、本国、つまり日本の国籍から離脱することを挙げていた。しかし、中国に帰化しても日本は正式に日本国籍から離脱することを認めなかったため事実上二重国籍者となった[3]。当時の朝鮮人の国籍は土地所有権と結びついて中・日の支配権力にとって先鋭な問題であった。ところが、一九三一年「満州国」の成立以降、当地の朝鮮人は中国への帰化可否にかかわらずみな「在外日本臣民」とされ、日本人とは異なる第二等臣民として戸籍に登録されるようになり、その状態は一九四五年の終戦まで続いた。

一方、中国共産党は、在満朝鮮人を「中華ソヴィエト共和国の公民」及び「東北境内の少数民族」として位置づけ、中国人と同等の権利を有するとし、日本と国民党とは異なる方針をとっていた。それは具体的な法的身分を定めないままのスローガン的なものではあったものの、生存にかかわる不安定な状態に置かれていた朝鮮人にとってはのちに共産党へと傾倒していく上での大きな原動力となった（李 二〇〇二）。

2—3　国共内戦期・中華人民共和国（一九四五〜一九四九年）

終戦直後、東北地方には約二〇〇万人の朝鮮人がいたが、日本人の引き揚げによる権力の真空状態において朝鮮人を狙う「土匪」（武器を持った暴力集団）の暴行、国民党と共産党の内戦による社会的混沌のなか、約一〇〇万人が帰還する。当時の国民党は朝鮮人を中国最大の外国人集団とみなし、朝鮮半島への帰還を促す政策を取っていた。居住の許可された朝鮮人のみに居留証が発行され、居留の許可が出ない大多数の朝鮮人は帰還の対象となり、その財産も敵性財産として接収・保管された（安 二〇〇六：六一）。

一方、共産党は国共内戦において唯一の信頼できる後方基地である延辺を、人口のうち八〇％を朝鮮人が占めていたことから、東北地方居住朝鮮人を国民党に対抗するための重要な要素として位置づけ、朝鮮人に対して寛容な政策を取っていた（李 二〇〇二：二一〇）。延辺居住朝鮮人が朝鮮人としてのアイデンティティを持っていることを考慮し、国共内戦における支援などを期待して土地改革の際に朝鮮人に対しては「二重国籍」を持つことを承認した[4]。九割以上が農民であった東北居住朝鮮人は、中国共産党の土地改革によって自作地主となり、共産党の義勇軍として参戦する。このプロセスにおいて、それまでの単なる行政的帰化とは異なった忠誠心を朝鮮人の間に芽生えさせることとなった。その後、共産党は、朝鮮人共産主義者のなかでも民族主義者を排除し、党内部で育成した朝鮮人幹部を中心として東北居住朝鮮人を掌握していき、一九四九年に各種朝鮮人組織を国家権力下に包摂する（이진영 二〇〇二）。

2―4　国境線決定と家族の多国籍化

一九四八年八月に「朝鮮民主主義人民共和国」（以下、北朝鮮）が成立し、公民証の交付および身分証の登録事業が開始された。一方、中国共産党は在東北朝鮮人を少数民族としたうえで公民と非公民を厳格に区別した。その後一九五二年に「朝鮮族」という新しい民族名が現れた。中華人民共和国の成立後も「朝鮮族」の移動は続き、特に朝鮮戦争においては中国人民支援軍として多くの人々が北朝鮮に移動した（権 二〇〇七：一一〇）。

しかし、一九四八年後半以降の移動はそれまでの移動とは異なる性格を帯びることになる。一九世紀後半からほとんど制約なく、自由に往来していた中国と朝鮮との国境は、一九四九年の中国及び北朝鮮における近代的国家の成立を期にその管理が強化されはじめ、出入国手続きが要求されるようになった（李 二〇〇二）[5]。

国境線が引かれ、移動が制限されるようになることは、流動していた人々にとっては家族の「半永久的」分散をもたらす。ここで一つの事例を紹介しよう。以下は筆者が一九九九年韓国大邱市において聞き取り調査を行ったKY氏（一九七〇年黒龍江省長春生まれ、男性、一九九九年当時韓国に不法滞在）の事例である。

事例①　KY氏の家族内の多国籍化

〈家族の移動と分散〉

慶尚北道に住んでいたⓐ祖父が一九二〇年頃、（商売の名目で家を出た曾祖父を探しに）ⓑ妻とⓒ長女（当時五歳頃）をつれて中国黒龍江省に移動し、そこでさらに二人の娘が生まれた。その後ⓓ朝鮮半島南部から移動してきた女性との間で息子をもうけたが、その婚外子がⓔKY氏の父にあたる。ⓒ一番上の伯母は結婚して長春に住んでいたが、一九四五年中国から日本人が大量に引き揚げる時期に夫と子供とともに慶尚北道に移動し旅館業など様々な商売を営んで金儲けをした。ⓒ伯母は親兄弟が帰郷できるように長春に送金を試みたが、人に騙されて金は父親のもとに届かず、朝鮮半島が分断され交流が途切れてしまい、ⓒ伯母はそのまま韓国籍に、他の家族は中国籍になった。ⓐ祖父は一九七〇年、ⓓ祖母は一九七六年に長春で死亡した。

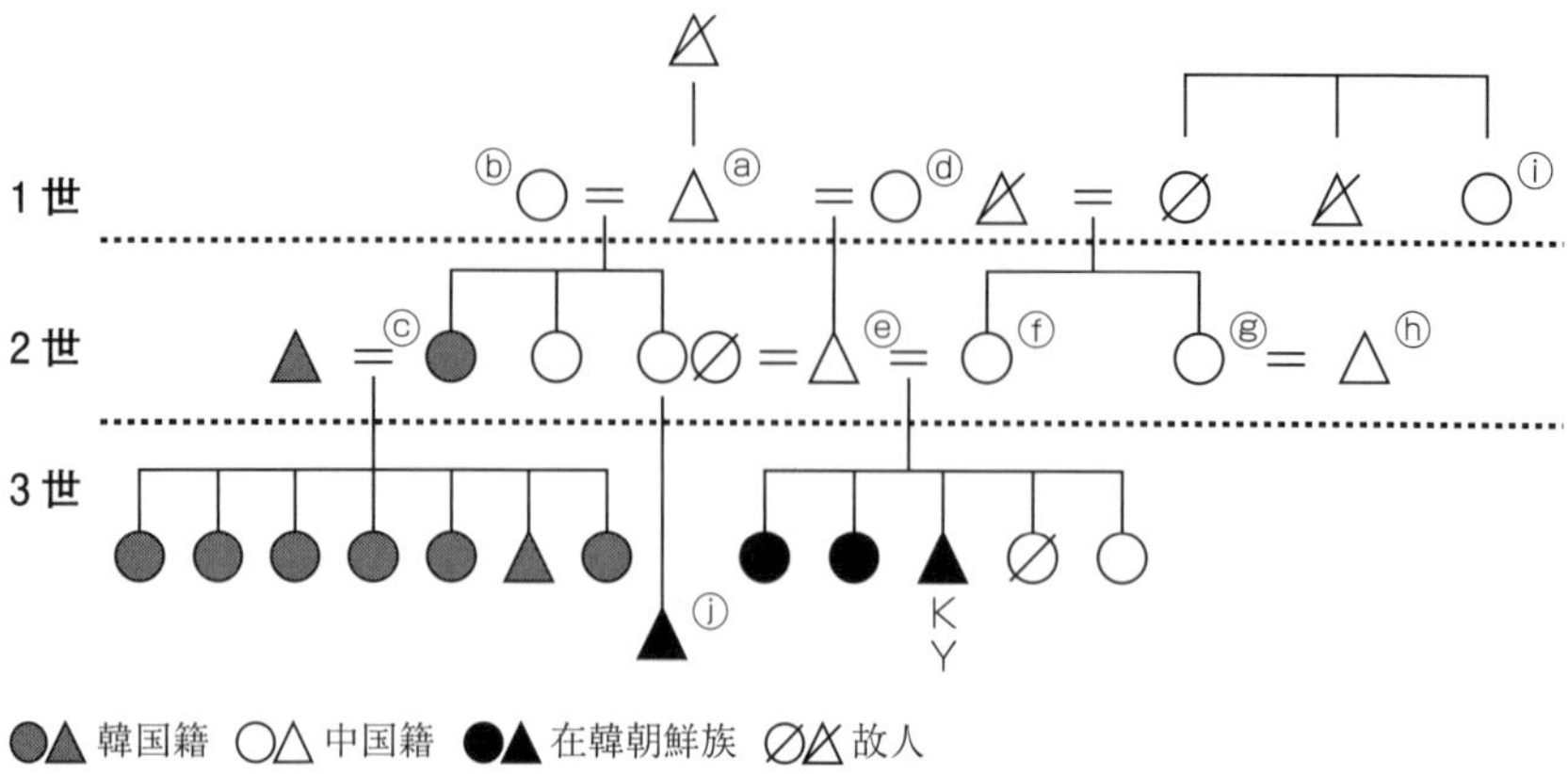

〈家族の再会と国籍〉

KY氏は一九八〇年代の韓国における「離散家族探し」によって大邱に住んでいるⓒ伯母と再会した。一九九〇年に親戚訪問で入国し、一九九九年当時不法滞在で働いていた。KY氏は中国に戻らない理由として朝鮮族村では民族学校に通い、家でも朝鮮語を使っていたことから「ハンゾクマル（한족말：漢族の言葉）」をうまく話せないため、中国では農業以外の仕事に就くことが難しいことをあげた。

KY氏の事例は、流動する家族が国境線の設定とともに分断されて家族内部が多国籍化していった様子と、またそれによって再び彼らの移動が可能となっている事実を示している。こうした中・韓間の移動は、離散家族の再会という韓国政府の元来の趣旨と違って、「朝鮮族」に多様に活用されているが、このプロセスにおいて国籍はあらためて大きい壁として立ちはだかる。KY氏は、移動によって韓国と中国の間における賃金格差から得られる利益を享受している。これは彼にとって、中国社会で「合法的に」漢族と競争するより良い選択肢として選ばれる。しかし、中国国籍者として長期滞在することにより韓国社会において「不法」とみなされ、中国へ自由に行き来できなくなり、今度は中国に居住する家族と断絶されるジレンマに陥ることになるのである。

3　グローバル時代における移動と国籍

一九八〇年代以降、中国は経済の改革開放路線で韓国の資本と技術への関心を高め、韓国は対北朝鮮関係を念頭において中国との対話を求めたことから、両国間の交流が徐々に再開された。こうしたなか、中・韓間をまたぐ「跨境民族」である「朝鮮族」の存在は、社会的に注目されるようになる。しかし、家族再会の名目で始まった彼らの韓国への移動は、その後、賃金格差のある韓国への大量の出稼ぎを生み出し、今度は逆に中国で維持してきた家族の再離散が際立つようになる。これまで「朝鮮族」社会を支えてきた人々は「한국바람（ハングッパラム：韓国風）」の影響で仕事を辞めて韓国へ出稼ぎに行き、中国東北地方には老人と子供しか残っていない状況が出現し、「朝鮮族」社会の崩壊を懸念する声も挙がっている。そして、一方の受入国である韓国社会においては、この「朝鮮族」の大量流入は移動を規制する枠組みをゆるがせる火種となった。

3―1　「在外同胞」から「外国人」へ

一九八四年「親戚訪問」の名目による六ヵ月滞在許可の旅行証明書の発給を皮切りに「朝鮮族」の韓国への流入が本格化した。彼らはお土産として持ってきた漢方薬が中国より何倍も高い価格で売れること、韓国では日雇いで働いても高収入を得られることなどから、本来の政策主旨と異なって「不法に」労働市場に流入するようになる。両国政府の関係性が徐々に回復へと向かうなか、フェリーの運航開始など移動手段が発展すると共に大量の「朝鮮族」が韓国へ渡って、オーバーステイや「不法」労働者が急増し社会問題となった。そこで中・韓間の国交樹立を目前とした一九九〇年、韓国政府は朝鮮族に対する旅行証明書の発給を中止し、中国籍の外国人として査証を発給するように政策を転換した。一方、一九九〇年代前半、韓国社会は国内賃金の上昇やソウル近郊の建設ブームによって単純労働市場の労働力不足が深刻化し、一九九一年には外国人労働者を受け入れる「産業技術研修生制度」を導入した。こうして多くの「朝鮮族」が研修生という「合法的」立場で韓国へ流入するようになるか、社会的に認識されるようなるが、職場離脱やオーバーステイの蔓延と、職場における「不法」労働者に対する人権問題が依然として存在していた。

一九九八年に就任した金大中大統領は、国外に永住する韓国民や外国籍を取得している韓国系同胞の経済力、技術力、その他の社会文化的影響力を韓国社会に活用することを目指し、在外同胞に内国人と同様の諸権利を与えることを主旨とする「在外同胞法」の方策を明らかにした。当初の方策では血縁主義に基づき、国籍を問わずすべての在外同胞に出入国・就労での優遇、不動産取得での制限解除、医療保険と年金の適用、そして一定期間国内居住後の参政権付与まで規定していた。しかし、この法案は国内外に大きな波紋をもたらす。中国政府は外交経路を通じて、同法は中国内における「朝鮮族」管理に否定的影響を与えかねないと強い憂慮を表明し、韓国外交通商部は中国との外交摩擦の可能性を指摘した。またマスコミや労働界において「朝鮮族」の大量流入や、それにともなう労働市場や労働条件の混乱を懸念する声も高まった。結局、一九九八年一二月に国会に提出した改定法案では、対象範囲を外国に居住する韓国籍所有者、または「かつて」韓国籍を所有していた現外国籍所有者に限定した。血縁主義から国籍主義に原則が変わったのである。したがって、大韓民国政府樹立以前に移住した「朝鮮族」や在ＣＩＳ朝鮮民族、朝鮮籍を有していた在日朝鮮人は除外されるようになった。この対象範囲に関して一九九九年に「朝鮮族」三人が韓国憲法裁判所に違憲申請を申し立て、審判は「朝鮮族」が除外された「在外同胞法」は違憲であると判明し、二〇〇三年末までに改定を命じた（鄭 二〇〇八：八三―八四）。

外国人労働者全般の人権問題や同胞としての「朝鮮族」の存在への社会的関心が高まるなか、二〇〇三年にある弁護士事務所が「中国同胞の国籍回復に関する憲法審判申請書」を提出し、韓国社会における「朝鮮族」の法的地位に関する論争が本格化した。当時約三〇万人に及ぶ在韓「朝鮮族」は、両国間の移動が規制されたことで国境で隔たれた家族の崩壊が深刻化するなどの問題を訴え、「故郷に戻って住む権利を」というスローガンで移動の自由を主張し始めた。ところが、当時在韓中国大使であった李濱氏は「朝鮮族は、血統は韓国同胞であるが、中国の五六民族の一員であり、中国籍を持っている限り当然中国国民である。中国は二重国籍に賛成しない」と表明し、「朝鮮族」の法的地位をめぐる論争は外交問題にまで発展した。

二〇〇三年一一月、韓国政府は「朝鮮族」も在外同胞の範囲に入るという部分的に改正した法を公表したものの、依然として出入国管理施行令によって移動や就労を規制していた[6]。

ここで二〇〇九年に大阪で聞き取りを行ったＰＧ氏（一九八四年・黒龍江省生まれ、女性、来日七年目）の事例を通して一九九〇年以降の移動と家族の分散の状況を明らかにしたい。

事例②　一九九〇年代以降の人の流動と家族の分散

〈生い立ち〉

ＰＧ氏のⓐⓑ両親は彼女が九歳（一九九三年）の時に韓国に出稼ぎに行った。そのため、ⓒ兄は父方のⓓ伯父のところに、ＰＧ氏は母方の祖母のところに預けられた。当初は両家とも同じ村に居住していたため兄とはよく会っていたが、一年後ⓓ父方の伯父の家がⓔ伯父の妻が韓国で稼いだお金で瀋陽に移ることになりⓒ兄とも離れ離れになった。当時はまだ村のなかで韓国に出稼ぎに行った者が少なかったこともあり、ＰＧ氏はクラスのなかでも一番豊かで、韓国から洗練された服や文房具などを送ってもらっていたため同級生からは羨ましがられたという。しかし、そばにいてくれない両親が恨めしくて、勉強せずに金ばかり使っていた。高校入学時、祖母が高齢になったことと田舎では勉強できないという理由で、瀋陽のⓓ伯父のところに身を寄せることになった。移住当初はⓒ兄が一緒に住んでいたが、一年半後ⓒ兄は日本に渡る手続きのためハルビンに行ってしまった。瀋陽では中国公立学校に入学したものの、朝鮮族集住村落で民族学校に通っていたため、中国語がうまく話せず、しばらくすると休みがちになり、英会話を勉強してカナダ留学しようと夢見ながら遊んでいたという。二〇〇〇年、ⓒ兄はⓑ母親からの仕送り（ＲＮＢ一〇万元）で日本に留学し、ＰＧ氏も二〇〇二年一一月同じく母親の仕送り（ＲＮＢ八万元）で来日した。日本語学校一年半、専門学校二年を過ごした後大学に入学し、現在日本で就職活動中である。

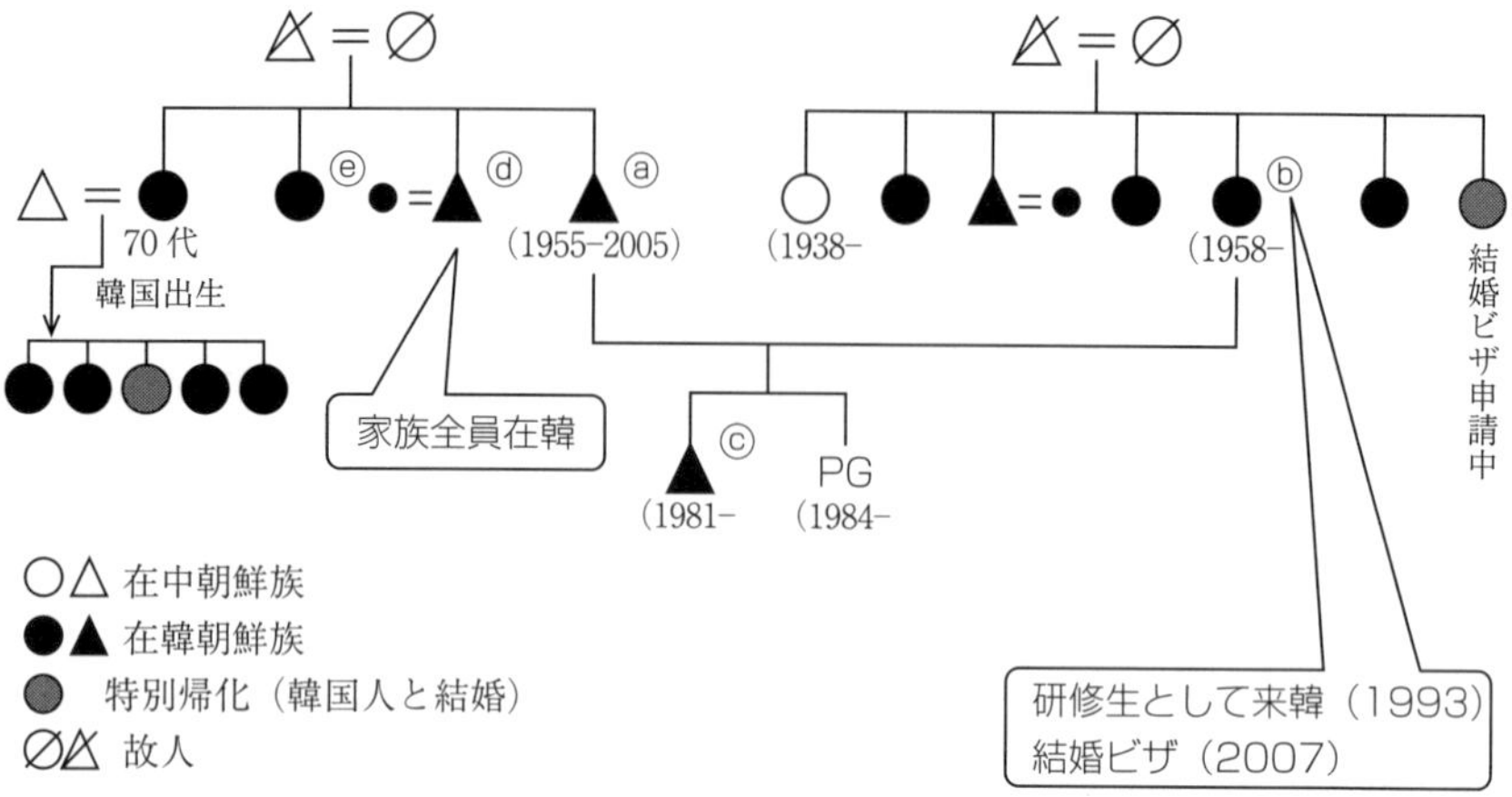

〈家族の分散と再会〉

ⓐⓑ両親は元々農民であったが一九九〇年から三年間は中国・ソ連間を往来しながら貿易を行っていたため、ほとんど家にいなかった。韓国出稼ぎがお金になるという噂が村に広がり始めた一九九三年、ⓐⓑ両親は研修生として韓国に渡ったが、研修期間終了後も「不法滞在」になって働き続けた。渡韓後、ⓐⓑ両親は一度も中国に戻れず、PG氏も韓国に行けなかったため、家族のコミュニケーションは電話でしかできなかったという。PG氏とⓒ兄は来日後韓国ビザが取れるようになり、二〇〇三年の旧正月に韓国へ行き一〇年ぶりに両親と再会した。

　二〇〇四年に父親の癌が発覚してから兄妹は年四回、休みのたびに韓国へ行ったが、二〇〇五年九月に父は亡くなった。その後、父親の死のショックや日本での経済的に厳しい生活に耐えられなくなったⓒ兄は、二〇〇六年三月中国に戻った。二〇〇七年韓国での父の三周忌の際に、中国にいるⓒ兄はビザが下りなかったため参加できず、PG氏一人で韓国に行った。母は中国で仕事もせず遊んでいるⓒ兄を韓国に呼び寄せるために、韓国人と「偽装結婚」をして配偶者ビザをもらい、二〇〇七年ⓒ兄は「親戚訪問」という名目で韓国に渡った。

　事例②からは、移動を通じて獲得した資本が次世代の移動のための初期コストに充てられること、移住先が韓国や中国の都市部から第三国に拡大しつつあることがうかがえる。また彼らが移動と再会のため、様々な障壁を乗り越えなければならないことも示している。

3—2　「在外同胞」と「外国人労働者」のあいだ

韓国政府は「在外同胞法」における「朝鮮族」の待遇を改善する代わりに、彼らに対する労働市場を徐々に開いていく政策を取った。二〇〇二年二月には単純労働市場における「朝鮮族」への優遇政策として「就業管理制」[7]、二〇〇三年には外国人労働者全般に対して「雇用許可制」（二〇〇四年施行）を制定した。こうして期限付きではあるものの労働基準法に準ずる各種保険への加入が義務付けられるなど、外国人の正式雇用を認めることとなった。しかし、職場移動に許可を必要とすることなど手続きが複雑であったため、実際の「不法」労働者はあまり減少しなかった。

二〇〇七年三月からは在外同胞への優遇政策として「訪問就業制」を実施した。同政策は、二五歳以上の「朝鮮族」やCISのコリアンのなかで、韓国に縁故のある場合は無制限に、ない場合は韓国語能力試験を合格した者のなかから人数制限をかけてビザ（H－2）を発給するが、これは三年間の在留を認め、期間内の出入国は自由となっている。同法の実施に当たって、韓国政府は建前として「韓国社会において「朝鮮族」はもはや外国人労働者ではなく「韓民族ネットワーク」の一員である」と述べた（法務部　二〇〇六）。しかし、実際のところは、中国との外交問題を念頭において移動や労働市場への流入を多少自由にすることによって、「在外同胞」と「外国人労働者」の間に妥協した新たな枠組みを構築したものと思われる。同法を実施する以前は年間約二、三万人の新規移動者が入国していたが、二〇〇七年同制度実施以降は年間約一〇万人の「朝鮮族」が「合法的に」韓国に入国することとなった。

以下では事例に基づいて「訪問就業制」実施後の移動を国籍変更という側面とともにみていこう。

事例③　母親の再婚による特別帰化

〈生い立ち〉

YH氏は、朝鮮族が集住する村落で民族学校に通った。ⓐ父親は農業にたずさわっていたが一九九九年産業研修生として韓国に渡った。三年の契約期間終了後、帰国せずに「不法」滞在になった。二〇〇二年、高校三年生のときに

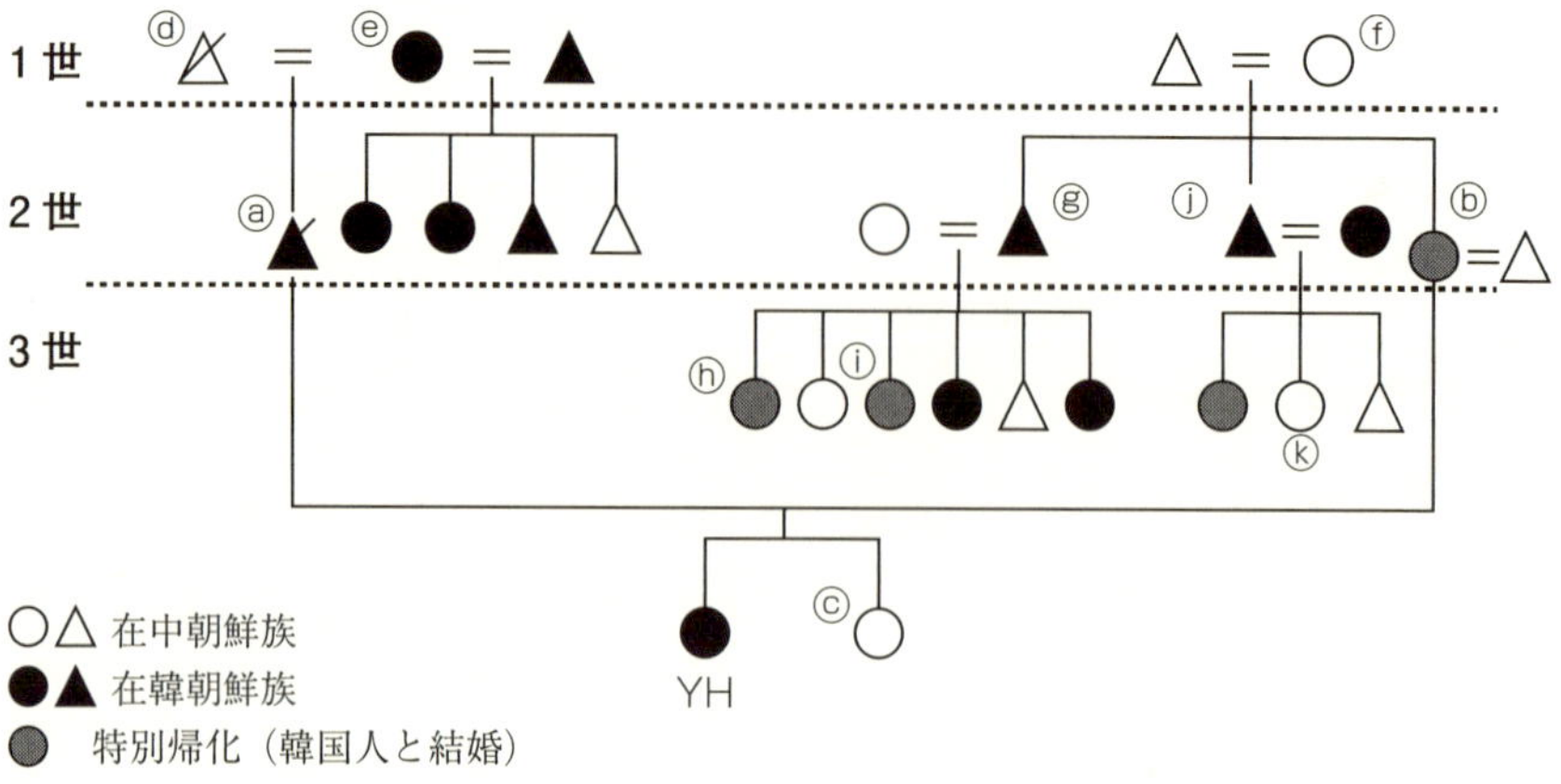

ⓐ父親が韓国で急に倒れて亡くなり、ⓑ母親は死亡手続きのために特別ビザをもらって来韓し、そのまま留まり「不法」で働き始めた。当時彼女も一緒にビザを申請したが、息子ではなく娘であるため許可が下りずお葬式に出席することができなかった。

YH氏は、ⓐ父親が出稼ぎ先で亡くなったことによるショックで、大学への進学を諦め半年間鬱々とした生活を送った。二〇〇三年九月に友人の誘いで山東省の烟台に移り、韓国系貿易会社に就職して二年間働いたが、二〇〇五年再び他の友人の誘いで青島にある韓国系貿易会社に転職し、故郷である黒龍江省からⓒ妹を呼び寄せる[8]。当時母親の援助を受けて烟台にマンションを購入した。母親の韓国人との再婚と帰化によって可能になった「親戚訪問」により来韓し、現在は母親と一緒に生活しながらソウルにある中小貿易会社で事務仕事をしている。

〈家族の流動〉

ⓓ父方の祖父は忠清道（朝鮮半島南部）、ⓔ祖母は咸鏡北道（朝鮮半島北部）の出身で中国に渡った。一人息子であるⓓ祖父は父が生まれた直後、朝鮮戦争に参戦し戻ってこなかった。ⓔ祖母はのちに中国で出会った朝鮮人男性と再婚し四人の子供に恵まれた。ⓕ母方の祖母は咸鏡北道の出身で移住経緯は明確ではないが兄弟は皆北朝鮮に留まり、ⓕ祖母だけが中国で住んでいた。韓国で働いていたⓑYH氏の母親は二〇〇四年友人の紹介で韓国人の男性と出会い、その一年後再婚し、帰化した。ⓖ母方の伯父の家族の場合、伯父自身は中国にいるが、ⓗ長女が一九九九年韓国人と結婚して韓国に帰化し

たため、次女と長男以外は親戚訪問で来韓している。来韓四年目であるⓘ三女は韓国人と結婚して釜山に住んでいる。また下のⓙ伯父は韓国で働いており、稼いだお金で長女を豪州に留学させており、ⓚ次女は韓国で働いた後、現在青島に移住している。

ＹＨ氏の家族の中では、母親の再婚を含めて三人の女性が韓国人男性と結婚し、その結果による特別帰化を利用して中国から家族を呼び寄せている。事例②のＰＧ氏の母親が息子を呼び寄せるために「偽装結婚」をしたように、結婚による特別帰化は中国の家族を呼び寄せる「合法的」手段として一般化しつつある。韓国政府によると二〇〇六年一二月現在、特別帰化者数は一万五四七一人と公表されているが、そのうち最も多いケースが結婚によるものである。以下で紹介するＫＧ氏（一九七九年黒龍江省生まれ、男性、二〇〇六年親戚訪問として来韓）の事例は、故郷に戸籍をもつ両親が「国籍回復」をしたケースである。

事例④　両親の国籍回復

〈生い立ち〉

ＫＧ氏は幼い頃にⓐⓑ両親とともに上海に移住し、小中高校は上海の公立学校に通った。周りに朝鮮族が少なく、家でも中国語で生活していたため、朝鮮語はほとんど話せなかった。二〇〇一年ⓐⓑ両親は出稼ぎで韓国に行き、ＫＧ氏は戸籍のある東北地方に戻って大学に入学し、韓国人の留学生に中国語を教えながら韓国語を勉強した。卒業後、瀋陽に進出した韓国系大手企業の製品開発部に就職したが、仕事で韓国へ行った際、人々が韓国では何倍もの給料をもらっているのを目の当たりにし（当時の月給はＲＮＢ四〇〇〇元）、両親の韓国籍取得後、中国での仕事を辞めて親戚訪問として韓国に渡った。来韓後、韓国人向けのリクルートサイトから仕事を探し、程なく鋼鉄関係の貿易会社に就職が決まった。大手企業で働いた経験を認めてもらったという。出張ではじめて青島に行ってみると住みやすそうだったので、韓国で稼いだ資本で二〇〇八年青島の城陽区にマンションを購入した。

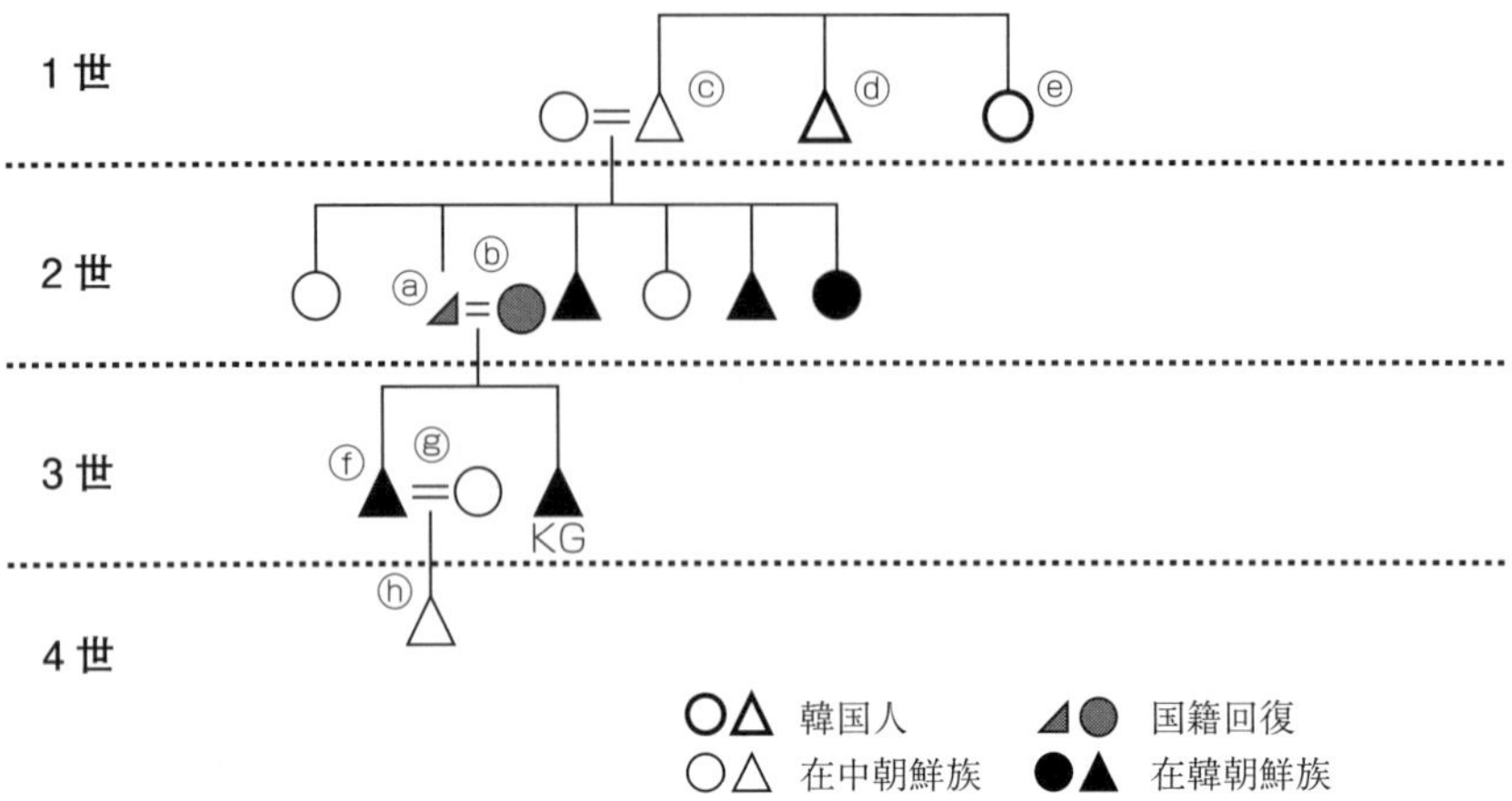

〈家族の移動〉

ⓒ父方の祖父は兄弟のなかでひとりだけが中国に渡った。そのため、ⓒ祖父だけが中国籍である。一九九二年以降、ＫＧ氏の家族は韓国の祖父の兄弟と再会した。ⓓ祖父の弟は慶尚北道、ⓔ妹はソウルにいる。現在は正月・お盆・祭祀の際には必ず参加している。二〇〇四年、ⓐⓑ両親は祖父が中国に移動する際に持ってきていた「族譜（戸籍）」に基づいて韓国籍を「回復」し、その後中国から叔父二人、叔母、母方の伯父、ＫＧ氏、ＫＧ氏の兄を親戚訪問として呼び寄せた。現在、ⓐⓑ両親はソウルに住んでおり、ⓐ父親は建設現場で、ⓑ母親は家政婦として働いている。ⓕ兄は韓国で働いているが、ⓖ兄の妻とⓗ子供は中国にいる。

「国籍回復」は、かつて大韓民国の国籍を保有していた外国籍の者が戸籍などでそれを証明することによって大韓民国の国籍を取り戻す制度である。[9] ＫＧ氏の父親は戸籍を証拠に国籍を「回復」した。二〇〇六年一二月現在国籍回復者は七〇二九人で、主としてかつて朝鮮半島南部から中国に移住した者である（法務部 二〇〇八）。こうした国籍回復は、より多くの「朝鮮族」を移動を可能にさせる。二〇〇八年現在、「朝鮮族」全人口の二〇％に近い約三七万人が韓国に滞在しており、韓国籍に変更した者が徐々に増えている。上述した四つの事例からは彼らの移動と家族の分散が非常に著しいことがうかがわれる。しかし、この家族の分散は単なる「解体」ではないということ、むしろ国民国家形成の時期に家族それぞれが分散を余儀なくされたからこそ現代の更なる移動が可能になったことも見て取れる。

4　「朝鮮族」にとっての国籍の意味とその活用

現在の「朝鮮族」は韓国出稼ぎによって得た社会・経済的資本をもとに、中国の都市部や日本などへと更に移動を拡大している。前節までは国家や社会団体レベルにおける「朝鮮族」の国籍をめぐる議論に焦点を当てて移動と家族の分散を追ってきた。では「朝鮮族」個々人にとって国籍とはいかなる意味を持つのだろうか。上述したように、国籍には、忠誠義務を随伴し国家と国民を同一化する象徴的側面と、国民（あるいは非国民）を掌握し移動を規制する機能的側面という二面性が存在する。こうした国籍の二面性は個々人を同時に規定すると思われるが、どちらの側面をより強く意識するのかということは、個人が置かれている社会的状況によって異なってくると考えられる。一定の場所に定住する者にとって国籍は自身の生存と関わる安全を保障する意味をもち、異質性をもつ「他者」と出会う際にはそれが自分のアイデンティティと結びつくものとして認識される。一方、移動を繰り返しながら生活を営んでいる者は、そのプロセスにおいて多様なアイデンティティが生成されるため、国籍は必ずしもアイデンティティとは結びつかず、移動の手段としての意味が強くなると考えられる。

以下では、「朝鮮族」にとって国籍のもつ意味を個人と家族レベルに分けて考えてみたい。

かつて移動によって生まれ、今日再び移動することによってより良い生活を追及している「朝鮮族」にとって、国籍は如何なる意味を持つのだろう。土地と生存権の保障を前提とする封建的契約のような忠誠義務の証であろうか。あるいは自分の「뿌리（プリ：根っこ）」に戻るという回帰的なものなのか。トランスナショナル行為が日常であるため、国籍は単なる移動を規制するもの、あるいは移動を可能にするものなのか。

「朝鮮族」は、定住を正常とする近代国民国家の立場からみると、中国社会においても韓国社会においても、その移動を規制し法的地位を問い続けざるを得ないマイノリティである。つまり、「朝鮮族」は土地に結びついて国籍が付与され正式な「中国人」になりはしたものの、自治区内部に生活が限定されており、漢族との「文化的相違点」を不断に意識せざるを得ない状況のなかで、中国人として完全な自己同一化はできなかった。またその一方で、「血縁的・文化的故郷」である朝鮮半島（ここでは韓国）においても、国家が建前として掲げていた「在外同胞」イメージには合致せず「外国人労働者」としての社会的地位と妥協点において「血縁外国人（中国人）労働者」という第三の枠組みに落とし込まれ、その境界線において「共生」が求められる立場である。

事例②で紹介したＰＧ氏は、中国には家族や親戚がいないので来日してから六年間一度も中国に戻らず、休みの際には母親のいる韓国に行く。母親は韓国人が嫌いと言うものの、すでに韓国に慣れてしまったので帰国することは考えておらず、家族・親戚はほとんど韓国にいるため、当面のところ家族が集まる場所は韓国になるという。しかし、ＰＧ氏自身は韓国籍を取ることを「育ててくれた中国を裏切ること」であると言った。彼女の事例をみると、母親は息子を呼び寄せるために韓国人男性と「偽装結婚」し韓国における自分の法的身分を固める一方、ＰＧ氏は帰国こそしないものの、「中国人」としての意識を強く有していることが分かる。ここで国籍は移動の手段としての意味を持つと同時に、韓国人という「他者」との関係においては自己規定の一部として機能していることが見て取れる。移動する「朝鮮族」にとって国籍の意味は、当為性と有用性が混在していることがうかがえる。

こうした移動者である「朝鮮族」の性向や考え方は、両国の定住者から非難される点でもある。中国で活躍している「朝鮮族」知識人は、在韓「朝鮮族」の「国籍回復」運動など韓国政府に対する権利要求は、中国社会で生活をしている「朝鮮族」の立場を脅かし、その社会に危機をもたらすという（정신철、二〇〇四）。一方、韓国社会において「朝鮮族」の求める「故郷に戻って住む権利」は、あくまでも移動と労働の自由への保証を意味し、帰属意識としては中国人であると主張しているとみなされることから、韓国人からは「自分の利益しか考えない民族を知らない者」であると批判される。また、経済不況に陥ると、外国人労働者の国内労働市場の占有を憂慮し国内労働力の保護を求める声のなかに、「朝鮮族」もその対象として挙げられることもみられる。つまり、定住者にとって、こうした移動する人々の多元的アイデンティティとネットワークの進展は、自分たちが作り上げた場において利益を得ること

だけを目的に入ってくる者としてイメージ化され、対抗的に一元的なアイデンティティを守ろうとする動きが強くなることも事実である。

しかし、改革解放後の転換期にあって、「朝鮮族」はより一層の賃金労働を必要としているものの、集住地において民族文化を維持してきたため仕事のある都市部に出ても中国語が完璧に話せず、また農村戸籍であるため全面的な保護が受けられない。こうした意味において彼らの越境行為は「今日的流民」であるともいえよう。要するに、移動する人々にとって国籍は、国家権力との関係においては移動のための手段としての意味をもつと同時に、両国の定住者との関係性においてアイデンティティを問われる可能性を生み出すものとして機能する。

また「朝鮮族」の国籍に関する意識には世代間の差が見られる。しかし、彼らに共通する特徴はそもそも家族全員が同じ国籍であることはさほど望んでおらず、互いの国籍変更・維持に関して抵抗感を持たない点にあるといえよう。以下ではＹＨ氏事例③とＫＧ氏事例④の今後の計画と国籍に関する考えを紹介しよう。

ＹＨ氏の今後の希望としては、中国でも韓国でもない第三国に行きたいが、しばらくは韓国で働きたいという。その理由は、中国語が上手に話せないため中国の都市では仕事を探すのが難しいことや、現在家族・親戚は韓国のほうに多いため、中国に戻ると逆に寂しいことなどをあげた。このＹＨ氏は自分自身が韓国の国籍を取る事は「中国を裏切ることなので絶対だめだ」と考えているものの、母親の帰化に関してはさほど違和感を持っていない。父親が韓国で亡くなったことも今となっては「根っこ（뿌리）はここ（韓国）なのでよかったと思っているという。自分自身は、結婚して子供が生まれたなら中国で育てたいと考えている。

ＹＨ氏は「一〇年後、韓国と中国、どっちに家族・親戚が多いと思いますか」という筆者の質問に、「見当もつかない」と返答に窮していた。ＹＨ氏の周囲では、四〇、五〇代の親の世代は正式な学校教育を受けた人が少なくみな農業に従事してきたことから、現在の中国ではできる仕事がなく、そのため働ける間は戻るつもりのない者が多い。一方、ＹＨ氏の世代では学校教育をきちんと受けた友達は中国におり、現在韓国にいる者も中国と韓国の為替の変動も含めた状況次第で行ったり来たりを繰り返す可能性も高い。

今日のトランスナショナル行為は、「移動集団」にとっての国籍のもつ意味を薄れさせると考えられがちであるが、「朝鮮族」の事例をみると、世代によって国籍に対して持つ思い入れが異なり、それを互いに尊重し合っていることがうかがえる。特に若い世代は、中国に根差すコミュニティとしての「朝鮮族」社会を明確に意識しており、あくまでも中国を中心に世界に広がるコミュニティを理想として語る一方で「漢族」に完全に同化することには違和感を示した。

ＫＧ氏は今後青島に移住し貿易関係で起業したいと考えていた。将来はもちろん中国に住みたいし、国籍を変えることは考えたこともないという。青島を選んだ理由は、韓国と近いこと、貿易港があること、気候が良いことなどを挙げた。彼はサラリーマンより自分のビジネスを起こした方が稼げるので一刻も早く起業したいという。いままでは韓国で働くと収入がよかったので韓国に行こうとしていたが、これからは中国が発展するので中・韓間の差がほとんどなくなると予想している。「両親の帰化について違和感はなかったんですか」という筆者の質問に、両親が韓国籍を取ったおかげで家族と親戚が皆で来韓でき、経済的に助けになったので得ることが多かったという。そうでなければみんな中国の農村に留まっていたし、それはとても大変な生活だと語った。しかし、韓国での労働は金儲けにはなるがいつまでも底辺生活しかできないので、将来自分が中国で成功した際には老いた両親を中国に呼び寄せて一緒に住まなければと考えている。

ＫＧ氏の語りから「朝鮮族」にとって移動の目的がうかがえる。自分が移動することによって得られた社会・経済的資本を通して他の家族を移動させるが、ここでは社会的移動と場所の移動が密接に結びついている。ＫＧ氏は中国でも比較的良い会社に勤めていたものの、より良い収入を得るために親を頼って韓国に渡った。しかし現在は、今後の中国の発展を期待して、一刻も早く帰国して起業したいと考えている。このように、場所の移動を通して社会的移動を試みるに当たって、それを可能にしたのが家族の多国籍なのである。つまり、彼のいうように、「家族のための移動」であり、「家族のための国籍変更」である。

まとめにかえて

本稿では、国家権力が領土内の個々人を掌握し移動を規制した近代国民国家の成立プロセスと、その構造が問い直されている現代のグローバル化という二つの時期に焦点を当てて、「朝鮮族」の移動と国籍の変容を家族レベルにおいて考察してきた。

近代国民国家の成立と移動の規制は、国境管理が行われる以前に辺境地帯を舞台として流動していた朝鮮人家族の「半永久的」離散と家族内の多国籍化をもたらした。この家族分散と多国籍化は、場所の移動によって社会・階層的移動を図る今日の移動につながり、こうした「朝鮮族」家族のあり方は国境を越えて更に拡大しつつある。

以上でみてきたように彼らのように移動によって生まれ、移動によって維持してきた「移動集団」は、家族全員が単一の国籍であることを望まないが、それはすべての国籍が同じ「力」を持つのではなく、国ごとに、また社会状況にともなってその「力」が異なることが背景にある。今「働ける場所」である韓国へ自由に移動するために必要な韓国籍、そして「これから発展する」、あるいは「次世代での階層的上層移動が望める場所」である中国の国籍を、家族成員のうちの誰かが持っていれば、それを次の移動の手段として活かすことができるのである。血縁主義に基づいて国籍＝忠誠義務を想定する傾向の強い東アジアにおいて、こうした「朝鮮族」の存在によって、今後とも移動者と国家の関係、移動者と定住者との関係が問われ続けられるだろう。

†注

［1］「朝鮮族」に関する調査は、主に一九九九年から二〇〇一年にかけて韓国の大邱市、二〇〇五年から現在まで中国青島において行ってきたが、インフォーマントの移動によって現在は韓国ソウル、中国の各地、日本などに調査地を広げつつある。本章に取り上げた事

例は、KY氏（一九九九年）以外の三人は二〇〇九年二月に各地で行った聞き取り調査によるものである。

[2] 中華民国は華僑との関係及び近代国家成立のため、三回に分けて国籍法を制定し――一九二一年の「中華民国国籍法」、一九二四年の「中華民国修訂国籍法」、一九二九年の「中国国籍法」である――、労働者出国条例のような具体的な法令を定めた（이진영 二〇〇二）。

[3] 日本の統計によると一九二八年、間島地域のみで五万三六九九人が入籍し、それは間島人口の三〇%に相当したという。しかし、他の国家に帰化すると日本籍から離脱するという日本の国籍法が朝鮮では施行されなかった。その理由については、「韓民の第三国への帰化を防止するためにほかならない」（外務省条約局法律課・日本統治時代の朝鮮（外地法制誌第四部の二）［一九七一年］五三項。なお、田中宏「日本の台湾・朝鮮支配と国籍問題」法時四七巻四号［一九八五年］八六項参照）や、「中国・ロシア領内ないし隣接地域に居住する朝鮮人で、中国・ロシア国籍を取得した者を確定的に外国人として扱うよりも、二重国籍者として扱った方が統治政策上に好ましいという理由に基づく」（「在満州朝鮮関係領事官打合会議報告」［一九二三年一一月二〇－二二日］史料三巻五六四項－六一九項など）と述べられている［（江川・山田・早田 一九九七）から再引用］。

[4] 中国共産党は、「現在、彼らは中国公民として中国公民の一切の権利を持ち、中国人民の解放戦争に参加できるし、また、朝鮮が外敵の侵略を受ける場合には、彼らが望めばいつでも朝鮮公民の身分で朝鮮に帰り、反侵略戦争に参加可能である」と公表し、実際、国共内戦期において解放区である松江省（ハルビン地区）から一万二六四四人、遼東省から八七五三人、吉林省から三万八四七四人の朝鮮人が入隊したが、それは解放区朝鮮人総人口の五%を占める数であった。この他にも一〇万余りの朝鮮人が公安部隊、民兵になった。一九四八年の北朝鮮の最高人民会議の選挙運動に際して、延辺の朝鮮人の間でも選挙運動が行われたことからも、当時の延辺居住朝鮮人は「二重国籍」状態であったことがうかがえる（李 二〇〇二：二二三）。

[5] 中国側とほぼ同時期に、北朝鮮側も同様に国境管理を強化し始めた。一九四八年一二月に出された「朝鮮移住に対する延辺専署の通知」によれば、朝鮮人民政府は東北地区居住朝鮮人が朝鮮に移住する条件を、「かならず朝鮮人民共和国内務省で許可した合法的越境証明を持つ者だけに入境を許可し、その他機関の証明はすべて無効とする」と規定している（李 二〇〇二：二三二－二三三）。

[6] 「朝鮮族」と彼らの支援団体――「朝鮮族教会」など――は当時の不法滞在者に対する取り締まりの強化や「朝鮮族」の人権侵害の解決をめぐる社会運動を繰り広げている。そこには「故郷に戻って住む権利を」という移動の自由を前提とするものと「国籍回復」という民族イデオロギーを強調するものが複雑に絡み合っていた。

[7] 二五歳以上で家族・親戚から招聘された者、大韓民国の戸籍を有する者に限定し三年間「合法的に」就労することを許可した。一年間の単数ビザ（F－1）を発給してもらい、入国後就業可能なビザ（E－9）に変更し、三年間就労した後は必ず出国し六ヵ月経過

してから新しいビザを発給してもらうと再入国が可能となる。

［8］その後、妹は青島で漢族と結婚し生活していたが、現在は子供が生まれたので韓国に住む母親のところに来ている。

［9］東北地方で生まれ韓国に戸籍登録のない者が多い「朝鮮族」の場合は、公式的に中国籍が付与された一九四九年一〇月一日以前に出生すること——その後生まれた者に関しては帰化制度が適応される——、中国公民証や戸籍に「朝鮮族」として明記されること、韓国籍の家族・親戚との血統関係を証明することを条件とする（이정수 二〇〇五：二七三）。

†文献

【日本語文】

安成浩（二〇〇六）「一九四五－一九四八年における中国共産党の朝鮮人政策」『国際文化学』一五号、一－一五頁。

伊豫谷登士翁（二〇〇七）「方法としての移民——移動から場をとらえる」伊豫谷登士翁編『移動から場所を問う——現代移民研究の課題』有信堂高文社、三－二三頁。

江川英文・山田鐐一・早田芳郎（一九九七）『国籍法』有斐閣。

権香淑（二〇〇七）「エスニック・マイノリティの自己統治に関する研究——東北アジアにおける〈朝鮮族〉の移動とネットワーク形成を事例に」上智大学博士論文。

サッセン、サスキア（二〇〇四）『グローバル空間の政治経済学——都市・移民・情報化』田淵太一・原田太津男・尹春志訳、岩波書店。

ストレンジ、スーザン（一九九八）『国家の退場——グローバル経済の新しい主役たち』櫻井公人訳、岩波書店。

孫春日（二〇〇四）「中国朝鮮族における国籍問題の歴史的経緯について」牛承彪訳、櫻井龍彦編『東北アジア朝鮮民族の多角的研究』ユニテ、四九－六三頁。

鄭雅英（二〇〇八）「韓国の在外同胞移住労働者——中国朝鮮族労働者の受け入れ過程と現状分析」『立命館国際地域研究』二六号、七七－九六頁。

トーピー、ジョン（二〇〇八）『パスポートの発明——監視・シティズンシップ・国家』藤川隆男監訳、法政大学出版局。

ベック、ウルリッヒ（二〇〇五）『グローバル化の社会学——グローバリズムの誤謬—グローバル化への応答』木前利秋・中村健吾訳、国文社。

李海燕（二〇〇二）「中国国共内戦期における東北地区——中国共産党の政策を中心に」朝鮮史研究会編『朝鮮史研究会論文集』四〇号、二一五－二四五頁。

【韓国語文】

박광성　二〇〇六「세계화시대 중국조선족의 노동력이동과 사회변화」서울대학교 대학원 사회학박사학위논문。

이정수　二〇〇五「國籍法上 여러 論點들에 관한 小考」『法曹』五八五号、二七一－三一二頁。

이진영　二〇〇二「한・중 외교관계와 재중 동포――재외동포법 헌법 불일치 결정을 중심으로」『국가전략』八（四）号、七七－九九頁。

이철우　二〇〇八「주권의 탈영토화와 재영토화――이중국적의 논리」『한국사회학』四二（一）号、二七－六一頁。

정신철　二〇〇四「중국 조선족의 국적회복 문제에 대하여」『Overseas Koreans Times』一二八号、三九－四一頁。

【英語文】

Bosniak, L. (2002) Multiple Nationality and the Postnational Transformation of Citzenship. *Virginia Journal of International Law* 42: 979–1004.

参考資料

韓国法務部（二〇〇六年、二〇〇八年）

在外同法新聞（二〇〇三年一二月一日）

第11章

対外関係史と国籍政策の関連性
——ポルトガルの事例から

西脇靖洋

はじめに

西欧諸国における国籍政策の変遷に関する議論においてよく強調されるのが、国民国家の形成の過程との関連性である。それら議論のなかでは、国籍政策とは、国益追及の政治であると同時にナショナル・アイデンティティの政治であり、各国独自の国民や国家についての認識に基づき形成されるものと理解されている（Brubaker 1992）。しかし周知の通り、一部の西欧諸国は、かつて欧州大陸以外にも広大な植民地を有していた。それら諸国では、国籍政策は、国家または国民の「主な」範疇として自明視されている本国や本国人だけでなく、帝国や帝国民というより広範な枠組に関する考慮のもと、決定されてきたものと考えられる。

また第二次世界大戦の終結後、欧州諸国の間では、欧州統合の名のもと、一つの超国家政体を創設するための取り組みが行われてきた。そうした政治統合の進展は、加盟国の国籍政策にも少なからず影響を及ぼしてきたものと想像される。したがって国民国家の歴史との関連性からだけでは、理解が不十分なものとなると考えられよう。

本章では、そうした国民国家の「外部」との関係が国籍政策に与える影響について、西欧の一国ポルトガルの事例をもとに検討する。伝統的に同国の対外政策は、政策決定者や研究者の間で、主に大西洋沿岸に位置する（旧）植民地（諸国）との関係を優先すべきか、それとも欧州諸国との協調や統合を重視すべきか、すなわち「大西洋」か、

「欧州」かという二項対立の構図によって捉えられてきた。そしてそのような構図において、長い期間、優位を保ってきたのは、大西洋であったとされている（Teixeira 1998）。

いわゆる大航海時代以来、同国は南米大陸（現在のブラジル）やアフリカ大陸（現在のアンゴラ、モザンビーク等）に植民地を保持し、本国単独の国力では自国を上回る他の欧州諸国に対抗していた。しかし一九七〇年代中盤に生じた植民地主義体制の崩壊を機に欧州への優先順位の転換が起こり、ＥＵ（欧州連合）を中心とした欧州諸国間の協力の枠組に加わったものと理解されている。

このような対外関係のあり様は、国籍政策を含む他の政策領域にも重大な影響を及ぼしてきたものと考えられる。したがって以下では、そうした大西洋から欧州への対外政策の力点の変化に注意を払いながら、同国の国籍政策の変遷過程について考察したい。[1]

1　一九世紀の国籍政策

ポルトガルは、欧州大陸において最も長い歴史を有する国の一つである。しかし同国において精微な国籍制度が整えられたのは、一九世紀に入ってからのことであった（表1参照）。[2] 同世紀、多くの西欧各国政府は、合法的支配に基づいた近代国家を築き上げるべく、詳密な国籍法を制定し、自国民を特定する作業を行った。[3] ポルトガルにおいても、一八二二年憲法、一八二六年憲章、一八三六年憲法等、国家の基本法が次々と制定され、近代国家の建設が進められた。そしてその過程において、国籍についても明確な規定が設けられることとなった（Ramos 1992）。

一般に国籍制度は、血統主義、生地主義、およびそれを補完する居住主義という概念によって特徴づけられるが、実際には両方の性質を有している場合が多く（Hammer 1990）、ポルトガルもその例外ではない。同国の国籍制度は、常に血統主義と生地主義双方の性質を持ちつつ、それらのなかで優勢なものが歴史の流れとともに変化していくという過程を辿った。

表 1　ポルトガル史の概略と主要な国籍関連法

年	出来事	国籍法
1139/1143	ポルトガル王国の成立	
1415	セウタを攻略（大航海時代へ）	
1580（-1640）	スペインによる併合	
1602		フィリペ王勅令
1807（-1821）	ブラジルに一時遷都	
1822	ブラジルの独立	1822 年憲法
1826		1826 年憲章
1836		1836 年憲法
1867		民法典
1910	革命により共和政に移行	
1926	クーデターにより軍事独裁政権が成立	
1933	「新国家」権威主義体制の発足	
1959		法律第 2098/59 号
1961	アフリカ植民地独立戦争の開始	
1974	クーデターにより権威主義体制が崩壊	
1975	アフリカ植民地の独立	政令第 308-A/75 号
1976	民主主義体制への移行	
1981		法律第 37/81 号
1986	EC に加盟	
1993	EU の発足（ポルトガルも参加）	
1994		法律第 25/94 号
2006		基本法第 2/06 号

たとえば一八二二年憲法では、(1)ポルトガル人（父親）の子で、ポルトガル領内で出生した者はもちろん、(2)外国で出生したポルトガル人（父親）の子で、領内で生活している者はポルトガル人であると定められた。しかし同時に、(3)領内で出生した外国人の子で、ポルトガルにおける居住権を獲得し、成人に達した際にポルトガル国籍を希望した者もポルトガル人であるとされた。また帰化についても規定が設けられ、領内に住む成人で、(1)ポルトガル人女性と結婚している者、(2)経済生活を確立している者、(3)あるいは国に対して顕著に有益な奉仕を行っている者は国籍の取得が認められると定められた[4]。

同憲法で規定された内容は、国内における政治的混乱とともに制定されることとなった一八二六年憲章により、生地主義の性格がよい強いものへと変更された。その後、一八三六年憲法（ふたたび血統主義重視に変更）の制定、およびその廃止（一八四二年）といったさらなる変更を経て、一八六七年の民法典によって一つの完結を見た。

同法典では、(1)ポルトガル人を父として持ち、領内で出生した者、(2)領内で出生した外国人の父の子で、ポルトガル国籍を希望しないことを宣言しなかった者、(3)領内で出生した父親が不明の者、(4)外国で出生したポルトガル人を父として持ち、領内に居住する者、(5)ポルトガル人の母を持ち、外国の国籍を持たず、領内で居住する者は、生まれながらにしてポルトガル国籍を保持できると規定された。また帰化については、(1)成人に達している、(2)経済生活を確立している、(3)国籍を有している国において兵役を終えている、(4)刑事責任を問われていないといった条件のほか、(5)領内に三年以上居住している（ただしポルトガル人の子孫はこのかぎりではない）といった条件が必要であると規定された。

同法の内容は、領内で出生した外国人やその子供に対する国籍の付与に関して比較的寛容であったという意味で、当時の欧州諸国の国籍法のなかではとりわけ生地主義の要素の強いものであった。この民法典における国籍に関する条項は、二〇世紀後半になるまで大きな変更は加えられなかった。そのため同国の国籍制度は、生地主義が優位性を保ちつつも、生地主義、血統主義の双方の要素を兼ね備えた内容が当分の間、維持されることとなった。

以上のような国籍政策が同国においてとられた主たる要因として、同国が欧州大陸以外に広大な植民地を保有していたことが挙げられる。奴隷制に対する批判が強まったことから、ポルトガル政府は一八二二年憲法において、植民地住民を含むポルトガル領内に住むすべての者（外国人を除く）に対し、自国の市民権を与えると規定していた（ただし同一の権利ではない）。もちろんこのような規定を設けたからといって、すぐさま奴隷制が廃止されたわけではなく、また法律によって廃止されたのちも、奴隷の売買は非公式に続けられていた。加えて、強制労働制度等、植民地住民に対する他の圧政的な制度は、その後も長らく存続した。だがそうであっても、上記憲法により、「人種」の異なる人々に市民権を付与する制度が確立されたことは疑い様のない事実であった。そしてそのことが、結果として生地主義の原則に基づいた国籍法の制定をもたらすこととなったのである。

さらに植民地は、血統主義の表出においても大きな意味を持った。上記憲法が制定されたのと同じ年、同国最大の植民地であったブラジルが独立した。しかし両国間の人の移動は、独立後も引き続き行われていた[5]。ポルトガル政府は、ブラジルで生活するポルトガル移民の子孫に対し、自国籍を容易に付与できるようにしたいと考えた。そのため同国の国籍法は、血統主義の性質も一定程度有することとなった。

むろん国籍政策というものは、概してさまざまな要因から形成されるものであり、ポルトガルにおいても、植民地という単一の問題によってのみ上記のような法律が制定されたわけではなかったものと考えられる。しかし自らの大陸以外に植民地を有していた諸国の場合、植民地は自国の国力や威信を高め上げるうえで枢要なものとして認識されていた。したがってそうした植民地帝国としての側面が、それら諸国における国籍政策の決定の際に大きな影響を及ぼしたと理解するのは、至極妥当なことであると言えよう[6]。

特にポルトガルの場合、一五世紀以降、隣国スペインをはじめとした他の欧州諸国との国力の不均衡を是正すべく、長きにわたり欧州大陸外の領土の保持にこだわり続けてきた。また一九世紀初頭、一時的に同国の首都がブラジルのリオデジャネイロに置かれたことからも理解できるように、同国の歴史において植民地が果たしてきた役割は極めて大きなものであった。同国では、アフリカやブラジル等の（旧）植民地（諸国）との関係を重視する方針はしばしば「大西洋主義」と呼ばれているが、国籍政策においてもこの大西洋主義の方針が反映されたのである。

事実、一九世紀前半における数度にわたる国籍法の変更は、国内における自由主義者と保守主義者の間の激しい争いによって支配的な陣営が入れ替わり、そのたびに新たな憲法が制定された結果として行われたものであったが、いずれの変更の際にも大きな影響を及ぼしていたのは、ブラジルの独立やその後の同国との関係の変化といった対外関係の問題であった。そしてブラジル初代皇帝で、その後、ポルトガルの国王に即位したペドロ四世（D. Pedro IV）率いる自由主義陣営の勝利により、ブラジルの憲法を模して起草された一八二六年の憲章が正統な憲法として認められ、さらにその内容を補完する民法典が制定されたため、生地主義の優位を基本としながらも、同時に血統主義の要素も入り交じった同国の国籍制度が最終的に確立されることとなったのである。

2　権威主義体制期の国籍政策

こうして一九世紀に定められた国籍制度は、二〇世紀に入り、二つの世界大戦を経たのちも基本的に維持された。よく知られているように、西欧諸国の多くでは、一九五〇年代初めから一九七〇年代中盤にかけて入国する移民の数が急激に増加したが、同じ時期、ポルトガルではわずかな数に過ぎなかった。同国に在住していた移民の数は、一九六〇年で二万九〇〇〇人、一九七四年で三万二〇〇〇人を記録するに留まっていた。

反対に当時、ポルトガルから諸外国へは、多くの人々が移住していた。一九四六年から一九七五年までの時期における年平均の移民の数は、六万三〇〇〇人に上っていた。移住先の大部分を占めていたのは、ブラジルであった。たとえば一九五〇年代には合計二三万五〇〇〇人がブラジルに移住しているが、それは、同期間における全移民数の三分の二近くに相当する（Baganha 1998: 204）。

このようなブラジルへの移住現象は、当時の対外政策の状況と深い関係があった。一九三三年から一九七四年にかけて、ポルトガルは、アントニオ・デ・オリヴェイラ・サラザール（António de Oliveira Salazar）首相（－一九六八年）、マルセロ・カエタノ（Marcello Caetano）首相（－一九七四年）を頂点とした「新国家」権威主義政権下にあった。この権威主義政権も、過去の政権と同様、「大西洋」における特恵的な関係に強い関心を持っていた。むしろ彼らの関心の中心を占めていたのは、実際に支配していたアフリカ植民地であった。だが次元の違いこそあれ、関心は、かつての植民地ブラジルにまで及んでいた。たとえばサラザールは、次のように述べている[7]。「海外への拡張は……、ポルトガルの歴史にとって最も際立った特徴であり、決定的な使命である。……われわれは、アンゴラ、モザンビーク、および一世紀以上も前に独立したものの、それ以前の三世紀の間はわれわれとともにあったブラジルにより大きな関心を有する」。

こうした認識のもと、ポルトガル政府は、ブラジルとの関係の緊密化を図った。そして人の移動に関しても、ブラジル政府との間に協力関係を結んだ。一九五三年、ポルトガル、ブラジル両国政府は、「友好諮問条約」を締結した。「ポルトガル・ブラジル共同体」という国際的な枠組の創設を基本的な目的として調印された同条約の第五条には、「両締結国政府は……、ポルトガル、ブラジルにおける出入国、居住、自由な移動を認めるであろう」との文言が、また第六条には、「片方の締結国政府がその領土において他の外国人に対して認めた恩恵は、結果的に他方の締結国の国民に対しても拡大される」との文言が含められた。

当時のポルトガル政府は、自国民の国外への移住一般については好意的な立場をとっていなかった（Santos 2004）。しかしことブラジルへの移住については、同国との外交関係を重視する立場から、上記のように寛容な姿勢を示した。ゆえにこの時期、ポルトガルからブラジルへの大規模な移住が生じたのである。

一九六〇年代に入ると、ブラジルへの移住が減少し、かわってフランス、西ドイツをはじめとした欧州諸国への移住が増加を示した。ポルトガル政府は、それら諸国への移住の抑制を試みたが、移住現象はなおも続いた。だがこのようにポルトガル移民の行き先が変化しても、ポルトガル政府のブラジルに対する熱意がただちに失われることはなかった。一九五三年に友好諮問条約に調印して以来、ポルトガル、ブラジル両国政府は、同条約のなかで約束された事項を具体化させるべく、数多くの協定を締結し、両国間の移住に関する諸権利のさらなる充実化を図った。

なかでも重要であったのが、一九七一年の「権利および義務の平等に関する協定（ブラジリア協定）」であった。同協定によって、「ブラジルにおけるポルトガル人およびポルトガルにおけるブラジル人は、各国の国民と平等の権利と義務を有する（第一条）」との原則が定められた。そしてその翌年、同協定をもとにした政令（政令第七〇‐四三六／七二号）がブラジル政府により制定されたため、外国人参政権をはじめとしたさまざまな権利がポルトガル移民に対して認められることとなった。

このようにポルトガル政府は、自国民の移住の主な目的地が欧州に変化したにもかかわらず、ブラジル政府に対して移住の分野における協力を求めていたのであるが、そうした働きかけの結果、締結された上記協定の内容は、相互主義の原則に基づき、当時はまだほとんど見られなかったポルトガルに滞在するブラジル人に対しても適用されることとなった（政令第一二二六／七二号）（Fernandes 1978）。

そしてそのようなブラジルに対する特別な意識は、同時期における彼らの国籍政策にも表出された。一九五九年、ポルトガル政府は、法律第二〇九八／五九号を制定し、およそ一世紀ぶりに国籍法を大幅に改正した。同法では、(1)領内で出生したすべての者（両親が外国政府の用務で滞在している場合を除く）や、(2)両親がポルトガル政府の用務で外国に滞在している間に出生した者だけでなく、(3)両親が外国に滞在している間に出生した者で、ポルトガル語を話す能力があり、ポルトガル市民として出生登録が行われ、領内に定住する予定である者にもポルトガル国籍が与えられると規定された。

また帰化については、それまでの法律において規定されていた内容以外に、ポルトガル語を話す能力が条件として加えられた。さらにポルトガル移民やその子孫については、要件を満たしていない場合であっても、政府の裁量によって帰化が認められる可能性を有すると規定された。これらの規則は、ブラジルで多くのポルトガル移民が生活しているという事実についての考慮から、血統主義の要素を取り入れ、制定したものにほかならなかった。

とはいえこの法律第二〇九八／五九号は、全体的には引き続き生地主義の要素が強く見られる内容であり、またその点こそが他の多くの欧州諸国の国籍法と比較した際、最も特徴的な部分でもあった。そしてそのような生地主義中心の内容も、同国のそれまでの国籍法と同様、植民地主義体制がとられていたという事実に起因するものであった。

この頃、ポルトガル政府は、ブラジル人人類学者ジルベルト・フレイレ（Gilberto Freyre）によって提示されていた「ポルトガル熱帯主義」の概念を利用し、自国を「多人種、単一民族国家」として定義していた（Castelo 1999）。フレイレは、先住民との混血の文化を伸張することに長けたポルトガル人は、共生に基づく植民地世界の創出が可能であると指摘し（Freyre 2001）、当時のポルトガル語圏社会に大きな衝撃を与えていた。ポルトガル政府は、そうした彼の議論を国籍政策に当てはめ、「人種」にかかわらず領土内で出生した者や長期間生活する者に対し、比較的容易に自国籍を与える内容の規則を維持した。それにより彼らは、国際連合において合意されていた「民族」自決の原則に反していないことを宣伝し、植民地支配を正当化しようとしていたのである。そのため同国の国籍法において、生地主義の要素も色濃く残されることとなったのである。

3　権威主義体制の崩壊と国籍政策

一九五八年、フランスや西ドイツ等、西欧六ヵ国により、EEC（欧州経済共同体）が創設された。加盟国間における財、資本、労働の自由な移動の実現を主たる目標として創設された同機関は、それから九年後の一九六七年、EC（欧州共同体）へと発展を遂げた。だがこのような欧州統合の進展にもかかわらず、ポルトガルのサラザール、カエタノ権威主義政権は、そうした動きに自国が加わることについて否定的な立場をとった。その理由は、アフリカ植民地への執着にあった。ECは、各加盟国の植民地を通商協力の対象地域として含んでいたため、もし同機関に参加した場合、自国の植民地の利益を他の加盟国に「奪われる」ことが予想された。そのため彼らは、自国のEC加盟に反対したのである。

だがこのように植民地帝国の存続に執着し、欧州統合への参加を拒んでいた政府に対し、やがて国内の社会各層から不満が生じるようになった。一九六一年に開始されたアフリカ植民地戦争により、多くのポルトガル人は、次第に植民地の維持は自国にとって利益にならないと考えるようになった。事実、一九五〇年の時点で、植民地は同国の貿易額全体の二〇％近くを占めていたが、一九七三年になると約一〇％にまで落ち込んでいた。また一九六〇年代以降、西欧諸国との通商関係が深まりを見せた。一九五〇年におけるEC諸国との貿易額は、全体の一〇％程度であったのに対し、一九七〇年には約二五％近くを記録するようになっていた。さらに一九七三年には、伝統的にポルトガルの貿易において高い割合を占めていたイギリスがECに加盟したため、EC諸国との貿易額は全体の四〇％を上回るようになった（Rosas 1994: 477）。こうしてポルトガル国内において、植民地主義に対する批判、ならびにECへの関心が高まった。そして一九七四年四月、そのような意識を代表した軍部により、クーデターが決行された。その結果、約四〇年間続いた権威主義体制は崩壊し、民主化過程が進展することとなった。

この政治体制の民主化は、同国の対外政策における優先順位の「大西洋」から「欧州」への移行を同時に意味していた。権威主義体制崩壊後、新たに発足した暫定政権は、アフリカの植民地の独立を相次いで承認した。さらに民主主義体制導入（一九七六年）ののち、政権を担当することとなった社会党のマリオ・ソアレス（Mário Soares）は、「欧州とともに」というスローガンを掲げ、自国のＥＣ加盟を国政における最優先課題として挙げた。そして一九七七年、ポルトガル政府は、ＥＣ（正式にはＥＥＣ、ＥＣＳＣ、ＥＵＲＡＴＯＭ）に対し、加盟申請を行った[8]。

このように大きな転換が図られた同国の対外政策であったが、そうした転換は、それまで大西洋との関係の影響が強く見られた同国の国籍制度に重大な変化をもたらすこととなった。その第一歩は、一九七五年の政令第三〇八－Ａ／七五号の制定とともに踏み出された。アフリカ植民地の独立は、旧宗主国系の人々と旧植民地系の人々を区別する必要性をもたらした。ゆえにポルトガル政府は、上記政令を制定し、これに対処した（Pires 2003）。同法の第一条では、(1)旧植民地諸国で生活する者で、ポルトガル本土（および独立していない島々）において出生した者や、(2)ポルトガル本土生まれの親を持ち、外国（旧植民地諸国を含む）で出生した者は引き続きポルトガル国籍を有すると規定された。他方、第四条では、上記に該当しない者で、旧植民地諸国で出生した者はポルトガル国籍を喪失すると規定された。

こうして権威主義体制崩壊後、旧宗主国の住民と旧植民地の住民の国籍上の区別を図ったポルトガル政府であったが、同国政府による国籍制度の革命は、その後もさらに続けられた。民主主義体制への移行後、同国の経済が安定化に向かうと、旧アフリカ植民地諸国から同国への移住現象が見られるようになった。また旧アフリカ植民地諸国以外の国々からも、徐々に移民が入国してくるようになった。そのため一九七四年の時点で三万二〇〇〇人であった同国の外国人数は、一九八〇年に五万一〇〇〇人、一九九〇年に一〇万八〇〇〇人、二〇〇〇年に二〇万八〇〇〇人と急激な勢いで増加した（表2、表3参照）。反対に、ポルトガルから他国への移住は次第に減少した。その結果、一九八〇年代に入った頃から、ポルトガルは、移民送り出し国ではなく移民受け入れ国であると認識されるようになった

表2　ポルトガルにおける外国人数の推移

1980年	50750	1995年	168316
1981年	54414	1996年	172912
1982年	58674	1997年	175263
1983年	67484	1998年	178137
1984年	73365	1999年	191143
1985年	79594	2000年	207607
1986年	86982	2001年	350898
1987年	89778	2002年	413487
1988年	94694	2003年	433650
1989年	101011	2004年	447155
1990年	107767	2005年	414659
1991年	113978	2006年	420189
1992年	123612	2007年	435736
1993年	136932	2008年	440277
1994年	157073		

表3　ポルトガルにおける主要な移民（入国）の出身国と全移民に占めるポルトガル語圏諸国出身者の割合

	1996年		2001年		2006年	
1	カボヴェルデ	39546	カボヴェルデ	55418	カボヴェルデ	65485
2	ブラジル	20082	ブラジル	52698	ブラジル	65463
3	アンゴラ	16282	ウクライナ	35830	ウクライナ	37851
4	ギニアビサウ	12639	アンゴラ	27627	アンゴラ	33215
5	イギリス	11939	ギニアビサウ	20819	ギニアビサウ	24513
ポルトガル語圏諸国出身者の割合		56%		48%		47%

表2、表3ともにポルトガル外国人・国境局（Serviços de Estrangeiros e Fronteiras）統計をもとに作成

（Freeman 1995）。

　こうした移民受け入れ国への移行にともない、ポルトガル政府は、外国人関連法を整備する必要に迫られた（表4参照）[9]。そしてその一環として彼らは、一九八一年、新たな国籍法を制定した。法律第三七／八一号である（Ramos 2000）。同法によりポルトガルの国籍制度は、それまでの伝統に反し、血統主義が優位なものへと変容することとなった。すなわち、(1)ポルトガル人の父または母を持つ者で領内に出生した者や、(2)ポルトガル人の父または母を持つ者で、国外で出生したものの、市民登録局において出生届を提出している者はポルトガル国籍を有するとされた。(3)領内に連続して六年以上居住している者を

表４　1976 年以降の主要な移民関連法（国籍に関するものを除く）

1982 年	政令第 264−B/81 号	外国人の入国、滞在に関する一般規則
1987 年	政令第 267/87 号	EC 加盟国国民の入国、滞在に関する一般規則
1992 年	政令第 212/92 号	不法移民の特別合法化
1993 年	政令第 59/93 号	外国人の入国、滞在に関する一般規則
	政令第 60/93 号	EU 加盟国国民の入国、滞在に関する一般規則
1996 年	法律第 17/96 号	不法移民の特別合法化
	政令第 3−A/96 号	移民難民・少数民族問題担当高等弁務官事務局の設置
1998 年	政令第 244/98 号	外国人の入国、滞在に関する一般規則
2001 年	政令第 4/01 号	外国人の入国、滞在に関する一般規則
2003 年	政令第 34/03 号	外国人の入国、滞在に関する一般規則
2007 年	法律第 23/23 号	外国人の入国、滞在に関する一般規則

親として持つ外国人の子もポルトガル国籍を有すると規定され、生地主義の要素も一定程度残されたとはいえ、かつての国籍法と比較した場合、血統主義が優位な内容となったことは明らかであった。

また帰化についても、必要な居住期間が三年から六年に延長されるなど、ポルトガル人の血統を有さない者にとってより厳格な規定に変更され、この点においても生地主義からの退行が図られた。このようにポルトガル政府は、権威主義体制崩壊後の対外関係の変化、およびそれにともなう国内社会の変容とともに、長きにわたり維持してきた生地主義優先の国籍制度に大幅な変更を加えたのである。

4　国籍政策の欧州化

さらに一九八六年、ポルトガルは、念願であったＥＣへの加入を実現させた。この欧州統合過程への参加は、同国の国籍制度に追加的な変化をもたらすことになった。ＥＣおよびその後身であるＥＵは、一九六〇年代後半以降、加盟国間の人の自由移動に関する協力を漸進的に発展させていた。とりわけ一九九三年のマーストリヒト条約において、「ポストナショナル」な市民権とも呼ばれる「ＥＵ市民権」が導入されたことにより（Soysal 1994）、同分野における加盟国間の協力は大きく進展した。このＥＵ市民権の導入により、加盟国国民は、自らの出身国以外の加盟国においても、外交官等を除く公職への就任権や、欧州議会選挙や地方自治体議会選挙における選挙権、被選挙権を有するようになるなど、多くの社会的な権利が認められるようになった。

　また一九八五年、一部の欧州諸国間で、国境規制のない移動を可能にすべく、シェンゲン協定が締結されたが、一九九八年、アムステルダム条約の発効とともに、同協定の内容がＥＵの法体系に挿入されることとなった。これにより、ＥＵ域内における人の移動はさらに自由化された[10]。

　以上のような市民権や人の移動の分野における統合の進展は、国籍政策を含む関連領域における加盟国間の協調や収斂を促した[11]。たとえば一九九七年、ＥＵと密接な関連性を保ちつつ発展してきた欧州におけるもう一つの統合機関、欧州審議会（ポルトガルを含む全てのＥＵ加盟諸国が参加している）において、「欧州の国籍に関する協約」が調印された。同協約では、「参加国の国籍に関する規則には、性、宗教、人種、肌の色または民族的、種族的出自に基づく差別に相当する区別や慣行が含められてはならない」（第五条第一項）等の条項が定められた[12]。これは、ただちに法的拘束力を持つものではなかったとはいえ、明らかに欧州諸国間における国籍法の近似化を意味するものであった。

　こうした流れのなかで、ポルトガル国内においても、国籍制度の「欧州基準」への適応が図られた。ＥＣ加盟後のポルトガル経済は、同機関からの補助金の受領やその他の加盟国との通商関係の進展等により、概して順調な発展を遂げた。一九八五年の時点で、ＥＣ諸国との貿易がポルトガルの貿易額全体に占める割合は四五・七％であった。しかし一九九二年には七三・八％にまで上昇し、それとともに同国のＧＤＰも、一九八六年から一九九四年にかけて年平均三・一％という高い成長率を記録した（Lopes 1998: 164）。

　このような経済の次元における欧州との関係の深化、およびそれにともなう経済成長は、社会構造における他の欧州諸国への同型化を促進した。移民の入国の増加もその一つであった。そしてそのような急速な変化に対応すべく、法的な側面における他の欧州諸国への協調や収斂の必要性が高まったのである（Hansen & Weil 2001）。

　そのためポルトガル政府は、一九八七年の政令第二六七／八七号や一九九三年の政令第六〇／九三号によってマーストリヒト条約までの協力内容を、一九九八年の政令第二四四／九八号によってアムステルダム条約における協力内容を自国の法体系に組み入れ、自国の規則をＥＵ域内自由移動制度に適応させた。また一九九三年の政令第五九／九三号の制定により、自国に入国したＥＵ域外出身者が他の加盟国に大量に移住する事態が生じないよう、域外からの

表5　法律第25/94号（抜粋）

第1条（第1項）	以下の者は出生の時点でポルトガル人である。 (a) ポルトガル領内に出生したポルトガル人の母または父の子、およびポルトガル政府の用務で外国に滞在するポルトガル人の母また父の子で、その地で出生した者 (b) 外国で出生したポルトガル人の母または父の子で、ポルトガルで出生登録を行ったか、ポルトガル人となることを希望することを宣言した者 (c) ポルトガル領内で出生した外国人を両親とする子で、外国政府の用務で滞在しておらず、ポルトガル人となることを希望する者。なおかつ、出生の時点で両親のうちいずれかが、ポルトガル語公用語権諸国の国民の場合、6年以上まえから、それ以外の国の国民の場合、10年以上前から居住している者。 (d) ポルトガル領内で出生した者で、他の国籍を有していない者
第6条（第1項）	ポルトガル政府は以下の要件をすべて満たす外国人に対し、帰化によりポルトガル国籍を付与する。 (a) ポルトガル法において成人である者 (b) ポルトガル領内に、滞在許可証を保持し、居住する者で、ポルトガル語公用語諸国の国民の場合、最低6年、それ以外の国の国民の場合、最低10年居住している者 (c) ポルトガル語を十分に理解する者 (d) ポルトガル人コミュニティとの有効な繋がりを証明できる者 (e) ポルトガル法において刑罰を受けていない者 (f) 十分な生活手段を有している者

新たな移民の入国を厳しく制限した[13]。

そして国籍に関しても、一九九四年、ポルトガル政府は、法律第二五／九四号を制定した。同法により、たとえば両親が外国人で領内において出生した者がポルトガル国籍を取得する場合、両親の滞在期間の要件が一〇年に延長され、さらにその滞在が合法なものであることが条件とされるなど、外国人のポルトガル国籍の取得がいっそう困難なものとなった（表5参照）。それによりポルトガル政府は、多くの外国人が帰化とともにEU市民権を取得し、他の加盟国においてその権利を行使するのを抑制しようとしたのである。

欧州統合に関する研究では、EUの次元において公式、非公式を問わず形成された制度や基準の各加盟国への浸透の過程を言い表すための概念として、「欧州化」という用語が広く用いられているが[14]、上記のような国籍政策における協調や収斂も、まさにそうした欧州化の過程の一種であった。さらに言えば、そもそも国籍制度における血統主義の原則は、大部分の欧州諸国において採用されていたものであった。その意味では、権威主義体制崩壊後に見られた生地主義から血統主義への優先順位の変化が、同国の国籍政策の欧州化のそもそもの起点であったと理解することができよう。

5　現在の国籍政策

以上のようにポルトガル政府は、権威主義体制崩壊後、国籍制度の大幅な再編を実施した。そしてそのような規則の変更は、対外政策の基本方針において「欧州」が選択されたことに由来するものであった。とはいえそうした欧州への方向転換は、「大西洋」における特別な関係の放棄を意味するものではなかった。アフリカ旧植民地諸国との密接な関係は、それらの独立とともに途絶えたわけではなかった。それらの国々との緊密な関係は、EUの深化の過程が進展している今日もなお続けられている。またブラジルについても、引き続き親和的な関係が保たれている。

そうした旧植民地諸国との特別な関係の継続を最も象徴的に示しているのが、一九九六年のCPLP（ポルトガル語諸国共同体）の創設である。ポルトガル、ブラジル、およびアフリカの五ヵ国（アンゴラ、カボヴェルデ、ギニアビサウ、サントメプリンシペ、モザンビーク）のポルトガル語圏諸国の間で設立された同機関では（のちに東チモールも加盟）、経済協力やポルトガル語の普及等、種々の活動が行われている（Pinto 2006）。

このような状況から、ポルトガル政治研究者の間では、一九七〇年代中盤に生じた対外政策における大西洋から欧州への転換は、二者択一の状況下での欧州の選択を意味するものではなく、大西洋との関係を否定することなしに行われた基本方針における優先順位の変化であったと認識されている（Teixeira 1998）。

そしてそのような対外関係の状況は、やはり同国の国籍政策に反映された。ポルトガル政府は、ポルトガル語圏諸国出身の非合法移民を優先的に合法化するなど、移民政策においてそれら諸国出身者に対してしばしば優遇措置をとってきたが（西脇 二〇一〇）、そうした特別待遇が国籍付与の面にまで及ぶこととなったのである。

表６　帰化申請許可者数の推移

	2001年	2002年	2003年	2004年	2005年	2006年	2007年
帰化申請許可者	956	1136	2043	805	1655	7662	6020
ポルトガル語圏諸国出身者	869	1058	1862	748	1527	7198	5547
ポルトガル語圏出身者の割合	91%	93%	91%	93%	92%	94%	92%

ポルトガル外国人・国境局統計をもとに作成

国籍付与の面における旧植民地諸国出身者への優遇措置は、すでに紹介した法令第二五／九四号のなかではっきりと規定されている。同規則では、ポルトガル国内で出生した外国人を両親として持つ者がポルトガル国籍を取得するためには、両親のうちいずれかが最低一〇年間領内で生活していることが必要とされているが、両親のうちいずれかがポルトガル語圏諸国出身者の場合、六年間居住するだけで国籍取得の可能性を有するとの例外が設けられている。

二〇〇一年から二〇〇五年にかけての同国の帰化申請許可者数は、各年一〇〇〇－二〇〇〇人程度であったが、いずれの年においても、ポルトガル語圏諸国出身者が全体の九〇％以上を占めていた（表６参照）。同時期におけるポルトガル語圏諸国出身移民の全移民に占める割合は五〇％程度であったことから、上記のようなポルトガル語圏諸国出身者に対する特例措置は、移民の国籍取得の傾向に少なからず影響を及ぼしてきたものと考えられる。

こうした旧植民地諸国出身の移民に対する特別待遇は、古くから継続的に行われてきたものである。先に示した通り、ポルトガル政府はまだ権威主義体制であった時代から、当時、唯一の旧植民地国であったブラジルからの移民を例外とみなし、優遇措置をとっていた。その後、権威主義体制が崩壊し、アフリカ植民地が独立すると、優遇措置の対象は、それら諸国にまで拡大していくこととなった。一九七六年に制定されたポルトガル共和国憲法には、以下の条文がある。「ポルトガル語圏諸国の国民には……、主権機関、政府機関、地方自治機関、国軍、外交における官職への就任を除き、外国人とはみなされない諸権利が与えられる（第一五条第三項）。」

このような大西洋に対する特別待遇は、対外政策と同様、やがて固定的な規則や習慣

表7　基本法第2/06号（抜粋）

第1条（第1項）	以下の者は出生の時点でポルトガル人である。 (a) ポルトガル領内に出生したポルトガル人の母または父の子 (b) ポルトガル政府の役務で外国に滞在するポルトガル人の母また父の子で、その地で出生した者 (c) 外国で出生したポルトガル人の母または父の子で、ポルトガルで出生登録を行ったか、またはポルトガル人となることを希望することを宣言した者 (d) ポルトガル領内で出生した外国人を両親とする子で、少なくともそれら両親のいずれかが、この地で出生し、居住している者 (f) ポルトガル領内で出生し、外国政府の用務で滞在していない外国人を両親とする子で、出生の時点で両親のうちいずれかが少なくともその5年以上前から合法的に居住している者 (g) ポルトガル領内で出生した者で、他の国籍を有していない者
第6条（第1項）	ポルトガル政府は以下の要件をすべて満たす外国人に対し、帰化によりポルトガル国籍を付与する。 (a) ポルトガル法において成人である者 (b) ポルトガル領内に合法的に6年以上居住する者 (c) ポルトガル語を十分に理解する者 (d) ポルトガル法において、裁判の判決に基づき、最長3年と同等かそれ以上の懲役を伴う刑罰を受けていない者

として「制度化」され（March & Olsen 1989）、欧州化が進展するその後の時代においても継続的に意味を持った。その結果、上記のようなポルトガル語圏諸国出身者を優遇する国籍政策がとられることとなったのである。

ところが近年になって、新たな変化が生じた。一九九〇年代末頃から、ウクライナ等、それ以前にはほとんど見られなかった国からポルトガルへの入国者数が急増した。それら移民の多くは、EU域内自由移動制度を利用し、他の加盟国を経由する形でポルトガルに入国してきていた。すなわちそうした東欧諸国からの移民の急増は、欧州統合の進展の結果として生じた現象であった。

こうした欧州統合のさらなる深化、およびそれにともなう自国社会の変容について考慮したからか、二〇〇六年、ポルトガル政府は、新たな国籍法を制定した。基本法第二／〇六号である。同法では、ポルトガル語圏諸国出身者に対する積極的差別が廃止され、両親のうちいずれかが五年間領内に合法滞在していれば、両親がどこの国の出身であっても、その子は出生の時点でポルトガル国籍を取得できるようになった。また帰化についても、どこの国の出身であれ、六年間合法滞在をしていれば承認される可能性を有するようになった（表7参照）。

同法の制定後、帰化申請許可者数は大幅に増加しているが、その内訳を見ると、相変わらずポルトガル語圏諸国出身者が圧倒的大部分を占めている。しかし少なくとも制度上は、大西洋の旧植民地諸国出身者に対する特別待遇が解消され、他の欧州諸国の制度への収斂が進んでいることは紛れもない事実である。

おわりに

本章では、ポルトガルの国籍政策の変遷過程について、同国の対外関係との関連性に注目しながら考察を行った。一九七〇年代までの同国の国籍法は、生地主義的特徴であれ、血統主義的特徴であれ、（旧）植民地（国）に対する特別な意識が反映されたものであった。また権威主義体制の崩壊以降も、対外政策においては、旧植民地諸国との特別な関係を否定しない形での欧州諸国への接近という基本的立場が歴代のポルトガル政府によってとられてきたが、国籍政策においてもやはりそうした基本的立場に立脚した旧主国国民値諸国出身者の帰化に関する優遇措置がとられてきたことが確認された。

だが近年になって、基本法第二／〇六号の制定により、旧植民地諸国に対する特恵的な措置が廃止されることとなった。制度化された大西洋との関係が解け、他の欧州諸国への接近がいっそう進展した結果、新たな国籍政策がとられることになったのである。

このように西欧の一国ポルトガルでは、旧植民地諸国や欧州諸国を中心とした対外関係が、同国における国籍政策の決定において多大な影響を及ぼしてきたことが明らかになった。ポルトガルに限らず、多くの国々の歴史において、対外関係は重要な部分を構成している。それら諸国の国籍法も、程度の差こそあれ、国民国家の「外部」からの影響を強く受けつつ変化を遂げてきたものと考えられる。

もし個人の「公的な」アイデンティティを規定する行為が国籍政策であるとするならば、そうしたアイデンティティは、国民や国家という一定の集合や領域の内部の歴史、文化、利害関係が単純に反映されたものではない。そうしたアイデンティティは、同時に「超国民国家的」な相互行為の影響を受け、規定されるのである。

現在はもちろん、歴史的にも国民国家が絶対的な集合や領域でないことは、すでに多くの研究のなかで論及されている（Gellner 1983）。だがそれにもかかわらず、近現代の国籍政策に関するこれまでの議論では、国民国家との関連性ばかりが強調されることが多かった。しかし今後は、そうした集合や領域の「外部」、すなわち対外関係にも同時に関心を払いながら分析を行う必要があると言えよう。

†注

［1］本章とは関心が異なるものの、ポルトガルの国籍政策の変遷過程について論じている先行研究に、Ramos（1992, 2000）、およびBaganha & Sousa（2006）がある。

［2］ポルトガルにおいて最初に国籍に関する規則が設けられたのは、一六〇三年のフィリペ王（D. Filipe）勅令の時点である。しかし同勅令は、国民の基本的な権利や義務を明確に規定したものではなかった。

［3］欧州主要国の国籍制度の一般的な特徴や制定の背景については、Hansen & Weil（2001）や Bauböck, et al.（2006）を参照。

［4］本章において記載されているポルトガルの法律は、同国の官報である *Diário do Governo* および *Diário da República* に記載されている内容を参照している。

［5］ポルトガル・ブラジル関係の歴史一般については、西脇（二〇一一）を、また人の移動に関する両国の関係については、Westphalen & Balhana（1993）を参照。

［6］この点について、柄谷（一九九七）はイギリス帝国の、蘭（二〇〇八）は日本帝国の事例をもとに議論を行っている。

［7］ポルトガル外交史料館（Arquivo Histórico Diplomático）史料 P2・M39　一九五三年四月九日付回章第八号添付資料「欧州連邦に関する政策」の一部。

［8］ポルトガルの民主化およびEC加盟の詳細については、西脇（二〇一二）を参照。

［9］ポルトガルの移民政策の詳細については、西脇（二〇〇九、二〇一〇）を参照。

［10］EUの市民権、および人の移動に関する政策の詳細に関しては、稲葉（二〇〇一）、岡部（二〇一〇）、若松（二〇〇三）、Hansen & Hager（2010）を参照。

［11］EUは、マーストリヒト条約付属の「加盟国の国籍に関する宣言」のなかで、国籍の決定権は各加盟国が有すると規定している。しかし Guild（1996）では、市民権と国籍は同一ではないものの、相互に影響を与え合っているものであることから、市民権が超国家的な枠組において規定されている以上、国籍政策の決定も、実質的には国家による専権事項ではないと指摘されている。

［12］欧州の国籍に関する協約の詳細については、奥田・館田（二〇〇六）を参照。

［13］一九七〇年代中盤以降、多くのEU諸国は、移民の新規入国を制限するかわりに、すでに滞在している移民の統合を促進する方針をとるようになった。ポルトガル政府もそうした傾向に従ったものと考えられる（西脇 二〇〇九）。

［14］欧州化の概念については、Olsen（2002）を参照。またポルトガルの政治制度一般の欧州化の事例については、横田（二〇〇三）のなかで論じられている。

†文献

【日本語文】

蘭信三編（二〇〇八）『日本帝国をめぐる人口移動の国際社会学』不二出版。

稲葉奈々子（二〇〇一）「EUと移民政策」宮島喬・羽場久美子編『ヨーロッパ統合のゆくえ――民族、地域、国家』人文書院、一三七－一六三頁。

岡部みどり（二〇一〇）「人の移動管理分野の欧州統合――複数の国境概念とEUを主体とする国際秩序」木畑洋一・後藤春美編『帝国の長い影――二〇世紀国際秩序の変容』ミネルヴァ書房、九三－一二四頁。

奥田安弘・館田晶子共訳（二〇〇六）「ヨーロッパ国籍条約（一九九七年）」奥田安弘編訳『国際私法・国籍法・家族法資料集――外国の立法と条約』中央大学出版部、九二－一二四頁。

柄谷利恵子（一九九七）「移民政策と国民国家――イギリス帝国の衰退と一九六二年コモンウェルス移民法をめぐる議論」小倉充夫編『国際移動論――移民・移動の国際社会学』三嶺書房、一二九－一五六頁。

西脇靖洋（二〇〇九）「ポルトガルの移民政策についての一考察――大西洋と欧州の間で（上）」『上智ヨーロッパ研究』第一号、一〇五－一二〇頁。

——（二〇一〇）「ポルトガルの移民政策についての一考察——大西洋と欧州の間で（下）」『上智ヨーロッパ研究』第二号、七五－八八頁。

——（二〇一一）「ポルトガル・ブラジル関係の歴史と現状——関係発展の経緯と要因」『イベロアメリカ研究』第三七巻第二号、六七－八四頁。

——（二〇一二）「ポルトガルのＥＥＣ加盟申請——民主化、脱植民地化プロセスとの交錯」『国際政治』第一六八号、二九－四三頁。

横田正顕（二〇〇三）「現代ポルトガル政治における「ヨーロッパ化」のジレンマ」日本比較政治学会編『ＥＵのなかの国民国家——デモクラシーの変容』早稲田大学出版部、四七－七二頁。

若松邦弘（二〇〇三）「欧州連合による移民政策」小井土彰宏編『移民政策の国際比較』二一九－二四三頁、明石書店。


【欧語文】

Baganha, M. I. (1998) Portuguese Emigration after World War II. In Pinto, A. C. (ed.) *Modern Portugal*, pp. 189–205, California, SPOSS.
Baganha, M. I. & Sousa, C. U. (2006) Portugal. In Bauböck, R. et al. (eds.) *Acquisition and Loss of Nationality Vol. 2, Country Analysis*, pp. 435–476, Amsterdam, Amsterdam University Press.
Bauböck, R. et al. (eds.) (2006) *Acquisition and Loss of Nationality Vol. 2, Country Analysis*. Amsterdam, Amsterdam University Press.
Brubaker, R. (1992) *Citizenship and Nationhood in France and Germany*. Harvard, Harvard University Press（佐藤成基・佐々木てる訳『フランスとドイツの国籍とネーション——国籍形成の比較歴史社会学』明石書店）.
Castelo, C. (1999) *O Modo Português de Estar no Mundo, O Luso-Tropicalismo e a Ideologia Colonial Portuguesa*. Lisboa, Afrontamento.
Fernandes, A. M. (1978) *O Direito da Igualdade entre Portugal e Brasil*. São Paulo, Juriscrédi. 1978.
Freeman, G. P. (1995) Modes of Immigration Politics in Liberal Democratic States. In *International Migration Review*, 29–4, pp. 881–902.
Freyre, G. (2001) *Casa Grande e Senzala*. Recife, Fundação Gilberto Freyre（鈴木茂訳『大邸宅と奴隷小屋——ブラジルにおける家父長制家族の形成 上・下』日本経済評論社）.
Guild, E. (1996) The Legal Framework of Citizenship of the European Union. In Cesarani, D. & Fulbrook, M. (eds.) *Citizenship, Nationality and Migration in Europe*, pp. 30–54, London, Routledge.
Gellner, A. D. (1983) *Nations and Nationalism*. New York, Corell University Press（加藤節監訳『民族とナショナリズム』岩波書店）.
Hammer, T. (1990) *Democracy and the Nation State, Aliens, Denizens and Citizens in a World of International Migration*. Aldershot,

Ashgate（近藤敦監訳『永住市民と国民国家』明石書店）.
Hansen, P. & Hager, S. B. (eds.)（2010）*The Politics of European Citizenship, Deepening Contradiction in Social Right and Migration Policy*. New York, Berghahn Books.
Hansen, R. & Weil, P. (eds.)（2001）*Towards a European Nationality, Citizenship, Immigration and Nationality Law in the EU*. London, Palgrave.
Lopes, J. S.（1998）*A Economia Portuguesa desde 1960*. Lisboa, Gradiva.
March, J. & Olsen, J. P.（1989）*Rediscovering Institutions, The Organizational Basis of Politics*. New York, Free Press（遠田雄志訳『やわらかな制度——あいまい理論からの提言』日刊工業新聞社）.
Olsen, J. P.（2002）The Many Faces of Europeanization. In *Journal of Common Market Studies*, 40, pp. 921–952.
Pinto, J. F.（2006）*Do Império Colonial à Comunidade dos Países de Língua Portuguesa, Continuidades e Descontinuidades*. Lisboa, Instituto Diplomático.
Pires, R. P.（2003）*Migrações e Integração*. Oeiras, Celta.
Ramos, R. M. M.（1992）*Do Direito Português da Nacionalidade*. Coimbra, Coimbra Editora.
——（2000）Migratory Movements and Nationality Law in Portugal. In Hansen, R. &Weil, P. (eds.) *Towards a European Nationality, Citizenship, Immigration and Nationality Law in the EU*, pp. 214–229, London, Palgrave.
Rosas, F.（1994）*História de Portugal VII, O Estado Novo*. Lisboa, Estampa.
Santos, V.（2004）*O Discurso Oficial do Estado sobre a Emigração dos Anos 60 a 80 e Imigração dos Anos 90 à Actualidade*. Lisboa, Alto Comissariado para a Imigração e Minorias Étnicas.
Soysal, J. N.（1994）*Limits of Citizenship, Migrants and Postnational Membership in Europe*. Chicago, Chicago University Press.
Teixeira, N. S.（1998）Between Africa and Europe, Portuguese Foreign Policy. In Pinto, A. C. (ed.) *Modern Portugal*, pp. 60–87, California, SPOSS.
Westphalen, C. M. & Balhana, A. P.（1993）Política e Legislação Imigratórias Brasileiras e a Imigração Portuguesa. In Silva, M. B. N. et al. (eds.) *Emigração e Imigração em Portugal, Actas do Colóquio Internacional sobre Emigração e Imigração Séc XIX–XX*, pp. 17–25, Lisboa, Fragmentos.

第12章

国籍とアイデンティティのパフォーマティヴィティ
――個別引揚者と「中国残留日本人」の語りを事例に

南　誠

はじめに

自己とは何か。自己のアイデンティティとは何か。アイデンティティの固定化と成熟化を煽る「アイデンティティ強迫」（上野 二〇〇五）の言説は、現代社会の至る所に浸透している。だがそもそも一貫性のあるアイデンティティとは、誰にとって必要なのか。そのようなアイデンティティはどのようにして成立するのか。アイデンティティを問うていけば、このような問題意識は枚挙にいとまがない。その中でも、アイデンティティの成立における法的制度の役割は、多くの論者が認めるところである。しかしアイデンティティに関して議論する際には、アイデンティティを主観的なものであると見なし、法的カテゴリーの役割が充分論じられていない（トーピー 二〇〇八：一二）。そもそも法的な成文化によって制度的な基盤が与えられていなければ、そのカテゴリーに関する意識も存在しない。だが当事者がこれらのカテゴリーで主観的に考えるのかどうかは、未解決の実証すべき問題である（トーピー 二〇〇八：一二）。本稿の問題意識は、この「未解決の実証すべき課題」に通じている。以下は、個別引揚者と「中国残留日本人」（以下残留日本人）を事例として、法的カテゴリーの形成が当事者にいかなる影響を与え、また当事者がどのようにアイデンティティのパフォーマティヴィティを実践しているのかについて検討してみたい。

1　国籍・カテゴリー化とアイデンティティ

1―1　カテゴリー化とアイデンティティのパフォーマティヴィティ

二〇〇八年四月から、「中国残留日本人」の支援策が改善され、基礎年金の支給や、中国への墓参りや肉親訪問の規制が緩和された。この政治的解決にともなって、二〇〇二年から始まった国家賠償訴訟運動が終結し、新聞には「やっと本当の日本人になれた」という残留孤児の言葉が多く取り上げられた。「日本人である」ことは、制度や社会運動の場だけではなく、個々人のライフ・ストーリーにおいてもよく語られる。そのため、残留日本人のアイデンティティはしばしば「日本人である」ことを前提に議論される。だが、これらの語りが単に個々の持つアイデンティティを表現したものだとみなされるとき、日本社会において構築されたものであり、その過程における国籍といった法的地位の機能が看過されている。

世界人権宣言には自国に帰る権利（一三条）や国籍を持つ権利（一五条）が含まれている。しかし国籍の付与に関する宣言はなく、付与するか否かは各々の国民国家に委ねられている。そのため、誰に国籍を与えるか、誰を国内に受け入れるかは、その国の法制度に拠るほかない。残留日本人はこのような国民国家の権力によって、日本国民という範疇から排除／包摂され、翻弄されてきた人たちである。彼（女）らの救済を目的とする民間団体がおこなった社会運動と国民国家の権力との折衝過程で、「中国残留邦人等」という法的カテゴリーは生成したのである。ここでは、残留日本人の法的カテゴリーの形成や、本章の分析枠組みについて概説しておきたい。なお、行政レベルでは「中国残留邦人等」という呼称が使われているが、本章は引用を除いて、残留日本人を用いる[1]。

残留日本人という呼称が日本社会に普及したのは、一九八〇年代に入ってからである。この呼称を通じて、残留邦人という法的主体が産出されていった。その過程で、残留日本人という呼称が認知的カテゴリー（片桐 二〇〇六）として社会的に定着したのである。この過程において行政の役割が大きかったことは、いうまでもない。そもそもこの法的カテゴリーは、残留日本人を管理するために、創造されたものである。その定着過程において、棄民や戦争被害者といった言説が付与されていったのである（南 二〇〇七）。

法的定義によれば、残留日本人は次のような人々を指している。第一に、一九四五年九月二日以前から引き続き中国に居住し、日本国民として本邦に本籍を有する者。第二に、第一の者を両親として同月三日以後に出生し、引き続き中国に居住している者。第三に、これらの者に準ずる事情にある者として厚生省で定める者。だが社会的に認識されるのは、第一グループの人々のみである。他のグループはほとんど問題視されない。筆者が研究対象としているのも、主にこのグループである。

このように、法的定義は、中国に留まった時点を分岐点としている。日本に永住帰国した時期については、触れていない。この定義に従って言えば、一九四五年九月二日以降中国に居住している日本人であれば、すべてが残留日本人となる。しかし、残留日本人に関する行政のデータは、一九七二年以降の者のみ集計されている。社会的にも、一九七二年より前に、日本に永住帰国した人を残留日本人と呼ぶことはほとんどない[2]。その時代には、残留日本人という呼称がそもそも存在せず、彼（女）らは通常引揚者と呼ばれている。こうして考えると、残留日本人とは実際には、一九四五年以後も引き続き中国に居住した者で、かつ一九七二年以降に日本に永住帰国し、あるいは中国に居住し続けた者を指している。このようなカテゴリーが当事者のアイデンティティにどう影響したのか。それを考えるにあたって、一九七二年以前に永住帰国した個別引揚者と、それ以後に永住帰国した残留日本人のライフ・ストーリーを手掛かりに検証してみたい。両者のアイデンティティのパフォーマティヴィティの相違を比較考察することで、残留日本人というカテゴリーが当事者のアイデンティティに与える影響も明らかになる。

比較するにあたり、アイデンティティを本質的なものではなく、社会的／政治的に構築されたアイデンティティ・カテゴリーの結果だと考えられる「表出」によってパフォーマティヴに構築されたものである（バトラー 二〇〇五）、と捉える。その過程における当事者は、すでにあったアイデンティティ・カテゴリーに制限されながらも、自らの位置取り（ホール 二〇〇一：一二）を通じて、アイデンティティを模索している。それらのアイデンティティは、発話行為や自己物語化によって実現されていく。語られる物語は生きられる人生をも規定し、両者は互いに密接に関連し、相互依存する事で成り立っている（バウマン 二〇〇八：一六－一八）。本稿は、このような視角に依拠して、当事者がどのように国籍といった法的地位を認識し、自己の過去や将来を物語っているのかについて考察する。それぞれのライフ・ストーリーに入る前に、まず残留日本人の国籍とアイデンティティの関係について敷衍しておきたい。

1―2　「中国残留日本人」の国籍問題とアイデンティティ

残留日本人は本来ならば、日本国籍を保持していたにもかかわらず、「帰国」や支援を受けるのに、日本国籍を再取得（確認）する人が多い。また中国での「残留」は日本帝国の崩壊と戦後の国際情勢が原因であると解釈されがちであるが、問題は決してそれほど単純ではない。戦後の日本政府は、法制度とりわけ国籍制度を用いて、残留日本人らの移動を管理／制限していたのである。その制度によって、残留日本人らの「日本国民」という法的地位がないがしろにされてきた。

国籍は対外的に自己を証明するものであり、また国境を越えて移動する際には、国籍に基づいて発給されるパスポート（渡航証明書も含む）が必要不可欠である。一九七二年以後に永住帰国した残留日本人はそれまでの間、このような国籍制度、厳密に言えば国籍を証明する戸籍によって移動が制限されていた。つまり日本戸籍保持者であることを証明しなければ、日本へ帰還することができなかったのである。だがその間にも残留日本人のほとんどは「未帰還者特別措置法」によって死亡宣告され、戸籍が抹消されるか、自己の意思で残留したと認定されて、支援対象から外されていた。または中国人の家に入った時、幼少であったため、自分の肉親がわからない人は戸籍を確認できず、日本への帰還が不可能であった。このような制度的拘束は、一九八〇年代まで続けられた。

一九八一年、肉親がわからない孤児たちに対して、肉親捜しを援助するための訪日調査が開始された。従来の戸籍制度に基づく管理政策の継続であったが、肉親が判明しない孤児の永住帰国問題や、肉親が判明しても永住帰国できない孤児や、肉親誤認をめぐる悲劇などの新たな問題が浮き彫りになった。問題解決のために行われたのは、一般的に言う国籍取得運動であった。しかしこれは法的には国籍取得ではなく、国籍確認と呼ぶのが正しい。約千人以上の孤児が中国にいながら就籍手続きを経て、日本戸籍を作成して、永住帰国したと推測される（中国残留孤児の国籍取得を支援する会 二〇〇〇、菅原 一九九八、竹川 二〇〇二）。こうした国籍取得の過程で、残留日本人らの「日本人」「犠牲者」といったアイデンティティ物語が構築されたのである。

戦後の日本政府は、中国との国交がなかった時期において、中国に居住する日本人らの中国国籍の取得を「中国当局の逮捕を恐れて」の危機回避のための手段と見なして、日本国籍の離脱を認めていなかった（南 二〇〇九）。このような政策によって、戸籍が抹消された残留日本人らが日本国籍を取得（確認）する場合には、すでに行っていた中国国籍の取得が「危機回避」であることを立証しなければならなかった。言い換えれば、中国での生活が「危機」ないし「悲惨」状態であり、自己がいかにそれを強いられたのかを語る必要があったのである。そのため、国籍取得の際、中国人の家庭に入ったのは「戦乱」や「売られた」といった外的な要因によるもので、その後の生活は「悲惨」で、「日本人」であるがゆえに差別や苦労が絶えなかったといった物語が表出されている。

こうした語りは、国籍取得だけではなく、国家賠償訴訟といった場においてもよく見られる。これらの語りは、残留日本人のアイデンティティ物語として注目を集めている。しかし、実際の聞き取り調査では、当事者が語るストーリーは必ずしもこの限りではない。たとえば、残留婦人高橋はる（仮名）のケースが示唆的である。

高橋は一九四〇年に渡満して、現地に入植していた開拓団民と結婚した。その後、夫は召集され、戦死した。一九四五年の敗戦時、彼女は現地の人に救われて、その人と再婚した。一九五〇年代に中国国籍を取得して、日本に永住帰国する時も中国旅券を使っていた。帰国してからは、法務局の指示で、自己の志望によって中国国籍を取得したため日本国籍を喪失したとして、除籍手続きを取った。その後、この決定を不服に思った高橋は、国籍確認請求訴訟を提訴したのである。

法廷内での争点は、中国国籍の取得が自己の志望であったかどうかであった。結果は高橋の全面勝訴であったが、法廷では、「強迫」と「悲惨」の物語が主張された。たとえば、中国人の家庭に入ったのは「売られた」からであり、戦後の中国では日本人として差別を受けて苦労していた。中国国籍を取得したのは、公安局外事課担当者に勧められて断るには断れない情況だったからであると述べた。しかし、聞き取りの場では、中国人に救われ、中国での生活は貧しかったが、「幸せ」だったとも語られた。

このように、法的地位が問われる場において、当事者は、法的カテゴリーが要求する物語に沿って自己を語っている。そうではない場においては、異なる物語化の試みも見られる。以下の事例分析は、こうした異なる場での実践にも注目しながら、考察していく。

2　個別引揚者西条正の事例

個別引揚者西条正は、一九四五年一月一日満洲北安省に生まれた。父・西条政為は親兄弟と一緒に、一九四〇年新潟の寒村から満洲へ入植した。母・西条春江は一九四三年二月（当時二〇歳）現地に渡って父と結婚した。父は一九四五年八月一日に召集され、その後シベリア抑留を経て、一九四九年日本に帰還した。一方、母は正を連れて中国に取り残され、一九五〇年中国人李松鶴と再婚した。母の再婚を知った父は、一九五二年離婚手続きを取り、その際正の出生が未届けであるのを知って、改めて戸籍に入れた。そして正は一九六四年日本に帰国し、その後横浜国立大学経営学部を卒業して、現在新潟産業大学の教授として中国語や中国社会論を教えている。

以下は、彼の自伝『中国人として育った私』（一九七八年）と『二つの祖国をもつ私』（一九八〇年）を中心に、その語りを見ていく。これらの著書に注目したのは、その出版当時に残留日本人の社会運動が始められていたものの、残留日本人という呼称や法的地位がまだ確定しておらず、その言説にほとんど影響されていないからである。その語りにおける、残留日本人というカテゴリーが成立する以前の物語化の試みを垣間みる事ができる[3]。

2―1　中国人意識と「小日本」「日本人民」

私は、鶴岡で小学校に入り、その後養父の転勤とともに佳木斯、鶏西、ハルビンと移りながら、中国人社会で他の中国人とまったく変わらぬ生活を送り、中国の一少年として成長したのである。小学校卒業の頃に日本人であることを母からはっきり言われたが、それでも意識の上ではまだ中国人だった。日本を意識し、日本に行くことを考えるようになったのは中学後半のことだが、それからも生活様式などの面でずっと中国人として暮らしていた。（西条 一九七八：七）

中国で生活した一九年間、正は自分が日本人だと知ってからも、中国人の意識を持ち続けた。幼少時代、養父李松鶴も日本語を話せたので、家では日本語を使っていた。正は小学校に入学してから、中国語を勉強し始め、「他の中国人の子供たちとなんらかわりない「中国の少年」となっていた」（西条 一九七八：一〇）。しかし学校や社会では「小日本」と呼ばれたり、「日本人民」（日僑）としての待遇を受けたりもした。

学校では「小日本」と呼ばれて、よく喧嘩していた。だが「別に自分が中国人であるとか日本人であるとかの自覚はなく、とにかく自分に対する悪口として腹が立ったのである」（西条 一九七八：一七）。その時は、自分も相手に対して「山東棒子」（山東省出身者を軽蔑することば）と「悪口」を言い放ったのである（西条 一九七八：一七）。また後に母から日本人だと告げられときのこととして述べられているように、正にとっての「日本」「日本人」とは、教科書などで学ぶ日本帝国主義や日本人民を搾取する資本家たちのイメージでしかなく、自分をそれに結びつける事を極力回避しようとしていた。

私の中の日本のイメージは相当悪かった。なにしろ小学校一年生以来、学校で日本の悪口を聞かされてきたのである。国語の教科書に出てくる日本人に対する呼び方は、「日本鬼子」（日本人め）であり、いまなお日本人民が資本家に搾取されているとのことであった。

私は、母からこんな大事な話〔筆者：日本人であること〕を打ち明けられても、「日本鬼子」と自分が結び付くことを避けようとする意識からなのか、〔中略〕自分が日本人であるということをあまり考えようとしなかった。（西条　一九七八：四九）

戦後の中国においては、マルクス主義に基づく階級闘争が重要視されていた。日本に関する公的認識は、かつての日本軍国主義や資本家階級を表す「小日本」「日本鬼子」のほか、圧迫された階級や被害者として「日本人民」も用いられた。中国に住む「日本人民」のうち、日本国籍保持者は「日僑」と位置づけられていた。正と母親も「外僑（外国人定住者）」「日僑」として登録されていたため、学校の転校、生活保護、特別配給や農村への動員などの面で「外僑」の優遇政策を受けていた。

一九五七年初夏、正はハルビンに転校する際、受入校が決まらず、最後はハルビン市人民委員会外事処の紹介状をもらった関係でやっと無事に転校を果たせた。だがこのときも「国籍や外人登録を気になったり意識した記憶は全くなかった」（西条　一九七八：三五－三七）。生活保護を受給するとき、「母親は毎月十数元と結構高い外人生活保護費を貰ったが、中国人だった四人の弟妹のほうは一人当たり月額二元」（西条　一九七八：七一）をもらっていたように、その差は明らかである。食料配給も外国籍向けの政府の特別配慮があり、母は毎月百グラムのソーセージや百グラムの砂糖を買うことができていた（西条　一九七八：一三二）。また食料難の時期では、出身階級の悪い家庭とみなされた一家は、町内会と父の勤め先から農村への動員を再三かけられた。拒絶した母は動員されるたびに、公安局の外事科に文句を言いに行き、そのせいか、その後動員がこなくなったのである（西条　一九七八：一五五）。

2―2　国籍と階級の呪縛

一九五八年三月、養父李松鶴は失脚して右派として収監された。その後、中学校への進学を控える正を心配して、母親は「日本国籍のままだと、進学にさしつかえがあるので」、事前相談もせずに中国国籍への入籍を申請した。それを知った正は、母親の「日本籍のほうがいいなら、大人になってから日本籍を取得すれば良い」、父親の「やはり中国籍でなければ進学はむずかしい。いま大切なのは進学だ。国籍は十八歳になって自分で決めればよい」といった意見を聞かされても、国籍変更に消極的であった。

それでも国籍変更に対する私の態度は消極的だった。日本人とよばれたくなかった私が、日本籍を変更する事に強い抵抗感を持った理由を、いまとなってはうまく説明することができない。当時、思想教育で、民族の差異は問題ではない、階級を重視しろ、と教えられていた。つまり、日本人であることは問題ではなく、階級の敵と闘わなくてはならない、ということである。いまから考えるに、中国籍に変更することは、階級の敵・右派分子の子であることを明確にすることのように感じたのかもしれない。また日本にいる実の父親は農民だときいていた。右派分子の父より農民の父に親しみをもちはじめていたのかもしれない。それに母親が私に相談なしで勝手に国籍を動かそうとしたことに対する不満もあったようである。（西条　一九七八：五四－五五）

中国国籍への入籍に消極的だったのは、国籍よりも階級を強く意識したからである。当時の中国では、親が右派であっても、「画清境線」（境界線をはっきりさせること）さえすれば良いとされている。しかし正は、中国国籍になると、右派の養父との関係が確定されてしまうことを嫌っていた。だからと言って、日本国籍のままでは弊害がないという保障もない。その後、国籍について悩まないようになったが、中学生になってから、戸口簿を見ると、国籍がすでに中国国籍になっていた。姓名は李凱峰、別名は西条正、民族は漢と記され、日本人だということがわからなくなっていた。

次に正を悩ませたのは、階級問題である。中学生になってから、先生に「出身階級よりも本人の努力次第ですよ」と言われて、頑張っていこうと決心するが、現実は予想以上に厳しかった。右派の子だということで、クラス委員に推薦されなかったり、推薦進学を受けられなくなったりした。また退学させられた妹や、地主階級の子である友人に対する空軍入隊の不許可などを見て、現実の厳しさを痛感した。

その後全国的な食糧難問題が起こり、多くの人が食糧を求めて農村部への買い出しに出かけた。そのような情況の中で、越境して香港など国外へ逃げる人や、脱出しないまでも「食べる物をえることのできる天地」として「外国」を夢見る人がかなりいた（西条 一九七八：一四六－一四七）。正もその一人となって、食べ物探しのために、かつて行きたくなかった日本に心を向けるようになった（西条 一九七八：一四六－一四七）。加えて、階級問題にももはや耐えられなくなって、日本行きを真剣に考え始めた。

さらに、中国社会における出身階級による差別や環境決定論が耐え難くなってきていた。〔中略〕カエルの子はカエルだ、出身階級が悪いものがどんなに頑張ってもダメだと思うようになっていった。

中国以外の世界を知らなかったのだから、中国以外にどんな天地があるかは確信できなかった。ただ、出身階級による差別は身にしみてわかったし、いやだと思い、いやなところから逃げようという気持ちがはっきりしてきたのである。（西条 一九七八：一四七）

2―3 「祖母の家」と「祖国日本」

日本行きを考え始めた正は、祖国へ帰るというより「祖母の家へいこう」という気持ちであった。そのため、まず祖母の家に興味を覚え、しつこく母に聞くようになった。

母の話によると、祖母の家は食料品を売っている。あめは食べ放題、ビスケットは食糧切符不要、毎日白い米が食べられる。日用品は電話一本で届けてもらえる。教科書で習った共産主義社会にどこか似ているところがあった。私は半信半疑だった。しかし祖母はあめやビスケットが入っている瓶がたくさん並んでいるところで撮った写真を送ってきた。母の話はウソではなさそうだ。〔中略〕「おばあちゃんの家へ行こう」と今度は私が言い出した。（西条　一九七八：一四七－一四八）

祖母の家はまさしく「食べる物をえることのできる天地」のように映った。出国申請は一九六一年三月に提出されたが、許可されるのに三年八ヵ月の歳月を要した。この約四年の歳月が、正の気持ちを「祖母の家に行く」から「祖国の日本へ帰る」に発展させたのである（西条　一九七八：一九四）。

外事科に行くたび、「審理中なのでもう少し待ってください」と言われる。また「お前は中国人だ、なぜ日本なんか行くのか」、「お前はだれの飯で大きくなったんだい」と怒鳴られたりもした。結局は、「思想がまだ固まっていないうちに資本主義国家に行ったら、すぐ同化されてしまう。中国でもっと勉強してから日本に帰ってもらいたい」というのが本当の事情だったようだ（西条　一九七八：一九五－一九七）。しかしこのやり方が「逆効果」となり、正は「外事科へ不信」を募らせ、視野を日本や中国全体へと広げていった。母親の親類に手紙を出すほか、日本赤十字社にも手紙を出して実父を探してくれるよう依頼し、中国紅十字会にも嘆願書を出した。だが「帰国に関する考えられる手は全部打ったが、いっこうに効果が現れなかった。私の頭の中にあった人民の政府のイメージが次第に崩壊していった」（西条　一九七八：一九七）。

帰国のために、正は日本国籍への変更をも試みた。一九六二年一二月、一八歳になる直前に、正は「日本国籍になれば、もう「お前は中国人だ、日本に行くことはない」と言われなくなり、自分の立場を有利にすることができる」（西条　一九七八：二〇一－二〇二）と考え、公安局に行って国籍変更を申請しようとした。しかしその時は、申請用紙さえもらえなかった。その後、一九六三年末に日本の叔母から送られてきた法務省発行の国籍証明書（一九六三年一〇月三〇日付け）を見せて、やっと申請用紙をもらうことができ、申請手続きを済ませた。

しかし申請用紙にある中国国籍の「抛弃」（不要なものを投げ捨てる）という表現に対して、正はそのニュアンスをすんなりと受け入れることができなかった。なぜなら、中国に対してまだ未練があって、「中国を不要な物として投げ捨てる」という気持ちになっていなかったからだ。「中国がいやで中国国籍を放棄して日本国籍を取得するのではなく、あくまでも自分が日本人で日本に帰りたいから日本国籍に変更するのだ、出国さえ許可されれば中国籍のままでもいい」（西条　一九七八：二〇一）と思っていた。

このように、日本国籍の取得は日本人だからではなく、出国を有利にするためであった。なおこの時期の正は、日本にも日本国籍があったので、潜在的な二重国籍者であった。そして父親の所在も判明した。だが父の写真を見ても「父だという実感がわかなかった」。「だから、実父の手紙が届いても、「父の家に行く」という気持ちはあまり起こらなかった。会いたいという気持ちはあったが、父が見つかったことを、帰国を有利にする材料ができたという別の意味で喜んでいた」（西条　一九七八：二〇三）。

紆余曲折を経て、一九六四年一二月二三日、正はオランダ客船で神戸に入港した。同年三月養父が強制労働から解放され、帰宅していたので、母と弟妹たちの帰国は一時見送られた。その後、母は子どもに政治的差別のない教育を受けさせるため、養父の同意を得て離婚し、半年遅れて帰国した。

2―4　国籍の取得と祖国の語り

以上の事例が示したように、日本国籍の取得は日本人であるから、あるいは日本人のアイデンティティを確認するためではなく、帰国のためであった。同じ時期に、「ハルビンの若い日本人たちは、みんな帰国を強く望んでいる。その多くは日本国籍を取得し、帰国申請をしている」（西条　一九八〇：三〇）。

養父の手紙に書いてあるように、身元不明の人を含めて日本人の血をもつ若者は、いずれも日本に行きたいと考えていた。そういった「日本人青年」は次第に増え、養父のその後の手紙で触れた者を含むと二十人ぐらいいた。（西条　一九八〇：三〇）

正は中国で中国人意識を持ち続けて生活したが、出国の手続きを申請する過程で、中国人民政府に対するイメージが崩壊していくにつれて、心に祖国日本という意識が芽生えていった。しかしそれは日本人というアイデンティティの獲得を意味するのであろうか。彼が書いたいくつかの書評や論文を基に、そのアイデンティティのありようについて考えてみたい。

まず、日本人の基準は血縁、国籍と文化様式（思考と行動）の三つであると彼は定義する。血縁を除けば、他の二つは努力次第で「日本人」になれるという。しかし彼自身を含めて、自分の代では文化様式の面において、「完全な日本人」にはなれないとしながら、そもそも「完全な日本人」とは立派な人間なのかどうかと疑問を呈示する。そして二世の子どもたちに向けて、「単に中国人とか日本人でなく、日本人ならどのような日本人、中国人ならどのような中国人、つまりどのような人間になるかを考えつづけてほしい」、「つまり、今の自分は何人かを悩むより、何人（どのような人間）になるかを考えるべきだ」（西条 一九八四：三六－三七）と助言する。

このように、正が考えるアイデンティティはナショナル・アイデンティティの枠組みに囚われながらも本質主義的な「〜人である」ではなく、「〜人になる」という未来を志向するものである。集合的アイデンティティではなく、個としてのアイデンティティが基礎となっている。これは彼自身の体験に基づいて辿り着いたものである。

帰国してから約一〇年経った一九七五年に、正は再び中国を訪れ、外賓としての処遇を受けた。もともとは「同じ家の者」であったにもかかわらず、「私は、もう二度とその仲間には入れてもらえない、私のみならず、およそ外国から中国入りしたものは決してその一員になることはできない」（西条 一九七八：二三〇）ことを痛感する。一方、日本社会においては既述のように、「完全な日本人」になれることもない。このように、「完全な」「〜人」になれない自分のような境遇を持つ人たちにとっての祖国は、「この世界には存在しない」と正は結論付ける。

> 私は二つの祖国をもつ人間の祖国は、自分の胸の奥にあって、この世界には存在しないと思っている。（西条 一九八四：三七）

3　中国残留孤児奥山イク子の事例

奥山イク子は、一九三三年奥山市太郎の三女として山形県で生まれた。一九四二年三月、両親らと一緒に満洲に渡り、三江省依蘭県の開拓団に入植した。敗戦の年には、父がすでに軍隊に召集されていたため、母親だけで子どもたちを連れて、日本への帰還を目指した。その過程で、母親たちは帰国を果たし、他方イク子は中国人の家に入り、その後「残留」したのである。一九七八年に肉親が判明し、一九八二年山形に一時帰国する。永住帰国したのは一九九〇年で、京都市に定着した。肉親が判明してから、戦時死亡宣告の取り消しによって、戸籍は回復されたが、永住帰国した後、法務局から日本国籍の喪失を宣言され、国籍喪失届けの提出を指導された。これを不服に思ったイク子は、翌年国籍存在確認請求裁判を京都地裁に提訴した。一九九二年一二月に勝訴し、日本国籍が確認された。

以下の考察は国籍存在確認請求裁判の検討から始めたい。なぜなら、同裁判を通じて、イク子と日本社会（行政・司法も含めて）との相互行為が初めて生じたからである。この裁判で構築された物語は規範化し後のアイデンティティのパフォーマティヴィティに規定的影響を与える。もちろん、後述するように、イク子はこれに制限されながらも、常に新しい可能性を追い求め続けている。

筆者が奥山イク子を知ったのは、二〇〇三年半ばごろである。当時は京都でも残留孤児の国家賠償訴訟運動が展開されており、みなから厚く信頼され、また地域では従来から先頭に立ってボランティア活動や日本語教室の開催運動を展開していた彼女は原告団の団長に選出された。その後、筆者は同訴訟運動を支援しながら、参与観察をおこなってきた。以下の考察は国籍存在確認請求裁判の書類だけではなく、このような支援活動と参与観察によって得た知見に基づくことをあらかじめ断っておきたい。またイク子が地域の学校などでおこなった講演の原稿や、聞き取り調査で語ったものなども参照している。

3—1　国籍と居場所

提訴の準備段階で、イク子は自らの人生をまとめて陳述書を作成した。その陳述書から、国籍確認を請求する理由がうかがえる。なお陳述書は中国語で書かれており、以下の日本語文章は全て筆者が訳したものである。

私は戦後中国に残留した日本人孤児である。当時の私はまだ一二歳だったが、今年はもう五八歳になっている。中国での居住は四五年という長い年月にもなる。この四五年間を振り返れば、どんなに残酷で無情であったかは計り知れない。四五年間にわたって、私は茨の道を歩んできた。昨年に姉や友人の助けを受けて、やっと長年思い続けてきた祖国に帰ってきた。自分の祖国に帰ってこられれば、〝外国人〟〝日本人〟〝小鬼子〟等と見なされていた中国の時と違って、私は大きな声で〝私は日本人だ〟と叫べると思ったが、しかし現実は違っていた。今後の道はさらに困難なものになるかもしれない。しかしまず心情的な重荷を下ろして、正々堂々と前へ進んでいきたい。

中国では、日本人として差別や迫害を受けてきたが、日本に帰ってみると日本国籍を失ったと言われる。このような酷い現実を訴えるのは決して容易ではない。まさか私は「地球外の外人」（地球以外の人間）にでもなったのだろうか。あの戦争はいかなる悲劇を私にもたらしたのだろうか。

中国では「外国人」「日本人」「小鬼子」と見なされ、迫害を受けてきた。また自分は日本人であるから、大きな声で〝私は日本人だ〟と叫べる場所を求めて、祖国日本に帰ってきた。これはまさしく、八〇年代以後に流通した残留日本人の典型的な物語である。だがそれは単に日本人アイデンティティの表出ではなく、むしろ安住できる居場所を求める語りでもある。しかし永住帰国した後は、日本国籍の喪失を宣言され、「地球外の外人」にでもされたかのように、居場所が奪われた感覚におそわれた。このような「心情的な重荷」をまず下ろす必要があると考えて、国籍存在確認請求訴訟を提訴したのである。

自分の境遇を「あの戦争」がもたらした悲劇であると考えるイク子は、「私が中国で受けた迫害や境遇からして、日本政府は当然ながら、私の日本国籍を回復すべきだ」と強調する。また弁護士が作成した訴状にも、法務局の日本国籍喪失決定について「当時の中国における種々の情勢、歴史的背景や個々の事情などを一切配慮することのない形式的な見解であり、中国残留日本人孤児として悲惨な体験を持つ原告に対してあまりに冷たく且つむごい仕打ち」であると批判したように、法廷内で述べられる物語は自然と悲劇の物語あるいは特殊の事情に片寄っていた。

3―2　悲劇の物語

ここでは、イク子の陳述書に書かれた悲劇の物語と日本人として迫害を受けた物語を紹介したい。悲劇の物語としてまず述べられたのは、「童養媳《トンヤンシー》」（大きくなってから男児の嫁にするためにもらわれた（売買された）幼女）として二回売られ、労働させられたことである。

一九四六年三月、養父母が私をハルビン江北農村の龍という家に童養媳として売った。龍家には一年ほど住んでいたが、多くの辛酸をなめた。当時の私はまだ一三歳だったが、大人同様に働かせられた。打たれて、全身の痛みに耐えられなくて、自殺を考えたことも何度かあった。

一九四七年六月、養母が私を迎えにきて、家に戻って暫く住むようにと言ってくれたが、翌日、私を長春市南嶺の任義和の店まで連れて行って、童工として働かせた。一日一四時間も働き、私が稼いだ金で、養父母が生計を立てていた。

八月一〇日頃のある日、私は養父母に李宝崎の家に連れて行かれた。そこでは、客人にタバコの火をつけるように言われたが、私が嫌がって逃げ出した。しかし養父が私を捕まえて、私を死ぬほどなぐった。翌日、私は病気で倒れた。自分が運家に売られたことを知る由もなかった。

その後、病気で倒れていたにもかかわらず、八月二〇日、結婚式は近くの料理屋で催された。意識のなかったイク子は、それについて全く記憶がない。病気は二ヵ月後にやっと直ったが、その後二年間にわたって夫と会話を交わすことがなかった。なぜなら結婚を認めていなかったからである。

一九四八年国共内戦が激化したので、運家はいったん天津に避難するが、一九五一年に再び長春に戻った。そして一九五四年二月、イク子は中国第一汽車製造工場に就職した。上述したストーリーのような日本人として迫害を受けた出来事はここで展開された。だが以下の内容からわかるように、その理由は日本人だからというより、むしろ「父が軍人ではなかったか」という疑いや、家族の歴史が不明瞭だったからである。

一九五五年、粛反運動が展開され、だれもが自分の歴史や家族史を言わなければならなかった。私は養父の家についてほとんど知らなかったので、仕方なく、自分が日本人であることを告白したのである。それ以来、私は「父が軍人ではなかったか」と疑われ、また自分が話した家族の歴史を裏付ける証人もいなかったので、運動のたびに批判対象にされた。時には公安部門の監視を受けることもあった。

文化大革命のとき、私は日本政府が残した日本のスパイだと言われて、一九六七年から一九七〇年までの三年間批判され続けた。終戦直後の私はまだわずか一二歳で、何もわからず、告白することも何もなかった。しかし群衆は日本帝国主義に対する恨みからか、私の言葉を聞こうとしなかった。闘争大会ではただ「小鬼子はおとなしく告白しろ」と叫ぶだけであった。そのときから、私は監視対象にされ、一番きつい仕事をさせられた。このような状態は国交正常化まで続いた。

3—3　法に孕まれる暴力

イク子が国籍を喪失したのは、旧国籍法一八条（日本人カ外国人ノ妻ト為リ夫ノ国籍ヲ取得シタルトキハ日本ノ国籍ヲ失フ）の適用により、中国人との婚姻関係が一九四八年に成立したと見なされたからである。したがって、上述したような悲惨の体験があっても、この法的適用が覆されるわけではないという。

婚姻が有効に成立している限り、中国人である運の妻となった原告は当然に日本国籍を喪失するのであって、仮に、中国残留婦人〔ママ〕であった原告が生活の手段として運と婚姻したという事情があったとしても、このような当事者の特殊事情によって、旧国籍法十八条の適用が左右されるものではないというべきである。（被告日本国の第二準備書面）

だが同法律適用の前提は、「夫ノ国籍ヲ取得シタルトキ」である。これに関しては、イク子の場合だけではなく、ほかの残留婦人にもよく見られるが、中華民国国籍法第二条第一号国籍取得原因の「中国人の妻となった者」に基づき、婚姻関係が成立して中国国籍を取得したと解釈されている。しかし一九四七年一〇月二八日には中華民国内務部が「日本人入籍処理瓣法」を発行し、日本人の女子で中国人の妻となったものは中国国籍法の規定により、中華民国国籍の取得を申請しなければならない（第三条）と定めている。これにしたがって言えば、婚姻関係の成立が直ちに国籍取得につながらない。ところが残留婦人らの国籍問題に関する訴訟や文献において、この法律の存在は全く言及されていない。従来の法解釈は、乱暴で恣意的であったといわざるを得ない。

イク子の訴訟において実際争われたのは、婚姻関係の成立時期であった。原告側は「当時原告は十四歳で十分な意思能力もなく、結婚について理解できるような情況にないうえに、これは人身売買に等しい結婚であって、婚姻意思を有していなかった。また、公開の儀式と二人以上の証人の存在という形式的要件も満たしていなかったので、右婚姻は無効である」としたうえで、実際の婚姻成立は「昭和二六年八月ころからであり、それは、無効な婚姻を追認したものではない」と主張する。最終的には、この主張が認められ、勝訴したのである。しかし、法廷内では被告側から、普通ならば答えたくないようなプライバシーに関する質問が多く提起された。法解釈だけではなく、ここでも暴力が上塗りされていくような行為が続けられたのである。

法的処理をめぐって、もう一つのエピソードがある。イク子が書いた中国語の陳述書では、中国人養父母の家に入ったときのことを戦後実母に「売られた」と書いてあったが、それが訴状になると「預けられた」に変更されていた。自分を「売った」ことに加え、戦後長い間、自分を捜してくれなかった実母を、イク子は心の中で憎んでいた。

> 前は私は母を憎んでいた。私を売って。それから私をさがしもしない。自分たちは先に戻って。（西村　二〇〇九：一六二）

裁判の過程で、イク子は、自分は「未帰還者に関する特別措置法」によって死亡宣告され、戸籍も抹消されたことを知った。なぜ実母が死亡宣告に同意したのか、イク子はそれを疑問に思った。そのため、当時の事情を知る叔母（母の弟の奥さん）に聞きに行った。その叔母は次のように教えてくれた。

> 「イクちゃん、あんたのおっかあはね、何回も県から呼ばれたり、役場から呼ばれたりして、帰ってきたらね、すごく泣いてた」って。なんでていえばね。帰ってくると、「イク子は亡くなったんだ～って。死んでしまったんだ～」って泣いてたって。（西村　二〇〇九：一六二）

こうして、イク子は、死亡宣告は実母の意志でされた訳ではない事を知り、実母も「大変だった」と思うようになった。実母を理解するようになったのである。

以上のように、死亡宣告といった法的処理は、イク子の家族の絆を引き裂いていた。母親が亡くなった時は、イク子はこれらの事実をまだ知らなかった。この事実を知ってから、生前の母親と深く交流できなかったことを悔やんでいるという。

3―4　存在意義と新たな展開

「母親を憎んでいた」とイク子がかつての気持ちを語ったように、従来はその語りが親密圏としての家族レベルにとどまっていた。だが訴訟運動などを通じて、法的処理のことや「残留」を強いられた歴史（言説）を知るにつれて、それらに規定されながら、イク子は残留日本人としてのアイデンティティ物語を語るようになったのである。だが、これを超えるアイデンティティのパフォーマティヴィティが存在する。

イク子は日本社会で居場所を求めて、様々な試みにとりくんだ。自力で日本語を勉強し、その努力の甲斐もあって、今は日本語での交流にほとんど問題を感じない。地域社会では、ボランテイア活動や日本語教室の開催、二世・三世の就職活動相談などにも精力的である。また国家賠償訴訟運動の準備段階に入った際、残留孤児らの歴史を知ってもらうために、京都「自分史を書く会」を組織した。その活動の成果として、二〇〇四年に『落日の凍土に生きて――「我是誰」中国残留孤児の証言』が出版され、残留孤児一三人と残留婦人二人の体験が綴られた。残留日本人が戦争の被害者であることや、アイデンティティが日本人か中国人かという問題だけではなく、「自分はどこの誰なのか」という問いが同書の中で提起されている。この「どこ」は国民国家ではなく、家族レベルを指すようにも使われていた。特に肉親未判明孤児の場合は、それが顕著に現れている。

また二〇〇八年の政治的解決によって、国家賠償訴訟が取り下げられてから、イク子は京都地域の中国帰国者の今後を考えて、NPO法人「中国帰国者京都の会」の設立を目指した。二〇〇九年七月二六日、同法人の設立総会が開催された。その際の事業計画の説明を短かく引用して、彼（女）らが何を目指しているのかについて見てみたい。

約四年半の裁判を経て、私たちは新支援策によって老後生活の保障が得られた。しかし保障があったからと言って、それに満足するだけではいけない。今後私たちが社会に対して何が貢献できるかを考えるべきだ。私たちより、社会的に見てもっと弱者的な立場に立つ人がいる。彼らに対して、私たちは何ができるかを考えるべきだ。
たとえば、私は三年前に知的障害者団体に肉まん作りを教えたことがある。今その団体は市内に店を構えて、肉まんなどを販売している。今年の桜祭りの時に、私はそこに行ってみた。もう三年前のことだから、みなに忘れられているかと思ったが、みな集まってきて〝奥山さん、こんにちは〟と挨拶してくれた。私はとても感動した。

イク子は、自らの体験を踏まえながら、日本社会に対して自分たちは何が貢献できるかを考えるべきだと強調した。その際、既述したような「日本人」としてのアイデンティティではなく、社会の一員として、自分が持っている文化資本をいかに活用できるかが重要視されている。このほか、具体的な事業として、戦争を二度と起こさせないために、自分たちの経験を語って平和事業に貢献することや、日中友好のために、自分たちが持っている特技（たとえば太極拳、扇子舞など）をもって、地域社会での日中文化交流を図っていくことなども列挙された。

以上のように、残留孤児らのアイデンティティは極めて流動的であると言えよう。国籍確認請求（戸籍確認請求など）や国家賠償訴訟といった法的な地位が問われる場においては、「日本人である」ことが前提とされるため、物語も自然とそれに収斂させられていく。しかしそういった場を離れると、肉まん作り、太極拳や扇子舞などが挙げられたように、中国という文化資本が活用されることも多い。上述の事業計画の説明も中国語で行われたのである。

事業説明を終えて、イク子は「みなはできるか」と力いっぱい大きな声で会場に問いかけた。これに対して、会場から「できる」と返事された。今後、このNPO法人を一つの軸に、残留日本人らはさらに自己の可能性を追求して行くにちがいない。

おわりに

これまで、個別引揚者西条正と残留孤児奥山イク子の事例を個別に見てきた。最後は両者を比較考察してみたい[4]。

両者の語りには、明らかな差異が見られる。国籍の再取得（確認）に関しては、前者が帰国の手段として考えていたのに対して、後者は自らのアイデンティティを確認しようとするものであった。祖国や日本人に関する意識は、前者が獲得のプロセスを述べていたのに対して、後者は本質的な立場から述べている。また「日本人である」ことにより中国で迫害されたという残留日本人の象徴的な語りに対して、引揚者の場合は優遇された経験の語りも存在する[5]。

こうした両者の語りの差異は、内的には個人経験による感情の差、外的には残留日本人というカテゴリーの付与によってもたらされたものである。本稿は特に法的カテゴリーに焦点を当てて、考察を進めてきた。

引揚者は残留日本人というカテゴリーが存在しなかった時代に、留守家族を通じて日本社会に再包摂されていった。そのため、彼らはカテゴリーに付与されたアイデンティティ物語に影響される事なく、自己の物語化を試みることができた。一方の残留日本人は残留日本人というカテゴリーを受容したことで、援助を受けて日本に永住帰国し、再包摂されていった。その過程において、残留日本人カテゴリーに付与された戦争犠牲者や棄民といった規範的言説に影響され、アイデンティティを表出してきたのである。特に法的な場では、それが顕著に現れている。また社会の様々な場においても、残留日本人というカテゴリーが用いられてきた。

その一方、両者の語りには、共通する要素も見られる。残留日本人の場合は公の場で語られることが少なく、不可視化されがちであるが、その語りは親密圏としての家族レベルから公共圏へと変遷していくプロセスを辿っている。この点は、本稿で取り上げた個別引揚者の「祖母の家」から「祖国日本」へと変遷していく過程と同様である。また両者とも中国で差別された経験を持っている。それが圧力となり、日本人意識を生み出し、新たな居場所を求めようとして、祖国日本を希求する意欲を促成した。このように、日本人アイデンティティは日本人だからという理由だけではなく、社会生活の過程においてひとつの生活戦略として産出されたものである。

また、日本に定着してからおきた、両者の日本人アイデンティティの変容にも共通点が見られる。つまり血縁や法的地位は日本人であるが、文化の側面から言えば、「完全な日本人」にはなれないのである。残留日本人は社会運動や社会実践の多くの場において、「日本人である」ことを前提にしているが、しかし中国文化資本も多く用いられている。言い換えれば、彼（女）らは日本を自分たちの居場所として見定めながら、中国文化を文化資本として用い、時には「中国人」という位置を取りながら、社会的実践を行っているのである。その際、法的カテゴリーに沿って自己のアイデンティティ物語を語る場合があれば、それと異なるアイデンティティ物語を用いる場合もある。というように、彼（女）らのアイデンティティのパフォーマティヴィティは本質的／固定的ではなく、きわめて流動的である。

以上の考察から明らかなように、法的カテゴリーの形成や法的地位（国籍取得等）が問われる事によって、当事者はその法的カテゴリーで自己を考え、アイデンティティをパフォーマティヴに構築していく。その際、法的地位によって構築された物語は、自己のアイデンティティ物語として表出されていく。しかし、そういった場を離れ、社会の他の場（社会運動等）においては、異なる位置を取る事で、アイデンティティのパフォーマティヴィティを実践する事も多い。こうした流動的なアイデンティティのパフォーマティヴィティはもはやアイデンティティの同一性ではなく、社会における自己実現と「存在論的安心感」（ギデンズ 二〇〇六）の確立のためにあると言えよう。

†注

[1]「中国残留日本人」は、一九七〇年代の社会運動において、民間団体によって使われた呼称である。その後、日本政府との交渉過程で、公的には「日本人」ではなく、「邦人」が使われるようになった。しかし、「邦人」という表現には「在外」のニュアンスが強く、そういった表現を用いる事で、残留日本人の「残留」の歴史や「日本人」としての法的地位が不可視化されてしまう恐れがある。また「日本人」という呼称には、国民国家の政策を批判する民間団体の思いが込められている。そういった事を考慮して、筆者は一貫して「中国残留日本人」を用いている。

［2］一九七二年以前に永住帰国した人々は一般的に、引揚者と呼ばれていた。残留日本人の呼称が定着するにつれ、その区別は曖昧に使われてきた。筆者は分析の便宜上、日本へ引揚げた時期と形態によって、一九四五年から一九五〇年の人を前期集団引揚者、一九五八年までの人を後期集団引揚者、一九七一年までの人を個別引揚者と呼んでいる。

［3］なお残留日本人カテゴリーが普及してからは、個別引揚者であっても、それに依拠して語られるケースもある。たとえば、二〇〇七年に出版された個別引揚者の娘である城戸久枝の著書がとりわけ挙げられる（城戸 二〇〇七）。しかしその父である城戸幹の自伝（城戸 二〇〇九）では、自分を残留孤児だと表現する箇所はほとんどなく、語り方も異なっている。この差異は世代間の記憶伝承のほか、社会的拘束性の問題をも表している。テレビドラマ化された『遥かなる絆』を含めて、きわめて興味深い問題を提起している。その考察はまた別の機会にしたい。

［4］本稿で取り上げたのは、いずれも都市部に在住していた事例であり、農村の場合はまた異なる問題性を持っていることを断っておきたい。

［5］残留日本人の語りにおいて、日本鬼子も日本人も同じように解釈されがちであるが、個別引揚者の場合はそれを区別して語る傾向が見られる。なお筆者の聞き取りでは、両者を区別しながら語る残留婦人に出会ったこともある。また残留孤児の日常会話を詳細に会話分析すれば、両者が区別されていることも容易にわかる。

文献

【日本語文】

上野千鶴子（二〇〇五）『脱アイデンティティ』勁草書房。

片桐雅隆（二〇〇六）『認知社会学の構想』世界思想社。

ギデンズ、アンソニー（二〇〇六）『近代とはいかなる時代か？』松尾清文・小幡正敏訳、而立書房。

城戸久枝（二〇〇七）『あの戦争から遠く離れて――私につながる歴史をたどる旅』情報センター出版局。

城戸幹（二〇〇九）『あの戦争から遠く離れて外伝――「孫玉福」三九年目の真実』情報センター出版局。

京都「自分史を書く会」編（二〇〇四）『落日の凍土に生きて』文理閣。

西条正（一九七八）『中国人として育った私――解放後のハルビンで』中央公論社。

――（一九八〇）『二つの祖国をもつ私――ハルビンから帰って十五年』中央公論社。

――（一九八三）「二つの祖国に生きる日系中国人」『中国研究月報』四二六号、二一―四三頁、中国研究所。

——（一九八四）「書評『ぼく日本人なの？』手島悠介著」『中国研究月報』四三五号、三六－三七頁、中国研究所。

——（一九八五）「書評『北京の三十年』近藤妙子著」『中国研究月報』三九（四）号、四四－四五頁、中国研究所。

——（二〇〇五）「二つの祖国をもつ人びと」『外交フォーラム』二〇五号、六七頁、都市出版。

菅原幸助（一九九八）『日本の国籍を下さい』三一書房。

竹川英幸（一九八二）『帰り道は遠かった——満洲孤児三十年の放浪』毎日新聞社。

——（二〇〇二）『捨てられた。生き延びた。負けてたまるか！』碧天舎。

中国残留孤児の国籍取得を支援する会（二〇〇〇）『中国残留孤児国籍取得一〇〇〇人達成の記録』中国残留孤児の国籍取得を支援する会。

トーピー、ジョン（二〇〇八）『パスポートの発明』藤川隆男監訳、法政大学出版局。

西村千津（二〇〇九）「みんなで幸せになろうよ」中国帰国者支援・交流センター編『二つの国の狭間で——中国残留邦人聞き書き集第三集』一四七－一七四頁、中国帰国者支援・交流センター。

バウマン、ジグムント（二〇〇八）『個人化社会』澤井敦・菅野博史・鈴木智之訳、青弓社。

バトラー、ジュディス（一九九九）『ジェンダー・トラブル』竹村和子訳、青土社。

法務省民事局第五課国籍実務研究会（一九八七）『新版　国籍・帰化の実務相談』日本加除出版株式会社。

ホール、スチュアート（二〇〇一）「誰がアイデンティティを必要とするのか？」スチュアート・ホール、ポール・ドゥ・ゲイ編『カルチュラル・アイデンティティの諸問題』宇波彰訳、大村書店、七－三五頁。

南誠（二〇〇七）「「中国残留日本人」の語られ方」山本有造編『満洲　記憶と歴史』京都大学出版会、二五二－二九〇頁。

——（二〇〇九）「「中国帰国者」をめぐる包摂と排除——国籍と戸籍に注目して」庄司博史編『国立民族学博物館調査報告　移民とともにかわる地域と国家』国立民族学博物館、一二一－一三七頁。

——（二〇一〇a）「「中国帰国者」の歴史／社会的形成」永野武編『日中社会学叢書二　チャイニーズネスとトランスナショナルアイデンティティ』明石書店、一一六－一四八頁。

——（二〇一〇b）「アイデンティティのパフォーマティヴィティに関する社会学的研究」『ソシオロジ』一六八号、五七－七三頁、社会学研究会。

第13章

社会資本としての国籍とジェンダー

――タイ「山地民」女性のグローバル移動から

石井香世子

はじめに

本章の目的は、国民国家システムによってどの国からも身分証を発行されず権利の主張ができなくなった人々（Stateless の人々）にとって、グローバル・システムはどのような意味を持っているかを、女性の越境移住の側面から検証することにある。具体的には、日本の地方都市へ結婚移住したタイ北部山岳少数民族、アカの女性の事例を扱う。

タイは、日本の約一・五倍の領土（五一万四〇〇〇平方キロメートル）に日本の約半数（六七三一万人）の国民が住む国である（二〇一〇年現在 Asian Development Bank 2011）。現在タイは、国の東側をメコン川をもって二五五七キロメートルに及ぶ国境とし、その上流部分一七五四キロメートルをラオス、下流部分八〇三キロメートルをカンボジアと接している（CIA 2009）。タイとラオスの一人あたり名目GDPの差は約四・三倍、タイとカンボジアの差は約四・五倍である（International Monetary Fund 2011）。この結果、とくにラオスからの移民労働者の流入は後を絶たない。また一方でタイは、国の西側の山稜をもってミャンマー（ビルマ）との国境としており、この国境線は一八〇〇キロメートルに及ぶ（CIA 2009）。タイとミャンマーの一人あたり名目GDPの差は約六・五倍である（二〇一〇年度、International Monetary Fund 2011）。その結果、ミャンマーからも、この山の稜線を越え、多くの移民労

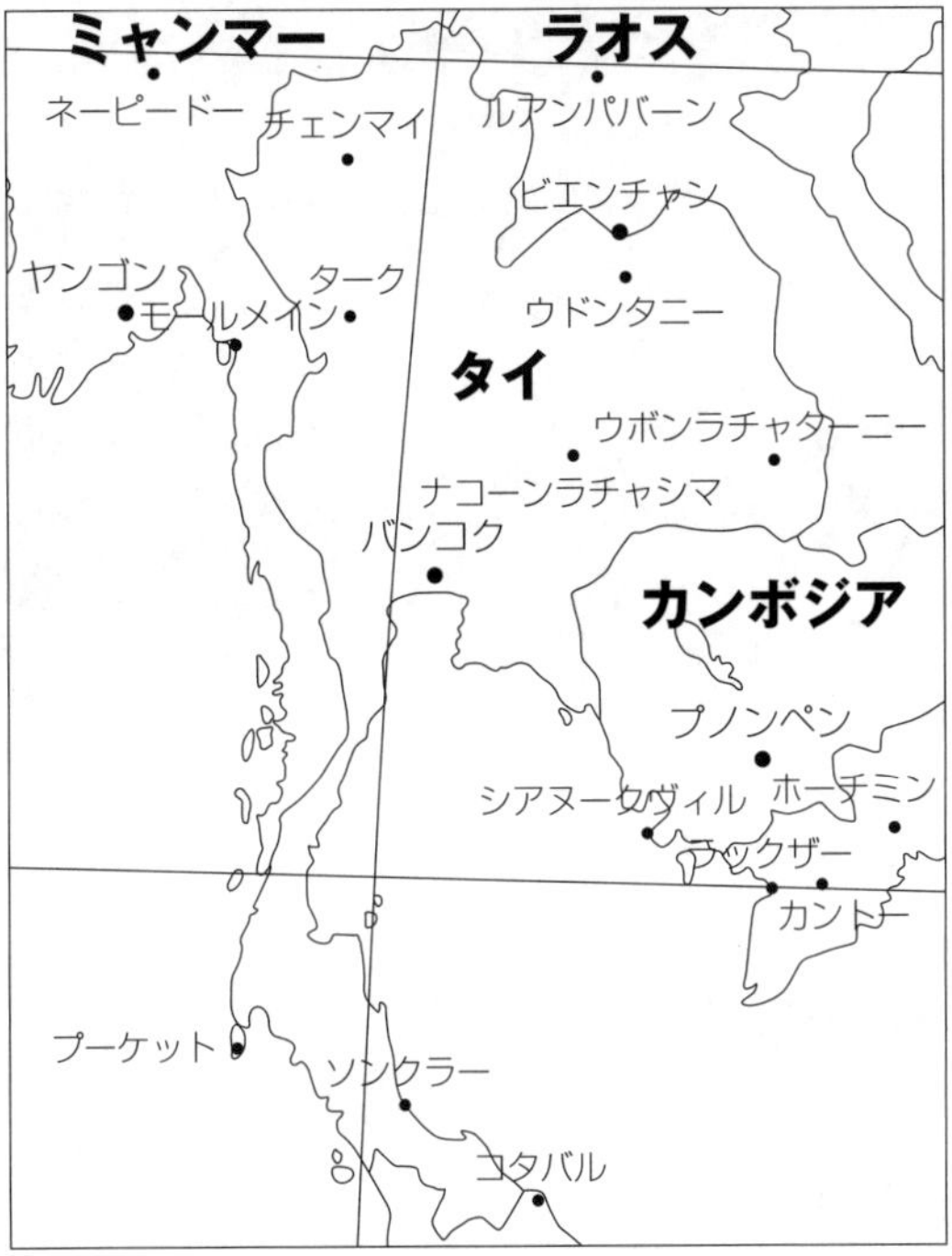

地図1

働者が流入している。どの国境地帯にも国境警備隊が駐屯して巡回しているが、全長四八九三キロメートルにおよぶ陸上国境線（CIA 2009）を完全に封鎖することは不可能に等しい。これらの国境線は、かつてインドシナ戦争の戦禍を逃れたラオス・ベトナムからの難民（一九七五〜一九九三年）、そしてクメール・ルージュ政権下の混乱を逃れようとしたカンボジアからの難民（一九七五〜一九九二年）と、六四万の人々が越えた国境でもあった（UNHCR 2000: 98）。このようなタイの、グローバル時代における国籍管理とその運用の実態について、国境地帯に暮らす少数民族の立場から検証する——これが、本章の目的である。

1　国籍をめぐる視座

本章の理論的出発点となったのは、ツァネリ（Tzanelli 2006）、パニック（Pajnik 2007）、ファニンとムワラシボ（Fanning and Mutwarasibo 2007）の三つの研究であった。これらの研

写真１　タイ-ミャンマー国境（写真中にみえる山稜の未舗装道路が国境線。この道は向こうに見える村の中央を貫いている。）2000年メーホンソン県にて筆者撮影。

写真２　タイ-ラオス国境（写真中のメコン川が国境線。手前の岸がタイ領であり、写真奥の向こう岸がラオス領。）2000年チェンライ県にて筆者撮影。

究はどれもEU加盟国の事例について扱い、類似した論点を指摘している。ツァネリによれば、ギリシャでは、対外的にギリシャ「市民」と位置づけられる住民であっても、国内ではギリシャ人としての歴史・文化を共有しない人に対する文化差別主義（cultural racism）の対象となる人がおり、主流民族になれない移民系住民の権利が抑制される排除と周辺化のメカニズムが生まれつつあるという（Tzanelli 2006: 38）。またパニックは、スロヴェニアにおける移民統合政策を事例に、EU人権宣言（European Conention of Human Rights）に基づく「ユニバーサルな移民の人権保護」制度を国内で押し進めれば押し進めるほど、実はスロヴェニア系の主流民族とそれ以外の地域からやってきた移民のあいだの区別が先鋭化するという状況を指摘している（Pajnik 2007: 857）。パニックはこの状況を、〝国境内境界〟（internal borders and boundaries）の誕生と呼んでいる（Pajnik 2007: 857）。ツァネリもパニックも、EU基準に合わせて移民にまで「市民権」の枠を広げると、その結果として今度は「市民権」の意味が以前とは変質し、「市民権」を持つ者のなかに、主流民族の文化や出自を持つ者（national な人々）と、それ以外の「市民」との区別が発生し、実質的に享受できる権利に差が出てしまうというのである。パニックらによれば、法制度のうえでさえ、こうした権利の差が可能となる余地を残した制度が規定されるという（Pajnik 2007: 857）。

これに対し、ファニンとムワラシボはさらに、こうした「国境内の境界」が制度化された事例を提示する。アイルランドでは二〇〇四年に実施された国民投票の結果、国内で生まれた移民の子供から、憲法が定める市民権獲得権が剥奪されたという（Fanning and Mutwarasibo 2007: 439）。彼らによれば、アイルランドが一九九〇年代に経済成長を経験し、移民労働者が増加すると、ナショナルな人々（national）とナショナルになれない人々（non-national）の二元論が生まれ、「想像の主流民族の共同体（dominant imagined community）」（Mac Laughlin 1999）が形づくられていった（Fanning and Mutwarasibo 2007: 449）。その結果、市民権と福祉が結び付けられ、以前は市民でなくても受けることができた社会福祉が、市民権を持つ人に限定され、さらに市民権の枠自体が狭められたという（Fanning and Mutwarasibo 2007: 451–452）。ファニンとムワラシボは、今日、いくつものヨーロッパの国々の内部に、市民、非市民、移民、ゲスト・ワーカー、違法労働者、難民・庇護申請者（asylum-seekers）という、「権利のグラデーション」状況が生まれていると指摘している（Fanning and Mutwarasibo 2007: 452）。彼らによれば、もはや「市民権」は〝単なる権利のセット（just a set of rights）〟ではなく、特定の人々が権利を主張できない状態を正統化する排除のメカニズム（mechanism of exclusion）でさえあるという（Fanning and Mutwarasibo 2007: 452）。

それでは、このグローバル化にともなう国籍と市民権の問題は、東南アジア諸国ではどのような様相を見せているのだろうか。既存研究がEUの周辺諸国の事例で示したように、グローバル化は、国境内の境界を生みだし、同じ国に住みながら十全な権利が認められる人と、権利を主張できない人との区別を強化するだけなのだろうか。その点を本稿ではとくに、タイ北部の「山地民」の状況から見ていく。具体的には、「国境内の境界」による周辺化された状況を、国境を飛び越えることによって乗り越える少数民族女性をめぐるメカニズムに注目する。

本稿のうち、少数民族をめぐる法的地位に関する法令・規制関連の記述部分は、①文献資料および②タイ人専門家へのインタビューから得た情報をもとにしている。また、法的地位に関する末端行政レベルの処遇とそれが少数民族の人々に与える影響については、二〇〇八年二月から三月を中心としたフィールド調査（参与観察よびインフォーマル・インタビュー）の結果に基づいている。アカ女性Aさんの事例に関しては、二〇〇四年以来の日本での在日タイ女性への参与観察およびインフォーマル・インタビューによる。また一九九九年以来筆者がチェンマイで断続的に続けている「山地民」の人々への参与観察の結果も補足的に参照されている。

2　タイの住民管理制度と「山地民」

2―1　タイの民族構成

タイは歴史上絶え間ない人口移動をくり返してきた地域に位置する多民族国家である。タイに住む住民を、仮に民族別に分けて考えると、（一）タイ系諸族、（二）モン（Mon, มอญ）・華人・先住民族（カム、ラワ、ティン）などタイ系諸族との混住・混淆が進んだグループ、（三）マレー系ムスリム、ケーク、山地民など、タイ国内での少数民族としての認知が進んだグループ、（四）そしてミャンマーやラオスからの移民労働者とその子たち、の四つのグループに分けて捉えることができるだろう。

（一）のタイ系諸族とは、一〇－一三世紀ごろこの地に南下した人々――チャオプラヤー川流域に一〇世紀以降王国群を築いてきたシャム人、ピン川やコック川の流域に王国群を築いてきたユアン人、メコン川流域に王国群を築いてきたラオ人の子孫を中心とした人々である（石井 一九九九：Ongsakul 2001; Wyatt 1984）。また、（二）の人々は、平野部に住むタイ系諸族との混淆がすすんだ広義の仏教徒として、まとめられる。モン（Mon, มอญ）人とは、山岳少数民族モン（Hmong, ม้ง）とは別の民族で、タイ系諸族の南下以前、六世紀から九世紀ころ現在のタイにあたる地域に高度な上座部仏教文明をもつ古代帝国を築いていた人々の子孫である（Wyatt 1984: 21）。また先住民族とは、先史時代からこの地に住んでいた痕跡が認められるグループの子孫とされ、カム、ラワ、ティンといったグループがよく知られている（Penth 1996: 15）。ただしこれら先住民族やモン（Mon, มอญ）の人々は、タイ系諸族との混淆が非常に進んでいると考えられている（Penth 1996: 17; Wyatt 1984: 49）。

（三）の人々は、非仏教徒の国民国家タイで周辺化され、少数民族と見放される人々である。マレー系ムスリムとは、マレーシアとタイの国境地帯四県にとくに多く住む人々である（橋本 一九八七：二三二－二三四、本書第7章）。現在はタイ領に組み込まれているが、この地域の住民の多くは、マレーシア北部の住民と宗教・言語・生活様式を共有するイスラム教徒である（橋本 一九八七：二三四）。またケークとは、印僑とその子孫の人々であり、北部山岳少数民族とは、中国南西部からミャンマー、タイ、ラオス、ベトナムの北部に広がるヒマラヤ山脈の広大な裾野地帯で生活を営んできたかつての移動耕作民とその子孫を中心とした人々を指す（Kampe 1997: 23）。北部山岳少数民族の人々は近代化の過程で国を持つことがなく、二〇世紀を通じて各国の少数民族としての立場に置かれてきた。このうちタイ国内に住む人は、「山地民」という官製の概念のもとに、一括りにされてきた。タイでは、一般的に六つのサブ・グループ――モン、リス、ヤオ、カレン[1]、ラフ、アカ――を中心に捉えられることが多い（Brutphat 1995: 11）。また、（四）の人々は、タイと国境を接する「最貧国」、ラオスやミャンマーからタイへ流入し、安価労働力として働いて、タイの中小企業を底辺で支える人々である（Kusakabe and Pearson 2007: 5）。合法的な労働者もいれば非合法の状態にある人（Kusakabe and Pearson 2007: 11-12）、またその中間の立場にある人々もいる。そして見落とされがちだが、それらの立場の間を行ったり来たりしている人もいる。

以上に見てきた民族グループのうち（もちろん、それ以外にもごく少数の「民族グループ」に属する人々や、判別がつきにくい人々もいる）、主流民族は（一）のタイ系諸族という建前になっている。しかし実際のところ、宗教・文化・血統など各方面で相互に混淆が進んだ（一）グループと（二）グループを区別することは容易ではない場合も多く、（一）および（二）のグループの人々が、広義の主流民族だと見做すこともできる。それ以外の（三）や（四）住民が、たとえタイ国内で生まれても、自動的にはタイ国籍を得られない人々「少数民族」や「不法滞在者」などとしてカテゴライズされる人々である。

2―2　タイの住民管理制度・国籍制度

タイの住民管理制度は、居住者登録制度と国籍制度の二元管理制度を採っている（玉田 二〇〇六：一九八）。住民登録は、家屋ごとに住所番地を定めて郡役場に登録するものであり、この住民登録に基づいて国籍が付与されることになっている（玉田 二〇〇六：一九八）、国籍については七歳になったとき住民登録をした郡役場に出向き、国民携帯証の給付を受ける。この国民携帯証には顔写真のほかに国民番号、本籍地、種族などが記載されている。タイ国民にはこの常時携帯義務が課せられている（永井 二〇〇六：一三一）[2]。

現在施行されている一九六五年国籍法二〇〇八年度改訂版によれば、タイ国籍付与には、基本的に生地主義が採用されている。しかしそれと同時に、「タイ国籍を剥奪されうる人」を定めた規定がある。この規定によって、タイ国内で生まれても国籍を持たない人々が制度的に発生することになる。玉田によれば、こうした問題が発生している人々は、ベトナム難民、在来の少数民族、難民、移民労働者の四つのカテゴリーにくることができるという（玉田 二〇〇六：一九一）。実際の法運用上では、これらのカテゴリーが錯綜して判別がつきにくい場合も多く、それが

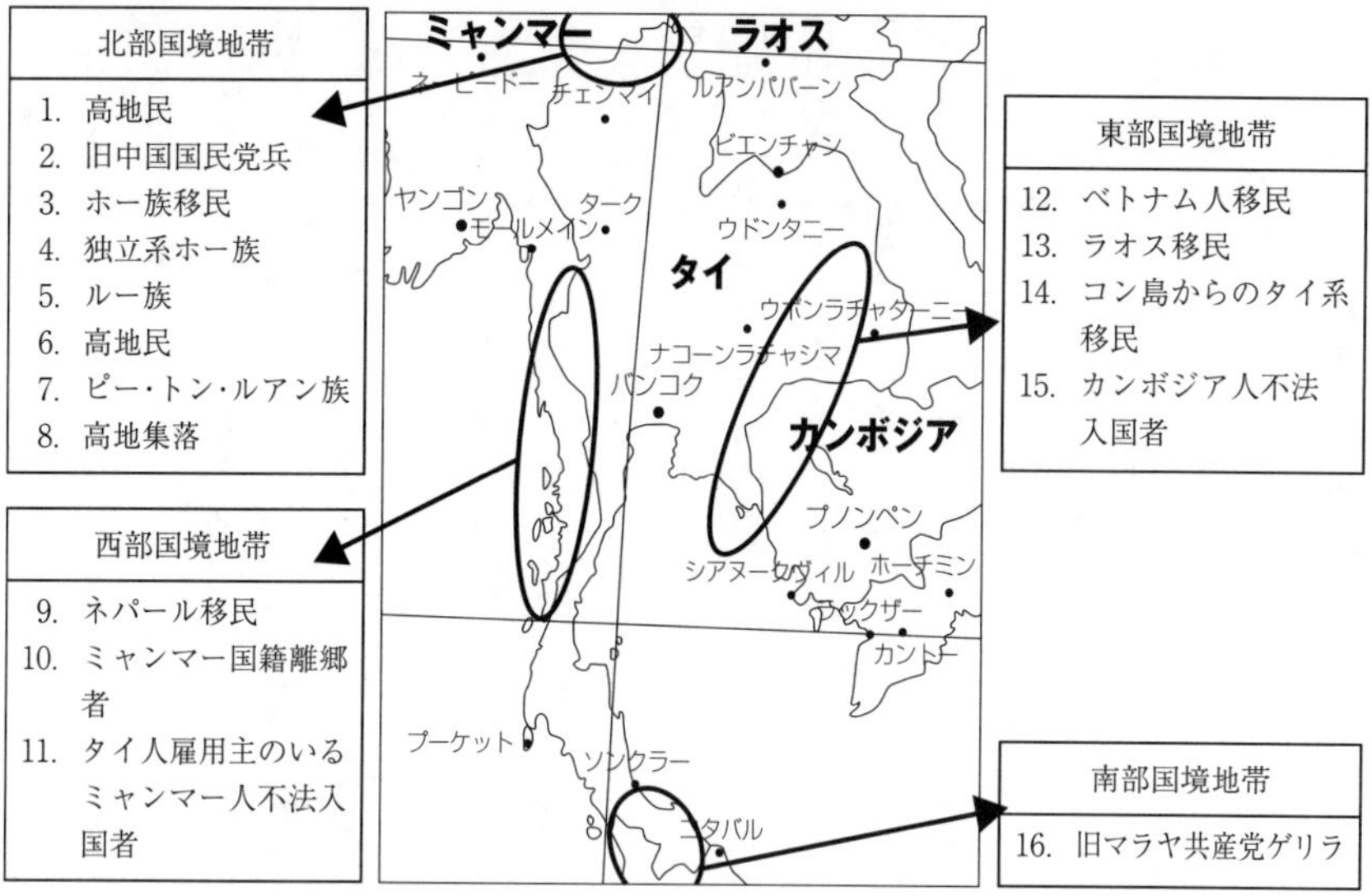

図1　外国人携帯証の下位区分

典拠：Kitprayun and Gamurulaet 2001をもとに筆者作成

問題をより複雑にしている——ときには、確信犯的に複雑なままとり残されているとされる。

　そして何より問題を複雑にしているのが、外国人携帯証保持者という法的地位である。外国人携帯証とは、タイ国籍を持たずにタイ国内に居住する人のうち、一定の条件を満たした者にタイ政府から与えられる身分証明書である。出生地がタイ領内であっても、条件によってはこの外国人携帯証を付与される。かつて一六種類に分かれていた外国人携帯証は、二〇〇八年の国籍法改正の際に一種類にまとめられた。しかし、その下位区分は相変わらず一六種類に分かれており［図1参照のこと］、下位区分ごとに認められる権利や手続きが異なるため、問題が複雑になりやすいことに変わりはない。

　外国人携帯証は、基本的にそのすべての下位区分で、居住権や就労権を認めている（Kitprayun and Gamurulaet 2001: 139）。しかし、行政区域（県境や郡境）を越えた移動が許可制であったり、就業不可能な職業が広範囲に規定されていたり、さらには不動産の所有権が認められていないなど、権利が制限されている（Kitprayun and Gamurulaet 2001: 139）。つまり、外国人携帯証の保持者は、現実的には単純労働力として就業する以外の道は非常に狭いといってよい。換言すれば、外国人携帯証の発行は、もともとタイの中小企業における安価単純労働力の確保を目的としている部分が大きく、タイの住民としての彼らの権利保護を第一義的な発行目的としているわけではないと捉えることができるとも考えられている。

しかしここで何より重要なことは、これらの制度が、（一）多分に曖昧な部分を残し、「ケース・バイ・ケース」の状況をつくり出していること、（二）行政機構の末端では原則通りに実施されないこともあるという点ではないだろうか。以下の節では、こうした、法制文書の上からは見えないタイの国籍管理の実態を見ていく。

2―3　タイ「山地民」と国籍

一九五〇年代まで、バンコク政府はタイ北部の山岳地帯に、ほとんど関心を持ってはいなかったと言われている（Hoare 1982: 4）。しかし一九五五年、タイは、当時の国際情勢を受けてラオスとの国境地帯に国境警備隊を設置し、国境の実体化に取り組み始める（Cohen 2001: 36; Manndorff 1967: 531）。そうして始まったタイの国境管理の過程で浮かび上がったのが、国境地帯の山村に住む人々だった。一九六〇年から一九六三年にかけて、まず政府はこうした山村の住民に、山を降り、平野部に政府がつくった居留区の中へ移り住むよう指示を出したが失敗した（Chaipigusit 1997: 2; Manndorff 1967: 532）。その結果タイ政府は、山村住民のタイへの組込みのため、様々な政策を実施していく（Chaipigusit 1997: 2）。このタイ政府による国境地帯の山村住民のタイ政府管理下への組込みが開始された時代、一九六九年から一九七〇年にかけて、タイ政府は山村の住民の住民登録と国籍認定を実施し、一八万二千人の村人がタイ国籍を付与された（玉田 二〇〇六：一九八）。しかしこれは国境山岳地帯の住民のうち、ごく一部にすぎなかったと考えられている（玉田 二〇〇六：一九八）。

その後一九七〇年代には、当時の西側諸国や国際開発援助機関が、タイ政府との合同プロジェクトとして、数々の開発援助プロジェクトを山岳地帯の山村で実施した（Kampe 1996: 156）。さらに一九八〇年代に入ると、諸外国のＮＧＯが小規模な開発援助プロジェクトを次々に展開した（Chaipigusit 1997; Sutthi 1995）。この開発援助の時期、タイ政府は、一九八五年から八八年にかけて山村の住民登録を行い、これに基づいて一九九〇年に外国人携帯証のうちの一種である高地民携帯証（図4の6）を、約二四万八千人に交付した（玉田 二〇〇六：一九八－一九九）。いずれにせよ、こうした一九五〇年代から六〇年間にわたる開発援助の結果、開発という名のもとで、山村の住民の多くは、タイの国民経済・国民社会に組み込まれていったのである（Cohen 2001: 36-37）。

この国境管理の実体化は、国境のタイ側の森林の商品化と、それに続く自然保護林化をもたらした。タイは、一九七〇～一九八〇年代の間に急激な森林の減少を経験し（速水 一九九九：二〇二）、一九八八年に代採禁止令が制定された（McKinnon 1997: 118）。その結果、山村の住民たちも、これまでのように焼畑移動耕作を営み、森のめぐみを糧に生きることが難しくなった（速水 一九九九：二〇八）。こうして、耕作地不足と生活の危機に直面した村人たちには（Ganjanapan 1987: 511）、とくに一九八〇年代から、平野部・都市部への移住が顕著になった（Buadaeng, Bunaysaranay and Leepeeicha 2003）。多くの山村の住民が、都市空間やその周辺で生きることになったのである（Jatuworaphruek 1997: 1; Toyota 1998: 197）。

そうした過程のなかで、山岳地帯の村出身の人々は、国民国家タイのなかで国籍を持たずに生きることの不利を悟るようになっていった。そして、一九九九年にはじめて「山地民」として団結し、国籍その他の問題に対する抗議運動を行った（玉田 二〇〇六：二〇〇）。しかし一九八〇年代半ば以降、ミャンマーから流入した新規移民・難民のなかには、アカやカレンといったタイの山岳少数民族と同じグループに属しているため、在来のタイ山岳少数民族と区別が難しい人々も多かった。この結果増え続ける新規移民・難民（現行法下でタイ国籍取得の権利が認められていないとされる人々）と在来の「タイの少数民族」（現行法の下でタイ国籍取得の可能性がある人々）との区別がつきにくいという状況が生まれた。この背景とも相まって、この頃には、山村出身の人々にとって国籍を取得することは非常に難しくなっていた（玉田 二〇〇六：一九九）。この後も断続的に、「山地民」による国籍等の権利要求運動や、政府機関による高地民携帯証、高地集落証等の付与キャンペーンなどが行われ、タイ国籍または外国人携帯証を獲得する山村（出身の）人は徐々に増加していると考えられている。しかし一方で、二〇〇六年にもなお、国籍を要求する三千人の子供が集まっての抗議運動が行われているという現状がある（Rungruengsaphakul 2006: 1）。いずれにせよ、かつて国民国家タイへの包摂を拒否した人々が、その三〇年後には、国籍を要求するようになっていたのであった。

3　国境を越える「山地民」女性

3—1　「山地民」女性の越境移住——越境移住で合法的滞在証を「獲得」したAさん

一九八〇年代前半にタイ−ミャンマー（ビルマ）国境地帯の山の村で生まれたAさんは、どの国の身分証明書も持っていなかった。[3] 彼女が七〜八歳のころ、Aさんの家族（母親と兄弟姉妹たち）はタイのチェンライ県内の山の村へ移り住んだという。Aさんは、一二歳のときにタイのチェンマイ市の郊外でNGOの寮から小学校に通い始め、一九歳のとき中学校を卒業した。[4] そのころには、Aさんの母親がチェンマイ市内のアカの集住地区に住むようになっていた。Aさんは、母親や親類と暮らしながら、カフェのウェイトレスやバーの店員といった職を転々として働いた。やがて、そうした彼女の勤務先に客として来ていた男性（タイ人）から、彼の日本人の友達を紹介され、この日本人と結婚した。二一歳のときのことである。タイ国籍を持たない彼女は、タイ・パスポートも日本への入国ビザも申請できない。彼女は、夫から「日本へ行くための支度金」として受け取った現金の中からいくらかを使い、[5] 国民携帯証とタイ人パスポートを準備した。[6] 日本人の夫は、法律的なことは何も知らなかった。しかしこの夫を紹介したタイ人の客が「法律にも詳しくて、そうした書類の手配をしてくれた」（この人物は、実はブローカーか）。その後、タイ南部のリゾート地で結婚式を挙げ、その土地の役所で婚姻登録をした。[7] そうしてAさんは夫とともに日本へやって来た。この日本に来たあと、夫が「リゾート地の役所でつくった婚姻書類などを提示して」日本の役所に婚姻登録をした。このとき日本の役所で提示されたAさんのタイ・パスポートは「偽物」であっただろうが、リゾート地の役所が発行した婚姻登録証明書は「本物」であった。こうして、彼女は日本の配偶者ビザを発給された。そしてこれは彼女が生まれて初めて手にした合法的な身分証明書だった。Aさんと夫のあいだには、結婚の翌年には長男が、その二年後には次男が誕生した。この二人の息子は、「日本国籍を持つ日本人」である。つまり、結婚、出産の過程を経て、Aさんは合法的な身分証を得、子供たちは完全な国籍――しかも現状においてはタイ国籍よりもずっと「強力な」日本国籍――を得た。Aさんは、もともとタイの国籍もビルマの国籍も持たない無国籍の状態にあったが、国境を越えることで、合法的な身分証を得たということができるかもしれない。Aさん自身については、もし何らかの理由で日本にいられなくなった場合の不安は常にあるが、子供たちについては、Aさんの言葉を借りれば、「貧しい集住地区で身分証のないアカの子供を産んだ場合とは違い、この子たちは、日本人として生きていける」。つまり、国民としての権利を主張することができるのである。

3―2　社会資本としての「国籍」

Aさんは、タイの公立中学校三年生の課程までを修了したが、中学校についても小学校についても卒業証明書を持っていない。二〇一〇年現在タイでは、国籍の有無にかかわらず「すべての子供に教育を受ける権利」が認められている。しかしかつて多くの北タイの教育現場では、国籍を持たない子供には、卒業証明書が発行されなかった。成文法の上では「国籍がない子供には卒業証書を授与できない」と明記されてはいなかったが、実際の教育現場では卒業証書が授与されないことが多かったのである[8]。タイ社会で就職する際には、卒業証明書を提示できなければ学歴がないとみなされる[9]。そのため、国籍がない人々は、結局のところタイ社会では未就学者として職業を探すしかなかった[10]。つまり、タイという国家の周辺で生きるAさんたち「山地民」にとって、国籍は学歴その他の社会資本を有効なものとするものなのである。

これを顕著に表わすのは、二〇〇六年以降タイ北部で発生している「国籍つき住宅」販売詐欺事件であろう。少数民族のスラム住民の事情に詳しいNGO関係者によると、二〇〇六～二〇〇八年ころ、チェンマイ県北西部で、タイ人業者と少数民族のうち一部の人々が結託して国籍を持たない少数民族の人々に「国籍つき住宅」を販売するという詐欺事件が頻発した。この事件については、二〇一一年一〇月現在未だ捜査中であり、完全な全容が明らかになってはいないが、ある不動産業者が、国籍を持たないアカの人々に対し、「(自分が販売する) 宅地や住宅を買えば、住所を手に入れられる。住所が手に入れば住民登録（票）が手に入る。住民登録（票）が手に入れば、国籍を手に入れられる。国籍を手に入れたら、身分証明書が手に入る」といって住宅を販売したという。少数民族グループのなかでも信頼される立場の人がこのタイ人住宅販売業者の協力者として住宅購入の話を持ちかけたケースもあり、結局相当の数のアカの人々が、この「国籍つき住宅」を購入した。結果的に、この業者が販売した家や「土地」は、政府の森林保護政策の対象となっていた地域にあり、二〇〇八年に森林警察によって「保護地区に禁止されている住宅を建設した」ものだということが明らかになった。家の持ち主は警察につかまり、そこで偽造ＩＤ所持の罪も明らかになった。アカの人々が業者に支払った金額は、ケース・バイ・ケースであり、家、住民登録票、国民携帯証などのうちどの段階までを獲得したかによっても異なった。中には四人家族の国民携帯証取得までに二〇万バーツ（約六七万円）[11]を支払ったという家族もいたという。著者が二〇〇八年の調査中に出会ったアカの家族の中には、都市部で働いているため、郊外のその家には全く住む必要がないのに、そうした住宅を購入した家族も珍しくなかった。つまり彼らにとっては、その家の購入目的は住むことではなく、タイ国籍を手に入れることだったのである。この事例からも、国籍なくしてタイ国内で生活する人々にとって、タイ国籍とは、大金を支払ってでも手に入れる価値のあるものだったことがわかる。つまり国家の周辺部に住む人々にとって、国籍とは、郡境や県境を越えた移動の自由を保障し（商売が可能となる）、タイ・パスポートの取得を可能とし（海外出稼ぎが可能となる）、卒業証明書の取得を可能とし（教育を受けた意味が発生する）、公務員や企業への就職を可能とする、実利的にもっとも基底をなす社会資本なのである。

3―3　法的地位の「変換」とジェンダー

先述のＡさんは合法的な地位を得ようと意図して外国人と結婚し、外国へ移住したという明確な意識は持っていない。Ａさんは、「タイにいてもどうせ未来はないから」少しでもいい人生が得られる可能性がある外国への移住を選んだのだという。現在、彼女は日本の地方都市に住みサービス産業で働きながら、失業中の夫と二人の子供を養っている。それでも現在の日本での生活について彼女は、「悪くない」という。彼女は現状について、「少なくとも、私の子供は、日本人だ。チェンマイの町の裏手の集住地区で、アカの男の子を産んでいたら、どうせ（タイ社会の中で学歴も職も得られず、社会の最低辺から這い上がれずに著者注）酒と薬に走るぐうたら息子になるしかなかった。それに比べたら、今の子供たちの人生の方がいい」という（二〇〇六年一二月、インフォーマル・インタビューより）。この彼女の言葉から読み取れるのは、タイで身分証のない少数民族だった彼女は、越境結婚移住を経て（少なくとも世代を超えた）法的地位の変換を遂げたと認識しているという事実である。彼女は、タイで生活している間、タイ国籍も、ミャンマー国籍も、そしてタイ政府発行の外国人携帯証も持っていなかった。つまり、彼女の権利を保障する国家は世界中どこにも存在しなかった。彼女がタイでタイ国籍を得る可能性があるとすれば、法律が変わらない限り、タイ国籍を持つ男性と結婚する（事実婚ではなく、男性の同意を得て法律上も結婚する）ことしかなかった。しかしチェンマイにいる限り、スクウォッター（不法居住区）に住む被差別民ということになる彼女は、タイ社会の主流民族にあたる男性の法律上の妻となる可能性は、皆無ではないが低かった。国籍を持つアカの男性と結婚する可能性もあったはずだが、彼女によればこの場合「どうせ役所に行かない（＝法的な婚姻登録をしない）から、何も変わらない」という。つまり彼女は、社会・経済的な上昇を目指して結婚移住をしたと認識しているが、彼女の語りの中の「自分の子供に未来をあげる」という意味合いでは、法的地位の変換が含まれていたと考えることができる。

しかしここで重要なのは、どのように能力や行動力がある人物だったとしても、現在のところ、この越境移住による法的地位の「変換」は、タイ山岳少数民族の場合、女性にしか利用しにくい手段だという点ではないだろうか。越境移住にともなう法的地位の「変換」が可能なのは、現在のところ、結婚や出産を経るしかない。こうした状況を見ると、現状においては、どの国の国籍も持たない人にとって、社会資本としての国籍を獲得・変換可能なものたらしめている一つの要因である越境移住というメカニズムにおいては、ジェンダーが合法的地位獲得のための社会資本の役割を果たしているということができるのではないだろうか。

おわりに――社会資本としての国籍とジェンダー

本稿の目的は、国民国家システムにおいてどの国の国民でもないため権利を主張することができない人々にとって、グローバル化の進展と越境移動・越境移住の増加がどのような意味を持っているかを、国籍の変換という側面から検証することにあった。

これまで見てきたタイ「山地民」をめぐる法的環境と、「山地民」女性の越境移住の事例から、以下のことが言えるのではないだろうか。まず、国民国家システムのなかでどの国の国民でもないため権利を主張することができない一部の「山地民」にとって、国籍は基底をなす社会資本の役割を果たしている。つぎに、越境移住は、国民国家システムのなかでどの国の国籍も持てず権利を主張する先を失った「山地民」に、法的地位「変換」の機会を提供することがある。ただし、その越境移住による法的地位の「変換」は、タイの山岳少数民族については女性のほうに可能性が高い。つまり今度は、観光産業等の所産でもあるエスニック・イメージとも絡み合う形でジェンダー・イメージが、法的地位変換のための社会資本となっていると考えることができる。

今後は、このような越境移住によって法的地位を「変換」した女性たちの移住先での生活を追い、その法的地位の変換が長期的に維持されうるのか、またそれが彼女たちやその子供の人生にもたらした意味は何なのか――たとえば、移住先で本当に十全の権利が主張できる存在（proper citizen）になれるのか――といった点を追跡調査する必要があるだろう。

謝辞

本調査は、科学研究費補助金（平成一八－二〇年度　基盤研究（A）「社会的弱者の自立と観光のグローバライゼーションに関する地域間比較研究」研究代表者：江口信清、課題番号：一八二五一〇〇五）を得て実施された。また同時に、この研究は立命館大学人文科学研究所プロジェクト研究会『貧困の文化と観光研究会』および『グローバル化とアジアの観光研究会』における研究活動の一部として行われた。なお本章の内容は、「国籍とパスポートの人類学」研究会（二〇〇九年六月二八日、国立民族学博物館）での報告に加筆・修正したものである。本調査を可能にしてくださった方々、また調査にご協力くださった皆様に末筆ながらお礼申し上げます。

注

[1] ただしカレンについては、タイの土地との歴史的関係や生業が、他のグループとは大きく違うと考えられている。いずれにせよ、主流民族や外国人は、様々なグループの多様性を無視して、「山地民」と一括りにして扱うことが多い。
[2] ただし永井執筆時点では「15歳」だった年齢規定を、本稿ではその後の法改定に合わせて「七歳」としている。
[3] 彼女は明言しないが、山の稜線のビルマ側で生まれたのかもしれない。
[4] タイでは飛び級制度がある。とくに彼女のように就学年齢が遅れた場合、能力次第では短時間で義務教育を終える例も少なくはない。
[5] この料金について彼女は、いくらだったかは〝覚えていない〟という。
[6] 金を使って国民携帯証やパスポートを準備したとはつまり、違法なものを手に入れたのかもしれない。
[7] 婚姻登録には国民携帯証が必要なので、先だって〝準備した〟（偽造の）ものを使ったのだろう。日本のように、婚姻届が本籍地へ送られ、本籍地で記録が書きかえられて初めて婚姻登録証明書が発行されるシステムであれば考えられないことだが、Aさんによれば、この時点で婚姻証明書が発行されたという。
[8] フィールド調査［二〇〇八年二〜三月　於チェンマイ］実施結果より。このとき調査対象六九世帯中、国籍がなくても卒業証書を得られたという家庭は、調査した限り一軒も存在しなかった。ただし二〇一一年九月の時点では、状況は改善され卒業証書を得られる子供も増えている。
[9] 同上フィールド調査中の、スラム住民の経験談より［二〇〇八年二月一二日］。
[10] 同上フィールド調査中の、スラム住民の経験談より［二〇〇八年二月一二日］。
[11] 調査開始日二〇〇八年二月一日の換算レート（一バーツは三・三五円）から筆者計算。

十 文献

【日本語文】

石井米雄（一九九九）「シャム世界の形成」石井米雄・櫻井由躬雄編『東南アジア史Ⅰ　大陸部』山川出版社、二五六－二七七頁。

玉田芳史（二〇〇六）「タイにおける外国人の政治的権利」河原祐馬・植村和秀編『外国人参政権問題の国際比較』昭和堂、一九〇－二二一頁。

永井史男（二〇〇六）「内なる国際化へ向かって――タイのグローカリゼーション」河原祐馬・植村和秀『外国人参政権問題の国際比較』昭和堂、二二二－二五二頁。

橋本卓（一九八七）「タイ南部国境県問題とマレー・ムスリム統合政策」『東南アジア研究』二五（二）号、二三二－二五三頁。

速水洋子（一九九九）「タイ国家の領土におけるカレンの土地権――共同性と伝統の構築」杉島敬志編『土地所有の政治史――人類学的視点』風響社、二〇一－二二八頁。

【外国語文】

Asian Development Bank (2010) Key Indicators for Asia and the Pacific http://beta.adb.org/key-indicators/2011/country-tables

Buadaeng, C., P. Bunaysaranay and P. Leepeeicha (2003) *Withi Chiwit Chatphan nai Muang* (*Way of Life for Ethnic People in the City*) Chiang Mai: Social Research Center, Chiang Mai University. [**ขวัญชีวัน บัวแดง, ปนัดดา บุณยสาระนัย, ประสิทธิ์ ลีปรีชา. 2546 วิถีชีวิตชาติพันธุ์ในเมือง สถาบันวิจัย สังคม มหาวิทยาลัยเชียงใหม่**]

Brutphat, K. (1995) *Chawkhaw* (*The Hill Tribes*) Bangkok: Phrephimtthaya. [**สรัสวดี อ๋องสกุล 2544 ประวัติศาสตร์ล้านนา สำนักพิมพ์อมรินทร์**]

Central Intelligence Agency (CIA) (2009) The World Factbook. (Internet, 28th July 2009, http://www.cia.gov/library/publications/the-world-factbook/geos/th.html)

Chaipigusit, P. (1997) *Government Policy of the Development of Highland People in Thailand*. Paper presented to Highland Peoples Programme Regional Workshop in Phom Penh, 8–10 April 1997.

Cohen, E. (2001) *Thai Tourism: Hill Tribes, Islands and Open-ended Prostitution*. Bangkok: White Lotus.

Fanning, B. and F. Mutwarasibo (2007) Nationals/non-nationals: Immigration, citizenship and politics in the Republic of Ireland. *Ethnic and Racial Studies* 30 (3): 439–460.

Ganjanapan, A.（1987）*Conflicting Patterns of Land Tenure among Ethnic Groups in the Highlands of Northern Thailand: The Impact of State and Market Intervention*. Proceedings for the International Conference on Thai Studies, at the Australian National University, 3–6 July, 1987.

Hoare, P. W. C.（1982）*The Trend Towards Assimilation of Lahu Hill People in Thai Lowland Society in North Thailand*. Paper prepared for "Contributions to Southeast Asian Ethnography, " an occasional publication of the Department of Sociology, National University of Singapore, 1982.

International Monetary Fund（IMF）（2001）*World Economic Database, Septemnber 2011*. http://www.imf.org/external/pubs/ft/weo/2011/02/weodata/index.aspx

Jatuworaphruek, T.（1997）*SALAU: Ritual of Reproductive Ethnicity of the Poor Lisu in Chiang Mai*. Paper prepared for the workshop "Ethnic Communities in Changing Environments. " The Center for Ethnic Studies and Development, Chiang Mai University, Chiang Mai, 22–26 February, 1997.

Kampe, Ken（1996）*Socio-Cultural Damage Inflicted on Indigenous Peoples in Southeast Asia Concurrent with or as a Consequence of "Development"*. Proceedings of the 6th International Conference on Thai Studies, Chiang Mai, 14–17 October, 1996.

――（1997）Introduction: Indigenous peoples of Southeast Asia. In D. McCaskill and K. Kampe（eds.）*Development or Domestication?: Indigenous Peoples of Southeast Asia*, pp. 1–25. Bangkok: Silkworm books.

Kitprayun, S. and C. Gamurulaet（2001）*Khumwpathibatkan phwahaibukkhon misathanaphap naithang kotmay thithuktong*（*Handbook of activities foe endowing people with right legal position*）. Bangkok: khatholik phwaklumchatphan.

Kusakabe, K. and Pearson, R.（2007）*Policy Contradictions and Women Migrant Workers: A Case Study of Burmese Women Workers in Thailand's Border Factories*. Paper presented to Workshop on Female Labor Migration in Globalizing Asia at Asia Research Institute, National University of Singapore, 1314 September 2007.

Manndorff, H.（1967）The Hill Tribe Program of The Public Welfare Department, Ministry of Interior, Thailand: Research and Socio-economic Development. In Peter Kunstadter（ed.）*Southeast Asian Tribes, Minorities, and Nations*, pp. 525–552. Princeton:Princeton University Press.

Mac Laughlin, J.（1999）Nation-Building, Social Closure and Anti-Traveller Racism in Ireland. *Sociology* 33（1）: 129–151.

McKinnon, J.（1997）The Forests of Thailand: Strike up the Ban? In D. McCaskill and K. Kampe（eds.）*Development or Domestication?:*

Indigenous Peoples of Southeast Asia, pp. 115–131. Bangkok: Silkworm books.

Ongsakul, S.（2001）*Prawattisat Lanna*（*History of Lanna*）Bangkok: Amarin.（First published 1986）[**สรัสวดี อ๋องสกุล 2544 ประวัติศาสตร์ล้านนา สำนักพิมพ์อมรินทร์**, English Version: Translated by Tanratanakul, 2005 [2001] *History of Lanna*. Bangkok:Silkworm Books.]

Pajnik, M.（2007）Integration Policies in Migration between Nationalising States and Transnational Citizenship, with Reference to the Slovenian Case. *Journal of Ethnic and Migration Studies* 33（5）: 849–865.

Penth, Hans（1996）*A Brief History of Lan Na*. Chiang Mai: Silkworm Books.

Punpuing, S. and Srivirojana, N.（2007）*Struggling to Survive: Female Migrant Domestic Workers in Thailand*. Paper presented to Workshop on Female Labor Migration in Globalizing Asia at Asia Research Institute, National University of Singapore, 1314 September 2007.

Rungruengsaphakul, W.（2006）*Problems and Cuases of Problems of Stateless and Nationality-less in Thailand*. Paper presented on 13 March 2006.

Surak K.（2008）Convergence in Foreigner's Rights and Citizenship Policies? A Look at Japan *International Migration Review* 42（3）: 550–575.

Sutthi, C.（1995）*Highlander's Policy and Development in Thailand*. Paper presented to the forum on Indigenous Peoples Policies for Development Assistance in Asia, by Asian Development Bank, 8—10 November 1995.

Toyota, M.（1998）Urban Migration and Cross-Border Networks: A Deconstruction of the Akha Identity in Chiang Mai. *Southeast Asian Studies* 35（4）: 197–223.

Tzanelli, R.（2006）'Not My Flag!' Citizenship and nationhood in the margins of Europe.（Greece, October 2000/2003）*Ethnic and Racial Studies* 29（1）: 27–49.

United Nations High Commissioner for Refugees（UNHCR）（2000）*The State of The World's Refugees 2000*. Oxford: Oxford University Press.（ＵＮＨＣＲ日本・韓国地域事務所訳『世界難民白書２０００』東京：時事通信社。）

Wyatt, D. K.（1984）*Thailand: A Short History*. New Haven and London: Yale University Press.（First published 1982）

第三部　モノからのアプローチ

パスポート・IDの歴史とアイデンティフィケーション

第14章

戦前期の旅券
——形式の変遷を中心に

柳下宙子

はじめに

外国に旅行する者の国籍や身分を証明し、相手国に対して便宜や保護を要請する公文書である「パスポート」に「旅券」という日本語が付されたのは、一八七八（明治一一）年二月二〇日の外務省布達一号による[1]。しかし海外渡航については、ペリーの来航（一八五三年）から一三年を経過した一八六六年五月二一日（慶應二年四月七日）に幕府が発した布達により解禁となった。その後同年一一月二三日（一〇月一七日）には初めてのパスポートが発行され[2]、日本におけるその歴史が始まる。

戦前期のパスポートは、幕末から「旅券」と命名される一八七八年までに四回、明治期に四回、大正・昭和戦前期に二回、合計一〇回その形を変えた。またその規則は、一八七八年の「海外旅券規則」制定以降五回改定されており、形と規則の改定には関連性がうかがえる。

本稿では、戦前期の旅券の形式の変遷をたどると共に、主な渡航者であった「移民」とその送出状況が、戦前期の旅券の形式や規則にどのように関係したかについて考察することを主眼とした。

1　形式の変遷

1—1　幕末期から明治初期

幕末から明治初期、「旅券」という名称が付される一八七八（明治一一）年までの期間は、日本の旅券史における「黎明期」といえる。つまり、慶應二年四月、幕府は、修業と商業の目的に限り海外渡航を許可する「布達」[3]を発し、翌月五月には、船員や外国人に雇われた者にも条約国への渡航を許可したが[4]、パスポートについては全く白紙状態であった。そのため、当時すでに日本に駐在している外交使節や帰国していた留学生から、諸外国で使用しているパスポートについて聴取し、苦心して作成したことが記録に残されている[5]。

①慶応二年型

①慶應二年型

紆余曲折の後定められたパスポートは、縦二二六mm横三一八mm、厚手の和紙（奉書紙）をたたいてインクがにじまないように工夫した賞状型（一枚紙）のものである。すべて手書きで、表には和文、裏面には英文が記されていて、四つ折りして下付された。四つ折りには意味があり、最初の四分の一の部分には、パスポート番号や氏名、生国（地名）、二番目には「日本政府航許佗邦記」と刻印された朱印（角印）とその下に人相書き（身体特徴）、三番目には保護要請文、最後の部分は査証（ヴィザ）や出入国の印が押せるように空白になっていた。現存するパスポートに書かれている保護要請文は以下のように個別の渡航内容を詳細に記したものであった[6]。

書面之者英吉利グラント小使トシテ同國迄罷越度旨願尓因りこの證書ヲ與へ候間途中何レ之國而テも無故障通行セしめ危急之節者相當之保護有之候様其國官吏江頼入候　日本外國事務局　（原文どおり）

所持者が日本国民（発行国民）であることについての記載はないが、旅券所持人を故障なく旅行させること、所持人が必要とする保護扶助があたえられることを「頼入」と記されている。

英文は次のとおりである。

This passport is supplied to the above mentioned person upon the request of Mr. Grant a British Subject, to have him accompany to England as Servant. It is requested to the Authorities of every Government to permit safely and freely to pass him on any Country, which he will travel, and in case of need to give him the lawful aid and Protection. The Foreign Office Yedo, Japan.

このパスポートには、身長や目、鼻、口の大きさなど身体の特徴を、「常体」「大きい」「小さい」のように主観的に記してある。実は、この欄は、書式が決定した後、国際的なパスポートの書式と照らし合わせた際、必要であることが判明し、急遽追加した事項であった。「両腕に草花の彫り物有り」「顔に痘痕あり」と詳細に記述している。他に、一一歳の少年の場合、成長を見越して身長の欄には「年相応」と書かれたパスポートもあり、機転の利いた対応をしていたことが分かる。

「御免之印章」と呼ばれていたこのパスポートを得た者は、[7] 慶應二年は七一名、慶應三年は一八五名であったが、慶應四年の記録は外交史料館所蔵記録には残っていない。それは慶應四年、つまり明治元年は、政情不安定であり、幕府にしても新政府にしても、国の許可を得ず、パスポートの発行を待たず渡航した例も多かったことによると思われる。その例の一つである後年「元年者」[8] 移民と呼ばれ、近代日本移民史の始まりとなったハワイへ渡航した移民たちが、ことは移民史上有名な事実である。

さて、最初の必要最低限の決まりを定めたに過ぎないこの慶應二年の布達に続き、新政府はいくつかの先例や法令[9]を発し、「パスポートの発行」という新たな国際的な事務を遂行することに努めたが、それが試行錯誤であったことは、一八六六年の渡航許可から一〇年余の間にパスポートの形式が四回変わり[10]、また、正式な名称も決定していないことに現れている。

②明治元年型

新政府は、一八六八年（明治元年）、パスポートの中央に押印する印章を角印から丸印に変え、身体特徴欄を削除した新たなパスポートを定め、条約締結国に通達した。新政府の誕生にともない、幕府時代のパスポートと異なるものを発行する必要があったが、一から作成する時間がないための暫定的な処置と思われる。

このパスポートについては、案が記録に残るのみで使用例が認められていない。したがって、サイズ、紙質など明らかではないが、厚手の程村「奉書紙の四つ切り」と記録に残されていることから、幕末の①慶應二年型パスポートとほぼ同サイズと推測できる。

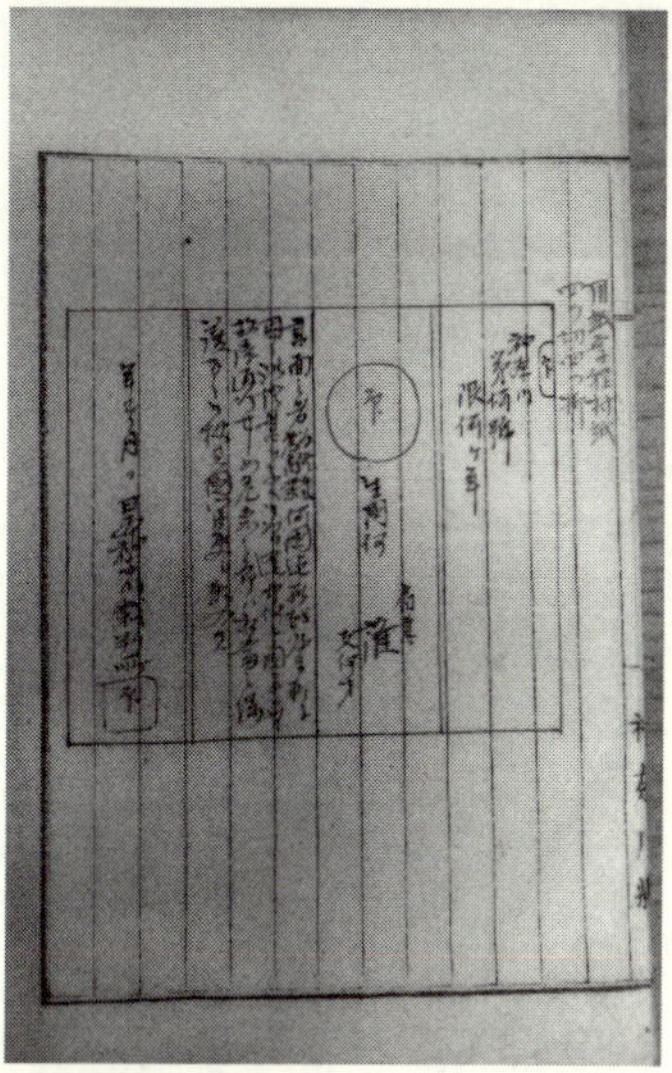

②明治元年型（案）

文面については、以下の和文のみが記録に残されている。

> 書面之者為修業為商業何國迄罷越度旨願尓因リ此證書ヲ与へ候間途中何レ之國ニ而モ無故障通行セシメ危急ノ節ハ相当之保護有之候様其國官吏へ頼入候

③明治二年型

前年の改正は暫定的なものであったため、明治政府は一八

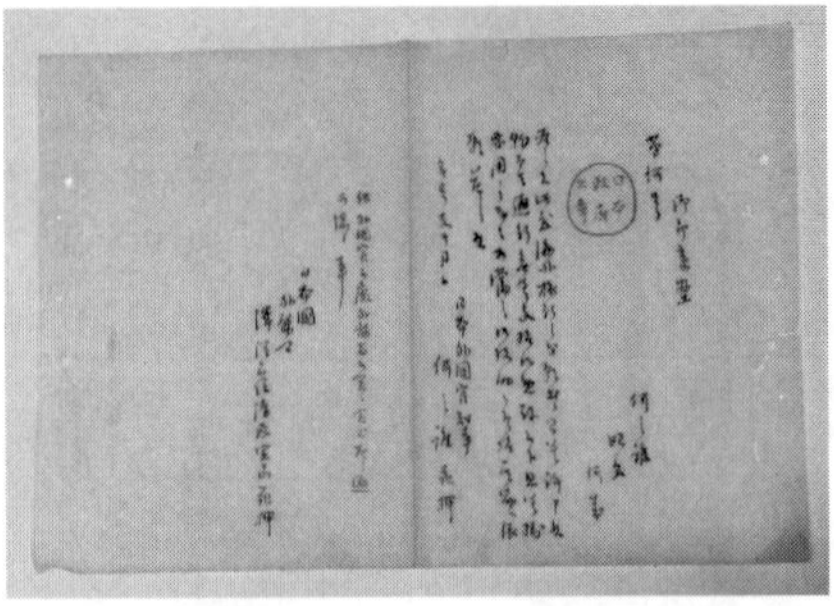

③明治二年型（案）

六九（明治二）年一月新たなパスポートを制定する。また、維新前後の政情不安定な時期にパスポートを持たずに海外に渡ったものについては、当時の情勢から仕方のないこととして不問に処すこととしたが、渡航者を把握するため帰国した者に調査を実施し渡航者把握に努めた。[11]

同年四月には「海外旅行規則」を定め、パスポートを受領する際に「規則」と称した九箇条の渡航先での注意事項を手交した。[12]

このパスポートも外交史料館所蔵史料には使用例がなく、手書きの案が残っているのみである。この記録によれば、このパスポートには次のような保護要請文が記されていた。和文は①慶應二年型に近いが英文は以後の要請文と近い文になっている。

右之者此度海外旅行之義願出候間差許申候就而者通行無差支様御免許被下且差掛要用之義者相當之御扶助被下候様其筋へ依頼いたし候

The undersigned the Minister for Foreign Affairs of H.M. the Micado of Japan require and request all whom it may concern to allow the above-names person travelling abroad, to pass freely without hinderance and to give him such assistance as he may stand in need of.

④明治六年型

一八七三（明治六）年五月、政府は暫定的な明治二年型パスポートを刷新し、新しいパスポートを制定した。サイズは縦三六二mm横二五三mm、つまり①慶應二年型の二倍の大きさであるほぼB4サイズに変わった。用紙は、今までの厚手の和紙「奉書紙」から、雁皮《がんぴ》を主原料とした「鳥の子紙」という、光沢があり、耐久性のある和紙に変えた[13]。以後、大正末までに使用された各賞状型のパスポートには、鳥の子和紙が使用されることになる。

新たなパスポートは縦長で、最大の改正点は、従来の手書きから活版印刷に変わったことである。上部には和文、下半分には英仏独中文の訳が印刷されている。また、「人相書」（身体特徴）の記載欄も復活し、保護要請文の和文、英文は以下のように一新し、次に登場する明治一一年型の原型となっている。

右ノ者故障ナク通行差許サレ己ヲ得ザル時ハ相當ノ保護有之度候也　日本外務卿

The undersigned requires and requests all whom it may concern, to allow the above-named person travelling abroad, to pass freely without hinderance, and to give him such protection as he may be in need of.　Minister for Foreign Affairs of His Majesty of the Emperor of Japan.

④明治六年型

1—2　明治期

幕末から明治初期が黎明期とすれば、「旅券」という正式名称が決まった明治期は成熟期にあたる。

形式も旅券規則も海外渡航の主流であった移民の送出状況に合わせて、必要に応じた微調整が行われていった。

⑤明治一一年「旅券」

パスポートの改正は続いたが、明治初期の海外渡航者は少なく、一八六八（明治元）年から一八七七年までの一〇年間の旅券発給数は合計六〇〇〇強に過ぎなかった。明治一一年以降も、年間一〇〇〇人から一五〇〇人の渡航者[14]を数える程度であったが、この状況を変えたのは一八八五（明治一八）年「ハワイ官約移

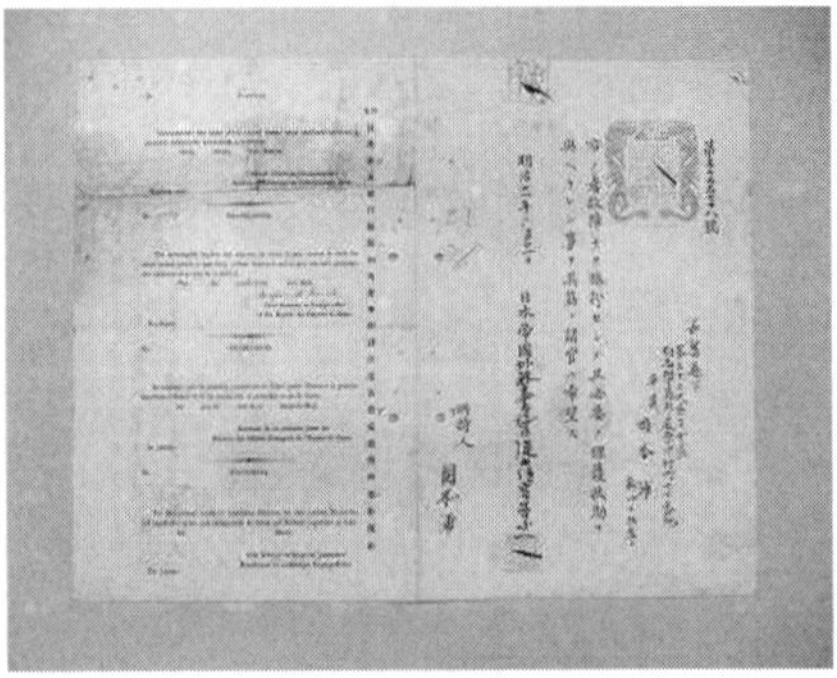

⑤明治一一年「旅券」（見開き）

民」の開始である。

当時は、国際的な人の移動の中心は移民であった。しかし、明治元年に旧幕府のパスポートでグアムやハワイに渡航した「元年者」移民が困窮し、結果的には政府が救済し、ほぼ全員が帰国したため、明治政府は、各国から寄せられる集団移民の要請には消極的な姿勢を示していた。しかし、一八八五年、ハワイ王朝との政府間で取り交わされた「渡航条約」（移民条約）により開始したハワイへの移民送出により、八五年には渡航者は年間三〇〇〇人を越え、その後も、ハワイ移民は増加し続けた。

すでに述べたように、一八七八（明治一一）年二月二〇日の布達一号により、パスポートにはようやく「旅券」という正式な名称が与えられ、同時に七条から成る「海外旅券規則」[15]も制定された。これに合わせて、旅券の形式も一新された。

縦三一四mm横四二二mmの鳥の子和紙を半分で折ったもので（中面は白紙）、表には保護要請文、裏にはその英仏独露中文の訳があり、渡航先の言語により該当箇所に訳文を記入するようになっている。なお、要請文は、当初は、（一）官員、官費留学生用と（二）華士族平民用の二種類あったが、明治一六年四月に（一）に統一した。

（一）官員、官費留学生用［　］内は、手書きで記載した部分である（以下同様）

右［渡航目的、渡航先］【改行】

赴クニ付通路故障ナク旅行セシメ且必要ノ保護扶助ヲ與ヘラレン事ヲ其筋ノ諸官ニ希望ス　日本皇帝陛下外務大臣

The undersigned requires and requests all whom it may concern to allow the above named person travelling [to 渡航先] to pass freely without hindrance and to give him such protection and assistance as he may be in need of.

Minister of Foreiqn Affairs of His Majesty the Emperon of Japan.

（二）華士族平民用

右ノ者故障ナク通行セシメ且必要ノ保護扶助ヲ與ヘラレン事ヲ其筋ノ諸官ニ希望ス　日本帝國

The undersigned requires and requests all whom it may concern to allow the above named person to pass freely without hindrance and to give him such protection and assistance as he may be in need of. Chief Secretary in Foreign office of His Majesty the Emperon of Japan.

また、これ以降の賞状型旅券には「過所のかたちのしるし[16]」と読める割り印が上部に押された。

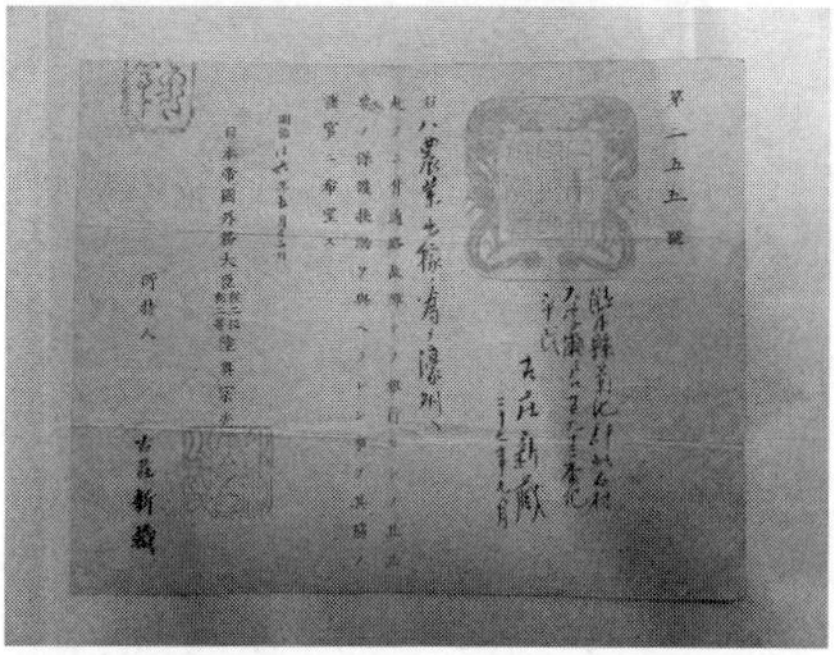

⑥明治二六年型旅券

⑥明治二六年型旅券

大判だった一一年旅券は、渡航者から大きすぎて携帯に不便との意見が多かったこと、複数例あった表記を統一して旅券用紙の印刷経費の節減することを[17]理由に一八九三（明治二六）年、形式を一新した。具体的には、それまで発給者として「日本皇帝陛下外務大臣」と記載されていた部分を「日本帝國外務大臣」に変え、大きさも縦一七二ｍｍ横二二二ｍｍと明治一一年型の四分の一程度になった。小型化したために裏面の訳文は英文、仏文、中文となり、独文、露文[18]はこの旅券以降記載されなくなる。

ハワイ移民の増加にともない、状況に則した旅券規則に改正すべく外務省は一八八七年に新たな全一九条の規則案を作成した。この規則には、帝国臣民であること、海外渡航には旅券が必要であること、また旅券が一〇年有効であることとなど、一八七八年の規則には示されなかったことが多く定められ協議されたが、結果として廃案となった。この規則に合わせ、「規則取扱手続」の作成を試みて、より綿密な旅券規則の遂行を図ったが実現しなかった。

旅券規則の改正は実現しなかったが、旅券形式の改正の翌年（一八九四年）、移民保護を目的とした「移民保護規則」が勅令四二号により制定され、その施行細則が外務省令として交付された。同規則第二条に「移民ハ旅券ヲ携帯スヘシ」、第三条には「移民ニシテ帝國ト條約ヲ締結セサル國ノ領地ニ移住セントスル者又ハ移住スヘキ地ノ國法ニ違反シテ移住セントスル者ニハ旅券ヲ下付セサルコトヲ得」とあり、旅券発行の段階での移民を保護することを視野に入れたことが分かる。この規則は一八九六年には「移民保護法」に発展したが、「移民ハ行政庁ノ許可ヲ受クルニ非ラサレハ外國ニ渡航スルコトヲ得ス」として、行政庁が発行した「渡航許可書」がなければ移民には旅券は発行されないことになった。

なお、一八九七年より、開港場に限られていた旅券発給業務は、渡航者激増のため各道府県での発行とし、迅速な対応ができるようにした。

この旅券の保護要請文は、次のように⑤明治一一年型（一）官員、官費留学生用とほぼ同文であるが、渡航目的を記載することが必要となった。

右〔渡航目的　渡航先〕【改行】
赴クニ付通行故障ナク旅行セシメ且必要ノ保護扶助ヲ與ヘラレン事ヲ其筋ノ諸官ニ希望ス　日本帝國外務大臣
The undersigned requires and requests all whom it may concern to allow the above named person travelling〔渡航先〕 to pass freely without hindrance and to give him such protection and assistance as he may be in need of.
His Imperial Japanese Majesty's Minister for Foreign Affairs.

⑦明治三三年型旅券

一九〇〇（明治三三）年七月、⑥明治二六年型旅券は小型化しすぎたため、査証や出入国の記載スペースが少なかったことを理由として旅券の形式が改正された。明治三三年型旅券は、縦二三五ｍｍ横三七四ｍｍで、再び二つ折り（中面は白紙）の形となったが、要請文の独文、露文は復活していない。

なお、保護要請文の和文は、一一年型、二六年型と同じだが、英文は文頭が若干変化した。また、渡航目的は記入しない。

右ハ［渡航先］【改行】

赴クニ付通路故障ナク旅行セシメ且必要ノ保護扶助ヲ與ヘラレン事ヲ其筋ノ諸官ニ希望ス　日本帝國外務大臣

The competent Authorities and whom it may concern are requested to allow the above named person proceeding to［渡航先］to pass freely and without hindrance and all to give said person such protection and assistance as may be required.

His Imperial Japanese Majesty's Minister of State for Foreign Affairs.

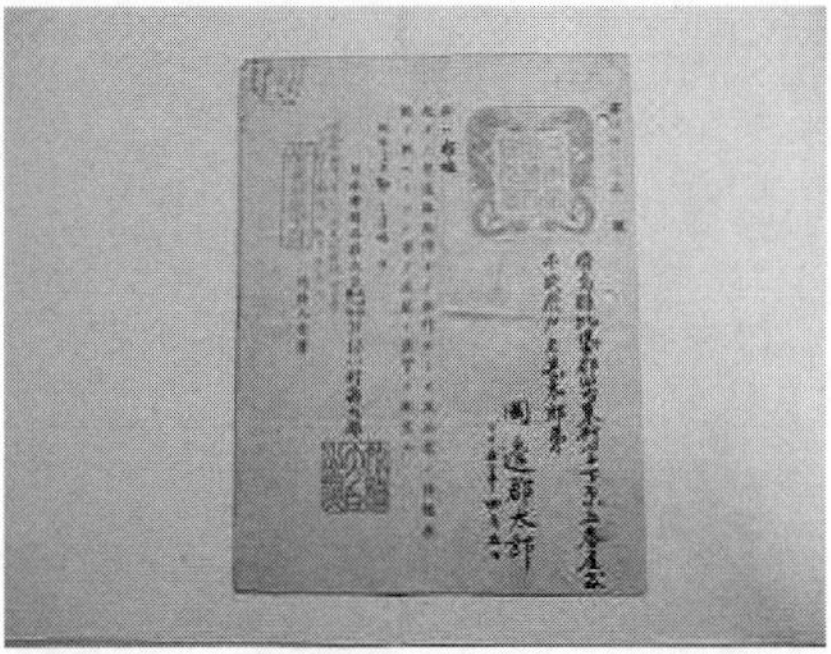

⑦明治三三年型旅券

旅券改正の一ヵ月前の六月、「外国旅券規則」も改正された。渡航者が増大したため、一八七八年の規則では対応しきれなくなったことが最大の理由[19]である。全一七条のこの規則で注目すべき点は、第二条に申請書に記載する事項が列挙された点、申請の際は戸籍謄本を添付することが示された点、そして、罰則規定も定められた点である。また、一八九六年に制定された移民保護法により、移民の場合はその願書に移民取扱人または保証人の連署が必要となった。

この旅券規則には、旅券発行事務を各所で正確に行うことを目的に、全八条の「外国旅券取扱手続」が初めて定められた。この「手続」を見ると、当時、移民への旅券発行は慎重に行なうため[20]、移民のみ特別の方法をとっていたことが分かる。たとえば、同規則の第四条では旅券氏名の上部に「移民」と記載することを指示している[21]。なお、この手続では、旅券発給地方庁は、三ヵ月毎（一月、四月、七月、一〇月）に旅券発給者のリスト（イロハ順）を外務省に提出することを定めている（第六条）。

⑧明治三八年型旅券

⑧明治三八年型旅券

一九〇五（明治三八）年、再び旅券の形式が改正された。

移民送出を原因とした種々の摩擦が米国との間に生じた一八九〇年代、日本政府は移民の渡航を自主規制することを摩擦解消の手段の一つとした。そのため、頻繁に発生していた旅券偽造による移民の不正渡航に対処すべく、偽造が困難な旅券を考案した。たとえば用紙に透かしを入れ[22]、第一面（表紙）の「日本帝國海外旅券章」の印影と周囲の模様を非常に複雑で高精密な印刷を施した新しい旅券に改正する。縦二六一ｍｍ横四〇〇ｍｍ、従来同様二つ折り（中面は白紙）の新旅券は、それまでは手書きであった旅券番号が漢数字で印刷済みとなった点も偽造対策の一つであった。

旅券の形式が一新されたことにともない、一九〇七年三月には旅券規則が改正された。一九〇〇年の規則と大きな変化はないが、「移民保護法施行細則」の規程に従って東京府では、移民に限って警視庁に出願することを示している。また、同日に制定された「外国旅券規則取扱手続」には、ハワイがアメリカに合併された後急増したアメリカ本土への転航を禁止するためにそれまで内訓でハワイへの移民の旅券に記載していた「布哇ノミ」についても、正式に条文に加えており、旅券発行段階で出来る限り移民問題を規制できるよう詳細まで取り扱いの指示が出されていたことがわかる。

さて、保護要請文については、和文は過去の三点と同じであり、英文については、三三年型を導入している。

右ハ〔渡航先〕以下余白【改行】
赴クニ付通路故障ナク旅行セシメ且必要ノ保護扶助ヲ与ヘラレン事ヲ其筋ノ諸官ニ希望ス　日本帝國外務大臣
The competent Authorities and all whom it may concern are requested to allow the above named person proceeding to［渡航先］to pass freely and without hindrance, and to give said person such protection and assistance as may be required.
His Imperial Japanese Majesty's Minister of State for Foreign Affairs.

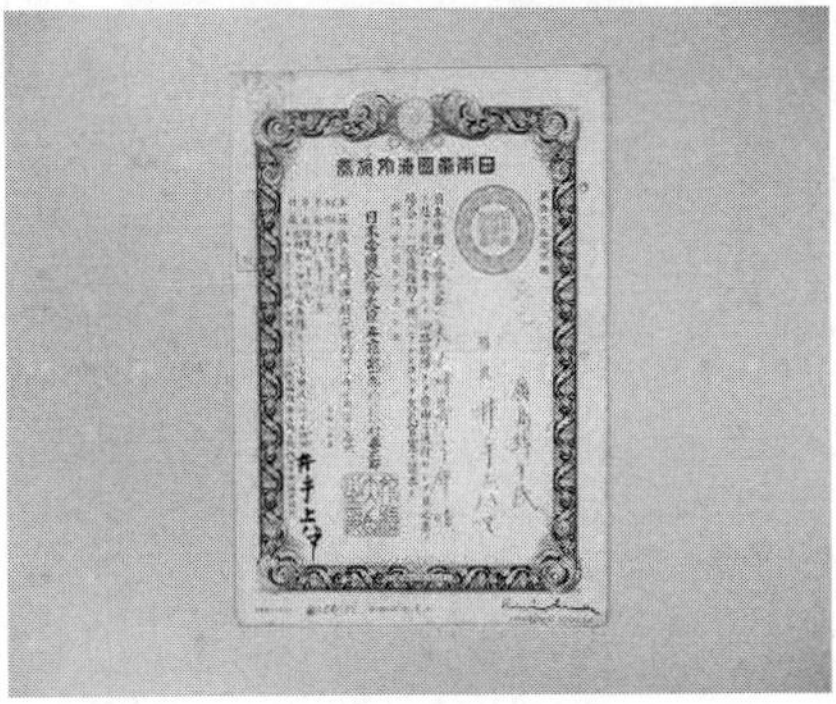
⑨移民専用旅券（明治四二年使用開始）

⑨移民専用旅券（明治四二年使用開始）

一九〇九（明治四二）年六月には、移民だけに発行した「移民専用旅券」が登場する。この旅券は大正末まで使用されるが、戦前期に、同時期に形式の異なる複数種類の旅券が発行されていたのは、移民専用旅券が使用された一九〇九年から一九二六年までの期間だけである。この移民専用旅券は、移民の出発港である横浜、神戸、長崎港のある三県（神奈川、兵庫、長崎県）で発行された。

移民専用旅券制定の背景には、一八九〇年には六〇〇名程度であったアメリカ本土への移民数が一九〇〇年には七五〇〇人を越えるほど激増したことによって引き起こされた外交問題があった。それ以前にも日本政府は、日本国内で取り得る解決策として、旅券発行数の制限による移民送出の自主規制を行っていたが、一旦は効果があったものの、一九〇五年には再び五千人近い移民がアメリカに渡る事実により、アメリカ国内での排日問題がますます深刻化したため、一九〇七から〇八年にかけて行われた日米紳士協約の取り決め[23]により、日本はアメリカへ渡航する新たな移民への旅券発行を禁止することになった。つまり、アメリカ本土への移民は、呼び寄せ、再渡航に限られることとなった[24]。

この結果登場した移民専用旅券は、一目して一般向け旅券との違いが分かるよう、⑧三八年型の旅券の表紙に用いた紫色の模様を緑色に変え、姓名の他、本籍、家族関係、年齢、身長、身体的特徴の項目を設けて詳細に記入した。裏面には従来どおり英仏中文の保護要請文と身体特徴を英仏文で記入できるようにした。

和文は以下のように⑧明治三八年型とは大幅に変更されている。

日本帝國ノ外務大臣ハ［渡航目的・渡航先］【改行】ニ赴ク前記ノ者ヲシテ沿路故障ナク自由ニ通行セシメ且必要ノ場合ニハ保護援助ヲ與ヘラレンコトヲ文武官憲ニ請求ス

日本帝國外務大臣

The undersigned, His Imperial Japanese Majesty's Minister of State for Foreign Affairs, requests all the Authorities concern, both Civil and Military, to permit the bearer［氏名］a Japanese subject, proceeding to［渡航先］to pass freely, and without hindrance, and in case of need to afford［he or her］every possible aid and protection. L.S. 外務大臣の氏名（英語表記）

要請文冒頭に「日本帝國ノ外務大臣」という旅券発行者が初めて和文本文に明記され、外務大臣が、「前記ノ者」が沿路故障なく渡航できるよう「保護援助」をその国の「文武官憲」に「請求」するという、この表記はこの⑨移民専用旅券限りであった。英文では従来同様「request」が使われているが、それに対する和文は、それまでは「希望ス」であったのに、この旅券では「請求ス」に変更した。

また、英文の要請文には、和文同様初めて request する者が Imperial Japanese Majesty's Minister of State であることが書かれた。これ以降、英語の要請文には、この英文が使われている。

渡航目的のところには、今まで記されなかった移民の種類（呼び寄せ、再渡航等）が訳されて「Emigrant (Relative)」、「Returning emigrant」と記載されている。すなわち、旅券発行段階でも移民数の監督を強化し、徹底した自主規制をとるという姿勢が示されていることがわかる。[25]

そして、この自主規制をさらに強化して実行するために、一九〇九年の移民専用旅券使用開始時から、移民旅券申請者に対し、写真二枚を提出させることになった。これは、旅券に貼るのではなく、申請時と乗船時に本人確認を行い、不正渡航を防止するためのものであった。なお、旅券に写真を貼付することになるのは、一九一七年の旅券規則改正以降である。[26]

⑩大正一四年型旅券

1―3　大正期から昭和戦前期

⑩大正一四年型旅券

この旅券から、冊子型の旅券に変化した。

一九二〇（大正九）年一〇月にパリで開催された「旅券に関する国際会議（Conference on Passports, Customs Formalities and Through Tickets）」で、国際的に旅券の形式を統一する決議が採択された。[27]

国際規格の旅券は縦一五五mm横一〇五mm全三二頁で、自国語と仏語を使用すること、表紙の上部には国の名前、中央部には国の紋章、下部には「パスポート」と記載することまで決められた。

決議採択時、政府は、同時に移民専用旅券の作成も検討していたが、その後、一九二四（大正一三）年アメリカでいわゆる「排日移民法」が成立し、日本からの移民が全面的に禁止されたため[28]、旅券で移民を明確に区別する必要性が低下したこと[29]、国際的にも移民旅券を発行する国が少なくなったことから、移民専用旅券の作成は中止となり、一九〇九年以来再び旅券の形式が統一された。

新旅券は、一九二〇年の決議に従い、表紙に「大日本帝國海外旅券」、菊の紋章、旅券番号、英語と仏語で「パスポート」と金文字で刻印されている。表紙裏には「日本帝國外務大臣官位爵位氏名【外務大臣印】」、一ページ目には渡航者の氏名、保護要請文、二ページ目には本籍、職業、身長、特徴などが記入され、三ページ目には英語の保護要請文、二ページ目の英訳が四ページに仏訳が五、六ページに載っている。また、裏表紙裏には「旅券規則抜粋」を掲載し、渡航者に旅券規則を認識させた。

第一ページの和文の要請文は従来と変わらないが、英文は、移民専用旅券の保護要請文を踏襲したものになっている。

右ハ［渡航目的　渡航先］（以下余白）【改行】
赴クニ付通路故障ナク旅行セシメ且必要ナル保護扶助ヲ與ヘラレム事ヲ其筋ノ諸官ニ希望ス
日本帝國外務大臣

The undersigned, His Imperial Japanese Majesty's Minister of States for Foreign Affairs, requests all the Authorities concerned, both Civil and Military, to permit ［氏名　年齢］ a Japanese subject, proceeding to ［渡航先、目的］ to pass freely and without hindrance, and in case of need to afford ［him］ every possible aid and protection.

旅券形式改正の五年後、一九二九（昭和四）年に旅券規則が改正となった。前規則が一九〇七年の制定であったことを考えると、この間、日米紳士協約を経て米国の排日移民法の成立・施行となったこと、また、一九〇八（明治四一）年にはブラジル移民が開始されたことから、移民の送出先が、米国からブラジルへ変化したという実情を踏まえ、ブラジル移民送出を主眼とした規則を定めることが目的であった[30]。

全一九条のこの規則には、第二条で旅券出願の際に提出する書類が列記され、第九条には、旅券は帰国した時点で無効となることを明示したところが注目される点である。

提出する書類のうち旅券下付願書と身許申告書については、外務省で印刷し地方庁に配付し出願者に交付した。規則と同時に全二〇条の「外国旅券規則取扱手続」も公布された。第一条で、特に調査を必要とするもの以外、身許調査は行わない、非移民については願書を受領後外務省に送付すること等、従来の規則と大きな違いがあった。

⑪昭和一三年型旅券

この旅券は大正一四年型のマイナーチェンジであった。

まず表紙に刻印されていた菊の紋章が皇室儀制令を調査したところ違式であることが判明したことや模様化するおそれがあること、表紙で「大日本帝國外國旅券」としながら、表紙裏面には「日本帝國外務大臣」、旅券章の印の文字が「日本帝國外國旅券章」と国号が不統一であったこと、濃緑色の布製の表紙は色落ちが激しかったこと、などの不具合を調整することが目的であった。

⑪昭和一三年型旅券

結果として、各頁の地模様や透かしとして使用していた菊の紋章を五七の桐に変更した。国号はすべて「大日本帝國」とし、装幀も革張りに改めた。

しかし、日本語の保護要請文には大きな変化があった。初めて、旅券所持者が「帝國臣民」であることが明記されることになり、request は「要請ス」と記載された。

右者帝國臣民ニシテ［渡航目的、渡航先］（以下余白）【改行】
赴クニ付通路故障ナク旅行セシメ且必要ナル保護扶助ヲ與ヘラレム事ヲ其筋ノ
諸官ニ要請ス　　大日本帝國外務大臣
The undersigned, His Imperial Japanese Majesty's Minister of States for

Foreign Affairs, requests all the Authorities concerned, both Civil and Military, to permit［氏名　年齢］a Japanese subject, proceeding to［渡航先、目的］to pass freely and without hindrance, and in case of need to afford（him）every possible aid and protection.

旅券改正以前の一九三五（昭和一〇）年に旅券規則を改定したが、同時に改定した取扱手続とともに、大きな変更はなく、実状に合わせる程度に留まった。たとえば、一九三四年、ブラジルへの移民の入国数を限定する「二分制限法」が成立したため、昭和初期三万人を数えたブラジル移民も激減したことから、ブラジルへの渡航者も移民・非移民に関わらずすべて外務省に協議することになった。

1―4　数次旅券という特例

現在旅券は数次旅券が当然であるが、戦前期は「一回旅券」、つまり帰国した時点で無効となる旅券が主であって、特に認められた職種や渡航先に限って「数次旅券」が発行されていた。

一八九四（明治二七）年三月、清国、朝鮮、ウラジオストク、コルサコフ、香港への渡航に限って同一旅券を三年間有効としたことが「数次旅券」の初めての例となった[31]。続いて、一九〇〇（明治三三）年の「外国旅券規則」第一〇条では、「商業漁業其ノ他職業ノ為数次往復スル者ハ帰國若ハ帰着毎ニ其ノ旅券ヲ返納スルコトヲ要セス」と一部の職業に対して旅券を数次利用することを認めたが、曖昧な規定のため、どの国へも数次往復できると誤解されることが頻繁にあったと記録が残っている。そのため、一九〇七年の旅券規則以降は、数次利用が可能となる渡航先を別途外務省告示で特定することとし、誤解を招かないよう努めた[32]。

昭和期になると、海外で活動する職業が増加し、数次旅券対象国拡大の要望が強くなったことから三年間有効な数次旅券の適用地域を増やして対応したが、対象国は外務大臣が告示する国に限られていたことに変わりはない。また、数次往復旅券には「数次往復旅券」という印を押捺することが決められ、一見して判断できるように改善されている。

数次旅券の形式については、使用例もなく特にこれ以上の記録が残っていないことから、一般の旅券と異なる形式を取ることはなく、外交旅券や公用旅券同様、表紙等にその旨の印を押したものと推測する。

2　移民と旅券――変更の最大要因

旅券発行記録によると、一八六八年から一八七五年の八年間に発行した旅券数は合計四六三七（年毎の数は不明）であった。[33]その後発行数は増加するが、一八八三年には一三九〇、一八八四に年は一五五四、ハワイ官約移民が始まった一八八五年でも三四六一に過ぎず、[34]官約移民終了の年一八九四（明治二七）年でようやく一万六七二六を数えた。ハワイがアメリカ合衆国に併合された一九〇〇年は旅券発行数三万九三八八のうち、約半数以上の二万六五四を移民が占めていた。その後も移民数は増加し、[35]一九二四年には二万七〇三二のうち二万二七〇四、一九三四年には四万一八一五のうち二万九九四九が移民への発行であった。[36]

以上の状況を踏まえた上で、ここでは、旅券形式の変遷に表われた「移民」を見てみたい。

2―1　明治二六年型旅券にみえる移民

幕末から明治初期の旅券の形式変更は、初めて接する旅券という公文書を発行するための試行錯誤から生じたものである。したがって初めて、「移民」が旅券に反映されるのは、⑥明治二六年型旅券であった。

開始時期が定かではないが、[37]旅券の氏名記載の場所に取扱人名が記されることとなる。[38]これは、一八九四（明治二七）年制定の移民保護規則（一八九六年には移民保護法に発展）第二条に「移民ハ旅券ヲ携帯スヘシ」、同第一一条「移民取扱人ハ其ノ取扱ニ係ル移民ノ旅券願書ニ連署スヘシ」を受けたと推測できる。[39]これにより、移民送出の斡旋業者が明確となり、移民保護につながることとなった。

この背景には、一八九四年のハワイ官約移民終了後、乱立する移民会社による悪質な移民送出により、多くの移民が困窮した事実があった。それは、一八九四（明治二七）年二月一二日付で陸奥外務大臣、井上内務大臣より伊藤総理大臣に宛てた移民保護規則制定についての閣議要請文に次のように記されていることからも理解できる。

近來種々ノ名義ヲ以テ海外ニ渡航スル者著ルシク増加シ隨テ是等渡航者ヲ周旋シ又ハ募集スルコトヲ營業トナス者亦尠カラス然ルニ渡航者ニハ或ハ移住地ノ法令ニ違反シテ渡航シタルカ爲メニ空シク送還セラル、者アリ或ハ一時甘言ニ欺カレテ無條約國ニ渡航シタルカ爲メニ言フニ忍ヒサルノ困難ニ陥ル者アリ或ハ相當ノ資金ヲ有セスシテ渡航シタルカ爲メニ殆ント飢餓ニ迫ル者アリ或ハ他人ノ奸計ニ陥リテ渡航シタルカ爲メニ遂ニ流離ノ窮民トナル者アリ而シテ之カ募集又ハ周旋ヲ營業トナス者モ亦或ハ渡航周旋料ヲ収得スルノミヲ以テ目的トナシ多数ノ移民ヲ渡航セシメテ殆ント其危害ニ陥ルヲ坐視スル者アリ或ハ種々ノ利益ヲ説キテ移民ヲ募集シ之ヲ渡航セシメタル後ハ其義務ノ履行ヲ怠ル者アリ此クノ如キ情況ノマ、ニ放任スルニ於テハ遂ニ如何ナル弊害ヲ生センモ知ルヘカラス之ヲ要スルニ近來海外渡航ハ殆ント一般ノ流行ヲナシ随テ之カ募集又ハ周旋ヲ營業トナス者陸續踵ヲ接スルノ情勢ナルニ依リ之カ爲メニ生スル弊害ヲ防止シテ一方ニ於テハ困難民ヲ海外ニ増加スルノ患ヲ除キ一方ニ於テハ私利ヲ圖ルカ爲メニ良民ヲ煽動スルノ徒ヲ戒ムルノ必要ニ迫レリ殊ニ米國ノ如キハ此等移民ノ陸續渡航スルカ爲メニ契約労働條例ヲ厳重ニ施行スルノミナラス往々本邦移民ノ放逐ヲ唱フル者アリ濠洲ノ如キモ亦本邦移民ハ遂ニ政事上ノ一大問題タラントスルノ勢アリ此等諸國ニ對スル國際上ノ友誼トシテモ亦相當ノ取締ヲ要スル事勿論ナリトス右ノ次第ナルニ依リ此際移民ヲ保護シ並ニ移民取扱ヲ營業トナス者ヲ取締ルカ爲メ相當ノ規則ヲ設ケンコトヲ欲シ本大臣等協議ノ上別紙移民保護規則勅令案ヲ具シ至急閣議ヲ請フ

2―2　明治三三年型旅券にみえる移民

一八九八（明治三一）年八月、ハワイ共和国はアメリカ合衆国に併合されたため、以後ハワイに渡航した日本人移民の中からアメリカ本土へ転航する者が続出した。彼らは、安価な賃金で就労したため、米国内、特に西海岸では排

日気運が高まることとなり、苦慮した日本政府は、一九〇〇（明治三三）年四月、各道府県に対し移民の渡航許可数を限定することとした[40]。

同年六月改正された「外国旅券規則」には、先に「移民保護法」に決められた移民取扱人等の連署義務が規定されている。この規則と同時に、初めて「外国旅券取扱手続」も制定され、旅券の発給手続が詳細に決められた。同手続第四条には、旅券の氏名の上に「移民」の二字を朱記すること、また、保証人または移民取扱人を記載することが正式に明記された。

さらに、旅券第一行目、つまり「右ハ（渡航先）」に、アメリカ本土に転航しないように「布哇ノミ」と記入したこと（英訳部分には、Hawaii only と記載）、渡航先を追記しないように「布哇ノミ（以下余白）」と記したことも、この時期の移民送出状況を背景として、⑦明治三三年型旅券に表れたものであった。

2―3　移民専用旅券に見える移民

米国本土への転航禁止や県毎に移民数を割り当てて、移民数を自主規制するなど、日本側が旅券の上で行ってきた小さな努力では、排日気運は解決できず、ついには、一九〇七年から〇八年にかけて日米間で行われた政府間交渉の結果、日本政府はアメリカへの新たな移民の渡航を禁止する措置をとることとなった。「日米紳士協約」といわれる渡航制限である[41]。

この交渉の中で、アメリカ政府は、一九〇七年一一月、青木周蔵駐米大使に対し、太平洋沿岸の諸州が日本人排斥法案制定を要求していることを伝え、日本政府が移民送出に対し厳重な措置を執ることを求めた。また、オブライエン駐日大使は、林董外務大臣に対し正式書簡をもって、厳重な移民の渡航制限の励行を要請し、移民に対し一定書式の旅券を発行し、移民の識別が容易に出来るよう人相書や職業を記載するよう求めた。この結果「移民専用旅券」を制定することとなった。

実は、同じ一九〇七（明治四〇）年六月、外務省は在外の大使公使に宛てて、その任国の旅券雛形と旅券規則を送付するよう訓令し、各国の旅券や手続について調査をしている。これは、米国との協議の進展に合わせて、旅券形式と旅券規則を改正する必要があることを予想していたためと思われるが、この時点では、それまでの改正のように、旅券面に追記する形で処理することを予定していたのであろう。しかし、結果としては、オブライエン大使の要請を受け入れ、「移民」と記入するだけではなく、移民の識別が容易で、一般用の旅券とは異なる「移民専用」の旅券を制定することになった[42]（⑨参照）。ただし、この旅券には「移民専用」であることは明記されていないため、受領した者が、これが移民専用旅券であることを認識していたかについては明らかではない。

「移民専用旅券」の成立は、旅券が形や表面上の文章からは見えない「意味」をもつ「公文書」になりうる例となった。

一九二四（大正一三）年、米国でいわゆる「排日移民法」が成立し、米国への新たな移民送出が不可能となった時点で、「移民専用旅券」の役割は終了した。結果的には、国際的にも旅券の形態を冊子型へ変更する流れもあり、一九二五（大正一四）年より、冊子型旅券への変更となった時点でこの「移民専用旅券」は廃止となった。

おわりに

移民という戦前期の主な渡航者が原因で、主な送出先である米国との間に発生した問題を解決するために、旅券が利用されたことは、米国への移民が全面的に禁止になるまでの間に旅券に表れたいくつかの表記で理解できる。これは旅券が本来持っている「所持者」の通行の安全を要請する、という目的以外に、旅券が果たした異なる役割であった。これは様々な史料というフィルターを通して初めてわかる事実である。

既述のように日米紳士協約の交渉中の一九〇七年、外務省は、各国に駐在する日本の大公使に任国の旅券雛形を送付させている。背景には、旅券の上で、移民送出を自主規制していることを示すための手段を、各国の旅券の形式を参考にして考案する必要があったからではないかと考えた。送付された各国の旅券を見るといずれも日本の旅券より大きく、中には広げると縦四五〇ｍｍ横五六〇ｍｍという大きな賞状型の旅券もあった。各国共に立派な国章が印刷されており、貴族用、一般用という種類のある国もあった。ヨーロッパ諸国の旅券には、保護要請文は書かれていないが、身長や髪の色、目の色、等々身体特徴を詳細まで記載する旅券も多かった。

しかし、旅券の形式にはそれぞれの国の特徴が現れているが、旅券に記された保護要請文は、おしなべて次の英国の旅券に見られるような内容である。

We, Sir Edward Grey, a Baronet of the United Kingdom of Great Britain and Ireland, a Member of His Britannic Majesty's Most Honorable Privy Council, a Member of Parliament, vc.vc.vc. His Majesty's Principal Secretary of State for Foreign Affairs, Request and require in the Name of His Majesty, all those whom it may concern to allow（a British subject), travelling abroad, to pass freely without let or hindrance, and to afford him every assistance and protection of which he may stand in need.

旅券の目的が、所持者の安全通行を渡航先に求めるものであり、それが万国共通であったことがわかる。

現在（二〇一〇年）発行されている旅券の要請文は、戦前期と変わらない内容である。

日本国民である本旅券の所持人を通路故障なく旅行させ、かつ、同人に必要な保護扶助を与えられるよう、関係の諸官に要請する。

The Minister for Foreign Affairs of Japan requests all those whom it may concern to allow bearer, a Japanese national, to pass freely and without hindrance and, in case of need, to afford him or her every possible aid and protection.

国や時代が変わっても、形が変化しても、また、所持者の渡航目的が異なっても、所持者の身分を証明し、安全な通行を要請するという旅券の基本的な使命は変わらないことが重要であろう。

†注

[1]「従来当省ヨリ発行候海外行免状之儀海外旅券ト改称別紙規則相定候條此旨布達候事　外務卿寺島宗則」により「旅券」という名称が確定した。（外務省記録「外國旅券規則及同規則取扱手続制定一件」（三・八・五・一〇））

[2] パスポートは、一八七八年の布達により「旅券」という名称が正式に制定される以前は決まった名称はなく、「印章」「印鑑」等多くの名称が使用されていたため、本稿では、名称が正式に決定する以前は「パスポート」と表記する。

[3]「海外諸國へ向後学科修業又は商業之ため相越度志願之者は御願出次第御差許可相成候尤糺之上御免之印章可相渡候間其者美名前並如何様之手続を以何れ之國へ罷越度旨等委細相認陪臣は其主人百姓町人は其所之奉行御代官領主地頭より其筋へ可申立候若御免之印章なくして竊に相越候ものも有之候ハヽ、厳重可申付候間心得違無之様主人々々又は其所奉行代官領主地頭より入念可被申付候右之趣可被相触候」（続通信全覧・船艦門「海外航免許一件」第一冊）

[4] 改税約書（一八六六年六月二五日調印）

第十條　日本人身分に拘はらず日本の開港場又は各外國の港々より日本の開港場又は外國の港々に赴くへき日本人所持の船又は條約済外國船にて荷物を積入るる事勝手たるへし且既に日本慶應二年丙寅四月九日（西洋千八百六十六年第五月廿三日）日本政府より触書を以て布告せし如く其筋より政府の印章を得れは修業又は商売する爲め各外國に赴く事並に日本と親睦なる各外國の船中に於て諸般の職事を勤むる事故障なし外國人雇置く日本人海外へ出る時は開港場の奉行へ願出政府の印章を得る事妨けなし

[5] 詳しくは外交史料館所蔵『続通信全覧』船艦門「海外航免許一件」全三冊に記されている。

[6] 外交史料館が所蔵する慶應二年一〇月一七日発行（初めてパスポートが発給された日）、神奈川三号、亀吉のパスポートによる。

[7] そのほとんどが、外國人興行師に雇われた芸人達であった。なお、幕末期の正確なパスポート発行記録は残っておらず、一八七三（明治六）年頃明治政府がすでに帰国した留学生などから聴取して渡航者を把握した発給記録「海外行人名表（旧幕府ノ節免状申受者姓名調）」が残されているのみである。この冒頭には「御用手違之所未設之者取調にて可然候得は多分労シテ功なかるべし共此侭致し置後来何分の参考ニ可供決して逸失すべからす」と記されている。一八六八（慶應四）年の発行記録は他の記録には見あたらない。

（外務省記録「海外行人名表（旧幕府ノ節免状申受者姓名調）」三・八・五・六六）

[8] 元年者は、慶應四年四月一七日幕府にパスポートの申請をしたが、その直後同月二三日、新政府により新たな印章の制定「外國行ノ者ヘ印章交付方」が発せられたため、新政府の許可を得ずに渡航したとされている。

[9] 前掲の続通信全覧や太政類典によれば、一八六六年一〇月「海外航人相書の布告」や六八（慶應四、明治元）年四月「条約締盟各國ヘ旅行者ノ印鑑等ノ改造シ其出願方ヲ定ム」「外國行ノ者ヘ印章交付方」、六九年一月「航海者ノ印鑑ヲ改造シ其在留人ノ姓名年齢等ヲ調査ス」などを発出した。

[10] 外務省記録には、一八七八年の「旅券」に至るまでに、慶應四（明治元）年、明治二年、明治六年の三回、印章の形や書式にマイナーチェンジがあったことが残っているが、使用例となる使用済の実物は所蔵していないので詳細は不明。

[11] 明治二年一月二二日布告六二号（太政類典「第一編第六一巻外国交際・諸官員差遣」）

[12] 外国で互いに助け合うことや借財をしても帰国までに返済すること、他国の宗教に入信しないこと、など詳細に記されている。

[13] 奉書紙は楮が原料の和紙。厚手で白色。上等な文書、主に、主人の意を受けて従者が下達する文書に使用したので、パスポートにも使用したと考えられるが、何度も開披すると毛羽立ち、パスポートには不向きと判断したと思われる。一方、鳥の子は、色はクリームがかっているが、光沢があり、丈夫で折り曲げにも強いので、種々な和紙の中から選択されたと考えられる。

[14] この時期日本からの主な渡航先は、中国、朝鮮であった。

[15] 旅券ハ日本國民タルヲ證明スルノ具ニシテ海外各國ニアリテ要用少ナカラサルヲ以テ外務省ヨリ之ヲ發行ス規則左ノ如シ

第一條　旅券ヲ請フ者ハ別紙雛形ノ書面ヲ以テ外務省又ハ開港場管庁ヘ願出之ヲ受取ルヘシ右郵便ヲ以テスルモ苦シカラス旅券ヲ受取ラハ直ニ其示シアル所ヘ當人姓名ヲ自記スヘシ　第二條　旅券ヲ受クルモノハ手数料トシテ金五拾銭ヲ納ムルヘシ但旅券ハ一人一枚ニ限ルヘシ五歳以下ノ小児其父母同道ナルトキハ其父母ノ旅券ニ附記スルヲ以テ足レリトス　第三條　内地ニ於テ右旅券受取ル間合之ナキカ又ハ海外ニ於テ遺失シタルカノトキハ其國在留ノ日本公使館又ハ領事館ヘ其趣ヲ記載セル書面ヲ出タシ自身出頭シテ願ヒ受クヘシ但其手数料トシテ金弐圓ヲ納ムヘシ　第四條　公用ヲ以テ旅行シ官費ヲ以テ留學スル者ハ内地ニアリテハ其官廳ヨリ直ニ外務省ニ掛合海外ニ在リテハ前條ノ趣ニ従ヒ旅券ヲ受取ルヘシ但手数料ハ納ムルニ及ハス　第五條　旅券ハ其赴クヘキ國ノ公使又ハ領事ノ照明ヲ得ル儀其國ニヨリ要用少ナカラス其節ハ其館ニ就テ直ニ之ヲ請フヘシ但其定規ニ随ヒ手数料ヲ払フヘキモノトス　第六條　海外ニアリテ所持ノ旅券我領事官ノ證明ヲ要用トスルコトアリ其筋ハ之ヲ請ヒ得ヘシ但領事官ナキ地ニ於テハ公使館ニ到リテ之ヲ請フヘシ　第七條　旅券ハ帰朝ノ後三十日以内ニ其最初受取リタル官庁ヘ之ヲ返納スヘシ郵船等ノ海員常ニ旅券ヲ要スル者ハ此限ニ在ラス但シ海外ニアリテ我カ公使又ハ領事官ヨリ受取リタル者ハ外務省ニ返納スルヲ以テ足レリトス

[16] 過所とは関所のこと。
[17] 本省、在外公使館、領事館での発行用の三種類を印刷していた。
[18] 戦前期、極東ロシア領（シベリアやサハリンなど）への労働目的の渡航者は多く（例：明治四四年約一万六〇〇〇人、大正八年約二万八〇〇〇人）、旅券発行を行っていた北海道庁は露文の復活を要請している。（前掲外務省記録三・八・五・一〇）
[19] 第二条に記されている記載事項は次のとおり。なお、国内で申請する場合は戸籍謄本添付の必要が定められている。
　一 氏名、二 本籍地（本籍と所在地が異なるときは所在地を併記する） 三 身分（戸主でなければ戸主の名前と続柄を記す） 四 族称 五 年齢 六 職業 七 旅行地名 八 旅行ノ目的
[20] 第四条 移民ニ下付スル旅券ハ別紙乙号見本ノ例ニ準シ氏名ノ上部ニ「移民」ノ二字ヲ頭書シ其ノ右側ニ保証人ノ本籍地及指名又ハ移民取扱人ノ指名若ハ社名ヲ朱記スヘシ
[21] 他に、「以下余白」は一九〇四（明治三七）年から、「布哇ノミ」はアメリカ合衆国のハワイ併合（一八九九年）以後米国本土への転航者が激増したため一九〇五（明治三八）年九月から記入するよう内訓が発せられた。
[22] 「日本帝國海外旅券」の八文字が透かしで入っている。また、用紙も機械漉き鳥の子紙から手漉きに変えた。
[23] 一九〇七年から〇八年までに林董外務大臣と駐日アメリカ大使オブライエンとの間で交換された公文書によって成立した移民問題に関する紳士協約。
[24] この結果、いわゆる「写真花嫁」という、写真を見るだけで相手に会うことなく渡航前に入籍した女性が男性移民に呼び寄せられて渡航する（妻の呼び寄せ）という例が急増することとなり、さらなる問題を発生させる原因となった。
[25] その他、乗船時に旅券に押抜して旅券の再利用を防止した（一九〇七年一二月より）。
[26] なお、旅券に写真を貼付するのは、一九一七（大正六）年から。第一次大戦後、欧米では旅券が身分証明の役割も果たすことになったため写真貼付が国際的な風潮となったため。
[27] 決議によると、旅券は厚紙の表紙で綴じられ、全三二頁の冊子でなくてはならない。
[28] その結果、一九二五年には、一九〇〇年の旅券規則取扱手続で決められた氏名の上部に「移民」と記すことや移民専用旅券の発行は廃止された。
[29] 一九二四年一〇月一〇日付松平次官より各地方長官宛通移機密合八一九号「北米合衆国及米領布哇再渡航者ニ対シ非移民旅券発給ニ関スル件」には、「従来北米合衆国及米領布哇ヘノ再渡航者ニ対シ所謂日米紳士協約ニ基キ移民、非移民ニ区別シ相当旅券ヲ交付アヒ候処米国新移民法実施ノ結果同協約ハ自然消滅シタルヲ以テ向後ハ一般ニ非移民旅券ヲ発給ノコトニ致候条当該帝国領事発給ノ証明

書ニ非移民ノ記載アルモノハ勿論移民、非移民ノ記載ナキモノモ又ハ移民ト記載アル者ニ対シテモ一般ニ非移民旅券ヲ下付相成度此段依命及通牒候也」外務省記録「旅券法規及同規則取扱手続ニ関スル訓令指令並旅券下付取締雑件」（分類番号三・八・五・一一）

なお、移民専用旅券廃止により神奈川、兵庫、長崎県での移民専用旅券発行業務も終了する。

[30]　一　旅券下付願書　二　身許申告書　三　戸籍謄本又ハ戸籍抄本　四　写真二葉（最近ノ撮影ニ係ル手札形、半身、無台紙）　五　他ヨリ派遣セラルル者ハ其ノ派遣責任者ノ保証書　六　在外公館長発給ノ呼寄、再渡航等ニ関スル証明書又は外國官庁発給ノ入國ニ関スル許可証、証明書又ハ通知書等ヲ有スル者ハ該書類　七　外國在留者ノ呼寄ニ関スル書信等ヲ有スル者ハ該書信等　八　其ノ他参考ト為ルヘキ書類アル場合ハ該書類　九　右ノ外付録第四号ニ掲載シタル目的國及渡航目的ニ依リ特ニ必要トスル書類

[31]　一八九四年三月二日付送第三二号　前掲外務省記録（三・八・五・一一）

[32]　一九〇七年制定「外国旅券規則」第一三条は次のとおり。

「商業漁業其ノ他職業ノ爲特定ノ地ニ数次往復スル者ハ帰國若ハ帰着毎ニ其ノ旅券ヲ返納スルコトヲ要セス　但シ旅券領収ノ日ヨリ三箇年ヲ過キテ帰國若ハ帰着スルトキハ之ヲ返納スヘシ　前項特定ノ地ハ外務大臣之ヲ告示ス」

[33]　ここで言う「移民」とは、農業、漁業、出稼ぎなど就労を目的として渡航した者とする。

[34]　前掲外務省記録（三・八・五・一〇）

[35]　旅券発行数や移民数については、明治初年から一貫した統計は見あたらない。本稿では、明治元年から三三年については『わが国民の海外発展　資料編』「明治元年から同三三年までの旅券交付数」（一四六、一四七頁）、明治明治三八年から昭和一〇年までは『日本帝国統計年鑑』を使用した。なお、『日本帝国統計年鑑』でも渡航目的が一貫していないため、「公用」「留学」「商用」「視察」以外の渡航目的を「移民」とみなした。

[36]　ここでは、「日本帝国統計年鑑」記載の旅券発行総件数から「公用」「留学」「商用」「視察」を引いた数を移民数とした。

[37]　所蔵する使用済み旅券で検証すると明治二七年が使用開始と推定できる。

[38]　同時に、旅券を発行した地方庁名も旅券に朱記した。

[39]　これを裏付ける史料は見つからないが、一八九七（明治三〇）年八月、旅券発給業務をそれまでの開港場から各道府県に委譲するにあたり、各道府県への通達の際、旅券面への移民取扱人、もしくは保証人の記載をするよう通達している。

[40]　一九〇〇年四月二八日付青木外務大臣より警視総監、各道府県知事宛機密送五号

[41]　新たに移民として渡航することは出来なかったが、写真花嫁など家族の呼び寄せや再渡航は可能であった。

[42]　「移民」と記入するのは、日本文の氏名の上部だけであり、英文にはそれに対応する訳は記入しなかった。

十文献

〈一次資料〉

続通信全覧・船艦門「海外航免許一件」
外務省記録「布哇国総領事「ウエンリート」無免許本邦農民傭入同国へ渡航一件」（三・八・二・一）
外務省記録「海外行免状書類」（三・八・五・三）
外務省記録「海外行免状発行一件」（三・八・五・七）
外務省記録「海外行免状改正考案」（三・八・五・九）
外務省記録「外國旅券規則及同規則取扱手続制定一件」（三・八・五・一〇）
外務省記録「旅券法規及同法規取扱手続ニ関スル訓令指令並旅券下付取締雑件」（三・八・五・一一）
外務省記録「本邦人ニ対スル帝国ノ旅券法規並旅券下付取締雑件」（J・二・一・〇・J二）
内閣統計局編纂『日本帝国統計年鑑』（第五六回）
太政類典「第一編第六一巻外国交際・諸官員差遣」
『日本外交文書』明治二七年第二巻、明治二九年第一巻、明治四〇年第二巻、第三巻

第15章

日本における出入国管理と渡航文書の実務

大西広之

はじめに――出入国審査と渡航文書

国や地域を出入国ないし出入域する際には、その者の身分を証明するための文書を提示することが求められるが、この身分を証明するための様々な文書のうちもっとも一般的なものが「パスポート」と呼称されているものであろう。パスポートは、国際条約などでは「渡航文書」と汎称され、条約等によっては「旅行文書」と和訳しているものもある（春田 一九九四：五）が、日本での法令翻訳においては「旅券」と訳されている。[1] 実際には出入国ないし出入域する際に身分を証明する文書は、世界各国の政府や国際的な機関による発行主体ごとに、パスポート以外にも多種多様に存在している。[2] 本稿においては、引用文中文献等に用いられる場合を除いて、人々が移動する際に必要とされるこれらの文書を総称して、渡航文書ということとする。

国際的な人の移動は、受入れ国にとって利益をもたらす面もあるが、反面重大な不利益をもたらす面もあることから、両者を調整する行政作用が必要（法務省入国管理局出入国管理法令研究会 一九九五：一）となる。このため、諸外国においては、出入国や出入域を管理ないし規制するため出入国審査が行われている。渡航文書は、この出入国や出入域の可否を決定するために必要とされ、出入国審査が実施される場面において提示することが求められる。

出入国管理の法制は国によって異なり、実務運用等も様々であるが、日本において、出入国管理行政を行っているのは、法務省入国管理局及びその事務を分掌するために設置された地方入国管理局である。[3] そして、関係法令にもとづき、入国審査を実施するため配置された入国審査官が、旅券の有効性の確認等、日本に上陸しようとするすべての外国人の上陸審査を実施している。[4] また、入管法は、有効な旅券又は乗員手帳を所持しないすべての外国人の入国を禁止しているがこの出入国審査においては、偽変造旅券をはじめとする非正規な渡航文書が行使される事例も散見される。

日本の入国管理実務において取り扱われる渡航文書には、旅券や乗員手帳以外にも多様な文書が存在しており、「国籍とパスポートの人類学」研究においては、これらの多様な渡航文書を比較、整理を行うことが重要な目的のひとつと考えられることから、本稿においては、この目的に資するため、日本における主に入国管理行政を中心とする行政実務の観点から、入管法上に定義された旅券をはじめとする、渡航文書を分類、整理しておくこととしたい。

入管法は、「日本国政府、日本国政府の承認した外国政府又は権限のある国際機関の発行した旅券又は難民旅行証明書その他当該旅券に代わる証明書（日本国領事官等の発行した渡航証明書を含む。）」と、「政令で定める地域の権限のある機関の発行した旅券又は難民旅行証明書その他当該旅券に代わる証明書に相当する文書」を旅券と定義している（入管法第二条第五号）。また、「権限のある機関の発行した船員手帳その他乗員に係るこれに準ずる文書」を乗員手帳と定義している（入管法第二条第六号）。

そこで、これら入管法上に規定された渡航文書に加え、入管実務上で旅券として取り扱われている文書、さらには、出入国審査の場面において提示される文書について、以後で概説することとしたい。

1　入管法上の旅券——狭義の旅券

1—1　国民旅券（ナショナル・パスポート）

日本国政府、日本国政府の承認した外国政府又は権限のある国際機関の発行した旅券は、一般に国民旅券（ナショナル・パスポート）と称される。この国民旅券は、日本国旅券発行の旅券と、日本国政府の承認した外国政府の発行する旅券とに区分できる。

日本国旅券とは、日本国政府が日本国籍を有する日本人に対して、旅券法にもとづき発行する国民旅券である。旅券法にもとづき発行される日本国旅券には、国の用務のため外国に渡航する者及びその者に同伴又は所在地に呼び寄せる配偶者、子又は使用人に対して発給される公用旅券と、公用旅券以外の旅券である一般旅券がある（旅券法第二条）。

現在ほとんどの国が公用旅券と一般旅券に大別される旅券制度を有しており、我が国は公用旅券にはさらに実務的に外交旅券と公用旅券（狭義）の二種類の区分を設けている（旅券法研究会 一九九九：六〇）。この外交用務で旅行している者であることを示すための外交旅券は、国際慣行上、旅券法上に定められた広義の公用旅券から外交旅券を除いた狭義の公用旅券とは分けられて発行される。諸外国でも公用旅券（広義）の中に外交旅券を設ける例は多い（旅券法研究会 一九九九：六一）とされる。

日本国旅券以外の国民旅券には、我が国が承認した外国政府が自国民に対して発行する外国旅券がある。

国際連合加盟国は二〇一二（平成二四）年一月現在、日本を含め一九三ヵ国あるが[5]、日本は国連加盟国である北朝鮮（朝鮮民主主義人民共和国）を国家承認していないため、日本が国家承認している国の数は、日本と北朝鮮を除く国際連合加盟国一九一ヵ国に、国際連合未加盟のバチカン、コソボ共和国及びクック諸島を加えた一九四ヵ国となる[6]。これにより、これら一九四ヵ国の政府が発行する国民旅券が入管法上有効な旅券と認められることとなる。

これらの国民旅券を所持している者は、当該発給国の国籍を有していると認められる。重国籍者にあっては、日本国籍を有する者を除き、上陸申請のため提示された国民旅券の発給国を入管実務上、国籍国と認定している。

また、我が国が承認した外国政府が自国民に対して発行する国民旅券には、外国の地域において発行する国民旅券がある。この外国の地域において発行する国民旅券で、日本が入管法上の旅券として認めているのには、以下のものがある。

香港及びマカオの中国返還にともない、中華人民共和国には香港特別行政区及びマカオ特別行政区が設置された。これらの特別行政区においては、中華人民共和国政府発行の国民旅券とは異なる特別行政区旅券が発行されている[7]。このうち香港特別行政区旅券（香港SAR旅券）を提示する者については、返還以前に、香港の居住権を持つ者に対して発行されていた、英国（香港）旅券（British National Overseas Passport）を別に所持する場合であっても、中華人民共和国国籍を有しているものと認められる。英国（香港）旅券の所持者で、香港特別行政区旅券を所持または提示しない者については、入管実務上「英国（香港）」との取扱いがなされる。

同様に、マカオ特別行政区旅券（マカオSAR旅券）の所持者または旅券の発行を受けることが予定されている者についても、中華人民共和国国籍を有しているものと認められる。これは、これらの特別行政区は中華人民共和国の不可分の一部分であるとされていることから、これら特別行政区発行の旅券は中華人民共和国の地域において発行する国民旅券と認められるのである。一方で、マカオ政庁及び在マカオポルトガル総領事館発行のポルトガル一般旅券の所持者はポルトガル国籍を有しているものと認められ、香港の場合とは幾分異なる取扱いとなる。

この他に外国の地域において発行する国民旅券としては、英国属領地の旅券がある。この旅券の国籍欄に British と記載があり、英国属領市民の身分を有しているときは、「英国（当該属領）」との取扱いをうける。

これらの旅券を区分して取り扱う実益としては、各国、各地域と相互査証免除協定を締結する権限を香港特別行政区政府に授与すると定めている（基本法第一五五条など）ことなどから、査証相互免除に関する取決めや査証の数次有効等に関する取決めにおいて、国民旅券の種類により入国審査における異なる取扱いを実施する必要が生じるからである[8]。

1―2　国際機関発行の旅券

外国政府等が発行する国民旅券以外にも、条約上、旅行文書を発給する権限を認められた国際機関が渡航文書を発行することがあり、入管法上の旅券として認められている。

これは、国籍を証明する能力を有しないが、国際機関の性質上、国際機関の目的に従い、その機関の職員として、迅速に国際的な義務を果たすことを可能にするという活動の便宜等を考慮し、旅券として認めているものである（入在要領第六編第二節第二 一（二））。

国際連合は、国際機構であり、国際法上認められた権利義務の受範者であるという意味で、国際法主体であるが（藤田 一九九八：一三一）、この国際連合及びその専門機関は、その職員に対し国際連合通行証を発給することができ（国際連合の特権及び免除に関する条約第七条二四項、専門機関の特権及び免除に関する条約第八条二六項）、加盟国の当局は、この通行証を有効な旅行証明書と認めるとされている。これにより、国際連合通行証（レッセ・パッセ）が、日本において旅券として認められている。

同様に、赤十字国際委員会が、渡航文書の発給が受けられない無国籍者等に対して、人道上配慮から委員会の各地の代表を通じて発給する渡航文書も、入管法上の旅券として認められている。

1—3　政令で定める地域の権限のある機関の発行した旅券等に相当する文書

入管法では日本国政府の承認した外国政府の発行する旅券以外にも、政令で定める地域の権限のある機関の発行した旅券等に相当する文書は、旅券として認められるとしているが、この地域については、出入国管理及び難民認定法第二条第五号ロの地域を定める政令（平成一〇年五月二二日政令第一七八号）により、台湾並びにヨルダン川西岸地域及びガザ地区と定められている。したがって、台湾旅券（いわゆる台湾護照）[9] 及びパレスチナ暫定自治政府発行の旅券が、地域の権限のある機関の発行した旅券等に相当する文書として、入管法上の旅券として認められている。

このような規定が設けられた背景としては、それまで有効な旅券を所持しない者とされていた台湾旅券所持者の日本への入国が増加したことから、繁忙を極めていた入国管理業務の簡素化を図る必要があったと考えられる。

このうち台湾旅券（台湾護照）の所持者又は発行を受けることが予定されている者の国籍は「中国（台湾）」、パレスチナ暫定自治政府発行旅券の所持者又は発行を受けることが予定されている者の国籍は「パレスチナ」として入国管理実務上では取り扱われる。

2　入管法上の旅券——旅券に代わる証明書

2—1　難民旅行証明書

難民旅行証明書は、難民条約にもとづき、同条約の締結国[10]が、その領域内に滞在する同条約の要件に該当する難民に対し、その領域外への旅行のために発行する渡航文書である（難民条約第二八条）。条約締約国は、これを有効なものとして認める（難民条約附属書第七項）ものとしている。これにより、旅券に代わる証明書として、入管法上の旅券と定義されている。難民旅行証明書は、日本における実務取扱上、日本国政府が発行するものと、日本以外の締約国政府が発行するものとに区分できる。難民旅行証明書は、当証明書の有効期間内のいずれの時点においても当該締約国の領域に戻ることの許可を約束するとされている（同付属書一三項）ので、日本国政府発行の難民旅行証明書を所持する難民は、日本への再入国許可は不要である（入管法第六一条の二の一二第三項）。

旅行証明書の発給があったこと及び旅行証明書に記入がされていることは、その名義人の地位（特に国籍）を決定し又はこれに影響を及ぼすものではないため（難民条約付属書第一五項）、旅行証明書の発給は、その名義人に対し、当該旅行証明書の発給国の外交機関又は領事機関による保護を受ける権利をいかなる意味においても与えるものではなく、また、これらの機関に対し、保護の権利を与えるものでもない（難民条約付属書一六項）とされている。

写真１　台湾旅券

2—2　その他旅券に代わる証明書

前述の難民旅行証明書以外で、その他旅券に代わる証明書として入管法上の旅券として認められるものに、日本国政府が承認した外国政府が自国民以外の者に対して発行する旅券である外国人旅券と、日本国政府の発行する旅券に代わる証明書がある。

(a)　外国人旅券

外国人旅券とは、その国に居住するその国以外の国籍を有する難民、無国籍者等何らかの理由で本国の旅券を所持しない者等に対して発行する渡航文書で、通常、自国の国民に対し発行される国民旅券と区別するため使用される呼称である（入在要領第六編第二節第二一（四）ア）。したがって、たとえある文書が我が国の承認した外国政府が発行した旅行文書であっても、その発給の根拠規定、証明書の文面等からみて、身分事項を証明していること、及び引取保証又は発給国もしくは第三国への入国保証があることという要件を満たしていない場合には、旅券に代わる文書とは認められない（法務総合研究所　一九九九：九）。また、この外国人旅券には、国籍の証明力はない。

日本では、外国人旅券そのものは発行していないが、入管実務上は、前述した日本政府発行の難民旅行証明書も、外国人旅券の性格を有するものとされており、これも広義の外国人旅券といえる。この外国人旅券は、各国で難民に対し発給されていることが多くみられる。これは、「中近東諸国では特にパレスチナ難民に外国人パスポートを発給して便宜を図っている。」からとされている（表1）。

(b)　日本国政府の発行する旅券に代わる証明書

入管法上の旅券として認められる、日本国政府の発行する旅券に代わる証明書としては、日本人に対して発給するものとして、帰国のための渡航書があり、外国人に対して発給するものとしては、前述の難民旅行証明書のほか、渡航証明書及び再入国許可書がある。

表 1

発給国	名称	発給国	名称
アメリカ合衆国	PERMIT TO REENTER THE UNITED STATES	レバノン	DOCUMENT DE VOYAGE POUR LES REFUGIES PALESTINIENS
アルゼンチン	PASAPORTE ESPECAIL PARA EXTRANJEROS	シンガポール	CERTIFICATE OF IDENTITY
イスラエル	TRAVEL DOCUMENT	スイス	PASSPORT FOR ALIENS
インド	IDENTITY CERTIFICATE	スリランカ	IDENTITY CERTIFICATE
インドネシア	TRAVEL DOCUMENT IN LIEU OF A PASSPORT	タイ	TRAVEL DOCUMENT FOR ALIENS
ベネズエラ	PASAPORTB DE EMERGENCIA	チリ	DOCUMENTO DE VIAJE
英国	CERTIFICATE OF IDENTITY	デンマーク	FREMMEDPAS
エジプト	DOCUMENT DB VOYAGE POUR LES REFUGIES PALESTINIENS	ニュージーランド	CERTIFICATE OF IDENTITY
オーストラリア	CERTIFICATE OF IDENTITY	ノルウェー	IMMIGRANT'S PASSPORT
オーストリア	FREMDENPASS	フィンランド	ALIEN'S PASSPORT
オランダ	REISE DOCUMENT VOOR VREEMDELINGEN	ブラジル	PASSAPORTE PARA ESTRANGEIROS
カナダ	CERTIFICATE OF IDENTITY	ブルネイ	INTERNATIONAL CERTIFICATE OF IDENTITY
ケニア	CERTIFICATE OF IDENTITY	ベルギー	TRAVEL DOCUMENT FOR FOREIGNER
シリア	DOCUMENT DE VOYAGE POUR LES REFUGIES PALESTINIENS	ポルトガル	PASSAPORTE PARA ESTRANGEIROS
メキシコ	DOCUMENTO DE IDENTIDAD Y VIAIE	香港	CERTIFICATE OF IDENTITY
ラトビア	NEPILSONA PASE	マレーシア	CERTIFICATE OF IDENTITY
		南アフリカ	DOCUMENT FOR TRAVEL PURPOSES

＊本表は、日本政府が有効と認めている渡航文書である入在要領第６編第８章別表２に記載のある外国人旅券一覧のうち、「難民の地位に関する条約（1951.7.28）による外国人旅券」及び「未国籍者の地位に関するニューヨーク条約（1954.9.28）による外国人旅券」を除く、「その他の外国人旅券」の一覧である。

①帰国のための渡航書は、外国にいる日本国民で、旅券を所持しない者や旅券の発給を受けることができない者等であって、緊急に帰国する必要があり、かつ、旅券の発給を受けるいとまがない者等に対し、原則として本人の申請に基づいて外務大臣又は領事官が旅券に代えて発給する（旅券法第一九条の三）ものである。

渡航書は簡易化された形式であるが、日本国民に対する渡航文書であることにおいては、前述の通り旅券と同様のものであるから（旅券法研究会　一九九九：二三〇）、旅券と同様に渡航文書としての機能や効力を有しているといえる。

実務上、この渡航書が発行される者は、海外における旅券紛失者が圧倒的多数を占める（旅券法研究会　一九九九：二二九）とされる。

②渡航証明書は、日本において有効と認めている旅券又はこれに代わる証明書の発行を受けることができない外国人に対し、在外公館において、旅券の代わりとして我が国への渡航のため発給される渡航文書である。すなわち、本来、旅券又はこれに代わる証明書に行われる査証シールの貼付をするための文書である。渡航証明書の発給手続は、外務省の査証事務の処理に関する訓令により定められており、その者の身分を証する文書により身分事項を確認の上、写真を貼付し、身分事項を記載した上、旅行目的、滞在予定期間等に応じ、査証の発給と同様の手続により発行される（法務総合研究所　一九九九：一〇）。渡航証明書は、本来、日本国領事官等が査証をするために発行するものであるが、入管法上、査証であるとともに旅券に代わる証明書としての性格も併せ持つものとして扱われる（坂中・齋藤　二〇〇七：五六）。

査証は、その外国人の所持する旅券が権限ある官憲によって適法に発給された有効なものであることを確認するとともに、当該外国人の我が国への入国及び在留が査証に記載されている条件の下において適当であるとの推薦の性質を持っている。日本国政府の発給する査証は、外務省設置法にもとづき外務省の在外公館において発給される。この査証そのものも、入国審査の場面において提示される渡航文書であるといえる。

③再入国許可書は、日本に滞在する外国人である所持人の身分事項が記載された日本国法務省発行の冊子型の渡航

写真２　再入国許可書

文書である。

日本に在留する外国人が、在留期間内に再び入国する意図をもって出国しようとするときには、その者の申請にもとづき、法務大臣が与える許可を再入国の許可という（入管法第二六条）。この再入国の許可は、通常は当該外国人の所持する旅券に再入国の許可の証印をして行う（入在要領第一〇編第一章第四節第一 二 （二））が、旅券を所持していない場合で国籍を有しないことその他の事由で旅券を取得することができないときは、再入国許可書を交付して行う（入管法第二六条第二項）。

ここでいう旅券は、日本が承認した外国政府発行の外国旅券のほか、政令で定める地域の権限のある機関の発行した旅券等に相当する文書も含まれる。

再入国許可書は、当該再入国許可にもとづき日本に再入国する場合に限り、入管法上旅券と見なされる（入管法第二六条第七項）。なお、日本政府発行の再入国許可書は、諸外国においても有効な渡航文書と同様に取り扱われており、再入国許可証であることのみを理由として外国政府から入国査証の発給を拒否されるというような例はないとされている。[11]

3　乗員手帳

入管法は、旅券とは別に乗員手帳に関する規定を置き、有効な乗員手帳を所持する乗員については、日本への入国や上陸に際して、有効な旅券を所持しなければならない場合から除外している（入管法第三条第一項及び第六条第一項）。このことから、乗員手帳は、旅券とは区別された渡航文書であるといえる。

入管法は、乗員手帳を、権限のある機関の発行した船員手帳その他乗員に係るこれに準ずる文書（入管法第二条第六項）と定義している。この乗員とは、船舶又は航空機の乗組員をいい（入管法第二条第三号）、船舶等の通常の運航に必要な用務に実質的に従事していると認められる者が乗員であり、単に便乗する者（乗員の家族等）は乗員に当たらない（入在要領第六編第四章第四節第二二（二）ア①）。これらの規定から、乗員手帳は船舶の乗組員に関するものと、航空機の乗組員に関するものとに分けられる。

3—1　船員手帳

写真3　船員手帳

船舶の乗組員対して発行される乗員手帳は、一般に船員手帳と呼ばれる。船員身分証明書条約の適用を受ける加盟国は、自国民である船員に対し、その者の申請に基づいて、船員身分証明書を発給するとされている（船員身分証明書条約第二条第一項）。この船員手帳は、船員の身分証明書及び外国への航海においては、船員の旅券としての性質を併せ持つもの（野村 一九五九：四八）であり、入管実務上、渡航文書と認められる。

ただ、船員手帳は、船員の保護・取締り及び船員に関する行政監督の便に供するため発給されるものであり、旅券と違い海外に赴くための渡航文書として発給されるものではない（法務総合研究所 一九九九：一一）。したがって、旅券に見られるような所持人の便宜供与及び保護依頼の文言は記載されてなく、所持人の身分事項に関する公証力はあるが、国籍を証明する文書ではない（坂中・齋藤 二〇〇七：六〇）。

日本はこの条約について未批准であるが、日本において船員は、船員手帳を受有しなければならないと定めている（船員法第五〇条）。

有効な船員手帳と認められるには、国際慣行上、本人の氏名及び国籍が記載され、権限のある官憲により発給されたものであること又は有効な船員手帳である旨の官憲の認証があり、船舶名及び当該船舶における本人の職種が記載されており、同一人性の確認ができるもので、有効期間内にあることが必要である（入在要領第六編第四節第二二（二）イ）。

なお、権限のある機関とは、当該国の法令に基づき乗員に係る文書を発給する権限を有する機関のことで、旅券の発行主体とは異なって必ずしも我が国政府や我が国が承認した外国政府である必要はない（入在要領第六編第四節第二二（二）イ）。

日本における船員手帳の発給は外国人に対しても行われるが、本邦外の地域に赴く航海に従事する船舶に乗り組む外国人であって出入国に係る当該者の身分証明を希望しない者等は、当該船員手帳には出入国に係る当該者の身分証明を行うものではない旨の表示がなされる。この船員手帳には、所持者の身分証明機能はなく、入管法上の渡航文書としては認められない（船員施規第二九条第三項第五号）。

3―2　国際航空乗員証明書等

航空機の乗組員に関する乗員手帳に該当するものは、国際航空運送の原則について定めた、シカゴ条約に準拠して、国際航空乗員に対して発行される証明書がこれにあたる。シカゴ条約第三二条は、航空機乗組員の適当な免状（the appropriate licenses for each member of the crew）として、運行乗組員の技能証明書（certificate of competence）及び免状（licence）を規定している。

日本において、シカゴ条約上の運行乗組員の技能証明書に該当するものとしては、国土交通大臣が交付する航空従事者技能証明書がこれにあたる（航空法第二三条）。また、航空法第三一条第二項に規定する航空身体検査証明書とは、シカゴ条約でいう運行乗組員の免状のことである（坂本・三好　一九九九：一三六）とされる。

しかし、客室乗務員については、航空機の運航自体に従事するものではなく、航空法による航空機乗組員とされて

（表）

発行国
発行当局
乗務員証明書

証明書所持者の写真

姓　　名

性別／　国籍／　生年月日／

所属先／　役職／

証明書番号／　失効日／

（所持者の署名）

（裏）

発行国

所持者は、本証明書を提示することによって有効期限内に何時でも入国することができる

（署名）

発行／　発行当局

（発行場所）

機械解読ゾーン
（非機械解読カードが発行された場合、空白とする）

図1　乗務員証明書（シカゴ条約第9附属書修正第12版付録7）

第　号
CERT. NO.
第　種航空身体検査証明書
AVIATION MEDICAL CERTIFICATE (CLASS　)

氏　名
Name

生年月日　年　月　日
Date of Birth (y/m/d)
国籍・本籍
Nationality·Registered Domicile
現 住 所
Address
有効期間　Valid from (y/m/d)　年　月　日から
to (y/m/d)　年　月　日まで
条件事項
Conditions

航空法第31条の規定により、身体検査基準　第　種に適合することを証明する。
This is to certify that the above-mentioned person complies with the Aviation Medical Standards (Class　) in accordance with Article 31 of Civil Aeronautics Law of Japan.

年　月　日
Date of issue (y/m/d)
国土交通大臣
Minister of Land, Infrastructure and Transport
（指定航空身体検査医）　印
(Designated Aviation Medical Examiner)

備考　大きさは、縦8.8センチメートル、横5.8センチメートルとする。

図2　航空身体検査証明書（航空法施工規則第24号様式、表）

いない（山口 一九九三：一八八）一方で、機長、操縦士等の技術的乗組員と客室乗務員等のその他の乗組員を、航空機乗組員（航空従事者）とするものもある（石井・伊沢 一九六四：一〇五－一〇六）。

このことから、自国民のみならず外国人パイロットや客室乗務員等にも発給されるところの航空免許証（licence）や乗組員証明書（crew member certificate）は、外国の出入国に際しては、船員手帳と同様に扱われている（春田 一九九四：一一三－一一四）。

乗務員証明書は、免許証を忘れた運行乗務員と客室乗務員の両方を識別するためのカードとして開発されたものであり、この証明書を所持する運行乗務員と客室乗務員の一時的な入国については、旅券又は査証を要求してはならないと定め（シカゴ条約修正第九附属書修正第一二版第三・二四項及び第三・二五項）、これらの文書は、渡航文書としての機能を有する、国際航空乗員証明書等に該当するものといえる。

しかし、実際の空港における入国審査においては、航空機の乗組員は、通常は旅券も所持しており（法務総合研究所 一九九九：六二）、国際航空乗員証明書等とともにこれを提示している。これは、旅券が出入国時以外にも、身分証明書として広く通用することから、諸外国における所持人の安全の確保に寄与すると考えられるからである。また、日本をはじめ現在では数多くの国で採用されている、機械読み取り式旅券による入国審査の事務効率化が行われている国において、機械読み取り式旅券以外の旅行文書では審査に相当の時間を有することから、乗員自身が自らの審査が迅速に行われるとの期待から旅券を携行しているものとも考えられる[12]。

3―3　乗員手帳に準ずる文書

乗員手帳に準ずる文書とは、船員手帳と同様の形式的要件を具備していなくとも、あるいはその呼称が異なっていても、船員手帳の実質的要件を満たす乗員に係る文書をいう（坂中・齋藤 二〇〇七：六〇）。日本国政府又は都道府県所属練習船に乗り込む日本人実習生で国土交通省から「練習船実習生証明書」の発給を受ける者及び訓練、儀礼訪問その他用務のため外国へ赴く我が国の自衛艦若しくは自衛隊機に乗り組む自衛官又は海上保安庁所属の船舶等に乗り組む海上保安官は乗員に該当するとして、出国確認の対象外としている（入在要領第七編第二章第一節第一）。このことから、練習船実習生証明書や防衛省及び海上保安庁発行の自衛官及び海上保安官であることの身分証明書等がこれに該当し、渡航文書として認められる。

4　入管実務上認められる渡航文書

4—1　外国政府が発行する旅券に代わる証明書

入管法上に直接規定されている旅券に該当する渡航文書以外にも、さまざまな渡航文書が、実務上では入管法上の旅券等に該当するものとして取り扱われている。

外国政府が発行する旅券に代わる証明書も、入管法上の旅券と同様に渡航文書として認めている。これに該当するものとしては、日本国政府が承認した外国政府が自国民に対して発行する旅券に代わる証明書、国際機関発行の旅券、日本国政府が承認した外国政府が自国民以外の者に対して発行する旅券に代わる証明書がある。これらの証明書の所持者は、当該証明書発給国の国籍として取り扱われる。

写真４　在日中国公館による旅行証

日本国政府が承認した外国政府が自国民に対して発行する旅券に代わる証明書の具体的なものとしては、米国政府発給の再入国許可書があり、実務上の必要性から旅券に代わる証明書として認めている。この再入国許可書の所持者は、アメリカ合衆国国籍と取り扱われる。このほかにも、旅行証（Travel Certificate）と称される証明書があるが、在日韓国公館が在日韓国・朝鮮人に対して発行する「Travel Certificate」や、在日中国公館が中国人に対して発行する「旅行証」は、再入国の許可申請の場合に限り、入管法上の旅券として取り扱われる（入在要領第一〇編第一章第二節第九 一 (二) オ及びカ)。これにより、これらの証明書に再入国許可の証印がなされ、その後、日本からの出国確認及び再上陸審査時に、入管法上の旅券として使用できる。

ドイツにおいては、子供については旅券法にもとづき身分証明書が発行されるが、このドイツ政府発行の児童身分証明書も旅券と同様の証明書である。

このほかに、日本国政府が承認した外国政府が自国民以外の者に対して発行する旅券に代わる証明書があり、入管法上の旅券と同様に渡航文書として認めている。これらを所持する者で、他に国籍を証明する文書を所持していないときは、「無国籍」とされ、この場合、他に国籍を証明する文書を所持するときは「当該国籍」国の国籍者として取り扱われる。

4―2　地位協定に基づく携行文書

日米地位協定第九条は、合衆国は、合衆国軍隊の構成員及び軍属並びにそれらの家族である者[13]を日本国にいれることができるとし、これらの者は、外国人の登録及び管理に関する日本国の法令の適用から除外されると定めている。また、日本国への入国又は日本国からの出国に当たって、身分証明書と旅行命令書の携行が義務づけられている。国連軍地位協定第三条にも同様の規定がおかれている。

この身分証明書は、氏名、生年月日、階級及び番号、軍の区分並びに写真を掲げる身分証明書であり、旅行命令書は、その個人又は集団が合衆国軍隊又は国際連合の軍隊の構成員として有する地位及び命令された旅行の証明となる個別的又は集団的旅行の命令書である必要がある。

これらの規定から、地位協定にもとづくこれらの者には、上陸審査は行われないが、その身分の確認のため、提示される渡航文書といえよう。

4―3　北方領土との渡航文書

日本政府は、ソ連が占領、一方的に自国領に「編入」した歯舞群島、色丹島、国後島及び択捉島のいわゆる北方領土は、日本固有の領土であり、それ以降、今日に至るまでソ連、ロシアによる不法占拠が続いているとの基本的立場をとっている[14]。

したがって、入管法は、その適用上、北方領土を本邦外とはしておらず、これらの島に赴く日本人に対しては、外務省は旅券を発給することなく身分証明書を交付し、その乗船・下船に際して、我が国の統治権が現実に及んでいない地域に赴く日本人の身分事項及び渡島の事実を確認するために、法務省札幌入国管理局の入国審査官がこれに入国審査官の認証印を押す扱いをしている（坂中・齋藤 二〇〇七：三四）。出発の報告の確認及び帰着の報告の確認は挿入紙に「入国審査官認証印」を押印することとされている。

日本国政府は、広く日本国民に対して、一九八九（平成元）年の閣議了解で、北方領土問題の解決までの間、ロシアの不法占拠の下で北方領土に入域することを行わないよう要請している。このような取扱いは、この要請と関連して北方領土地域と日本（北方領土地域を除く）との渡航については、平成三年四月一八日の日ソ共同声明や同年一〇月一四日の日ソ外相間往復書簡といった、特別な取り決めによって渡航文書が定められていることによる。

これによれば、北方領土に居住するロシア人と日本国民との交流に係る無査証による渡航の枠組みが表明され、日本の訪問団による訪問は、旅券・査証なしで身分証明書及び在京ソ連邦大使館の確認を付した必要書類をもって行われる。また、ソ連邦の訪問団による日本国の諸地域への訪問は、旅券・査証なしで身分証明書及び在モスクワ日本国大使館の確認を付した必要書類をもって行われるとされている。

北方領土在住ロシア人の出入国及び我が国国民の北方領土への渡航に係る出入域のための渡航文書については、次のように定められている。

北方領土在住ロシア人の我が国（北方領土を除く領土をいう）への出入国手続については、無査証による一般上陸として取り扱う。ロシアの場合、国外向けの通常の旅券以外に、「国内旅券」があるため、渡航文書はロシア国内旅

別記様式　4

身分証明書

Удостоверение личности

（下線部分を日本語及びローマ字で記入してください。）

氏名

Фамилия/имя

（写真貼付）

（刻印）

19　年 月 日生

19　/　/　(год/месяц/число рождения)

現住所

место жительства

右の者は日本国民であって、〇〇島に赴く者であることを証明する。

Настоящим я удостоверяю, что вышеназванное лицо является японским подданным и едет на остров

平成　年　月　日

19　года　　外務大臣

（証印）

Министр иностранных дел Японии

本証明書の有効期間は1か月とし、訪問終了後は速やかに外務大臣に返納しなければならない。

Срок действия настоящего документа– один месяц. После окончания посещения этот документ должен быть возвращен незамедлительно Министру иностранных дел Японии.

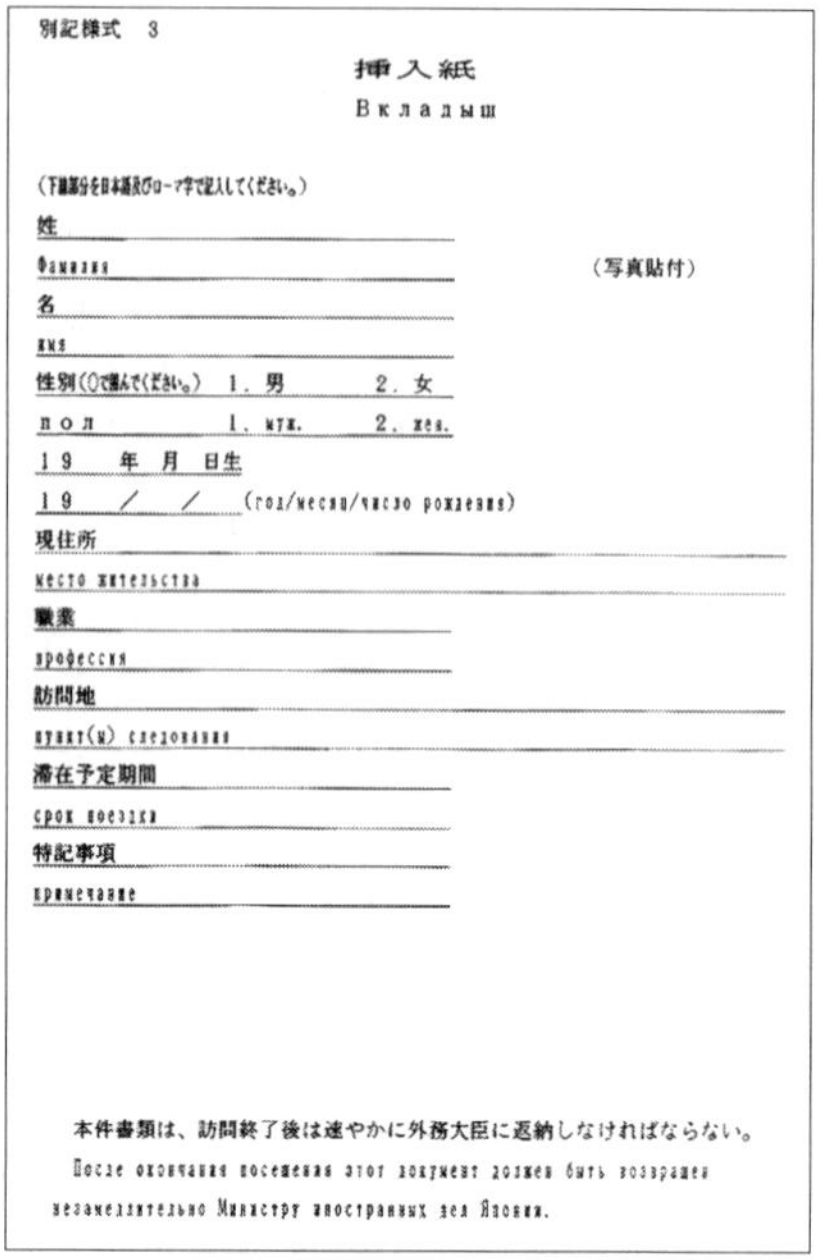
別記様式　3

挿入紙

Вкладыш

（下線部分を日本語及びローマ字で記入してください。）

姓

Фамилия

（写真貼付）

名

имя

性別（〇で囲んでください。）　1．男　2．女

пол　1．муж.　2．жен.

19　年 月 日生

19　/　/　(год/месяц/число рождения)

現住所

место жительства

職業

профессия

訪問地

пункт(ы) следования

滞在予定期間

срок поездки

特記事項

примечание

本件書類は、訪問終了後は速やかに外務大臣に返納しなければならない。

После окончания посещения этот документ должен быть возвращен незамедлительно Министру иностранных дел Японии.

図3　身分証明書と挿入紙（平成10年4月30日総務庁・外務省告示第1号別記様式）

券及び挿入紙を一体とみなし、法第二条第五号の旅券に代わる証明書として扱うこととされている。

我が国国民の北方領土への渡航に係る訪問方法は、旅券・査証なしで、外務大臣の発行する身分証明書及び挿入紙により、団体で行う（我が国国民の北方領土への訪問の手続等に関する件（平成一〇年四月三〇日総務庁・外務省告示第一号））とされている。

5　出入国審査で提示されるその他の文書

5―1　在留資格認定証明書

在留資格認定証明書は、外国人が「短期滞在」以外の在留資格で我が国に上陸しようとする場合には，上陸しようとする外国人又はその代理人の申請にもとづき法務大臣があらかじめ在留資格に関する上陸条件の適合性を審査し，その外国人の行おうとする活動の在留資格該当性（上陸条件に適合している旨）を証明する文書であるが、この在留資格認定証明書の交付があると、在外公館における査証申請の際に、これを査証官に示すことにより、原則として査証発給を速やかに受けることができる（法務総合研究所　一九九九：二

六)。また、出入国港における上陸審査の際に、同証明書を提示する外国人は、入国審査官から在留資格に関する上陸条件に適合する者として取り扱われる。したがって、この証明書は日本への入国に際して、提示される渡航文書であるといえる。

5—2　在留資格証明書

無国籍者等旅券を所持していない外国人が、再入国許可を得た場合には、再入国許可書が交付されることは前述のとおりであるが、これらの者に対して、在留資格の変更、在留資格の更新、永住及び在留資格の取得が許可された場合には、在留資格証明書が交付される（入管法第二〇条第四項など）。この在留資格証明書は、上陸審査時に、再入国許可の前提となる在留資格を明らかにするため、一般に旅券に代わる証明書である再入国許可書と一体として提示されることが多いものである。

5—3　外国人登録証明書・在留カード・特別永住者証明書

日本に在留する外国人は、原則として、その居住地の市町村等の長に対し、身分事項や居住地などについて登録申請をしなければならない（外登法第三条）。その申請に対して、外国人登録原票に登録が行われたときは、当該申請に係る外国人は、外国人登録証明書の交付を受ける（外登法第五条）。この外国人登録証明書は、日本を出国する場合（再入国許可等を受けて出国する場合を除く。）には、その者が出国する出入国港において入国審査官に登録証明書を返納しなければならず（外登法第一二条）、一六歳未満を除く外国人は、外国人登録証明書を常に携帯していることを要し、入国審査官等がその職務の執行に当たり登録証明書の提示を求めた場合には、これを提示しなければならない（外登法第一三条）ことから、出入国審査時に提示等がなされるものである。

最近では、新たな在留管理制度を導入することなどを目的とした、改正入管法をはじめとする関連法が二〇〇九（平成二一）年七月一五日公布された。この新たな在留管理制度は、二〇一二（平成二四）年七月四日に施行され、従来の外国人登録制度は廃止されることとなった。そして、従来の外国人登録証にかえて、新たに在留カード及び特別永住者証明書が発行される（改正入管法施行期日において、新しい在留管理制度の対象者が外国人登録証明書を所持しているときは、一定の期間は、その外国人登録証明書は在留カード及び特別永住者証明書とみなされる）。

新たな在留管理制度においては、有効な旅券及び在留カード及び特別永住者証明書を所持する外国人で出国後一年以内（特別永住者にあっては二年以内）に再入国する場合には、再入国許可を得ているものとみなして、再入国許可手続を原則として不要とする「みなし再入国許可制度」が導入される。この制度の導入により、在留カードやと特別永住者証明書を所持することによって有効な再入国許可を保持していることを証明することになるから、これらのカード等が渡航文書としての機能を有することとなる。

5―4　重国籍者の日本国籍を証する書面

日本の出入国管理制度においては、日本国籍を有するものに対しては、外国人に対する上陸審査や出国確認とは異なる、出国及び帰国の確認が行われる。

入国審査官による出国の確認は、本邦から出国する日本人を的確に把握し、公正な出入国の管理を行うため入国審査官において個々の日本人の出国の事実を確認するものである。もとより、これは、日本人の出国それ自体を許可に係らしめるものではない（坂中・齋藤 二〇〇七：七〇七―七〇八）。日本の帰国の場合においても同様である（坂中・齋藤 二〇〇七：七一二）。

日本旅券及び外国旅券を併せ所持する日本国籍を含む重国籍者であっても、日本国籍を有する限りは日本人であるので、外国人としての取扱いは受けない。したがって、日本国籍を含む重国籍者の出国確認および帰国確認をする場合において、日本旅券又はこれに代わる証明書を所持している場合は、日本人として取り扱う。

日本国籍の証明資料として、我が国で普通に利用されるのは戸籍である（江川・山田・早田 一九九七：四八）。戸籍は、日本国民についてのみ編製され、外国人について編製されることはないので、日本国籍を有することを公証する機能を有しているといえる（民事法務協会二〇〇一：二二）。その内容を証明した戸籍謄本は、日本旅券に代わる証明書となる。審査実務においては、有効な外国旅券のみを所持する場合であっても、発行後六ヵ月を経過していない戸籍謄本その他の疎明資料により日本国籍も保有することを確認したときは、日本人の出国として取扱い、その者の所持する外国旅券に出国の証印を押す。この場合、出国証印の傍らに「重国籍者」と付記した上で入国審査官認証印を押捺することとされている。

その他日本国籍を疎明する資料としては、法務省民事局や在外公館の長が発行する一般行政証明としての国籍証明書（昭五九・一二・七　民五　六三七七号通達）がある。

このようなケースに該当するものとしては、アメリカと日本の重国籍者がアメリカ旅券のみを所持して、日本に入国することが散見される。これは、日本旅券よりもアメリカ旅券の発給手数料が安価であることや、アメリカ旅券は査証免除による入国が可能であることが理由であると考えられる。

5―5　退去強制令書及び出国命令書

入管法第二四条各号の規定する退去強制事由に該当する外国人は、退去強制処分を受けることとなっている。この退去強制手続において、容疑者が退去強制対象者に該当するとした入国審査官の認定又は特別審理官の判定に服したことの知らせを受けるか、あるいは法務大臣への異議の申出に対して理由がない旨の裁決の通知を受けたときに、主任審査官によって退去強制令書が発布され（入管法第五一条ほか）、その外国人は退去強制されることになる。また、入管法違反者のうち、入管法第二四条の二に規定される要件を満たす不法残留者について、身柄を収容しないまま簡易な手続により出国させる出国命令制度があり、入国審査官から容疑者が出国命令対象者に該当する旨の通知を受けた主任審査官は、すみやかに当該通知に係る容疑者に対し、一五日を超えない範囲内で出国期限を定め、所定の出国命令書を交付して、本邦からの出国を命じることになる（入管法第五五条の三）。

入管法違反者は、合法的な上陸証印がないか、有効な在留期間内の許可証印が旅券上にないことが一般的であり、これらの者が出国する際には、この退去強制令書及び出国命令書を提示することが必要である。通常は、実務上これらの者の旅券にステープルで留められている。

おわりに――渡航文書の現在と未来

以上、日本における出入国管理制度において、旅券をはじめとする渡航文書がどう規定されているのか、また、実務上どのような渡航文書が認められているのかということについて見てきた。現在、日本の入国管理の実務においては、旅券と旅券に代わる証明書として非常に多様な渡航文書があることは、すでに述べてきたとおりである。

渡航文書が多様化してきた背景としては、日本の高度経済成長により日本を取り巻く国際的な人の移動の活発化したこと、第二次世界大戦の終了とともに、難民の問題が以前とは比較にならない程の大きな次元のものとなっていた（山神 一九八二：二）ことが、その理由として考えられる。このような、国際的な人々の移動の活発化は、つねに有効な渡航文書のみが提示されるとは限らない出入国審査の現場で、偽変造旅券や不正な旅券の行使の増加にもつながっている。

偽変造旅券とされるものには、旅券すべてを偽造する「偽造旅券（丸ごと偽造）」と旅券の一部分を正規の状態から改変をする「変造旅券（改ざん・写真貼り替え）」とがある。また、他人の身分事項を証する書面を使用することなどにより、本人以外の旅券を不法に取得する「不正取得旅券」や、他人名義旅券を使用して入国を試みる「なりすまし」といったケースがある。発見された偽変造文書のうち最も多い旅券の偽変造の主な手法としては、他人のパスポートの写真を自分にものに張り替える「名義人写真貼替え」や、前述の日本人や外国人旅券による「なりすまし」そして、写真だけでなく身分事項全部を差し替える「身分事項頁差替え」がある。この他にも、ビザを他人のものと交換するため、査証ページだけを差し替える変造旅券もある（表2）。

このような、偽変造旅券等を行使して入国しようとする者が後を絶たない背景には、不法入国者、不法上陸者等出

表2　入管法上有効でない旅券

<table>
<tr><td rowspan="4">Ⅰ 偽変造旅券</td><td colspan="2">1　丸ごと偽造（偽造旅券）</td></tr>
<tr><td rowspan="3">2 改ざん・写真貼り替え旅券（変造旅券）</td><td>a　写真貼り替え

旅券偽変造において、最も多い手法。
偽変造技術の精巧化により、肉眼でその痕跡を見分けるのが困難になっている。</td></tr>
<tr><td>b　頁偽造（身分事項頁の偽造を含む）
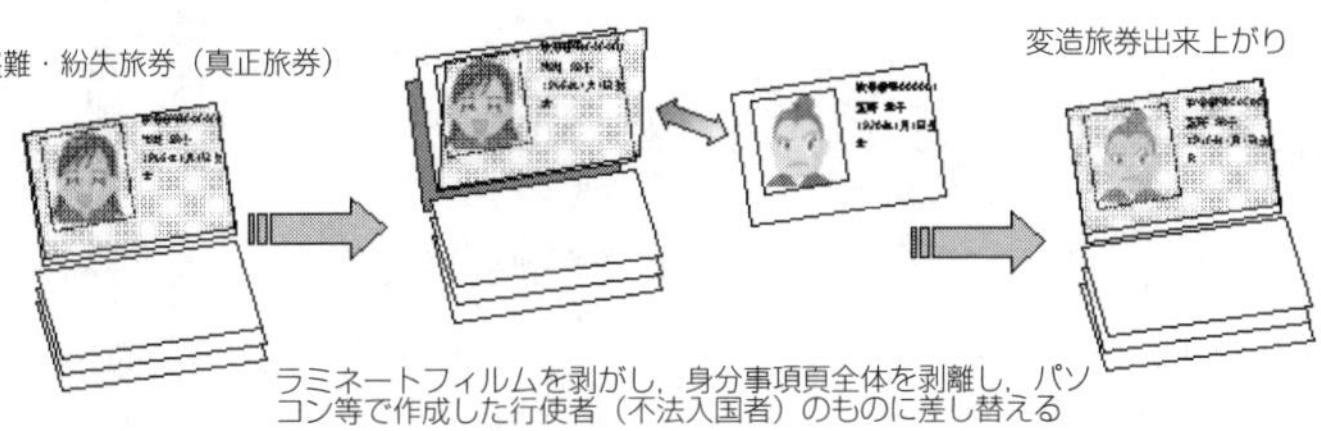

近年、各国がデジタル化された名義人写真を身分事項頁に印刷する技術を採用する傾向にあり、偽変造もこの手法が増加している。</td></tr>
<tr><td>c　身分事項の改ざん
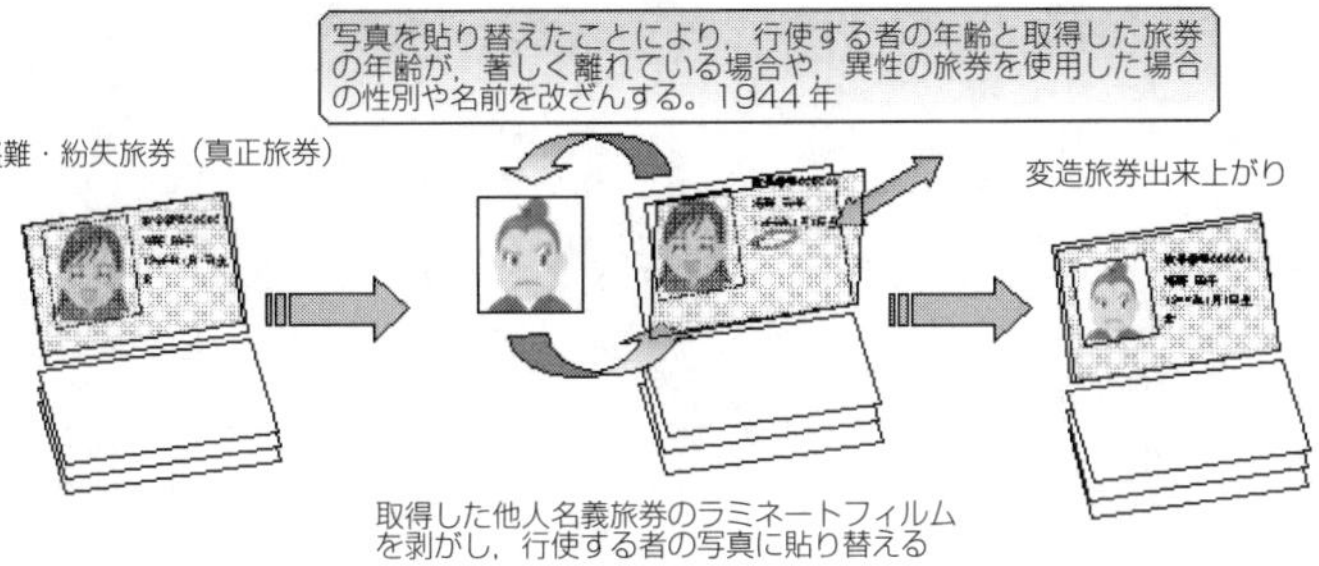

生年月日の改ざんが最も多く、写真貼り替えと「併用」される場合がほとんどである。</td></tr>
<tr><td colspan="3">Ⅱ　不正取得旅券</td></tr>
<tr><td colspan="3">Ⅲ　なりすまし旅券</td></tr>
</table>

（注）法務省入国管理局プレスリリース「第5回偽変造文書鑑識従事者研修の実施について」別紙資料（平成15年10月）http://www.moj.go.jp/PRESS/031008-1/031008-1-1.html〔2010年2月22日最終アクセス〕にもとづき筆者作成

入国管理秩序を破壊する者、犯罪者、麻薬や銃器等禁制品の不法所持者・密輸入者、不法就労をもくろむ者あるいはテロリスト等、我が国での不法行為・違法行為をもくろむ外国人の多くは、真実の身分事項を知られると直ちに逮捕されたり、以後の行動が制約されたり、帰国後に処罰されたりするおそれがある（法務総合研究所　一九九九：一五一一六）ためである。

日本に入国できない理由をもつ者も、その理由に応じて不法入国の手法を多様化させており、正規や非正規を問わず、日本への出入国に際して提示される渡航文書の多様化には、その背景に国際情勢が色濃く反映され、越境する人々が抱えている事情が垣間見えるといえよう。

他方、シカゴ条約にもとづき、国際航空運送に関する国際基準、勧告、ガイドライン作成を行う、国連の専門機関の一つである国際民間航空機関（以下「ＩＣＡＯ」という）においては、これまでも、渡航文書としてパスポートを絶対的なものとせず、国家間移動の簡易化が協議され、その実施が求められてきた。すでに、北米やヨーロッパ各国など一部の国家間の移動においては、カード式の身分証明書によって、身分事項の確認が行われている。

そして、パスポートについては、アメリカ同時多発テロ以降、ＩＣＡＯにおいて、旅券の偽変造対策や安全かつ迅速な空港手続きに効果が高い、本人確認情報を記録したＩＣチップを登載したＩＣパスポートが国際標準化され、日本をはじめとする各国において採用が進んでいる。これは、アメリカがＩＣパスポートを所持しない外国人の入国に際して査証の取得を義務づけたことが理由の一つといわれている。

また、乗員手帳についても現在そのＩＣカード化が検討されているところである。

このＩＣパスポートの導入によって、日本においては、電子政府計画の一環として、二〇〇七（平成一九）年一一月二〇日から出入国管理の一層の円滑化のために、個人識別情報を活用した新しい出入国審査として、自動化ゲートが設置され、審査の自動化が図られてきている。

これは、有効な旅券を所持する日本人及び有効な旅券、難民旅行証明書又は再入国許可書と再入国許可を所持する外国人について、審査官との対面調査なしに、旅券と指紋情報の読み取り装置で本人認証を行い、自動化ゲートを通過することで、入国審査等が行われるものである。このような、出入国の手続を簡素化・迅速化して利便性を高めるための出入国管理の自動化について、諸外国においては、ＩＣパスポートが普及する以前から、ＩＣカード式身分証明書による出入国管理の自動化されている事例がある。[15] 日本でも、先に述べた新たな在留管理制度により発行される、在留カード及び特別永住者証明書にＩＣチップが登載される予定であるが、このことは、出入国審査のさらなる自動化に向けての基盤整備となることは確実であろう。

現在、日本をはじめとするアジア各国において普及している、交通機関の運賃等の支払いのためのＩＣカードは、日本においても、コンビニエンスストア等における商品購入代金の支払いに利用するための電子マネー機能や、航空各社による航空機の予約搭乗機能が付加され、多機能化が進んでいる。また、個人認証機能が付加され、大阪府池田市などの地方公共団体において、入退館機能付きＩＤカードが身分証明書として導入されている例もある。[16] さらに、このようなＩＣカードで実現されている機能が、ＩＣチップが搭載された携帯電話で利用できる、携帯電話各社の「おサイフケータイ」機能や、この機能を利用し交通機関の利用を可能にする東日本旅客鉄道株式会社が提供する「モバイルＳｕｉｃａ」といったサービスも実現されている。

このような、ＩＣカードをアジア地域において共通化しようとする動きがあり、身分証明、乗車券、電子マネー等の複数の機能が搭載されれば、日本と近隣諸国との迅速かつシームレスな渡航の実現に寄与することが期待される。

渡航文書はこれまで、長い間大きさや形状の少しの違いはあったが、旅券の国際標準は冊子型とされてきた。そして、渡航文書における身分の証明は、そこに記載している氏名等の本人を特定する事項や写真等によって行われてきた。しかし、出入国管理の機械化が進展することによって、身分証明の機能はＩＣチップに記録された身分事項や本人特定するための指紋といった生体情報等によって行われることになる。そして、この情報を記録したＩＣチップは、冊子型の旅券から、カード型、携帯電話等の様々な媒体に搭載することが可能である。

今後、渡航文書のもっとも重要な機能である身分証明機能が、紙に記載されている物理的なものから、その記録媒体に依存しない、データそのものへとその機能の中心が移行する時代が到来するのではないだろうか。

凡例

[入管法]　出入国管理及び難民認定法（昭和二六年一〇月四日政令第三一九号）
[入在要領]　入国・在留審査要領（平成一五年九月一〇日法務省管在第五三二九号）
[旅券法]　旅券法（昭和二六年一一月二八日法律第二六七号）
[船員法]　船員法（昭和二二年九月一日法律第一〇〇号）
[船員施規]　船員法施行規則（昭和二二年九月一日運輸省令第二三号）
[難民条約]　難民の地位に関する条約（昭和五六年一〇月一五日条約第二一号）
[難民議定書]　難民の地位に関する議定書（昭和五七年一月一日条約第一号）
[船員身分証明書条約]　一九五八年の船員の身分証明書条約を改正する条約（日本は未批准）
[シカゴ条約]　国際民間航空条約（昭和二八年一〇月八日条約第二一号）
[日米地位協定]　日本国とアメリカ合衆国との間の相互協力及び安全保障条約第六条に基づく施設及び区域並びに日本国における合衆国軍隊の地位に関する協定（昭和三五年六月二三日条約第七号）
[国連軍地位協定]　日本国における国際連合の軍隊の地位に関する協定
[外登法]　外国人登録法（昭和二七年四月二八日法律第一二五号）

†注

[1]　法令外国語訳・専門家会議編『法令用語日米標準対訳辞書（平成二一年三月改訂版）』による。
[2]　日本において旅券に関する事務は、外務省設置法（平成一一年七月一六日法律第九四号）第四条第一二号にもとづき外務省の所管

に属する。実際に、旅券の発給等に関する事務の多くは、日本国内においては、地方自治法（昭和二二年四月一七日法律第六七号）に定める第一号法定受託事務として都道府県が処理している。また、日本国外においては、大使館や総領事館等の在外公館がその実務を行っている（外務省設置法第六条及び第七条）。

[3] 法務省設置法（平成一一年七月一六法律第九三号）第三条、第四条第三二号ないし第三四号、第一五条。

[4] 日本は、領海や領空に入る入国と、領土に入ることである上陸とを概念的に区分して規定している。

[5] United Nations Press Release ORG/1469 3 July 2006「UNITED NATIONS MEMBER STATES」http://www.un.org/News/Press/docs/2006/org1469.doc.htm 及び国際連合広報センターウェブサイト http://unic.or.jp/information/member_nations/（二〇一〇年二月一一日アクセス）

[6] 外務省ウェブサイト http://www.mofa.go.jp/mofaj/comment/faq/other/index.html#07（二〇一〇年二月一一日アクセス）

[7] 香港特別行政区基本法第一五四条及びマカオ特別行政区基本法第一三九条は、特別行政区政府に、法律に基づいて、特別行政区永住民身分証明書を所持する中国公民に特別行政区旅券を発行する権限を授与するとされた。前記の旅券と証明書は各国、各地域に赴く時に有効であり、所持者が香港特別行政区に帰る権利があることを明記するとされている。

[8] 現在、このような査証の取扱いで区分されているのは、香港及びマカオの各特別行政区（ＳＡＲ）旅券と香港居住権者に対する英国海外市民（ＢＮＯ）旅券である。

[9] 中華民国政府発行の旅券（護照）であるが、日本国政府は中華民国を承認していないため、日本における入管実務では、台湾旅券（護照）と称されている。

[10] 国連難民高等弁務官事務所ウェブサイト http://www.unhcr.or.jp/protect/treaty/kameikoku.html（二〇一一年二月一一日アクセス）入在要領第八章別紙二三第㈵表に記載のある条約加盟国には、難民議定書のみ当事国（カーボベルデ、アメリカ合衆国、ベネズエラ）は含まれていない。

[11] 第一五四回国会参議院外交防衛委員会（平成一四年七月一一日）における遠山清彦参議院議員質問に対する中尾巧政府参考人の答弁。

[12] 入在要領第六編第四節第二一（三）①によれば、航空機の乗員については、原則として旅券の提示を求め、旅券を所持していない乗員については、所持する乗員手帳等に基づき身分事項を手入力するとされている。

[13] 在日米軍人の範囲について、本間（一九九六：九五）は、「米軍当局は、日本国にはいる米国人については、休暇中のものも含めてすべて、在日米軍人であると、拡大解釈する傾向があるし、日本国政府も、そのような解釈を容認している、と思われる。さらに、日

本国以外に駐留する米軍が、一時的にしろ、日本国に駐留する場合にも、同軍を在日米軍として解釈している。」と指摘している。

［14］外務省ウェブサイト http://www.mofa.go.jp/mofaj/area/hoppo/hoppo.html（二〇一〇年一一月八日アクセス）。

［15］香港やシンガポールにおいては、従来から自動化ゲートが普及している。

［16］株式会社スルッとKANSAIニュースリリース http://www.surutto.com/about/release/p051117.pdf（二〇一〇年一一月八日アクセス）。

†文献

【日本語文】


石井照久・伊沢孝平（一九六四）『法律学全集三〇　海商法・航空法』有斐閣。

江川英文・山田鐐一・早田芳郎（一九九七）『法律学全集五九―Ⅱ　国籍法〔第三版〕』有斐閣。

坂中英徳・齋藤利男（二〇〇七）『出入国管理及び難民認定法逐条解説〔改訂第三版〕』日本加除出版。

坂本昭雄・三好晉（一九九九）『新国際航空法』有信堂高文社。

春田哲吉（一九九四）『パスポートとビザの知識〔新版〕』有斐閣。

野村一彦（一九五九）『船員法概説』成山堂書店。

藤田久一（一九九八）『国連法』東京大学出版会。

法務省入国管理局出入国管理法令研究会編（一九九五）『出入国管理法講義』日本加除出版。

法務総合研究所編（一九九九）『出入国管理及び難民認定法Ⅲ（在留資格）〔第四版〕』法務総合研究所。

本間浩（一九九六）『在日米軍地位協定』日本評論社。

民事法務協会・民事法務研究所戸籍法務研究会編（二〇〇二）『新版実務戸籍法』民事法務協会。

山神進（一九八二）『難民条約と出入国管理行政』日本加除出版。

山口真弘（一九九三）『航空法規解説　全訂版』航空振興財団。（初出は、一九七六）

旅券法研究会編（一九九九）『逐条解説旅券法』大蔵省印刷局。

第16章

揺れ動く「うちなる国境」と渡航文書・パスポート

山上博信

はじめに

私たちの住む「日本」の「国境」は、大きく揺れ動いてきた。日本人は、終戦以来今日に至るまで同じ日本国内を移動するに際し、わが国政府の主張する領土の外縁地域の一部にある国内の「国境」を越えるたびに「パスポート」が必要な状況が継続している。「国内」であっても「越境」にはパスポートやビザの申請にはじまり、出入国手続きなど、面倒な手続きが必要である。戦後六五年の間に蓄積されてきたその膨大な「書類」だけではなく、旅行者の体験が生々しく各人に記憶されている。

筆者は、終戦後、揺れ動いてきたわが国領土の外縁部にある「うちなる国境」の変化に沿って渡航文書やパスポートの実物の整理を試み、パスポートの所持人や家族の記憶を記録しようとしている。調査の成果のうち、小笠原諸島については、「Bonin Islander にとっての Japan」(山上 二〇〇九)や「「屋敷まわり」としての小笠原」(山上 二〇一〇)で報告したので、今回は、南西諸島(いわゆる、口之島を含む北緯三〇度以南の地域)の事例を中心にレポートする。

1　前史――第二次世界大戦の敗戦に伴う三権分離

わが国は、一九四五年八月ポツダム宣言を受諾し、連合国軍に敗戦した。ポツダム宣言は、第八条に「「カイロ」宣言ノ条項ハ履行セラルベク又日本国ノ主権ハ本州、北海道、九州及四国並ニ吾等ノ決定スル諸小島ニ局限セラルベシ」と規定し、わが国の主権の及ぶ範囲は縮減された。

南西諸島においては、ポツダム宣言に先立ち、米国との戦闘行為が行われたので、一九四五年三月から四月にかけて米国の勝利した地域では、順次、日本から三権（司法権、立法権、行政権）が切り離された。米国海軍元帥C・Wニミッツは、「米国太平洋艦隊及太平洋区域司令長官兼米国軍占領下の南西諸島及其近海の軍政府総長」という肩書きで「米国軍占領下の南西諸島及其近海居住民に告ぐ」と題する米国海軍軍政府布告第一号（いわゆる「ニミッツ布告」）を公布し、日本の三権からニミッツの権限の下に移ったことを宣言した。

その具体的内容は以下のとおりであった。

ニミッツ布告のばっすい[1]

一　南西諸島及其近海並ニ居住民ニ関スル総テノ政治及管轄権並ニ最高行政責任ハ占領軍司令官兼軍政府総長、米国海軍元帥タル本官ノ権能ニ帰属シ本官ノ監督下ニ部下指揮官ニ依リ行使サル

二　日本帝国政府ノ総テノ行政権ノ行使ヲ停止ス

三　各居住民ハ本官又ハ部下指揮官ノ公布スル総テノ命令ヲ敏速ニ遵守シ、本官憲下ノ米国軍ニ対シ敵対行動又ハ何事ヲ問ハズ日本軍ニ有利ナル援助ヲ為サズ且不穏行為又ハ其ノ程度如何ヲ問ハズ治安ニ妨害ヲ及ボス行動ニ出ツ可カラズ

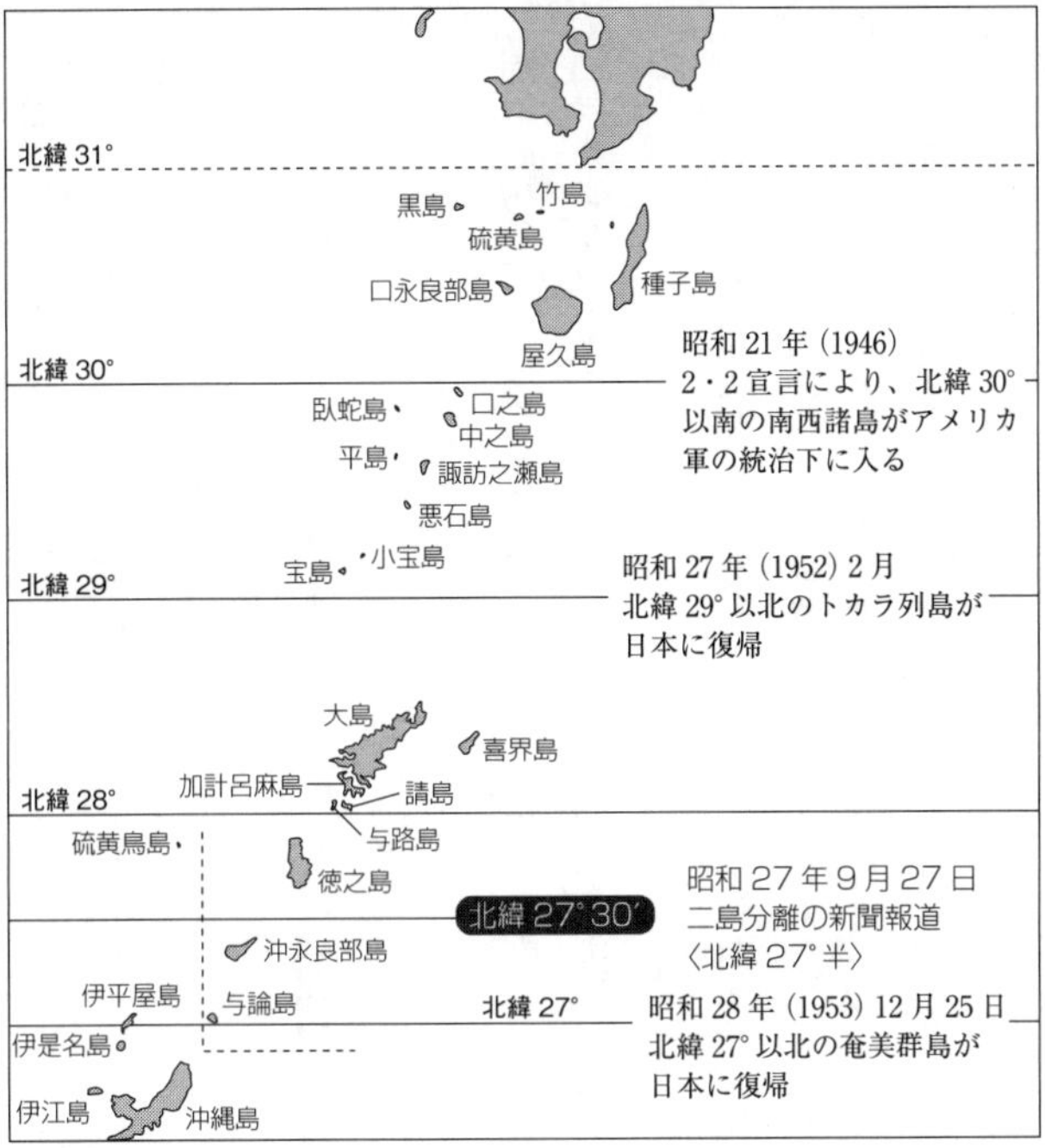

図 1　南西諸島の返還の経緯（岩下明裕編『日本の国境』p. 53 より引用）

ニミッツ布告は、一九四五年三月二六日に慶良《ケラ》間《マ》列島、同年四月一日に沖縄本島で公布された。ニミッツ布告第二号[2]は、戦時刑法であった。戦時刑法第一条第五号に、「敵または敵の管轄区域の如何なる者とも連絡したる者」は死刑に処すとの規定が置かれた。これにより、日本本土と南西諸島の自由な往来は、利敵行為とみなされ事実上不可能となった。

その後の米軍の軍事占領によるわが国の三権の事実上の停止は、同年一二月八日には宮古群島、同年一二月一八日には八重山群島に及び、最終的に連合国軍最高司令官（Supreme Commander for the Allied Powers。以下「ＳＣＡＰ」と言う）は、一九四六年一月二九日ＳＣＡＰＩＮ（すなわち連合国軍最高司令官訓令）第六七七号を発し、口之島を含む北緯三〇度以南の南西諸島（沖縄県や奄美群島など）、伊豆諸島、小笠原諸島を日本の三権から分離し、米国の直接軍政下に置くこととした。

一九四六年二月二日には、吐噶喇《トカラ》列島のうち、北緯三〇度より北にある現在の鹿児島県鹿児島郡三島村（いわゆる「上三島」）がわが国に復帰し、同年三月二二日に東京都伊豆諸島が復帰した。これ以降、戦後の揺れ動く「うちなる国境」のうち、奄美群島・沖縄地域、小笠原諸島の各地域（以下、「特別地域」と言う）とわが国本土との間の渡航に関する制度の整備が必要となったのである。

なお、吐噶喇列島のうち、残りの地域であったいわゆる「下七島」[3]は一九五二年二月一〇日に、奄美群島[4]は一九五三年一二月二五日に、小笠原諸島[5]は一九六八年六月二六日に、沖縄[6]は一九七二年五月一五日にそれぞれわが国に復帰した（図1）。

2　特別地域とわが国本土の間の旅行（判例に見られる密航事件）

当初、わが国政府は、ポツダム宣言の受諾による無条件降伏にともない「政府ハ「ポツダム」宣言ノ受諾ニ伴ヒ聯合国最高司令官ノ為ス要求ニ係ル事項ヲ実施スル為特ニ必要アル場合ニ於テハ命令ヲ以テ所要ノ定ヲ為シ及必要ナル罰則ヲ設クルコトヲ得」という勅令[7]を発し、出入国管理に関してもSCAPの要求に基づく取締りを行うこととなった。

併せて、SCAPは、特別地域を含む日本人に対する、国外渡航に関する許可権および自主的旅券発給権を掌握したので、日本政府は、本土に居住する日本人に対しては、SCAPによる一九四七年四月一日付「日本人ノ海外旅行者ニ対スル旅行証明書ニ関スル覚書」を根拠とする一九四六年勅令三一一号（連合国占領軍の占領目的に有害な行為に対する処罰等に関する勅令）違反の不法出国の罪が定められ、密貿易や密航の取締りが行われた。この勅令は、一九五〇年に占領目的阻害行為処罰令（一九五〇年政令第三二五号）に改正されたが、一九五一年一二月一日に日本人の海外渡航には連合国最高司令官の許可を要しないこととなるまでの間、取締りが続いた。

しかしながら、特別地域のうち、本土と口之島を含む北緯三〇度以南の各島嶼の間は、事実上、島伝いに往来ができたこともあり、各地域間の経済的な需要を満たしたり、留学や教育などの目的でSCAPの命令に反する往来が絶

別記第一号様式

退去強制令書

本籍
居住地

職業
氏名
生年月日

右の者に対し、北緯三十度以南の南西諸島に本籍を有する者の渡航制限に関する臨時措置令（昭和二十五年政令第二百二十七号）第四條の規定に基く入国管理庁長官の命令により、左記によつて同令別表に定める地域外に退去を強制する。

一、退去強制の時期
二、退去強制の理由
三、退去強制の方法

昭和　年　月　日

入国管理庁○○出張所
入国審査官　印

図2　南西諸島人に対する退去強制令書の書式

えない事態が続いた。この事態に対し、日本の入管関係機関は、北緯三〇度以南の南西諸島に本籍を有する者を「南西諸島人」と称し、北緯三十度以南の南西諸島に本籍を有する者の渡航制限に関する臨時措置令（一九五〇年政令二二七号）に基づく密航取締りを行い、検挙された者に対しては、同措置令施行規則（一九五〇年法務府令八二号）[8]別紙様式による南西諸島人に対する退去強制令書（図2）を発布し、積極的に退去を強制した。

以下に判例に見られる密航事件のいくつかを紹介する。内地からは日常生活に必要な物資、南西諸島からは黒糖や戦災で放置されたくず鉄や非鉄金属が持ち出され密貿易の対象となっていた。

2―1　神福丸事件（一九五〇年）

これは、吐噶喇列島のうち「下七島」の返還前に、神戸と名瀬の間で密貿易を敢行したが、内地への帰路、検挙された事件であり、船主や船員たちが「昭和二一（一九四六）年勅令第三一一号違反並びに関税法違反被告事件」として裁判にかけられた事件である。

この事件で密貿易とされた行為は、

① 被告人A1は所定の免許を受けないで、一九五〇年六月二九日頃、杉板五百坪等の貨物を神戸港において神福丸に積載し、同年七月一日頃同港を出港し、同月四日頃南西諸島大島郡大和浜にこれを陸揚して、貨物の密輸出を為した。

② 被告人A2は同人所有の真鍮屑一五五・五瓩等の貨物を夫々密輸入する目的を以て、同年九月二日頃より同月四日頃迄の間南西諸島大島郡名瀬港において神福丸に積込み、所定の免許を受けないで同月四日同港を出港し、同月五日午後六時三〇分頃北緯三〇度線をこえて日本領海内に入ったがその貨物陸揚をしないうちに官憲に発見され、もって密輸入の目的を遂げなかった。

③ 被告人A3は右神福丸の船主として、被告人A1、A2等の依頼を受け、右密輸出入の情を知りながら右貨物の同船への積載を許し、前記のごとく密輸出入貨物の運搬を為した。

というものであった。この事件は、大分地裁、福岡高裁で争われた後、一九五五年二月二三日最高裁判所大法廷で以下のような判決が言い渡された[9]。

最高裁の判決（主文）は、

被告人A3、同A2に対する原判決を破棄する。

被告人A1に対する原判決及び第一審判決を破棄する。

被告人A3を懲役六月に、同A2、同A1を各懲役五月に処する。

但し被告人三名に対し本判決確定の日から三年間いずれも右刑の執行を猶予する。

被告人A3から、差押にかかる船舶（神福丸）一隻を、被告人A2から、同真鍮屑一五五・五瓩、砲金屑一五七六・八瓩、鉛屑九三瓩、銅屑五一四九・二瓩を没収する。
被告人A3、同A1が一九五〇年七月一日頃、連合国最高司令官の許可を受けないで、神戸港を出港し同月四日頃南西諸島大島郡大和浜に到り、以て本邦から密出国したとの罪、同被告人等及び被告人A2が同年九月四日頃南西諸島名瀬港より神戸港に向け航行し北緯三〇度を超え、以て一九四九年三月九日附、連合国最高司令官の「引揚」に関する覚書に違反したとの罪については、それぞれ同被告人等を免訴する。

というものであった。

理由の要旨は以下のとおりである。

① 密出国の点については被告人らを免訴すること

被告人A3、同A1が一九五〇年七月一日頃、連合国最高司令官の許可を受けないで、神戸港を出港し同月四日頃南西諸島大島郡大和浜に到り、以て本邦より外国へ密出国したとの事実は、右行為当時においては、一九四七年四月一四日附連合国最高司令官の「日本人の海外旅行者に対する旅行証明書に関する覚書」により禁止された占領目的に有害な行為として処罰されていたのであるが、一九五一年一二月一日以降は日本人の海外渡航には連合国最高司令官の許可を要しないこととなり、処罰されることもなくなったので、右被告人等の行為に対しては、一九五一年一二月一日より刑の廃止があったものであること。

② 密入国の点については、被告人らを免訴すること

次に、被告人A3、同A1、同A2が一九五〇年九月四日頃南西諸島名瀬港より神戸港に向け航行し北緯三〇度を超え、以て、一九四九年三月九日附連合国最高司令官の「引揚」に関する覚書（SCAPIN、九二七／一七）に違反したとの事実については、一九五二年政令第一一七号大赦令第一条第二三号により大赦があったので免訴となる。

③ 密貿易の点については、被告人らを有罪とすること

被告人三名の密貿易については、復帰後もなお有罪とする裁判官の多数意見により有罪とする。被告人A3に対し、

貨物密輸出の幇助および同密輸入未遂幇助の罪で懲役六月に処す。被告人Ａ２に対し、密輸出の罪で懲役五月に処す。被告人Ａ２に対し密輸入未遂の罪で懲役五月に処す。

ただし、被告人三名に対しては、いずれも情状刑の執行を猶予するのを相当と認め本判決確定の日からそれぞれ三年間右刑の執行を猶予する。よって主文のとおり判決する。

というものである。

注目すべきは、裁判官の少数意見であった。[10] このうち、関税法違反（密貿易）の罪についても被告人等を免訴すべきとした真野裁判官、小谷裁判官、藤田裁判官、河村裁判官、谷村裁判官、小林裁判官による少数意見の要旨は、以下のとおりであった。

南西諸島大島郡大和浜及び名瀬港は、本件行為の当時において、関税法や一九四九年大蔵省令三六号「関税法一〇四条に基く附属島嶼を定める省令」によって、外国と看做されていたのであって、これが為め右地域に対する貨物の輸出若しくは、右地域よりする貨物の輸入については、関税法により免許を受けることを要するものとせられ、免許を受けないで、貨物の輸出入を為したる者（若しくはその為さんとしたる者）は、密貿易の罪に該当するものとせられたのである。その後、一九五三年の奄美群島の復帰に伴い、この地域は、これを外国と看做されないものとされた。すなわち、後同地域に対する貨物の輸出若しくは、同地域よりする貨物の輸入については関税法所定の免許を受けることを必要とせず、従って、右輸出入の行為については、罰則の適用を見ないこととなり、本件各行為のごときは何ら、犯罪を構成せざるものとなったのである。

さらに、小林裁判官は、「本件被告人等の関税法違反の罪は免訴すべきものであること別項他の五裁判官と共にした少数意見のとおりであるが、その理由がきわめて簡単であるから、私かぎりの意見を加える」として以下の意見を述べた。

本件において特に注意を要する点は、本件被告人等が関税法違反の罪に問われたのは、行為に行われた地域が、本来ならばわが国の領土の一部であって密輸出入などという問題を生じない筈であるのに、当時の特別の事情（占領状態）に基づく法令上、これらの地域を「外国ト看做」していたために、その理由からそうなったということである。〔中略〕

そこでさらに本件の関係地域について考えてみると、南西諸島大島郡大和浜とか同名瀬港とかは、本来日本の領土の一部であるから、九州本州等との交通ないし物資の交流は日本人であるかぎり、法律上全く何の妨げもなかったのであって、いいかえれば不正でも不当でもなく、まして可罰性について言及する余地などは全くなかったのである。それにもかかわらずわが国が形式においても独自の立法によってこれらの地域を「外国ト看做」す法規を定めるに至ったのは、わが国の降服による占領状態と、これに基づく連合国最高司令官の指令のもつ力によって余儀なくされたためにほかならない。本件の刑罰法規は、直接の指令によって成立したものではないけれども、右のような関係によったものであることは、ポツダム宣言（特に八項）や降服文書を源とする一連の指令等によって明らかである。[11]〔中略〕そして以上のような経過によって一時外国とみなされた地域が、平和条約発効とともに、完全無条件にわが国の領土に復帰するかどうかは、主として連合国との条約に依存するところであったが、わが国としては当然その復帰を期待する関係にあったことは明らかである。従って平和条約発効後なお本件地域を外国とみなす期間がつづいたとはいえ遂に一九五三年政令第四〇七号により、法制上の措置としてこれに関する法規が廃止されるに至ったことは、本件に関する地域が全く密輸出入というようなことが起り得ないはじめの状態に戻ったことにほかならない。このことは前に述べた単にある行為に対する評価が裁判時において変更したというよりは、むしろはじめから適法な行為であった状態に復したというのが事実に適合し、なお強く刑の廃止があったと解すべき十分な理由があるといわなければならないのである。

以上の理由により本件被告人らを免訴するのが正しいのである。

2―2　運搬船奄美大島密輸事件（一九四九年）

これは、一九四九年九月三〇日に長崎地裁島原支部で言い渡された関税法違反被告事件の有罪判決[12]である。判決文に記された「罪となるべき事実」は以下のとおりである。

第一、被告人B1、同B2はB5と共謀の上九州から北緯三〇度以南の南西諸島の奄美大島へ貨物を密輸出し、又同地から九州へ貨物を密輸入しようと企て、被告人B1が予て傭船した船舶（証第八号の運搬船）に（一）一九四九年七月一三日頃熊本県八代港において、税関の免許を受けずに脱穀機三台、鋤七挺、ミシン一台、下駄一二六足、昆布一三〇貫、木材二三〇坪、氷かき機二台、イチゴ水六打を船積した上右被告人両名及B5は同船の機関長である被告B3、船員である被告B4と共に同船に乗組み（被告B2は船長、被告B1は船主格）同月二〇日頃同所を前記奄美大島に向け出帆し同月二三日頃同島野見山海岸に到着しその頃右物品を同所へ陸揚して密輸出をなし、（二）同月三〇日頃右奄美大島野見山海岸において税関の免許がないのに黒砂糖五三〇〇斤を被告人B3、同B4等の協力を得て船積した上同被告人等及B5と共に同船に乗船し同日頃同地を九州へ向け出帆し同年八月一日頃福岡県大川等に到り以て右物品の密輸入を図り、

第二、被告人B3、同B4は被告人B2、同B1、B5が右第一（二）記載の如く税関の免許を受けずに右黒砂糖を九州へ輸入することの情を知り乍ら同年七月三〇日頃同被告人等が該物品を右船舶に前記野見山海岸において船積するに際しこれに協力し且つ被告人両名共これに乗船して被告人B3は機関の仕事に被告人B4は雑役にそれぞれ従事して前同日同所を九州に向け出帆し、前同日同所に到り、以て右被告人B1等の右犯行を容易ならしめてこれを幇助したものである。

上記行為に対する刑の言い渡しは、

被告人Ｂ２、同Ｂ１を各懲役一年に処する。

被告人Ｂ３、同Ｂ４を各罰金一万円に処する。

被告人Ｂ３、同Ｂ４に於て右罰金を完納し得ないときは各金一〇〇円を一日に換算した期間当該被告人を労役場に留置する。

押収に係る黒砂糖五三〇〇斤（証第一号に五四四〇斤とある内）及運搬船（証第八号）はいづれも被告人Ｂ２、同Ｂ１からこれを没収する。

被告人Ｂ２、同Ｂ１から金九万三九四二円を追徴する。


であった。この事件の被告人らの一部が、判決の言い渡しを不服として上訴し争ったところ、最高裁において、一九五三年の奄美復帰にともない、奄美大島に日本の行政権が及ぶこととなったので、免訴された事件である。[13]

判決理由の要旨は以下のとおりであった。


奄美大島は、右犯行当時以降一九五三年一二月二四日までは、旧関税法の適用については、外国とみなされていたのであるが、奄美群島の復帰により、同月二五日以降は、外国とみなされなくなり、本邦の地域とせられることとなった。

従って同日以降は、本件公訴事実のような、税関の免許を受けないで貨物を奄美大島に輸出する行為及び同島から貨物を輸入しようと図ることは、何ら犯罪を構成しないものとなったのであって、本件は、「犯罪後の法令により刑が廃止されたとき」に該当するものと解しなければならない。


として上告した被告人らに免訴の判決を言い渡した。

2—3　内火艇豊洋丸事件（一九五〇年）

この事件は、検察官が「被告人C1は、C2、C3、C4、C5等と共謀の上一九五〇年一〇月一一日頃北緯三〇度以南の南西諸島口之島で、日本内地に輸入する目的をもって、古銅屑等三屯を内火艇豊洋丸（八・七屯八〇馬力）に積込み同島を出航し、同月一二日午前一一時頃鹿屋市古江港に到着し税関の免許を受けないで右貨物を陸揚げして輸入したものである」として起訴した事件である。

最高裁大法廷は、2—2の事件と同じ日に以下のとおり同様の判断をした。[14] 判決の理由の要旨は以下のとおりである。

犯行当時には、南西諸島口之島は旧関税法の適用については、外国とみなされていたのであるが、一九五二年二月一一日以降はその地域は、外国とみなされなくなり本邦の地域とせられることとなった。従って同日以降は、その地域から税関の免許を受けないで貨物を輸入すること何ら犯罪を構成しないものとなったのであって、これによって右行為の可罰性は失われたものというべく、本件は、「犯罪後の法令により刑が廃止されたとき」に該当するものと解しなければならない。

2—4　そのほか類似事件

(a)　第八太平丸事件（一九五〇年）

この事件は、

被告人Dは外六名と琉球列島方面より関税を逋脱して非鉄金属類を密輸入しようと企て共謀して、

（一）一九五〇年八月二八日頃法定の海外旅行証明書の発行を受くることなく漁船第八太平丸に船長として乗り組み三重県南牟婁郡泊村古泊海岸より琉球列島の口ノ島及び中ノ島迄不法出国し、

（二）右口ノ島及び中ノ島に於て薬莢その他の真鍮屑二万三三一瓩銅屑三六九八瓩を右太平丸に積み込みたる上帰港し同年九月二七日頃同郡長島港に於て銅屑三六九八瓩及び真鍮屑三二六瓩を陸揚げをして之に対する関税四六〇円の納付を免れて関税を逋脱した

とされた「一九五〇年政令第三二五号違反・関税法違反被告事件事件」について、被告人を懲役六月に処す旨判決を言い渡した判決において、裁判所は、「琉球列島の口ノ島及び中ノ島が海外なることは覚書[15]に因て明定せられたことであつて今日に於ては既に公知の事実である」[16]と判断した事件である。

（b）第三住吉丸事件（一九五〇年）

この事件は、

被告人E1とE2両名は、E3と共謀の上南西諸島より物資を密輸入しようと企て決定の免許を受けないで（一）一九五〇年八月二一日頃林檎四五箱位、洗濯石鹸二七箱位、注射液二〇〇個位、玉葱三〇〇貫位、自転車タイヤチューブ其の他合計三二〇点位（価格合計二五万円位）を、其の頃情を知らない九州輸送株式会社（社長E4）より借受けていた同会社所有の第三住吉丸に積載して情を知りたるE5を機関士として乗組ませて、運航させ大分県臼杵港を出港し、同月二四日頃南西諸島中の島迄輸送して密輸出をなし、（二）同月二七日頃前記中の島に於て大槻某との間に同人所有の銅屑六トンと前記（一）記載の物資とを交換し、之を前記第三住吉丸に積載し、前同様E5に運航させて同年九月三日頃同島を出航し、同月一〇日頃之を大分県佐賀関港に陸揚して（押収された金二六万八五〇〇円は右銅屑の対価として得たもの）之が密輸入をなしたものである

とされた関税法違反等被告事件に関し、「被告人E1を懲役一年執行猶予二年に、被告人E2を懲役八月執行猶予二

年」の有罪判決の言い渡しをした事件[17]である。

（c）第三朝日丸事件（一九五〇年）

この事件は、

第一　被告人F1、F2、F3、F4、F5はF7、F8と共謀の上所定の免許を受けないで一九五〇年七月三一日頃北部南西諸島奄美大島深浦よりさきに被告人F1が右F7より大阪渡嘸当り六万五〇〇〇円で買受けた薬莢屑六嘸二五瓩（一七〇〇貫）、大阪市に於ける時価相場により同様買受けた鉛屑約三〇貫、右F7より大阪市において売却方委託せられた進駐軍用古衣類（上下合計三〇七点）及び同人より見本として交付せられた型鉛三個を第三朝日丸に積載し右被告人F2、F3、F4、F5はこれが運航にあたり右貨物を密かに大阪港に陸揚げするため同年八月五日頃和歌山県海草郡加太友ヶ島附近まで輸送し以つて貨物の輸入を図り、

第二　被告人F6は所定の免許を受けないで一九五〇年七月三一日頃北部南西諸島奄美大島深浦より米国製煙草四カートン（八〇〇本）を同船に積載携帯の上大阪港に陸揚するため同年八月五日頃和歌山海草郡加太友ヶ島附近まで輸送し以つて貨物の輸入を図り、

第三　被告人F3は北緯三〇以南の北部南西諸島奄美大島に本籍を有するものであるが連合国最高司令官の承認を受けないで一九五〇年七月三一日頃同島深浦より第三朝日丸に乗船し同年八月五日頃和歌山県海草郡加太友ヶ島附近まで渡航したものである

という関税法違反被告事件事件に関し、大阪高等裁判所は

被告人F1を懲役五月及び罰金二万五〇〇〇円執行猶予三年に、被告人F2を懲役三月及び罰金一万二〇〇〇円執行

猶予三年に、被告人F3を懲役二月及び罰金五〇〇〇円執行猶予三年に、被告人F4、F5を各罰金五〇〇〇円に被告人F6を罰金三〇〇〇円に処する

押収に係る真鍮屑（薬莢屑）一七〇〇貫、進駐軍ボロ作業着上一七八着下一二九百着、鉛屑三〇貫、型鉛三個、海図五枚、米国製紙巻煙草八〇〇本は何れもこれを没収する

との有罪判決を言い渡したものである。[18]

2―5　奄美群島における密航事件検挙者の収容状況の実際

奄美群島政府に設置された奄美群島監査委員会は、一九五一年七月五日から翌六日にかけて、大島刑務所の監査を実施し、以下のような監査結果を一九五一年八月五日に公表した。[19]

大島刑務所の総収容定員は、九七名のところ一七〇名もの過剰収容がなされており、なかでも軍政布告違反者にして、刑を終了して日本本土へ強制送還すべき者で船待ち中の者五六名を数えることを指摘し、手続きの関係上三ヵ月以上を要しているがもっと早急に送還すべきであるとの監査意見が付されている。

3　日本本土から特別地域に渡航する場合における「身分証明書」制度の誕生

戦後、現行旅券法は、一九五一年内閣提出法案として第一二回国会に上程し、可決成立した。政府の提出理由はおおむね以下のとおりである。[20]

最近GHQは、日本人の国外渡航に関する許可権を日本側に返還する意向が明らかとなった。よつて政府は、旅券に関する現行の二つのいわゆるポツダム政令を廃止するとともに、国際的に認められた旅券制度を基調とし、それにわ

が国固有の特殊性を適度に加味して、本旅券法案を作成した。本法案は、旅券の種類を公用旅券と一般旅券との二種に区別し、さらに旅券発給の手続、旅券の効力及び手数費の規定のほか、北緯三〇度以南の南西諸島、その他特に外務大臣が定める地域に渡航する者に対しては、国外旅行用の旅券ではなく、当分の間政令で定めるところにより身分証明書を発給すること等を規定した……。

とするものであり、旅券法附則第七項および第八項に身分証明書の発給および手数料に関する事項が定められることとなった。あわせて、旅券法附則に定められた身分証明書に関する定めを具体化するため、政府は「特定の地域に渡航する者に対して発給する身分証明書に関する政令」（一九五一年政令第三六六号）を制定した。

ここで、具体的な身分証明書を紹介する（写真1－1～3）。写真1－1は、一九六二年九月五日に内閣総理大臣池田勇人の名義で発給されており、写真1－2は、一九六九年七月一四日に内閣総理大臣名義で発給されている。これらの査証欄に相当するページには、いずれも入国申請用紙とビザに相当する琉球列島米国民政府高等弁務官による許可証がホチキスにより綴じ込まれている（写真1－3）。

4　身分証明書の効力が争われた事件（重光丸事件・一九六二年）

ここで、特別地域への渡航の際に発給された「旅券に代わる身分証明書」が旅券に該当するか否か争われた判例[21]を紹介する。

被告人Gに対する出入国管理令違反等被告事件（南西諸島へ身分証明書を持たずに密出国した行為）について、東京高等裁判所は、弁護人の「旅券法附則第七項に定める身分証明書は、出入国管理令にいう旅券に代る証明書に該当しないのではないか」という主張に対し、以下のような理由を述べ、北緯二七度以南の沖縄諸島を含む南西諸島に渡航する者に対し旅券法附則第七項により発給される身分証明書は、出入国管理令にいう「旅券に代る証明書」に該当

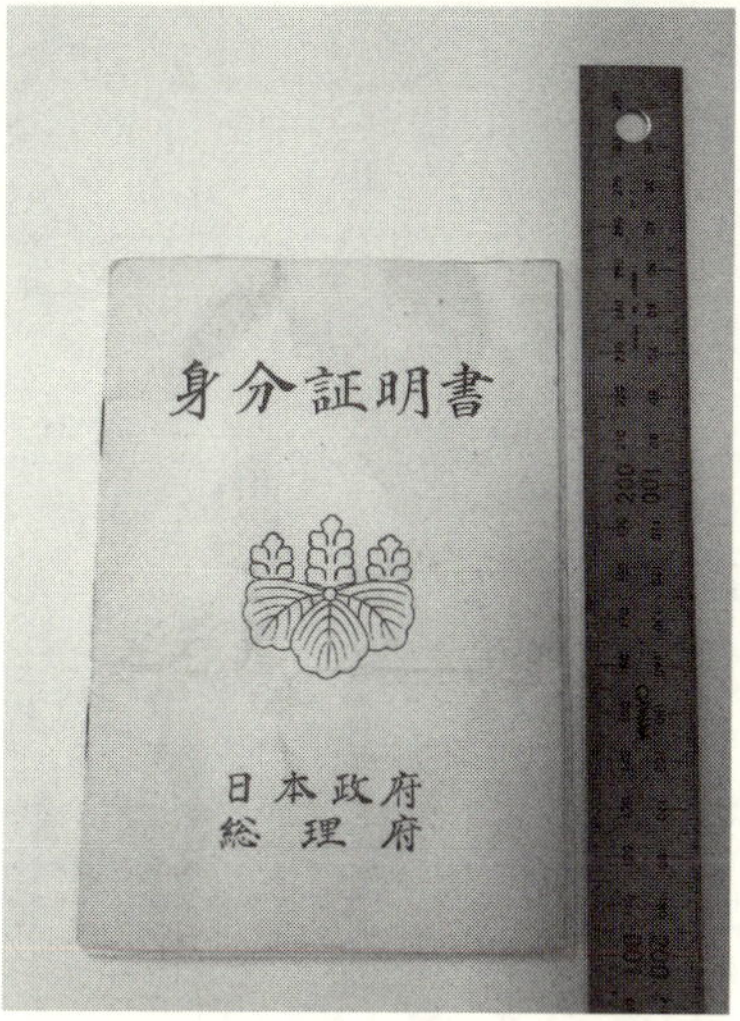

1-2

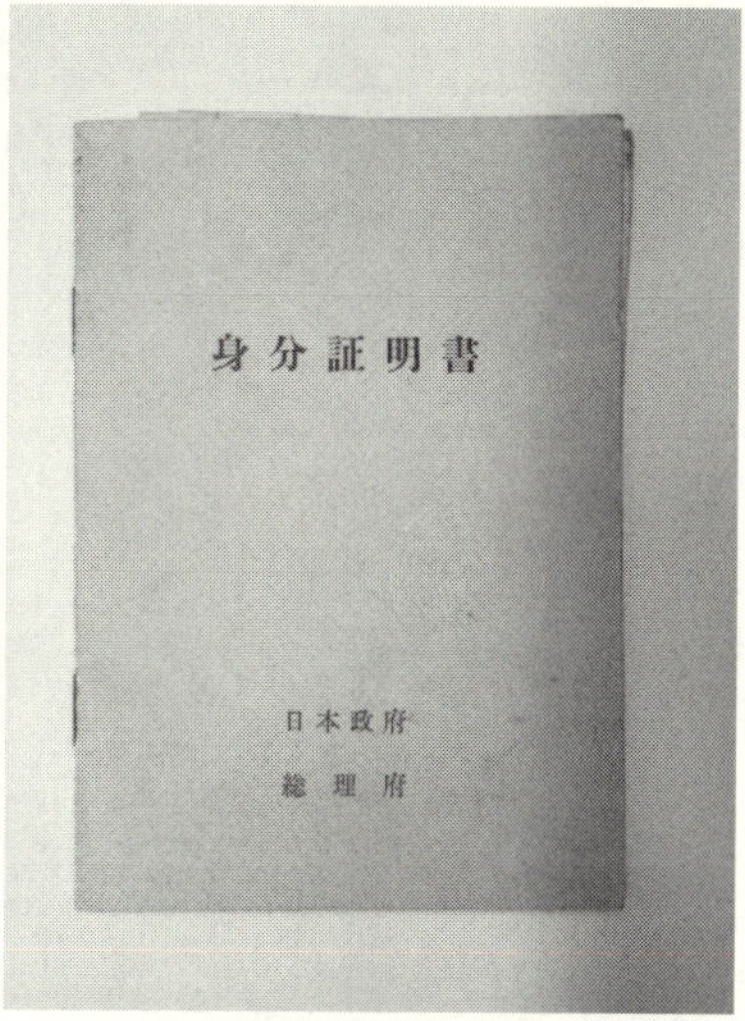

1-1

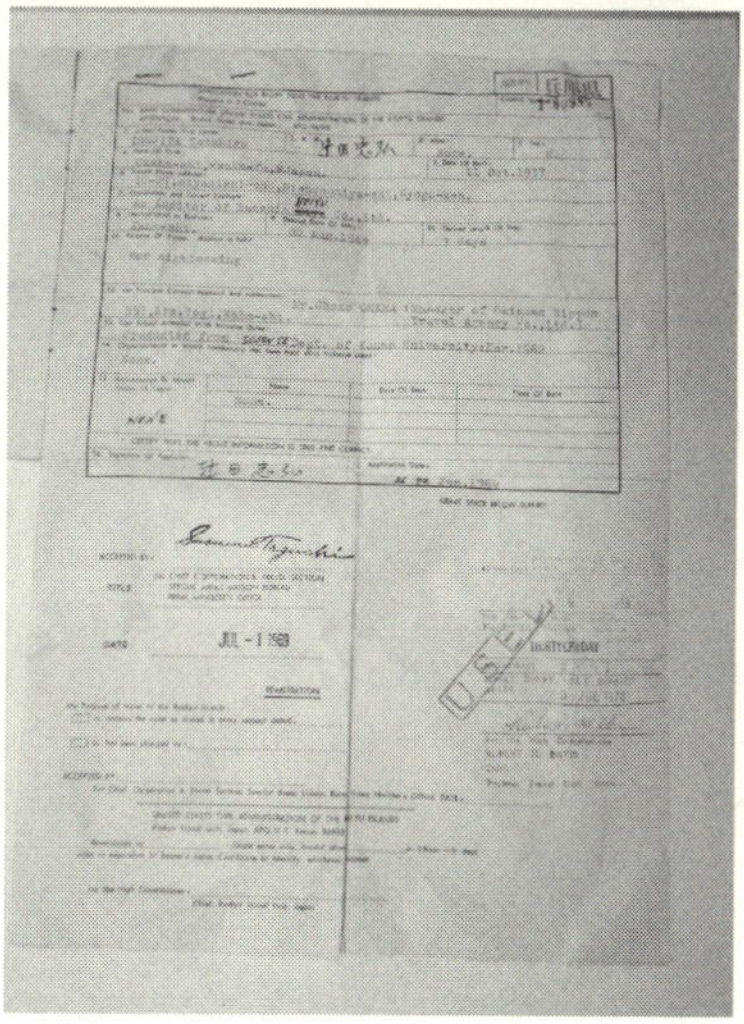

1-3

写真1-1～3　南西諸島や小笠原に行く日本人に発給された身分証明書（沖縄にいくための「パスポート」と言われた渡航文書）

するとの判断を示した。宣告された刑は、被告人Gを懲役一年執行猶予四年に処し、捜査官の押収した船舶一隻（漁船原簿登録番号KG二－二〇二四、船名重光丸、総トン数一四・九七トン、所有者被告人G）没収する内容であった。

本章に関係する裁判所の判断は、概ね以下のとおりである。

（一）出入国管理令上の本邦の定義

出入国管理令第一条にいう本邦とは、同令第二条第一号によれば、本州、北海道、四国及び九州並びにこれらに附属する島で外務省令で定めるものをいうとあつて、一九五一年外務省令第一八号（出入国管理令施行規則）第一条第四号にて、北緯三〇度以南の南西諸島（口の島を含む）は右にいう「これらに附属する島」から除外された。その後前記施行規則の一部改正（一九五二年二月一日外務省令第三号）により北緯三〇度以南を北緯二九度以南の南西諸島と改正され、更に一九五三年一二月二四日施行規則の一部改正を以て北緯二七度以南の南西諸島となり、結局沖縄諸島は出入国管理令上は本邦外と規定されている。

（二）沖縄諸島が出入国管理令の上で本邦と言えない理由

沖縄諸島は元来日本の領土であつて、我が国の敗戦後と雖もその領土権を喪失したものではなく、依然日本の領土に属するものであることは所論のとおりであるが、平和条約に基き現在アメリカの管理下におかれて、立法、司法、行政の権限は我が国になく、従つて沖縄における我が国の領土主権は潜在的であるといわれる所以もここにあるのであるから、沖縄は日本の領土であるとはいえ、出入国管理令の施行上は我が本邦ということはできない。

（三）日本人が旅券等を所持して出国する必要性について

出入国管理令第六〇条には、本邦外の地域におもむく意図をもつて出国する日本人（乗員を除く）は、有効な旅券を所持し、その者が出国する出入国港において、入国審査官からその旅券に出国の証印を受けなければならない。その旅券の意義について、同令第二条第五号は、日本国政府、日本国政府の承認した外国政府又は権限ある国際機関の発行した旅券又はこれに代る証明書（日本国領事官等の発行した渡航証明書を含む）をいう、と規定しているから、本邦外の地域（沖縄諸島を含むことは前記のとおりである）に出国する日本人は、日本国政府の発行した旅券又はこれに代る証明書に出国の証印を受けなければ出国してはならない。
（四）特別地域には旅券に代る身分証明書が必要な理由
旅券法附則第七項において、北緯二九度以南の南西諸島（琉球諸島及び大東諸島を含む）、孀婦岩の南の南方諸島（小笠原群島、西之島及び火山列島をいう）並びに沖の鳥島及び南鳥島に渡航する者に対しては、当分の間、政令で定めるところにより身分証明書を発給するものとする、と規定され、これに伴い南方地域に渡航する者に対して発給する身分証明書に関する政令（一九五二年政令第二一九号）が制定された後、一九五三年法律第二六七号（奄美群島の復帰に伴う法令の適用の暫定措置等に関する法律）第一条、第一〇条の委任に基く一九五二年政令第四〇五号（奄美群島の復帰に伴う外務省関係法律の適用の暫定措置等に関する政令）第二条により、右各法令の施行日たる一九五三年一二月二五日以降は北緯二七度以南の前記諸島へ渡航する者に対しては身分証明書を発給するものとされている。
（五）結論
以上の諸規定を総合して考えると、日本国の領土以外の地域に赴く場合には旅券を所持すべきであるが、特に前記の如く本来我が国の領土ではあるが、その主権が制限されている北緯二七度以南の沖縄諸島を含む南西諸島等へ赴く場合には旅券に代えて身分証明書を所持すべき旨を規定しているものと解することができるから、右の身分証明書は出入国管理令にいう旅券に代る証明書に該当するものと解することが相当である。

5　琉球軍政本部の発給した「パスポート」

5―1　原初の「琉球パスポート（旅行証明書）」

終戦直後の混乱の中軍政本部の発給した旅行証明書は、一点現存していることを確認した。（写真2－1～5）。これは、日本へ留学目的で渡航した学生に対し発給されたもので、英文はタイプライター、日本文は手書きで記された資料的価値の大変高い渡航文書である。

旅行証明書は、軍指令発令前の一九四九年三月三日に発行されている。その内容で特筆すべきは、身分欄の人定記事の特徴欄が「東洋人（Oriental）」と記載されていること（写真2-3）、「琉球人（a Ryukyuan National）」なる記載があることならびに外国政府の要請文まで手書きであること（写真2-4）、査証欄には講和条約発効前のSCAPによる半永住（SPR）ビザの資格で再入国許可が記されていることである（写真2-5）。

そもそも、手書きのパスポート自体、旅行先の入管でその効力を疑われるものであり、旅行者の苦労はどれだけ大きかっただろうと考えると心が痛む。

5―2　原初の琉球列島日本間の渡航手続に関する規定

復帰前の沖縄における琉球から日本への渡航手続きについては、沖縄戦終結直後から琉球列島米国民政府の組織が十分整うまでの間は、軍による直接の統治であったため、筆者としては詳細な法規を見出せていない。

筆者が見出した古い規定として、一九四九年一〇月二九日付琉球列島米国軍政本部指令で「琉球人（もしくは南西諸島民）の日本入国並に旅行に関する手続及び規程」が発令されている。[22]

①　旅行が認可される条件

これによれば、「琉球列島日本間の旅行」は、「旅行申請を却下したら申請者が極度の困難若しくは肉体的苦労を蒙ることが明らかな場合」または「軍事機密上何らの不安を伴わない」と決定される場合にのみ認可されるものとされている。

②　申請手続

申請者は、居所の民政府[23]に申請書を提出し、各民政府はその書類を当地の軍政官府に提出し、各軍政官府の認可を得る。申請書は、軍政官府の認可後、軍政本部に再提出し、その認可後第八軍司令官に書類は移送された。

申請書が軍政本部から第八軍本部に発送される際に、申請者が機密保護上何ら支障を来たさない旨を明示する証明が必要であった。

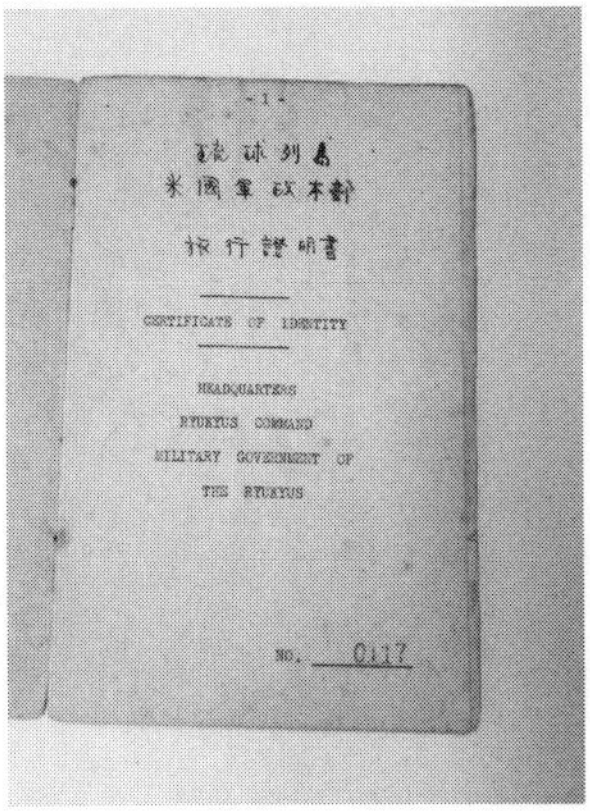

2-2

2-1

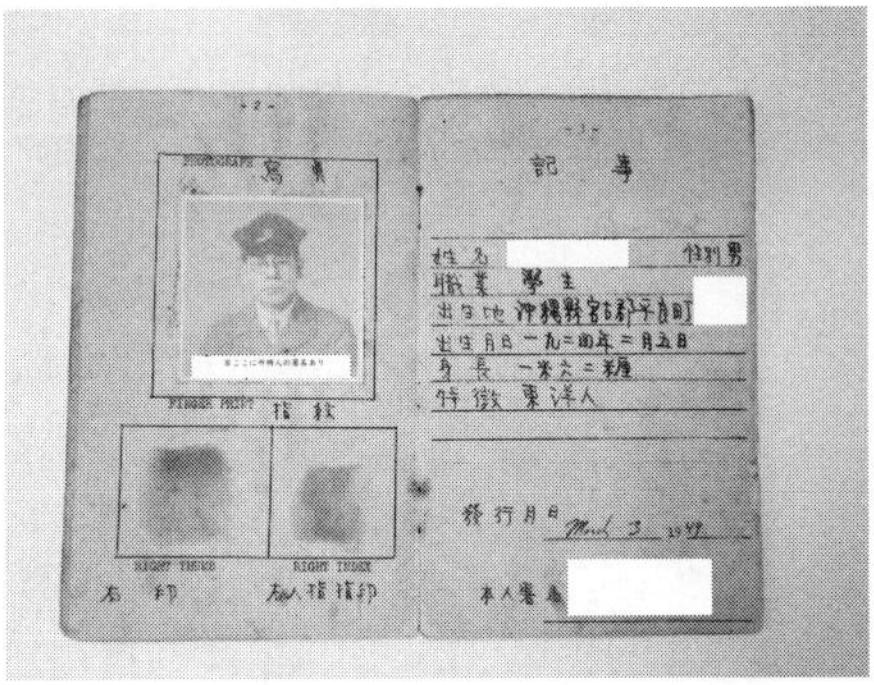

2-3

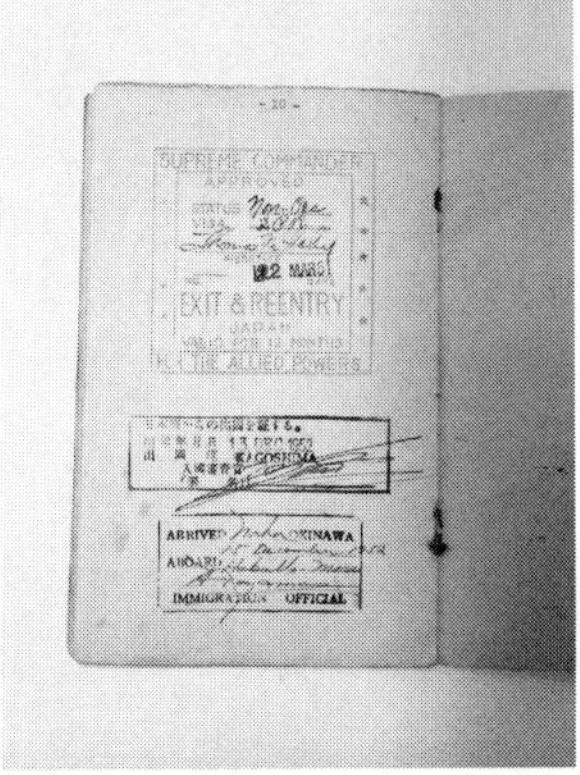

2-5

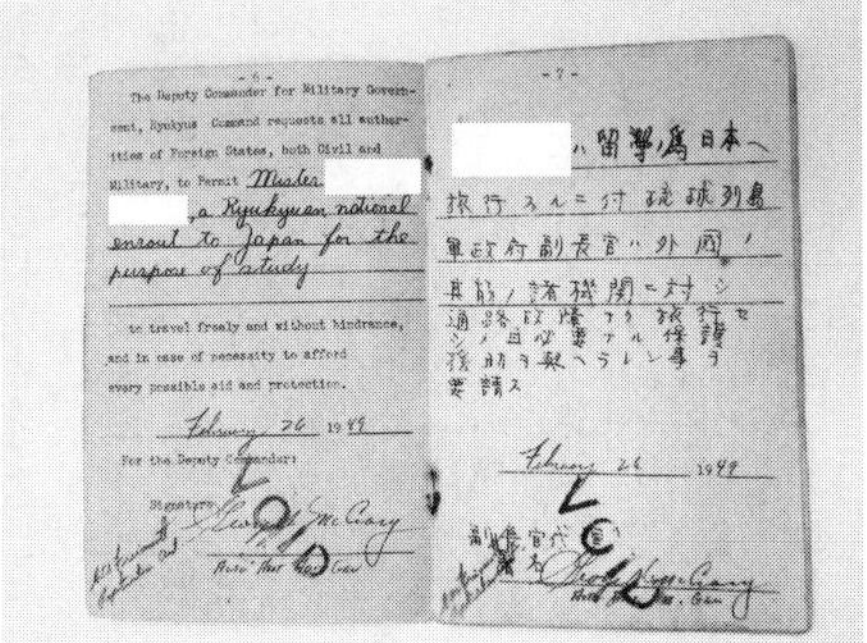

2-4

写真 2-1～5　琉球軍政本部発給の原初の「琉球パスポート」

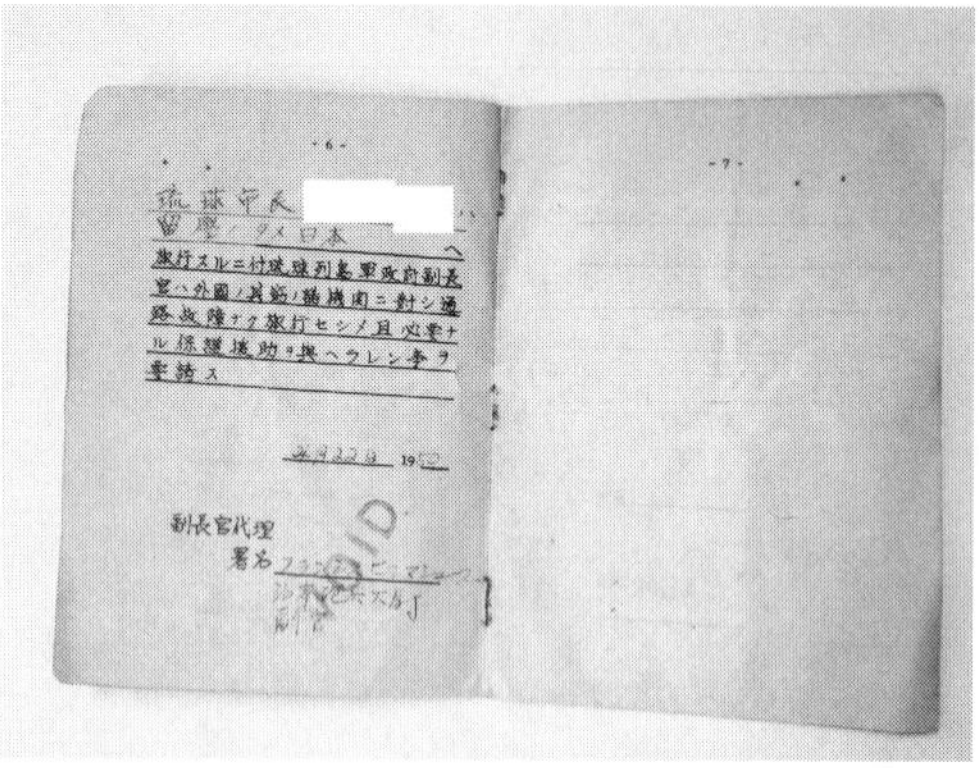

3−2

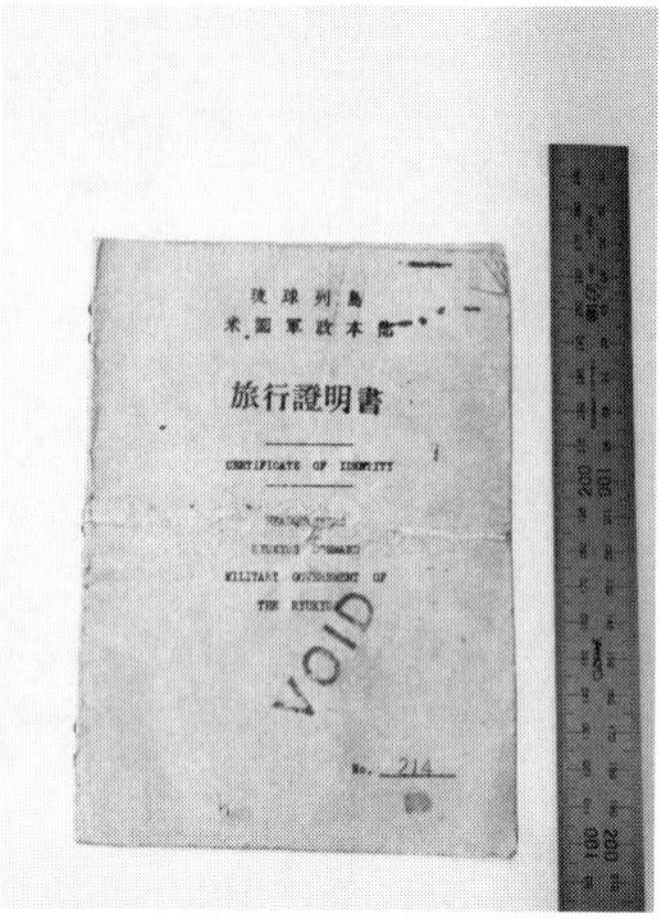

3−1

写真 3-1～2　軍政本部発給の琉球パスポートⅡ

③　旅行証明書の発行手続

軍政本部が第八軍司令官からの認可を受領した場合、担当官は旅行許可証を発行する。これが関係民政府に送付され、さらに申請者本人に送付された。

前述の沖縄民政府公報によれば、旅行の認可の名義に「軍政府長官に代り軍務局次長代理海岸砲兵大尉ユーゲン・アール・ウイリアムソン」の名前が記されている。

④　検疫の手続

旅行者は、係医官により、「旅行者がコレラ、傷チフス、発疹チフス、天然痘に関する検疫ならびに免疫を受けたこと」の証明書を所持することが義務付けられた。

⑤　米軍用衣服の着用禁止

日本入国者の所持する米軍用衣服は、占領軍の制服ならびに衣服と判然区別ができるように改造するかもしくは標記しない限り没収する規定がおかれた。

5—3　軍指令発令直後の琉球パスポート

上記軍指令が発令された直後の旅行証明書は、一点確認できた（写真3－1～2）。前項の手書きの旅行証明書の同様の内容が印刷されている。日本留学を志す翻訳官に対し、一九五〇年四月二二日に発行されている。「琉球人」から「琉球市民（a Ryukyuan

National)」なる標記に変更されている。

5―4　琉球住民の地位の明定

琉球住民の地位につき、群島組織法[24]第四条第一項は「琉球列島内で出生し群島内一町村に住所を保有した者又は列島外から移住した者で永住の意志を有する者は、これを群島住民とする」との規定を置いた。

6　琉球列島米国民政府（USCAR）の設置と「琉球パスポート」

6―1　USCARの設置

南西諸島における米軍統治につき、米国極東軍総司令長官の命により一九五〇年一二月一五日をもって米国軍政府を廃止し、琉球列島米国民政府（United States Civil Administration of the Ryukyu Islands; USCAR）を設置することとなった[25]。

6―2　USCARにおける「旅行免状下附手続」について

琉球人に対するいわゆるパスポート発給手続きは、USCARの行政法務部移民課がこれを担当した。琉球人は、いわゆるパスポートの発給を受けようとする場合、「琉球人（もしくは南西諸島民）の日本入国並に旅行に関する手続及び規程[26]」に則り、移民課に「旅行免状下附願」を提出することによってこれをした。

日本滞在期間が六ヵ月以内の旅行者には「旅行許可書」、六ヵ月を超える期間の旅行者には「身分証明書」を区分して交付した。旅行許可書には戸籍謄本の提出は不要であった[27]。

6―3　島外旅行の奨励やレポートの要求規定の制定

USCARは、琉球人に対し、商人の渡航に際する出入管理に関する事務取扱いにつき、具体的運用を指令し、「私用による商用渡航者の渡航証明」を発令した。[28] 指令では、申請者に対し、渡航前に十分な打合せを行い、事前に具体的な渡航日程や取引先相手の名簿などの提出を求めているほか、渡航者が帰島後一五日以内に日本の市場状況の一般的印象について報告するよう求めている。

一九五一年一一月九日沖縄群島知事平良辰雄は、沖縄群島移植民奨励補助規程を定め、同日公布施行した。海外移住の奨励を制定の目的としており、このころ以降、琉球パスポートの発給事由に移住を目的とするものが見られるようになる。

6―4　琉球パスポート発行手続の整理

USCARは、複雑化していた「パスポート発給手続」につき、一九五二年に大幅に整理を行った。

USCARは、一九五二年USCAR指令第一二号「琉球人の日本旅行に関する規定及び手続」[29] を定め、従前の規定[30] を廃止した。

琉球パスポートの発給手続は、概ね以下のとおりであった。

①　日本旅行に対するUSCARの基本姿勢

日本政府が、琉球人が自由に日本に入国することを許可する方針を発表するまでの間、申請者の日本旅行を奨励する立場から、旅行申請には許可を与えるが、自由入国というよりも従前どおり民政副長官の許可を必要とする。

②　申請書用紙の入手方

沖縄群島の離島在住者：各市町村役所[31] へ請求する。

奄美群島、宮古群島、八重山群島：各市町村役所または地区警察署へ請求する。

③　**申請書の提出と許可**
申請書は、琉球政府出入国管理課へ提出し、USCAR移民課の判断を受ける。
申請書を提出するときには、戸籍謄本または抄本一通と写真二葉を添付する。
申請が許可されたときは、「日本旅行証明書」が交付される。

④　**日本旅行証明書の種類**
一回限りの日本旅行証明書：所持者の琉球出発後の一定期間だけ有効とし、琉球帰着後は無効とする。永住目的の日本旅行は、復路を無効とする。
数次用日本旅行証明書：たびたび日琉間を往復する必要のある旅行者に交付する。これは、普通商人および留学生が使用すべきものとされていた。有効期間は個々の申請ごとに定めた。

⑤　**出発期日の制限**
日本旅行証明書の所持人は、発行の日から六ヵ月以内に琉球を出発しなければ、その旅行証明書を無効とする。

⑥　**外国為替の購入**
日本旅行証明書の交付を受けた旅行者は、これを琉球銀行に提示して、外国為替に関する制限に従って必要な額の外国為替を購入しなければならない。

⑦　**予防注射等の証明**
コレラ、腸チブス、発疹チブス、天然痘に対して、予防治療を受けたことの証明が必要であった。

⑧　**発布した担当官**
民政副長官の命により民政官代理砲兵大佐[32]が発布した。

6—5　琉球パスポート発行手続の近代化

一九五五年USCARは、「琉球住民の日本旅行管理」という布令[33]を施行し、琉球パスポート、すなわち日本旅行証明書の発給手続きを近代的な行政手続に改正した。

この布令は、全一七条からなる規定で、用語の定義、日本旅行証明書の発行・効力、手数料の諸規定がまとめられている。用語の定義において、「琉球住民」なる用語を「琉球列島に本籍を有し、かつ、現在琉球列島に居住している者」と定義し（第二条）、日本旅行証明書について「USCAR副長官の命により発給する渡航文書で、琉球住民の身分を証明するとともに、日本への旅行および琉球列島への再入域を許可するもの」と規定し（第四条）、出入港とは「琉球列島に入域または出域すべき港で副長官が指定する港」と定義する（第五条）。

旅行の目的ごとに一般の旅券のほかに、公用の旅行のための日本旅行証明書の発行手続きを定め（第六条および第七条）、さらに日本旅行証明書の旅券の種類には、一度の旅行に有効な普通日本旅行証明書と数次往復用の日本旅行証明書を区別している（第一三条）。

日本旅行証明書の効力につき、普通日本旅行証明書は、名義人が琉球列島の不在期間中有効であり、数次往復用日本旅行証明書は、原則として発行の日から一年間有効とし、一年を経過したのち、名義人が日本にある場合は、効力は維持され、帰島したとき無効となった。また、永住の目的で日本へ旅行する場合には、琉球列島に帰島する際には効力を有しないものとされた（第一三条）。

6―6　旅券に代わる身分証明書の手続きの成文化

一九六〇年USCARは、高等弁務官名義で、前項の「琉球住民の日本旅行管理」なる布令を「琉球住民の渡航管理」に改正し、旅券に代わる身分証明書の発給手続を成文化した。[34]

主な変更点は、

① 日本旅行証明書を日本渡航証明書に改称したこと
② 数次往復用日本渡航証明書の効力を二年間に延長したこと

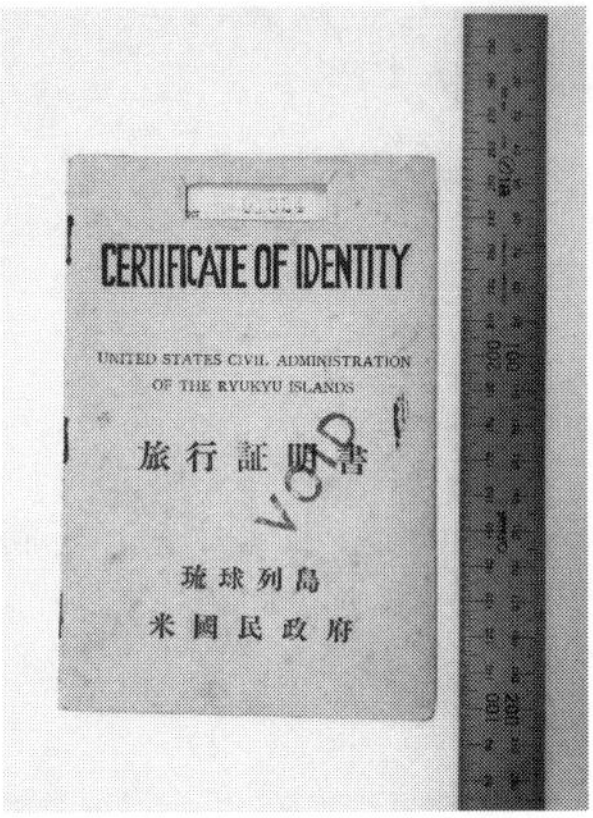

4-1

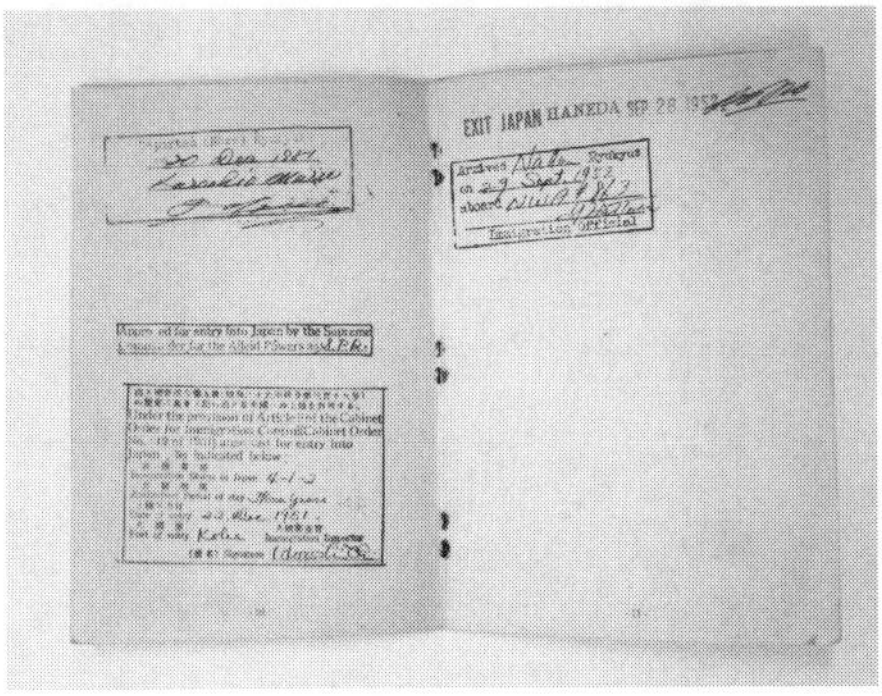

4-2

写真 4-1～2　奄美群島沖永良部島の官吏に発給した「公用パスポート」

③　数次往復用日本渡航証明書であっても琉球列島に帰島すれば無効となるが、改めて申請することによりさらに二年間の効力確認を受けることができるように改めたこと

④　発給権者を副長官から高等弁務官に改めたこと

⑤　「身分証明書」とは、高等弁務官の命により住民の身分を立証し、日本以外の地域への渡航ならびに琉球列島への再入域を許可するための旅券に代わり発給される渡航証明書を言うと定め、身分証明書は日本渡航証明書と同一条件にもとづき発給するものとすることにしたものである。

7　琉球パスポートのあれこれ

USCARが発給したパスポートをいくつか紹介する。

7―1　一九五一年発給の「公用」旅行証明書

写真4―1は、一九五一年一一月奄美群島政府経済部長の重村俊一が在日琉球貿易代表団のメンバーとして日本に着任する際に発給された旅行証明書である。[35]査証欄に出入国管理令にもとづく在留資格が記載され、逆に日本からの出国の確認は簡略な記載がされている（写真4―2）。

6-1

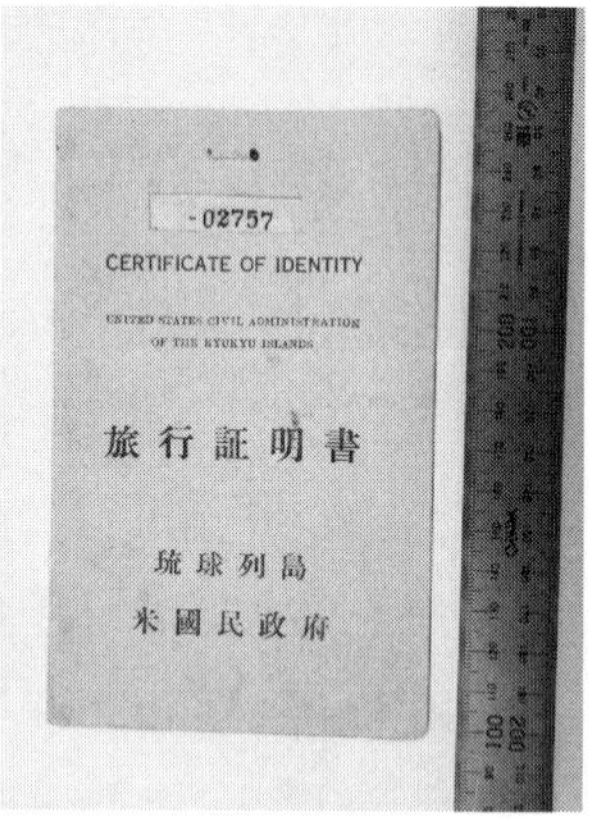

写真5　外国に永住目的で渡航する女性に発給された「パスポート」

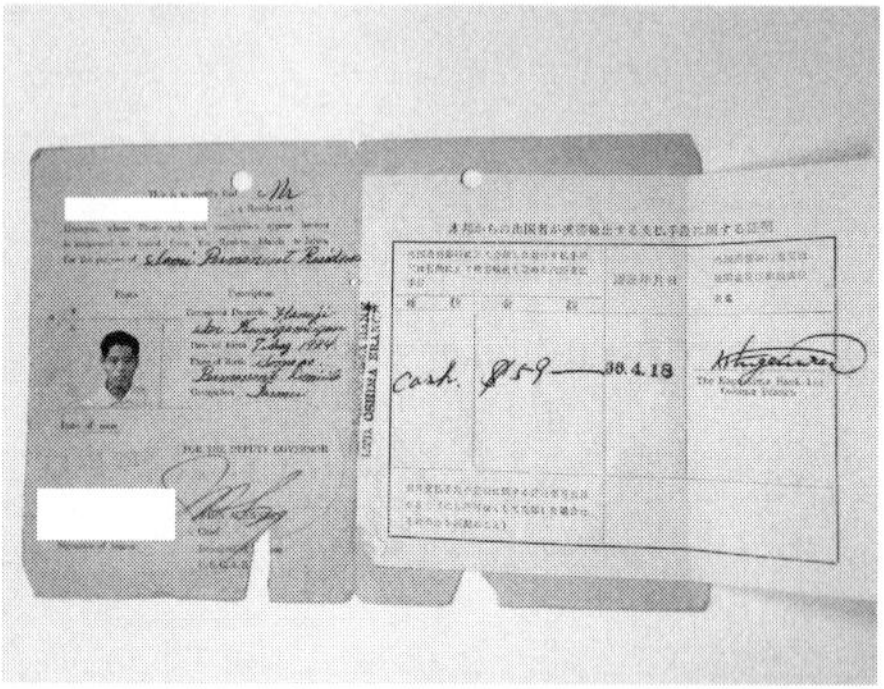

6-2

写真6-1～2　一回限りの日本旅行証明書

7—2　一九五三年発給のフィリピン行き旅行証明書

写真5は、一九五三年に発給された旅行証明書である。永住の目的でフィリピンへ旅行するために発行された。

7—3　一九五三年発給の普通日本旅行証明書

写真6-1~2は、折りたたみ式の普通日本旅行証明書である。旅行目的は「半永住」と記されている。所持人は、一九五三年に出域し、八年間内地に滞在した。特別地域は、日本の三権が停止されていただけであって、日本国籍であることに変わりはないので、外国人登録ではなく、大阪市大正区役所で住民登録をした旨の記載がなされている。

帰国の際、鹿児島銀行大島支店で行った日本出国の際の外貨両替の証明が添付されている。

7―4　一九五四年発給のアメリカ行き永住者用身分証明書

所持人は、二歳の孤児で永住のため必要諸国経由でアメリカに旅行する目的であった。米国政府もその旨ビザを発給している。署名欄には、所持人のために養親と思われる外国人の署名がある（写真7）。

7―5　一九六一年発給の数次旅行用日本渡航証明書

所持人は、日本に留学するため数次旅券に相当する数次旅行用日本渡航証明書の発給を受けている（写真8－1～2）。帰島する度に無効になるので、たびたびにわたり査証欄には効力の確認を申請した記録が残されている（写真8－3）。

おわりに

以上のとおり、今回は、特別地域のうち南西諸島と本土の渡航文書に関し、制度の変遷を整理し、実際に起きた密航事件や多数渡航文書を紹介した。

南西諸島の復帰前の交通に関しては、今もなお、多数の経験者が元気に社会生活を送っており、聴き取りによればその渡航に際しては、多大な不便を強いられたのみならず、軍事占領ゆえの理不尽な対応に心身が傷ついた者は多い。すでに、奄美群島においては復帰から五七年となり、旅券所持人の高齢化による記録化の困難が問題となり始めた。吐噶喇列島のうち下七島に関しては、そもそも関係人の数も少ない。今のうちに十分な聴き取りを行うことが必要である。

謝辞

この調査にあたっては、那覇市歴史博物館学芸員喜名大作氏の多大な協力を頂いた、感謝の意を申し上げる。

8-1

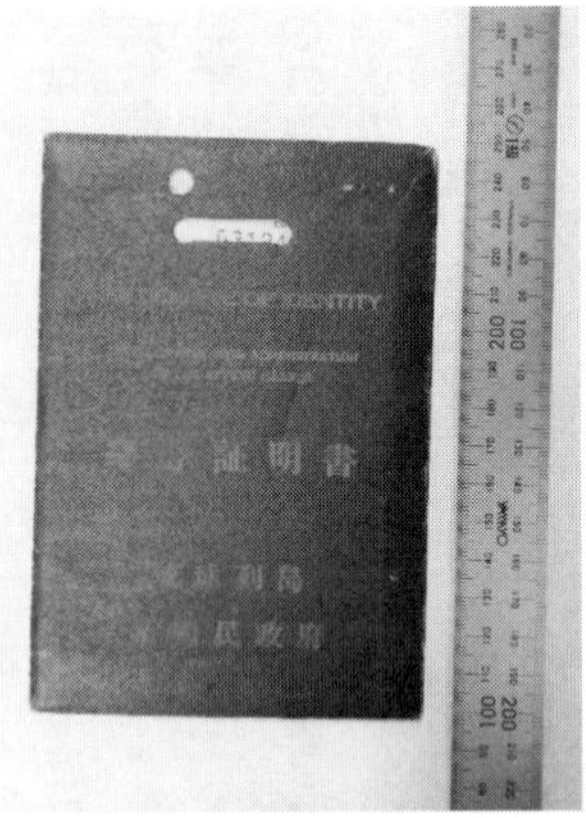

写真7　海外渡航のために発給された「パスポート」

8-2

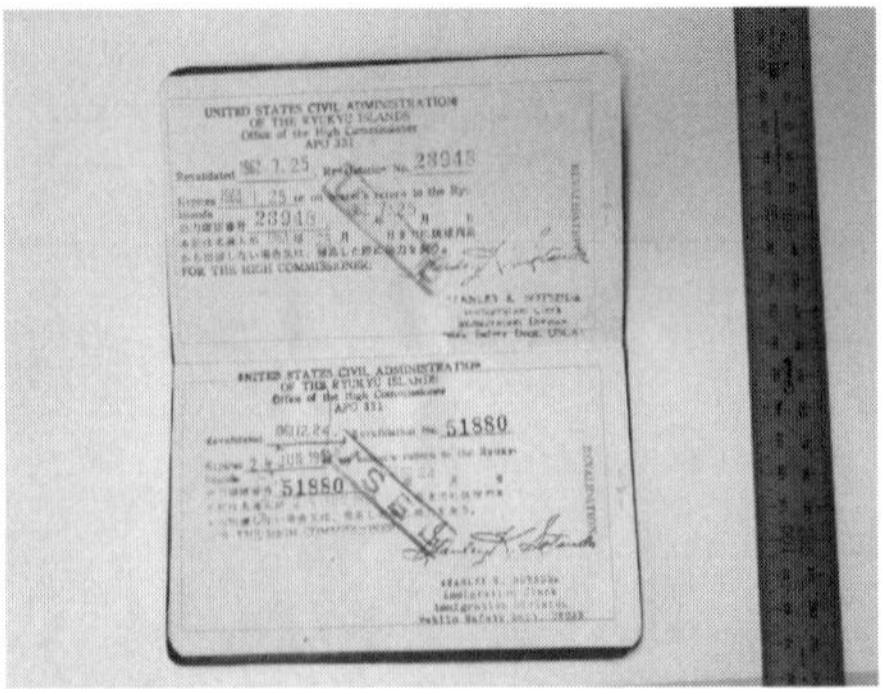

8-3

写真8-1～3　数次旅行用日本渡航証明書

注

[1] 一九四六年六月一日付沖縄民政府公報第一号には「ニミツ」と記載されている。

[2] 海軍軍政府布告一九四六年第二号。

なお、同じ号（沖縄民政府広報一九四六年六月一五日号）を通じて海軍軍政府特別布告第四号が住民に告げられた。第一条は「住民通行限定」を規定し、第二項に「住民は軍関係者同伴又は有権なる軍当局の許可を得ざる限り各自の指定居住地区より他の地域へ通行すべからず」という規定がおかれていた。違反者は、特別軍事法廷などで処罰された。

また、一九四八年三月二四日付通牒「引揚に関する件」ロ項において、「右（筆者注：引揚）は、日本と南西諸島間を何回も往復することを許すものでは決してない。永住の目的以外の理由で南西諸島に来る者に対しては不法入国者として取扱い場合に依り相当の処罰をする」という規定もおかれた（臨時北部南西諸島政庁公報一九四八年第三一号）。

[3] 鹿児島県大島郡十島村（当時）の区域で北緯二九度から北緯三〇度までの間にあるもの（北緯三〇度線にわずかにかかる口之島を含む、現在の鹿児島県鹿児島郡十島村の地域（鹿児島県大島郡十島村に関する地方自治法の適用及びこれに伴う経過措置に関する政令（一九五二年政令第一三号）第一項）。

[4] 旧鹿児島県大島郡の区域で北緯二九度以南にあるもの（奄美群島の復帰に伴う法令の適用の暫定措置等に関する法律（一九五三年法律第二六七号）第一条）。

[5] 孀婦岩の南の南方諸島（小笠原群島、西之島及び火山列島を含む）並びに沖ノ鳥島及び南鳥島（小笠原諸島の復帰に伴う法令の適用の暫定措置等に関する法律（一九六八年法律第八三号）第一条）。

[6] 硫黄鳥島及び伊平屋島並びに北緯二七度一四秒以南の南西諸島（大東諸島を含む）をいう。（沖縄の復帰に伴う特別措置に関する法律（一九七一年法律第一二九号）第二条第一項）。

[7] 「ポツダム」宣言受諾ニ伴ヒ発スル命令ニ関スル件（一九四五年勅令第五四二号）。法曹業界ではこれを「ポツダム勅令」もしくは「ポツ勅」と略称している。

[8] 一九五〇年〇九月二八日内閣官房内閣参事官室作成（第三次吉田内閣次官会議資料綴・一九五〇年九月（九月四日〜九月二八日）に編綴）。

[9] 一九五五年二月二三日最高裁大法廷判決、事件番号昭二七年（あ）第四三四号、最高裁刑事判例集九巻二号三四四頁。

[10] なお、関与した最高裁判所裁判官は、長官（裁判長裁判官）田中耕太郎以下、裁判官井上登、同栗山茂、同真野毅、同小谷勝重、同島保、同斎藤悠輔、同藤田八郎、同岩松三郎、同河村又介、同谷村唯一郎、同小林俊三、同本村善太郎であった。

［11］例えば一九四五年九月二二日附指令第三号（特に第七項）、一九四六年一月二八日附指令第三号の違反に関する指令、同日附若干の外廓地域の日本からの政治上及び行政上の分離に関する指令、同年三月二二日附同上名称の指令、一九五〇年二月三日附個人、貨物、航空機及び船舶の日本出入国管理に関する指令等。

［12］ウエストロー・ジャパン文献番号一九四九WLJPCA〇九三〇六〇〇五。

［13］一九五七年一〇月九日最高裁大法廷判決、事件番号昭和二五年（あ）第二七七八号、最高裁刑事判例集一一巻一〇号二四九七頁）。

［14］一九五七年一〇月九日最高裁大法廷判決、事件番号昭和二七年（あ）第二四五六号、最高裁刑事判例集一一巻一〇号二五〇九頁）。判例要旨
［15］一九四七年四月一四日附覚書一六〇九号。

［16］一九五一年六月一五日名古屋高裁判決、事件番号昭和二六年（う）第一九五号、高等裁判所刑事判例集四巻七号七五一頁。

［17］一九五四年二月六日福岡高裁判決、事件番号昭和二八年（う）第二六三九号関税法等違反被告事件（第一審一九五三年九月一五日大分地裁判決、事件番号不詳）、高等裁判所刑事判例集七巻二号一一三頁。

［18］一九五一年三月一九日大阪高等裁判所判決、事件番号昭和二五年（う）第三〇五七号（第一審一九五〇年一〇月　三日和歌山地裁御坊支部判決、事件番号不詳）高等裁判所刑事判例集四巻三号二三一頁。

［19］一九五一年八月五日付奄美群島監査委員会告示第一三号（奄美群島公報（奄美群島政府発行）第九五号七頁）。

［20］一九五一年一一月一三日第一二回国会衆議院外務委員会における島津久大政府委員による法案説明、一九五一年一一月一七日第一二回国会衆議院本会議における守島伍郎外務委員長の報告など。

［21］一九六六年六月二九日東京高裁判決、事件番号昭和三八年（う）第二二〇四号、出入国管理令違反等被告事件、高等裁判所刑事判例集一九巻四号三九五頁（第一審一九六二年一二月二七日東京地裁判決）。

［22］一九四九年一〇月二九日付沖縄民政府公報一一号や一九五〇年一月一〇日付け臨時北部南西諸島政庁公報七六号には、「軍政長官の指示に依り」軍政副長官米陸軍准尉ハーリー・ビー・シャーマンの名義で第二三号として発令されている。

［23］沖縄民政府（一九四六年四月二二日付合衆国海軍軍政府指令第一五〇号「沖縄民政府の設立」により設置）、大島民政府（同日付合衆国海軍軍政府北部琉球軍令第二号「大島民政府の設立」により設置）、宮古民政府および八重山民政府（同日付合衆国海軍軍政府南部琉球軍令第二号「宮古民政府及び八重山民政府の設立」により設置）のことと思われる。

［24］一九五〇年八月四日付軍布令第二二号（奄美群島政府一九五〇年一二月一五日付号外）。なお、一九五二年の「琉球政府章典」（琉球列島米国民政府布令第六八号）第三条には、「琉球住民とは琉球の戸籍簿にその出生及び氏名の記載されている自然人を言う。但し

琉球に戸籍を移すためには民政副長官の許可を要し、且つ日本国以外の国の国籍を有する者又は無国籍の者は法令による場合の外、琉球の戸籍簿にこれを記載することができない。」という規定が置かれた。

[25] 琉球列島米国民政府布告第一号（一九五〇年一二月二三日付沖縄群島政府公報第八号）。

[26] 一九四九年琉球列島米国軍政本部指令第二三号。

[27] 一九五二年USCAR指令第五号「琉球政府職員の日本出張及び政府後援の学生の日本留学」第四項および第五項（一九五二年五月二二日付琉球政府公報六頁）。

[28] 一九五一年三月一九日付USCAR運用指令第二三号（一九五一年九月一〇日付八重山群島政府公報一九五一年第五号二頁）。

[29] 一九五二年六月三〇日付琉球政府広報第一二号三頁。

[30] 一九四九年琉球列島米国軍政本部指令第二三号「琉球人（もしくは南西諸島民）の日本入国並に旅行に関する手続及び規程」ならびに一九五二年USCAR指令第五号「琉球政府職員の日本出張及び政府後援の学生の日本留学」。

[31] 復帰前は、町役所、村役所という名称であった。

[32] ケンネッツ・W・フォスター大佐。

[33] 一九五五年USCAR布令第一四七号（一九五五年八月一九日付琉球政府公報第六六号二頁）。

[34] 一九六〇年〇一四七号民政府布令改第三号。

[35] 日本島嶼学会理事前利潔の調査による（未公表）

†文献

山上博信（二〇〇九）「Bonin Islander にとっての Japan」『民博通信』一二四号、六－七。

――（二〇一〇）「「屋敷まわり」としての小笠原」岩下明裕編『日本の国境・いかにこの「呪縛」を解くか』北海道大学出版会、一七九－一九七頁。

第17章

パスポート以前のパスポート
――国内旅券と近代的「監理」システム

佐々木てる

はじめに

日本において近代的なパスポート（旅券）が初めて登場したのは幕末期であり、「印章」「御免の印章」「印鑑」「旅切手」など様々な呼び方がなされていた（柳下 一九九八 参照）。しかし国内移動においてはそれ以前にも旅に携帯する証明証が存在した。それは国内の旅行における際に持ち歩いた、「手形」であり、現在の入国管理のように、街道の要所すなわち関所でチェックがおこなわれていたのである。本章ではこの「手形」に注目し、それがどのように使用されていたのか、またそこから見える近代的な人の移動の「監理」システムを考察してゆくことにする。なお本章では特に江戸時代の「手形」に注目している。というのも、近代的なパスポートが誕生する直前の「手形」を見ることによって、その後の「パスポート」「身分証明書」への形式的な特徴、さらには移動の管理方式の連続性を確認することができるからである。

1　手形の種類

まず江戸時代の「手形」とはどのようなものであったのか。「手形」には大きくわけて二種類あり、往来手形と関

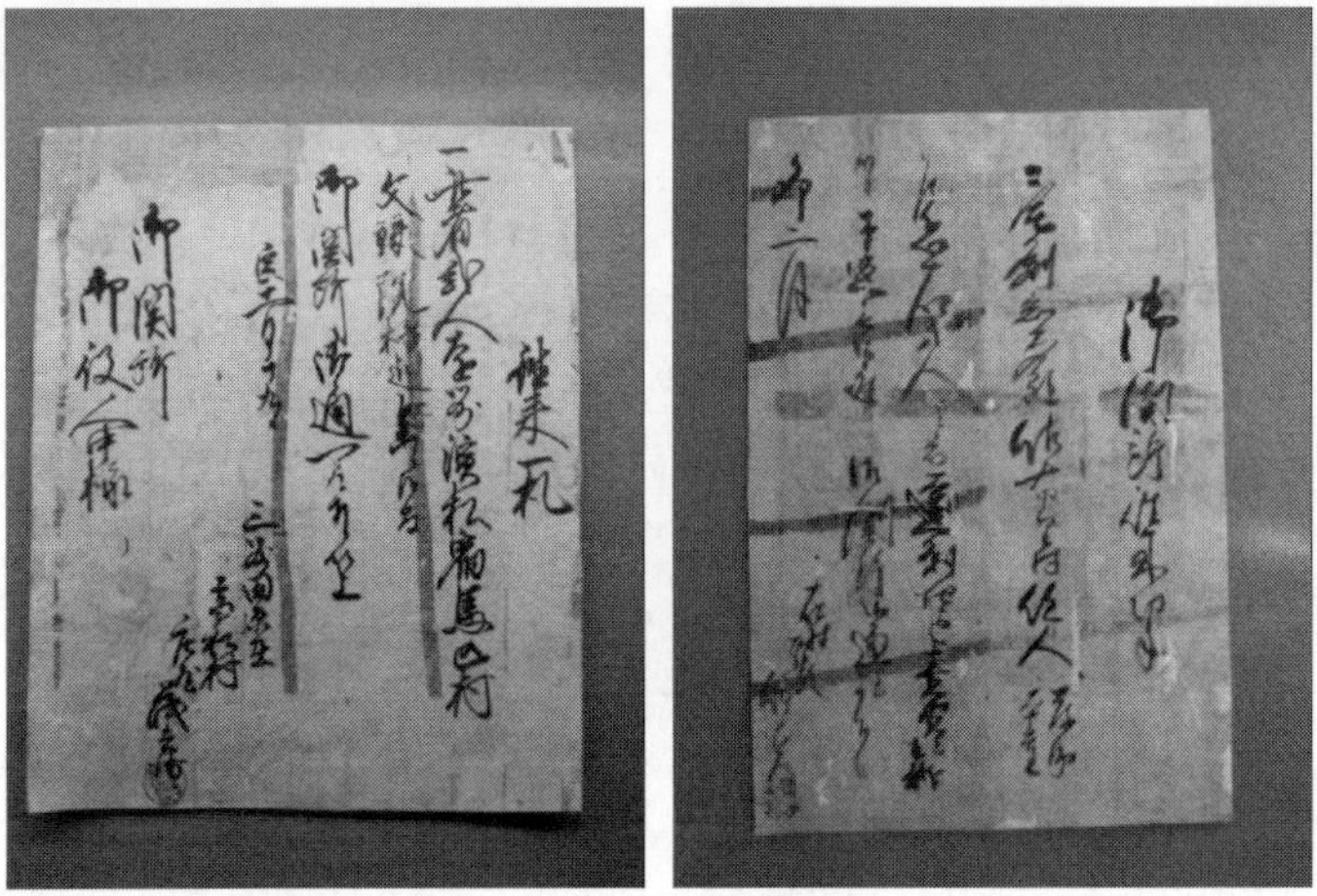

写真1　往来手形（新居関所資料館所蔵、二〇一〇年六月一二日撮影）

所手形があった。

1―1　往来手形（往来切手、道中手形）

農民や町民が廻国順礼など長期にわたる旅に出る場合は、武士は仕えている大名から、庶民は檀那寺や町・村役人から発行してもらった往来手形を持って行った。これはいわゆる旅行証明書と身分証明書を兼ねたもので、「手形」の文面には、当人の居住地、名、旅の宿の便宜を図ってもらう旨、また死亡した時の埋葬願いなどが書かれていた。この往来手形は一人一枚ずつ持つのが通例であった[1]。

往来手形は宿泊に困ったときに名主や問屋に見せると宿の世話をしてもらえた。また万一道中で病気になったり、死亡したりした場合もこれによって故郷と連絡がとれた。この手形は身分証明書としても役立ち、仮に関所手形が後から必要になった場合はこれを見せることで、手形を作成してもらうことがあった（金森 二〇〇二：四九－五〇）。また関所手形は、目的とする関所を通る際に提出してしまう一回限りのものであった。

実際の往来手形に書かれていたことを確認してみよう（写真1左）。まず右側に「往来一札」と書かれ、次に「三河国高松村の住人二名が、遠江国馬込村文殊院まで出向く」ことが示されている。発行元は「高松村　庄屋　茂兵衛」と書かれ印が押されている。また宛先は「御関所　御役人中様」となっており、複数の関所を想定

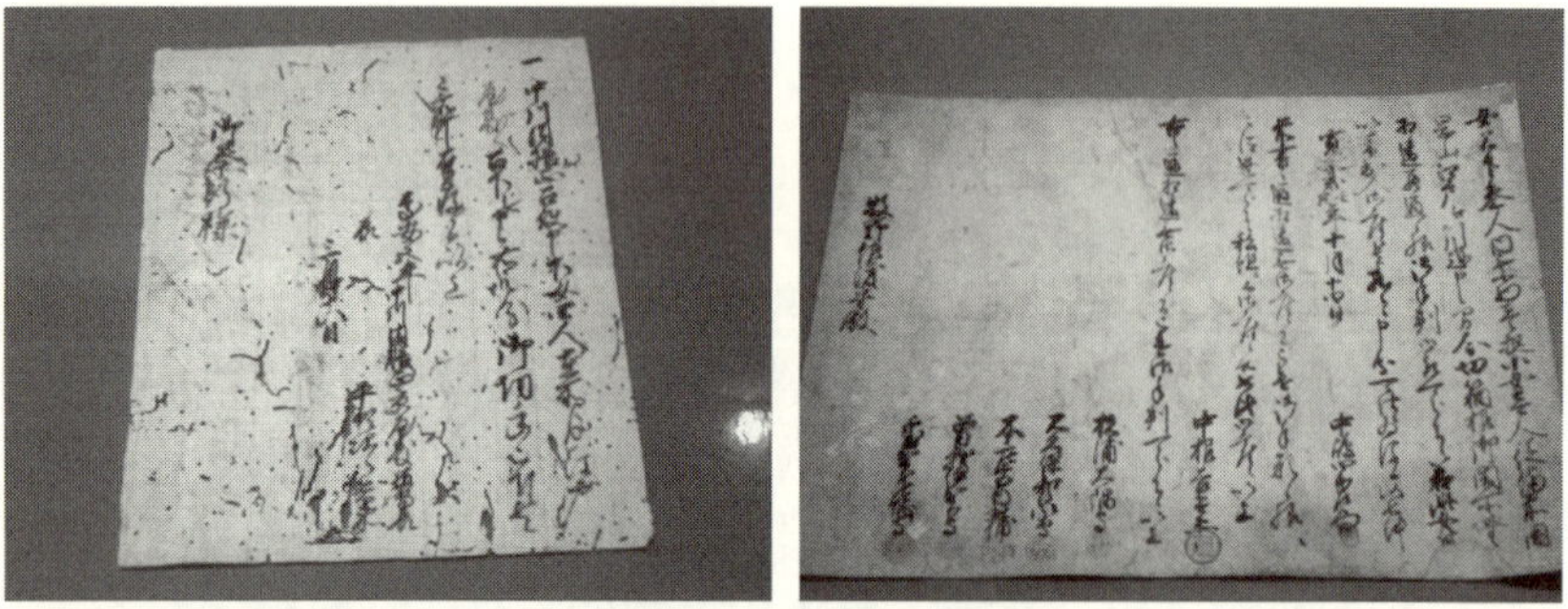

写真２　女手形（新居関所資料館所蔵、二〇一〇年六月一二日撮影）

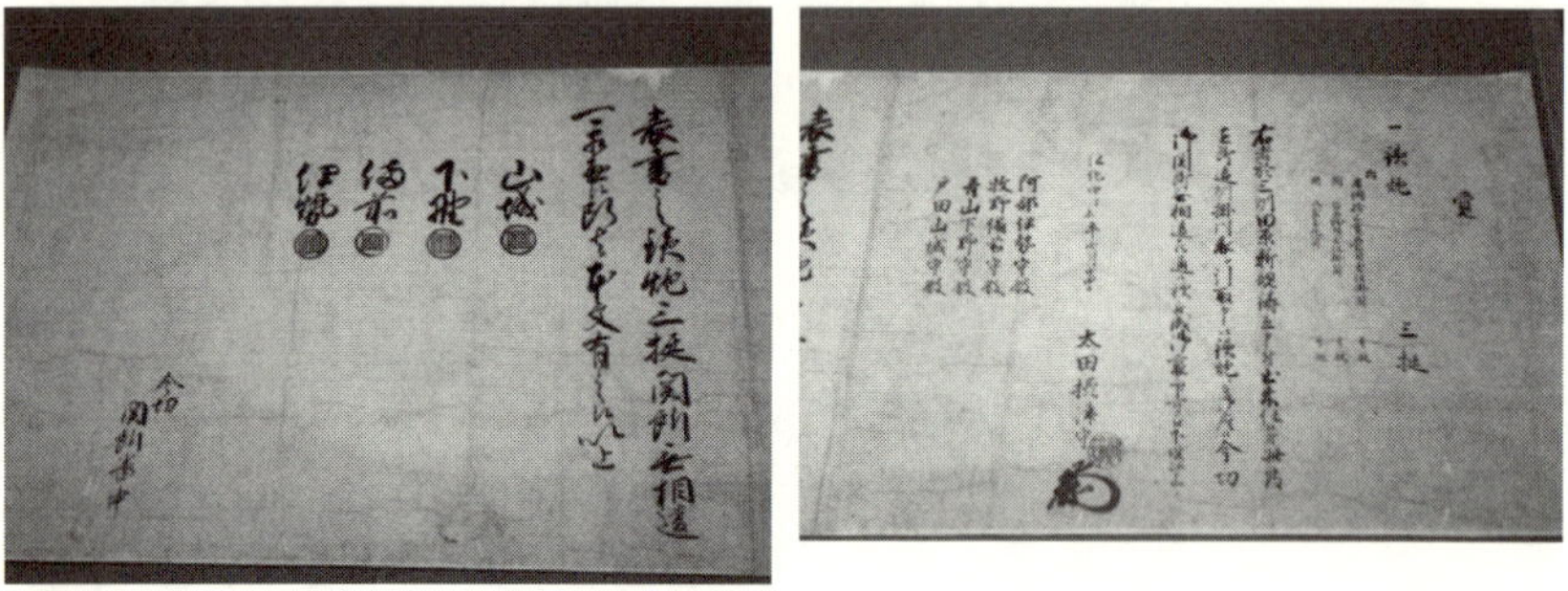

写真３　鉄砲手形（新居関所資料館所蔵、二〇一〇年六月一二日撮影）

している。往来手形が一回限りのものでないことがわかる。

次の往来手形（写真1右）は「御関所往来切手」と書かれたものである。これは尾張国の佐布村の住人二人が、商用のため近江の国まで出向く時に使用されたものである。発行元は「組頭　伊右衛門」となっている。前述のものと違うのは宛先が書かれていないところである。

1―2　関所手形

往来手形とは別に時として必要であったのが関所手形であった。関所手形は「関所女手形」（写真2）「鉄砲手形」（写真3）が代表的であったが、その他の手形として「遺骸通行手形」「手負い男通行手形」「乱心男通行手形」「預人鳥居甲斐守通行手形」「武士手形」「町人手形」「百姓手形」「僧侶手形」「馬手形」など様々な種類のものがあった。

関所手形で重要なのが「関所女手形」である。これは旅人が確かな身分であることを保証する人物が申請し、幕府が発行するものであった。江戸から出発する女性は、その貴賤にかかわらず手形を持参しなくてはならなかった。ただし、それでも江戸時代の五三の関所のうち、吟味の上通過をゆるす関所が三二ヵ所、女性は通さない二一ヵ所であった。

この「関所女手形」には記載事項が定められていた。まず旅行する女の人数、乗物を使用する場合はその数、そして「剃髪」しているか、「髪切」か、「未婚者」であるかを記していた。また剃髪でも、禅尼（身分の高い未亡人やその姉妹）、尼（在家の普通の女性）、比丘尼（伊勢上人・善光寺などの弟子など）に区別されていた。また毛先を切っているのみでも「髪切」に分類された。「未婚者」とは振り袖を着ているものであった。

また「鉄砲手形」は、何挺江戸に持ち込むかなどが記載されていた。ただし江戸から京都方面へ向かう上り鉄砲については、原則として「手形」を必要としなかった。

このほか公用または飛脚用には木製の鑑札（木札）も使用されていた。

2　手形の確認と通行システム

江戸時代に関所を設けた目的は、幕府の政策を維持して、破綻をきたさないように図り、国内の治安警察権を行使するためであった。関所は全国で五三ヵ所あり、江戸幕府が直接経営している主な関所は、東海道の箱根・今切《いまぎれ》（新居）の関所、中山道の碓氷・福島の関所、日光道中の房川渡《ぼうせんわたし》中田（栗橋関）、甲州道中の小仏峠の関所であった（大島一九九五：六六八）。[2]

具体的に関所で調べることは、徐々に変化している。まず寛永二（一六二五）年に諸国の関所に次の内容の立て札がたてられた。

一、往還の輩、番所の前にて、笠・頭巾をぬがせ、相通すべきこと。

写真４　箱根関所跡　左：大番所、上番休息所　右：御制札（箱根関所提供）

一、乗物にて通り候者、乗物の戸をひらかせ、相通すべき、女乗物は女に見せ通すべきこと。
一、公家・五門跡、其の外大名家、前廉より其の沙汰、これ有るべく候、改むるに及ぶべからず、但し、不審のことあらば、格別たるべきこと。
右、此の旨を相守るべきもの也、仍って執達、件の如し。
寛永二年八月廿七日　奉行
（参照：加藤　一九八五：四八より）

関所前では笠や頭巾をぬがせること、乗物に乗っている場合は戸を開かせること、公家や諸大名はあらかじめ申し込みのあるものは、調べる必要ないが怪しいものは取り調べるとしてある。特に女性の場合は手形に記された人相と詳しく照らし合わせることが必要だった（大島　一九九五：七三）。

この規定は承応二（一六五三）年に若干表現が変えられ、「笠・頭巾をぬがせ」が「ぬぎ」となるなど自発性を促している。その後、また修正がなされ、正徳元年（一七一一年）に定められたものが、幕末までの一五〇年の間変わらぬものとなった。そこでは「関より外に出る女は、つぶさに証文に引き合わせて通すべきこと　附、女乗物にて出る女は、番所女を差し出して相改むべきこと」とされている。また「手負い、死人並びに不審なるもの、証文無くして通すべからず」といった項目が加えられている。すなわち女性、不審者への取り調べがより厳しくなったといえる。また新居の関所などでは立て札に鉄砲に関する規定もあり、「証文をもってこれを通すべき」といった規定もあった（加藤　一九八五：五

写真5　左：新居関所跡　右：御制札（二〇一〇年六月一二日、新居にて撮影）

写真6　人見女（二〇〇九年二月一二日箱根にて撮影）

二－六五）。

さて立て札（御制札）にあるように、関所を通過する場合取り調べが厳しかったのは、江戸に持ち込まれる鉄砲と、江戸から出て行く女性を取り締まるためであった。これはよく知られているように「入り鉄砲と出女」と呼ばれていた。すなわち「出女」とは江戸に人質として住まわせておいた、諸大名の妻達が江戸から逃げないように関所で管理することを指した。また「入鉄砲」とは、江戸において反乱、すなわちクーデターを警戒して鉄砲の持ち込みに関し厳重な警戒をしたことであった。先に指摘したような「関所女手形」「鉄砲手形」はこういった管理の必要性から生じたものであり、その手形がなければ関所を通過することができなかった。また特に女性は、専門の取り調べ女（人見女、改め女）によって念入りに調べられた（写真6）。女手形にはほくろや傷などの記載もありそれを人見女が入念に調べたという（金森 二〇〇二：一四三－一四八）。

江戸時代は諸大名が参勤交代で通過することはよく知られているが、庶民の移動とはいかなるものであったのだろうか。そもそも庶民の旅というものが非常に困難な時代であった。人口は農民八割、一割の商人・職人、そして一割が武士であった。この一割の武士の生活を支えていたのが残りの九割の庶民であり、かれらは贅沢を禁じられていた（金森 二〇〇一：一〇）。江戸の初期は大名以外ほとんど旅に出ることはなく、武士は領主の命令で、農工商は家職のために旅をし、そして後生の菩提を願って信心のために巡礼修行する者がいた程度であった。旅が庶民のレベルで広がったのは、何度となく繰り返されたお蔭参り、主人や家族に無断で伊勢へ出かける抜け参りが黙認されるようになったためであった[3]。特に一六五〇年から爆発的な流行となった。たとえば宝永二（一七〇五）年には京都方面から一五〇万人、大阪方面から二二五万人がおしかけたという。お蔭参りが頂点に達した文政一三年には、参宮社は四五七万人、閏三月二六日の一日だけで約一五万人の人出であった（金森 二〇〇二：一四－一六）。

このような旅行者・巡礼者が関所を通過するため、「入り鉄砲と出女」以外はそれほど関所の通行が厳しかったとはいえないだろう。たとえば、芸人や力士は手形がなくともその場で芸をみせたり、取り組みしたりすることで通過がゆるされた。

3　移動の管理

さて、これまで見てきた国内移動の管理、関所システムは日本に限ったことではなく海外でも事例がある。ここでは日本の関所の特徴をまとめ、そのさいに、欧米圏での国内移動の管理方式との共通点や差異を確認しておく。

3—1　関所の場所

まず関所の場所は主に街道にあった。江戸時代の関所は、他の諸国（藩）から攻められることを警戒した守備的な役割があったためである。つまり「江戸に上る」主要街道の堅守であった。このような領地を守る役割としての関所は、日本では飛鳥時代からあり、やはりその土地に入る街道を守ることで、移動を制限させていた。

こういった例は中国でも見られた。たとえば、その歴史は周の時代からとも言われ、特に春秋戦国時代に入り大規模な関所を設けるようになった。三国志を例に挙げるまでもなく、国家内の紛争において街道を守備することは重要な戦略であった。

また西欧においてよくみられるのは、都市における城壁の存在である。たとえばイタリアでは、十五世紀初頭以来、都市の城門の閉鎖がひろく採用されるようになった。これは、検疫と防疫的な交通遮断を目的としており、この背景にはペストの流行があった（チポラ　一九九八：四三－四四）。またウィーンなどでも都市の城壁の名残が今も残っている。すなわち西欧では主に「都市」という城壁に囲まれた空間への出入り＝移動が重要であったといえる。

3―2　人物

ではどのような人物が管理の対象であったのか。日本、西欧を問わず、まずは「不審者」がその管理対象といえるだろう。不審者とはいわゆる「異邦人」であり、社会学的には同じ共同体のメンバーではないもの達といえるだろう。この点は昔も現在も変わっていないといえるだろう。次に農民を土地につないでおくという意味では、やはりどの国家においても農民の移動は管理の対象となったといえる。江戸時代における人口の約八割は農民であり、かれらが国家の屋台骨を支えていたといえる。また先にみたように日本の江戸時代では、特に女性が管理されていたのが特徴的である。

そのほか西欧においては、病気の感染地域から来るすべてのヒト、モノが移動の管理の対象であったのが特徴的である。これは先に述べたようにペストの大流行によってもたらされたものである。しかしこれは現代も同様の事例があり、たとえばＳＡＲＳの流行より、中国への往来が著しく減り、また中国国内では道路封鎖、人の移動の禁止など戒厳令並の規制がおこなわれたことが指摘できる。

3―3　通行証の記載事項、発行元

記載事項を確認すれば、いずれの地域でも当然その①身体的特徴や身元に関する記述があるのは同様である。また②発行元がはっきりしていること、そして③移動の理由が書かれていることが重要である。

日本においては、発行元は決められており、その発行元の印鑑が押されていた。そして、その印鑑とあらかじめ控えておいた印鑑を照らしあわせ、それが本物かどうかを確認した。さらに関所では手形を回収し、それが確かに発行したものかどうか確認するために、発行元にもってゆき、記録と照合した。

3―4　システムへの意味付け

江戸時代における移動の管理とは、統一国家における警察機構という意味合いが強く、内部の反乱に留意したものであったといえる。農民に関してはその支配体制により、頻繁な移動は制限され巡礼も生涯に何回かのいわば大イベントであった。つまり関所システムは、国家の警備・体制の維持のための、直接的な移動管理システムだといえる。

西欧においては、他の都市との相互関係性の問題があった。つまり関所は独立した都市国家間同士の関係性にとって重要な意味を持っていた。逆に、この移動の管理の権限が都市から中央に移管されることが、国民国家として成立することの条件になっていったといえる。その意味では、江戸の関所システムは国内向けではあったものの、かなり近代国民国家に近い、中央集権的な国家であったといえるだろう。また西欧諸国において重要なのは、移動の管理の権限を持っていたのが、行政の他に教会、教区であったという事実である。そのため、移動の管理を掌握するシステムは、国家と教会によって競われたといえる。この点についてはまた別稿で取り扱うべき課題といえる。

4　手形の終焉とパスポート

4―1　手形と明治の鑑札制度

徳川幕府二七〇年とともに関所は当初の役目を終えるのだが、関所の衰退はアメリカ、イギリス、フランスによって開国をせまられて以後である。徳川幕府は外部からは列強、内部からは攘夷派によって揺さぶられた。そのため文久二（一八六二）年に参勤交代をそれまでの一年おきから、三年おきに、江戸にいる期間を百日に減らし、さらに大名の妻子の帰国を認めた。これによって関所の役割が実質的に消滅してゆく。実際慶応三（一八六七）年には通達がでており、そこでは「女子の通行について特別に改めはいらない、男子と同じでいい」「首、死骸、乱心、手負、囚人についても手形がなくとも付き添いの者が証明書をだせばよい」「急用の時は夜中でも通してよい」「武器、鉄砲などは証書をだせばよい」「これまであらかじめ届けてある印鑑と照合していたが、以後その必要はない」とされた。そして関所は明治新政府によって、明治二（一八六九）年に廃止され「手形」もなくなっていった（加藤 一九八五：六一－六五）。明治になり国内の移動は自由に行われるようになった。しかしながら、国家による民衆の管理・掌握体制が徐々に確立していった。

明治初期において民衆の管理・掌握体制の強化は近代警察体制によって体現されていったといえる。すでに明治四（一八七一）年には警察制度が形づけられ、それとともに民衆の日常生活に規制をかけはじめる。たとえば青森県では「喧嘩・口論等をするな」「道路に大小便をするな」「往来に馬牛をつないだまま放置するな」「道路に不潔なものがないよう各自掃除せよ」「見苦しい風俗や裸体、あるいは風呂敷をかぶったりしてうろつくな」「邪教を信じるな」など、風俗・衛生・交通に関する規制がおこなわれた。これらに違反するものを見ると（巡邏が）「コラコラ」といってよびかけたらしい。このような風俗の強制、秩序の制度化が青森に限らず全国的に推進された（由井・大日方 一九九〇：四八五－四八七）。

当時の警察行政が生活全般に管理・掌握権を持つ経緯は、権限の拡大をみるとわかる。まだ各地域、たとえば東京府と警察権は両立しており権限の対立がおこっていた。そのため明治八（一八七六）年以降様々な事務が東京府から警視庁に移管された。たとえば公娼婦、古物商、両替、銃器弾薬、演劇場、相撲場、寄席、見せ物場、旅人宿、料理店、待合茶屋、船舶、貸席、楊弓店、雇人請宿、蒸気機関を設置した危険な製造所、薬品、牛豚屠殺、肉乳牛売買、伝染病予防、道路交通などである。そしてこれに呼応した規則が制定されていった（由井・大日方 一九九〇：四八九）。

さて移動の制限に関していえば、明治四年の廃藩置県とともに戸籍の編纂がおこなわれ、戸籍令では「旅行鑑札」が規定されていた。しかし関所が撤廃された状況では意味を持たず、事実上廃止された（渡辺 二〇〇三：四五〇）。この頃、警察取り締まり徹底のため国内旅券の法案が提出されていた。それが初代大警視（警視総監）川路利良の「旅券ヲ発行スルノ議」であった。この国内旅券案で提示されている内容は、いわば身分証明書とパスポートの間に位置するようなものである。まず旅券を発行する目的は以下のとおりであった。「戸籍調査の法を整えた」がそこから漏れる者、逃げる者が多く犯罪をおかすものがいる。また彼らを捉えようと思っても都市に潜伏していてなかなか捕まえられない。そのため「各人民ヲシテ行旅必ラズ本籍扱所ノ信票ヲ持タシメ、之ヲ旅券トナス」とした（由井・大日方 一九九〇：二三五－二三六）。

その「旅券規則」について重要な部分を要約しておく。まず第一条では八歳以上の男女は旅券を受け取り所持しなくてはならないと書かれている。第二条では記載事項が記され、身分、氏名、年齢、職業、住所、相貌となっている。また有効期間が五年であることも示されている。第三条では旅券番号を記し、割印を押すこと、第四条では旅券は一人一枚であることなどが記されている。以下第五条から第一六条まであり、旅券の提示義務、転籍・死亡・懲役時、遺失・破損時の扱い、不携帯の罰、有効期限などが示されている（由井・大日方 一九九〇：二三六－二三九）。

また雛形が描かれておりその旅券の形式がしめされている。これは江戸時代の手形、初期のパスポートと比較するとその類似性がわかる。旅券は二つ折りで表面には番号、割印、本籍取扱印が押されている。裏面（二つ折りの内側

表1　「移動の管理」様式タイプ

	A. 手形タイプ	B. パスポートタイプ	C. 身分証明書タイプ
移動の内容	記載される。出発地、中継地、経路、目的地など。	詳細は記載されない。しかし出発地と目的地が記載される可能性がある。	記載なし。
宛先	規定される。中継地、目的地などを当局に提出することで、移動が申告通りおこなわれたかを証明する。	原則として規定されない。ただし外国向け旅券のように外国政府当局を宛先とする場合がある。	なし。ただし提示を要求できる者全員が潜在的宛先人。
有効性	一回性	複次。あるいは有効期限が規定される。	長期にわたって有効。
本人確認（同一性）	記載される。ただしあまり厳密ではない。	記載される。より厳密な手段が必要となる。	記載はできる限り厳密になる。

の第二・三頁）の右側には住所、身分、職業、名前などが記載される。左側は、相貌として身の丈、顔色、眼、鼻、歯、髪眉、傷跡などの特徴などが書かれる。

この国内旅券制度は「経済・交通などの多方面にわたって民衆の諸活動を疎外するものであり、結局、政府内部の反対によって日の目を見ることなくおわった」（由井・大日方　一九九〇：二三五頁）とされている。

4—2　「移動の管理」様式の類型

江戸時代の手形とその後の「国内旅券」（案）、パスポートとの形式的な違いを確認してみる。表1は渡辺の「移動を管理するための様式」の類型を参考にし、表にしたものである（渡辺　二〇〇三：三三四－三三五）。

まず手形でも「往来手形」はAを基本としているものの、宛先がCのタイプに属する。そのため身分証明証の役割も果たしていた。その後にみた「女手形」や「鉄砲手形」はまさしくAのタイプである。また「木札」のようなものは、いわゆる関所フリーパスといったものである。現代的にいえば遊園地のフリーパスに近いだろう。

明治時代に廃案になった「国内旅券」はCのタイプに近い。これは旅行時には常時携帯義務が課されていたため、現代の外国人登録証と同様のものといえるだろう。仮説ではあるが、このCのタイプを中心に国民の管理・監視システムが発展すれば戸籍の必要性は減退し、すべての者が身分証明書を持つ社会になっていたかもしれない。逆に言えば、「国内旅券」案を廃案にしたため、その後戸籍の徹底管理がおこなわれていったといえる[4]。

次に明治以降の（国際）パスポートであるが、最初の型はAのタイプに近い。そもそもパスポートはある時期まで一回性のものが多く、書類を発行した場合そのつど台帳に記入していた。これは江戸時代に一回性の関所手形を各関所から回収し、それぞれの発行元が控えと照合していたことと同様の作業だったといえる。

さて江戸から明治、そして昭和にかけて「移動の管理」も徐々に変化している点を指摘しおく。まず江戸時代の手形は主に、Aタイプであったがフリーパスといった Cタイプに近いものもあった。また明治初期に考えられた国内旅券は、IDカードと同様の性質をもつものであった。海外渡航に使用するパスポートは、初期は手形タイプと同様の一枚用紙であったが、徐々に冊子となり、そして繰り返し使用できるようになっていく。歴史的にみれば、どの時代においても移動の管理については、より効率的で正確に管理できることを目指してきたのは共通している。では変化している点はなにか。それは、管理を支える下部構造がより精緻になっている点である。たとえば証明写真ができたことにより、本人確認（同一性）の水準は飛躍的に向上している。そして近年では指紋確認が導入されている。さらに本人であることの司法的な証明は、網膜照合、場合によってはDNA鑑定も用いられる。こういった個人情報はデータ化され常に照合が可能となる。われわれの行動／移動は不自由なく見えつつ、実は常に監視されているといえる。すなわち管理から近代的な「監視」社会への移行が、証明書の技術進歩にみられるのである。

まとめ——ポストナショナルな時代のパスポートとは

これまで述べてきたように、日本の近世において領域内の移動は、経済的理由、治安維持のために制限されてきた。そして明治期になって、近代国家を目指す過程で国内の移動は、身分及び経済的な平準化を進めるためにも、徐々に開放されていった。しかしこれは必ずしも個々人が自由になったのではなく、全体的な国民化をすすませるためのものであったといえる。そこでは戸籍制度といった、別の管理登録が強化されていったのである。その後、移動の制限は、戦争すなわち総力戦の時代へ向かうことによって、国際的なものとなっていった。これは二つの対戦、そしてその後の冷戦体制によって様々な形式が生み出されていったといえる。

一九九〇年代以降、冷戦の終結とともにますますグローバル化がすすみ、人の移動も激しくなっている。そしてポストナショナルな時代の移動が注目を集めている。そこでの注目対象は国家間の経済水準の平準化であり、移動の自由にともなう移民の増大、そして身近な現象としては国際結婚といったことである。その結果、複数のパスポートを所持するものも多く存在し、移動の管理もまた別の次元に入っているといえる。つまり近代的な国民国家では一人が一つの所属を理想としていたが、現実的には一人で複数の国家に所属することが可能になっているのである。

同時に世界的水準でのリスクの問題が、人の移動の管理を推し進めていることは間違いないだろう。たとえば文明の衝突といわれるような新たな文化対立の問題。そして戦争もテロといった新しい形態が出現し、人の管理は別の意味で重要性を持ち始めている。こうして考えれば、われわれは常に国家、もしくは何者かに管理・監視、すなわち「監理」されている状態であり、それは近代的な「監理」システムに囲われている状態といえるだろう。

もちろんこういった近代的な「監理」システムの中にわれわれが存在することは、同時に多くの保証システムによってわれわれが守られていることも意味している。人類的な英知によって、普遍的な概念となりつつある人権、そしてそれを保証するシステムの重要性はますます増しているといえるだろう。また同時にインターネットに代表されるような電子システムによって、やすやすと国境を越えることも可能になっており、その「監理」の難しさは周知の通りである。

ポストナショナル時代のパスポート・システムとは、このようなより高度な監視を前提としているものの、同時に保証や自由（＝規制の不可能性）も体現している制度といえるだろう。本稿はパスポート・システムという具体的な制度を通じて、近代的な人の移動の「監理」をみてきた。本稿で扱ったのは日本のごく限られた時代の、限られた対象ではあったが、その「監理」の一部を垣間見ることはできたのではないだろうか。

付記　論文を作成するにあたり、貴重な通行手形を直接閲覧させてくださり写真使用を許可してくださった新居関所資料館、および写真を提供、使用許可をくださった箱根関所資料館に感謝を申し上げます。

†注

[1] 往来手形にも二種類あり、死後の処置（「捨て文言」）があるものとないものがあった。死後の処置が書いてあるものは、その通りに処置がされるが同時にそれは郷里に本人の消息が伝わらないことを意味していた。そのため所属していた、町や村からは縁が切れていたことをしめしていた。逆に「捨て文言」がないものは郷里に帰ることが前提とされており、旅先で死んだ場合郷里に連絡がとどけられた。（内田 二〇〇五：三二一－三二二）

[2] 房川渡《ぼうせんわたし》中田（栗橋関）は現在の埼玉県栗橋町、利根川の横に、小仏は東京都八王子市裏高尾町、高尾駅近くに関所跡がある。碓氷は現在の群馬県横川、木曾福島関は長野県木曾町にあり、箱根、今切《いまぎれ》とともに史料館が設置されている。

[3] お蔭参りとは伊勢神宮への集団参詣運動のことで、伊勢参りのことを指す。また奉公人が主人に無断で、子が親に無断で参詣したこともあり抜け参りともいわれた。これは六十年に一回の周期といわれているが、実際には一七〇五年、一七一八年、一七二三年、一七七一年、一八三〇年に流行している（金森 二〇〇三：一五）。当然この伊勢参りは農民が領地からはなれることとなり、領主にとっては好ましいものではなかったため、場合によっては人数を制限した藩もあった。しかし伊勢神宮は全国の総氏神化していたため、参詣が国民の義務ともなっていた。つまり庶民の旅の正当な理由となっていた。

[4] 特に戸籍制度が家、戸主を中心とした支配体制であり、それが天皇を中心とした国家体制の基盤をなした点が重要である。日本の戸籍制度と国家体制の関係については、佐々木（二〇〇六）「補論」を参照。

†文献

【日本語文】

赤松俊秀ほか編（一九七九）『日本古文書学講座　七　近世編Ⅱ』雄山閣出版。

秋元信英（一九七〇）「川路利良「内国旅券規則案」の考察（一）」『国学院雑誌』七一（八）号、三三－四七頁。

――（一九七一）「川路利良「内国旅券規則案」の考察（二）」『国学院雑誌』七二（二）号、四六－五八頁。

内田九州男（二〇〇五）「近世の巡礼者たち――往来手形と身分」『四国遍路と世界の巡礼――人的移動・交流とその社会史的アプローチ』愛媛大学法文学部。

大島延次郎（一九九五）『関所　その歴史と実態　改訂版』新人物往来社。

加藤利之（一九八五）『箱根関所物語』神奈川新聞社かなしん出版。

金森敦子（二〇〇一）『関所抜け　晶文社の目録による江戸の女たちの冒険』晶文社。

――（二〇〇二）『江戸庶民の――旅のかたち・関所と女』平凡社新書。

佐々木てる（二〇〇六）『日本の国籍制度とコリア系日本人』明石書店。

新居関所史料館＊（二〇一〇）『関所手形』（新居関所史料館企画展図録）新居関所史料館。

チポラ、カルロ・M（一九八八）『ペストと都市国家―ルネサンスの公衆衛生と医師』（日野秀逸訳）平凡社。

柳下宙子（一九九八）「戦前期の旅券の変遷」『外交史料館報　第十二号』外交史料館、三一－五九頁。

由井正臣・大日方純夫（一九九〇）『日本近代思想大系三　官僚制　警察』岩波書店。

渡辺公三（二〇〇三）『司法的同一性の誕生――市民社会における個体識別と登録』言叢社。

第18章

国家と個人をつなぐモノの真相
――「無国籍」者のパスポート・身分証をみつめて

陳　天璽

はじめに

われわれが生きる現代社会では、人はいずれかの国家の構成員であり、だれしも国籍を有していると考えられがちである。一九四八年に採択された「世界人権宣言」の第一五条では、「すべて人は、国籍をもつ権利を有する」とある。人が国籍を有することは当然のことであり、また基本的な人権であると考えられている。しかし現実には、国籍を持たない無国籍の人びとが存在している。無国籍の人の存在は、これまであまり人びとの目に留まることはなかった。それどころか無国籍の人びとが存在すること自体知らない人が多い。国籍というものが存在する以上、無国籍の人が生まれるのは自然の条理であり、国籍制度そのものに無国籍者を生みだす仕組みが内在しているといっても過言ではない。

今日、世界には無国籍の人びとが約一一〇〇万人いると推測されている（IPU/UNHCR 2009）。また、平成二三年度の『在留外国人統計』によれば、日本には外国人登録証に「国籍：無国籍」と明記されている人が一二三四人いる（財団法人入管協会 二〇一一）。日本は、無国籍者に身分証明書として外国人登録証を発行しているほか、在留資格を有している無国籍の人びとが海外へ渡航する際にパスポートとして再入国許可書を発行している。[1] 同じように、フィリピンやエストニアなどにおいても、無国籍者に身分証明書やパスポートを発行していることが確認されている

（陳ほか 二〇〇九）。

本論において無国籍者のパスポートや身分証明書を通して彼（彼女）らと国々の関係を見てゆくことで、興味深い事実が浮き彫りとなる。それはグローバル化といわれ、人びとの越境が頻繁化する中、国家間において個人の把握にズレがあること、そして身分証明書類と実態の不一致が生じていることである。国家は、個人を掌握するために国籍を制定し、また人の移動をコントロールするためにパスポートを発行した。しかし、無国籍者からは、それら制度の不備が映し出される。また、無国籍者の認定やそれにかかわる行政処理の不備には、基本的人権に影響を及ぼしかねない問題をはらんでいることも明らかになってくる。一方、無国籍者個人の考えや行動に密着すると、彼（彼女）らは超国家的な存在としての一面と、国々に排除され、置き去りにされたままである辺境的な存在としての一面をあわせもつことも見えてくる。

具体的には、日本に在住する無国籍の人びとの身分証明書（主には日本が外国人に発行している外国人登録証）や渡航証明書に注目し、（1）それらの証明書に書かれている国籍の妥当性や現実との乖離、よりわかりやすくいえば、証明書に書かれている国籍の現実における有効性、もしくは虚構性の解明、（2）無国籍者の越境にまつわる渡航証明書事情について分析を行う。これらを通し、個人に対する国家の国籍認定をはじめとする身分証明のあり方について検討する。

1　国籍、無国籍、それを証明するパスポート

1―1　国籍とパスポート[2]

まずは、国籍とパスポートについて簡単に見てゆきたい。一般的に国籍を証明する際、しばしばパスポートに依拠することが多い。国家が国民を保証する身分証明書と、渡航先の国家が滞在許可をするというビザ（査証）からなる小さな冊子「パスポート」は全世界共通のものだと思い込んでしまいがちである。しかし、パスポートは何かという

写真１　再入国許可書

写真２　難民旅行証明書

世界共通の普遍的な定義はない（春田 一九九四）。誰にどのような国籍を付与するかは国内法の問題であるからだ。それと同じように誰にパスポートを与えるかというのも、それぞれの政府にまかされており国際法には規定されていない。

現在世界には一九〇あまりの国家が存在している。国々は主権により誰が自国の国籍者であるかを決定し、その根拠である国籍法を独自で制定している。たとえば、出生による国籍の取得については、親の血統に基づいて子に国籍を与える血統主義（*jus sanguinis*）を採用している国もあれば、出生地がどこであるかを基に国籍を与える生地主義（*jus soli*）を採用している国もある。出生のほか、帰化による国籍の取得と喪失、結婚や養子縁組など身分行為による国籍の変更など、国々は自国の法制度によって定めている。

パスポートの申請や発行についても、国によって条件が異なっている。身近な例で、日本と中国の違いを見てみたい。日本の出入国証明には、一般旅券、公用旅券、外交旅券の三種類がある。このほかに、渡航先で旅券を紛失した場合は、「帰国のための渡航書」という証明書が交付される（宋 二〇〇九）。以上は日本の国籍を有する国民に発行される旅券であるが、日本に在留する一部の外国人にも旅券が発行されている。たとえば、日本に在留資格を持つ人で国籍のない者や何らかの理由により日本が有効と認める旅券をもつことかできない外国人に対し「再入国許可書」という冊子を日本政府は発行している（写真１）。また、外国人が日本において難民と認定された場合、渡航の際の旅券として「難民旅行証明書」が発行される（写真２）。

中国の出入国証明も、日本と同じように、一般旅券と、公用旅券、外交旅券の三種類があるが、特徴として指摘されるのは、一般旅券が公的一般旅券と私的一般旅券とに分けられることである。公的一般旅券とは、主に、経済、貿易、科学技術などの交流を目的として、政府の職員と国営企業に勤めている人に交付するものである。一方、私的一般旅券は、移住、親族訪問、留学、就職、旅行を目的に外国へ行く人に交付している。また、中国は、これらの旅券のほかに、出入境証明書といって、香港、マカオ、台湾などの地域と中国の間を往来するための渡航証明を発行している。

1―2　人の越境・滞在をコントロールするビザ

国籍とパスポートを考える際には、国家がどのように国民を管理するかという「上からのコントロール」はもちろん、個人が移動の自由や権利の獲得などを目的に、自己の意思によっていかに国籍・パスポートを変更・取得しているかという「下からのコントロール」も見逃すことができない。実際、たいていの人は、生まれながらに国籍を持つことになっているが、さまざまな理由から生来有する国籍を変更したり、所持する国籍以外の国籍やパスポートを取得したり、はたまた無国籍となるケースは少なくない。二〇一〇年バンクーバー冬季オリンピックにさきがけ、日本人女性フィギアスケーターの川口悠子がロシア国籍を取得し、ロシア代表としてオリンピックに出場した例からも、目的に合わせた国籍の「下からのコントロール」が増えていることがわかる。

いまでは海外渡航はすっかり容易になっているが、渡航者が外国に入国する際、到着した空港などでパスポートの提示が要求される。パスポートを提示しただけで入国や滞在が許可されるというわけではなく、一般的にはあらかじめ入国しようとする相手国の大使館や領事館から、入国・滞在許可となるビザを発給してもらわねばならない。

日本では、戸籍謄本などの必要書類がそろっていれば、いつでも個人用パスポートを申請・取得することができ、しかも日本のパスポートはビザなしで渡航できる国が多いため、航空チケットを入手すれば、すぐに海外へ渡ることができる。しかし、ビザ免除協定のない国への渡航や長期にわたる滞在の際は、行き先国から滞在許可であるビザを取得せねばならない。後に具体的なケースを挙げて触れるが、たとえば中国パスポートで海外渡航をする際、事前に行き先国のビザを取得せねばならないことが多い。しかもビザ取得に数ヵ月要することもある。国々の外交関係や経済力など、いわゆる国力や信用度がビザの免除協定やパスポートの便利さに比例しているようだ。経済的に不均衡な社会のもと、貧しい国から富む国への人口移動や滞留する人びとによって、自国に不必要な不安要因が発生するのをパスポート・コントロールによって未然に防ごうという思惑がうかがえる。もちろん、経済的理由だけではなく、政治的な理由からもこうした「上からのコントロール」が行われている。

1―3　無国籍者とは

では、無国籍者の場合は、どのようなパスポートを持ち、どのように越境しているのであろうか。

無国籍者とは「国籍のない人」、どの国にも法的に国民として認められていない人をさす。国連難民高等弁務官事務所（ＵＮＨＣＲ）によれば、無国籍者には二つの類型がある。一つは「法律上の無国籍者（*de jure* stateless person）」であり、法的にどの国の国籍も有しない人。もう一つは、「事実上の無国籍者（*de facto* stateless person）」といって、実質的に無効な国籍を持っている人である。

前者は、一般的に人が出生時に、出生地または父母の国籍国の法律の適用により、自動的に国籍を与えられるという原則の存在にもかかわらず、何らかの事情により、出生時にいずれの国籍も取得できない者。また、自らの国籍を、何らかの事情により喪失し、新たな国籍を取得していない者をさす。後者の「事実上の無国籍者」は、形式的にはいずれかの国籍を有しているが、その国の国民として享受しうるはずの保護や権利を国籍国から受けられない状態に置かれている人をさす。個人が与えられている身分証明書上に国籍は記載されているものの、その国籍が実質的な効力を持っていない場合もこれに含まれる。

以下では、具体的な無国籍者の個々のケースに注目し、パスポートや身分証など彼（彼女）らの身分を証明するモノを通して、国家間のずれ、現実と実態のずれ、そして身分証明書類が人の移動やアイデンティティなど、基本的な人権に与える影響を見てゆきたい。

2 「無国籍」者と複数のパスポート――林氏のケース

2―1 外国人登録証明書：国籍「無国籍」、在留資格「永住者」

林氏（仮名）は、外国人登録証明書において、国籍「無国籍」と明記されている永住者である。日本に在住し四〇年を越え、無国籍となってから四〇年近くになる。

林氏は一九五四年台湾に生まれた。中華民国（台湾）の国籍法は日本と同じく血統主義を基本としている。中華民国国籍を有する両親のもとに生まれた林氏は、中華民国国籍を取得した。一九六四年、当時一〇歳であった林氏は両親の移住にともなって来日した。その後、林氏は日本を基盤に生活することとなった。一九七二年、林氏が在住している国・日本と、彼女の祖国である中華民国（台湾）の外交関係が変動した。日本は中華人民共和国と国交を回復し、一方で、林氏の国籍国である中華民国（台湾）との国交を断絶したのである。これにともない、日本に在住する林氏のような華僑たちの間では、国籍をめぐってさまざまな動きが起こった。日本の外交姿勢の転換によって、中華民国政府が発行する国籍やパスポート（中華民国護照）の正統性が疑問視され、それに対応するため、日本に在住する中華民国国籍を保持する華僑は、

① 日本国籍に帰化するか
② 中華人民共和国国籍に変更するか
③ 居住国である日本では有効と認められない中華民国国籍のままでいるか
④ 無国籍になるか

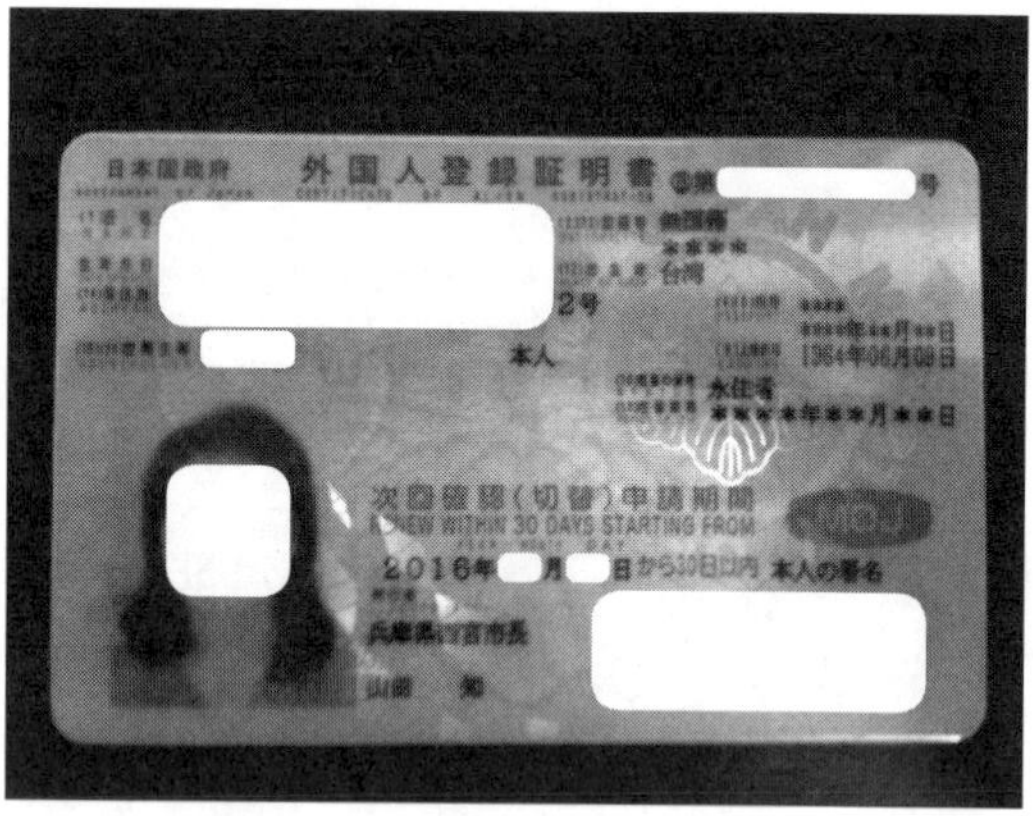

写真３　外国人登録証明書：国籍「無国籍」、在留資格「永住者」

を選択せねばならないという事態に直面することとなった。

林氏の家族は、諸般の理由により無国籍となることを選択し、その結果、林氏一家は、中華民国国籍を喪失し無国籍となった。彼女が一八歳のときのことである。それ以降、林氏が常時携帯する外国人登録証明書（写真3）の国籍欄に「無国籍」と記載されることとなった。

外交関係の変動により無国籍となった日本の華僑に対し、中華民国政府は特別措置を施行し、華僑たちが日本以外の国々への渡航の際に支障がないようにパスポートに相当する「中華民国護照」を発行した（写真4）。華僑に発行された護照（パスポート）は、一見すると一般の護照と変わりない。違うのは、台湾に戸籍のない華僑の場合、台湾に入境する際にビザを取得する必要があり、しかも滞在期限が決められているという点である。また、台湾に戸籍がある場合はそうした制限はない。しかし、海外に居住する華僑もしくは外国国籍を取得した者の場合は、護照に「僑居身分加簽」（写真5）のスタンプが捺される。たとえば林氏の場合、日本に永住する華僑であり、外国人登録証明書の番号が明記されている。

日本が中華民国を承認していないことから、中華民国が華僑に発行するこの護照は、日本の出入国に際し効力を有していなかった。そのため、日本に定住していた林氏のような無国籍となった華僑には、日本政府より再入国許可書が発行され、日本の出入境の際にはこの提示を求められた。日本の永住者であるといえども、日本に戻る際には日本に入国するためのビザ（再入国許可）をあらかじめ取得する必要があったのである。

なお、日本と台湾の人的交流が盛んになったことなどから、一九九六年以降、中華民国護照が日本の入国に際して、出入国管理及び難民認定上の旅券として扱われるようになった。そうした情勢の変化もあり、現在では林氏も海外渡航の際、日本が発行する再入国許可書ではなく、中華民国護照を使うようになっている。しかし、外国人登録証上の彼女の国籍は依然として「無国籍」のままである。

林氏は、日本において無国籍者として登録され、永住資格を有している。日本に四〇年近く暮らしている彼女には参政権はない。彼女の場合、医療保険や銀行口座の開設、不動産の売買や所持など日常生活において特に大きな支障はない。日本において無国籍者として生活してきたことについて彼女は以下のように語っている。

> 無国籍であっても、とくに問題はありませんよ。しいて言えば、銀行などで証明書の提示を求められたときに、窓口で不審に思われることでしょうか。一般の人が知らないのは理解できますが、困るのは、行政の人に知識がないことです。この間、役所へ外国人登録の住所変更をしにいったときに、外国人登録の窓口の人が私の外国人登録証明書を見て驚いていたんです。無国籍の人がいることを知らなかったそうで、呆れました。

無国籍であることに対し

写真４　中華民国護照（パスポート）

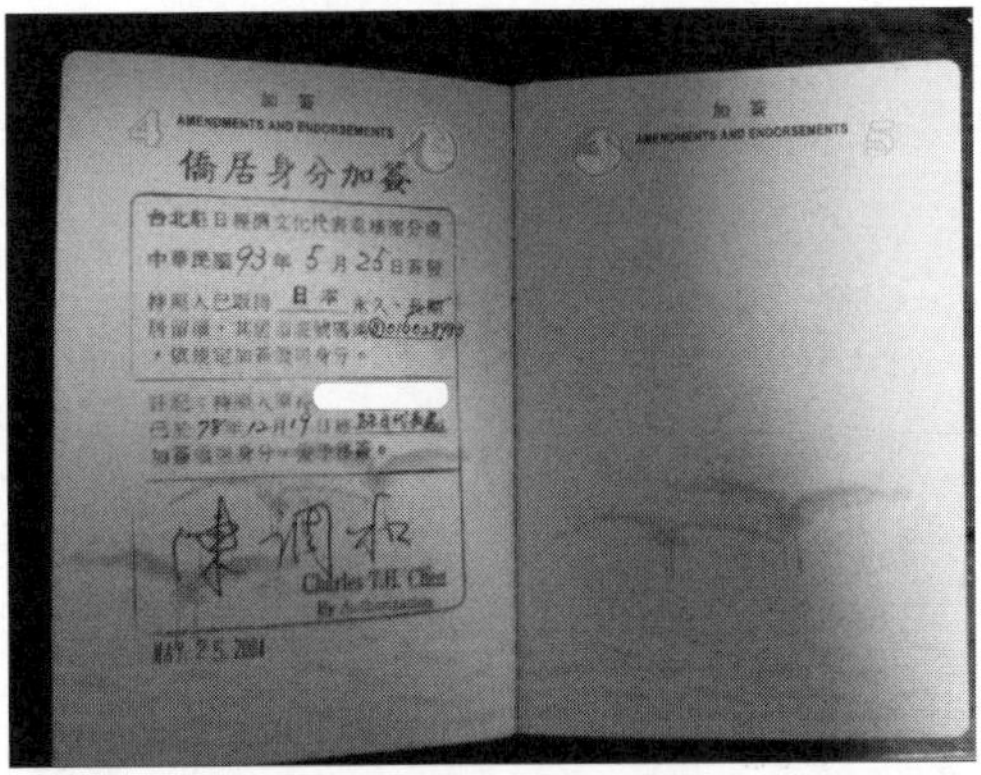

写真５　「僑居身分加簽」帰国の際、ビザが必要な華僑のパスポート

て、人びとが無知であることを除けば日本の永住資格を有する林氏の場合、これといって不自由を感じることなく、一外国人としての法的地位と生活権を確保していることがわかる。しかし、外国人登録担当の公務員が、無国籍者の存在を知らないという、あるまじき事実があることが彼女の経験から浮き彫りとなった。

2—2　日本国籍の取得に対する世代間のギャップ

一九七〇年代後半、当時二〇代だった林氏が会社員として東京で働いていた頃、日本国籍への帰化を考えたことがあったそうだ。

当時、日本では、就職の際、国籍による差別があったので、私は台湾資本の会社に就職しました。出張や海外旅行の際、無国籍であると出国の度にビザの申請をせねばならず、とても不便でした。そのため、帰化することを考えました。しかし、母が強く反対したので、帰化することを断念しました。なので、いまも無国籍のままです。

現在七〇代後半である林氏の母も林氏と同じように永住資格を持つ無国籍者である。当時、林氏が帰属意識としてのナショナル・アイデンティティと身分証明としての国籍を分けて考えていたのに対し、林氏の母は、日本国籍への帰化は自分の中国人としてのアイデンティティの放棄、そして祖国への裏切りと捉え、強烈な反感を抱いたという。それは、戦前に生まれた母が、自ら日本との戦争を経験し、しかも愛国主義を扇動する戦前戦後の時代を経験してきたことが影響していた。無国籍という同じ法的立場にあり、同じ家族でありながら、異なる歴史的な経験を有する世代間には、国籍取得や帰化に対する意識に差異があることがわかる。

2—3　複数のパスポートに表される林氏の身分

林氏は日本で高校を卒業後、日本に在住する家族のもとを離れ、台湾の大学に僑生（帰国生）として進学した。林氏は、日本において無国籍となったが、台湾での戸籍は残っていた。台湾生まれであり戸籍のある林氏は大学在学中、その戸籍をもとに中華民国国民の証明である「身分証」が与えられた。林氏は、日本では無国籍となったが、あくまでも日本が中華民国（台湾）政府を中国の正統政府として認めなくなったがゆえであり、台湾側としては、日本にいる自国民がその国の法制度下、無国籍となったからといって台湾での戸籍を抹消するに至らなかったのだ。国籍や戸籍など個人の法的身分は、個々の政府において独自のシステムや解釈があり、国家間で必ずしも一致しているわけではないことがわかる。

現在、林氏が日本の出入国の際に提示する二つの身分証明書には興味深い矛盾がある。台湾が発行する護照には国籍は中華民国と記されており、一方日本が林氏に発行している外国人登録証明書には国籍は無国籍と記されている。それらを一緒に提示して出入国しているのだ。

林氏が、中国大陸に渡る際はまた特別な措置が必要となる。「一つの中国」の前提のもと、中華人民共和国が中華民国を認めることはできないため、林氏が保持する中華民国護照も中華人民共和国へ渡航する際には使用できない。日本に在住する華僑である林氏が、日本にある中華人民共和国大使館に渡航許可（ビザ）の申請をすると「旅行証」という冊子型の旅券が発行される（写真6）。他の旅券と同じように名前や生年月日などの身分事項、そしてビザやスタンプを捺印するページからなっている。その冊子上、林氏の国籍は中華人民共和国と記されている。林氏によれば、この冊子は、中華人民共和国を出入りする際に使用するだけで、他の場面で使うことはないそうだ。

写真６　中華人民共和国旅行証

身分を証明するパスポートは、一人に一つあるのが通例であるが、林氏の場合は、出入りする国の審査や制度に合わせ、違うパスポートを提示している。それぞれのパスポート上に記載されている国籍はまちまちであるが、それは彼女と関係国間の暗黙の了解となっている。

2―4　いくつもの定額給付金

余談になるが、林氏が経験した事実として記したいことがある。二〇〇八年末、一〇〇年に一度といわれた経済危機は、アジアにも大きな打撃を与えた。日本や台湾は、所得低迷や経済危機による経済の悪循環を防ごうという理由から、一般市民の消費行動を活性化するため、二〇〇九年春頃、定額給付金を支給した。定額給付金は、国民のみならず、その国に合法的に定住している外国人も給付される資格がある。

日本において無国籍者である林氏は日本政府から定額給付金が支給されただけでなく、台湾からも同時期に台湾で実施していた同類の給付金を受けた。

無国籍者は、権利や優遇を受けられない人びとというイメージが定着している。多くの場合、無国籍の人びとは制限された権利のもとで暮らしているため、それが間違った認識でないことは確かである。しかし、無国籍といっても個々のケースにより千差万別であり、その無国籍者個人の在留資格や法的身分がどうなっているかに左右される。林氏は、一定の制約はあっても日常的な障害がない上、給付金においては二つの政府から受給していた。なお、後に触れる李氏は、同じ無国籍であるが、日本において在留資格のない非正規滞在であるため、定額給付金の支給対象にはならなかった。

3　祖国に帰れない「無国籍」者――丁氏のケース

3―1　外国人登録証明書：国籍「朝鮮」、在留資格「特別永住者」

丁氏は、在日三世である。日本が発行する外国人登録証明書に従えば、彼の国籍は「朝鮮」である。彼のような立場の人は、「在日朝鮮人」、もしくは「在日コリアン」と称される。しかし、彼の外国人登録証明書上の国籍は、日本以外において実質的な効力を有していない。一方、他国においても国籍を付与されていない彼はいわゆる「事実上の無国籍」者である。そのような自分の立場と心情を丁氏はエッセイ集に以下のように綴っている（丁 二〇〇九）。

> 私は政治的にどの国家にも属していない無国籍人である。
> うら若げな二十歳の時分〔中略〕無国籍人としての自覚に至ったのも、そしてまた、自分が持つ「朝鮮」籍の「朝鮮」を、一九四八年相次いで成立した南北両政府にあの半島が分断される以前の、一つの「朝鮮」だとする政治的立場があるということを知り得たのも、ひとえに〔中略〕私が貪るように読みあさった在日同胞文学のおかげであった。
> （丁 二〇〇九：八－九）

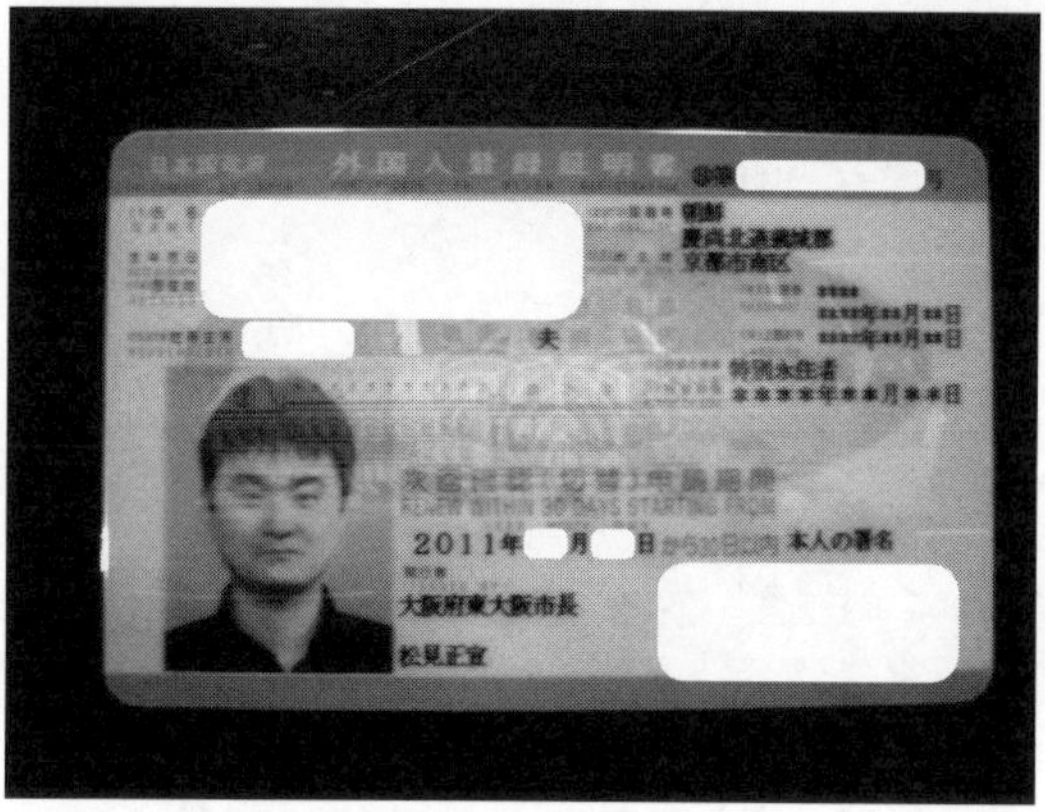

写真７　外国人登録証明書：国籍「朝鮮」，在留資格：「特別永住者」

自らが持つ外国人登録証の国籍欄に「朝鮮」と明記されていながらも、丁氏が自分を「無国籍」であると断言する理由は、外国人登録証の国籍欄にある「朝鮮」が記号であり、実質的に効力を有していないがゆえに、自分が「事実上の無国籍者」であることを体験しているからである。

彼が無国籍にこだわる理由として、彼の言葉を借りれば「無国籍の在日という境遇」に、彼をはじめとする多くの在日朝鮮人を導いた歴史背景を踏まえておく必要があろう。

3—2　揺れる在日朝鮮人の国籍と法的地位

「在日朝鮮人」は、一九一〇年八月「日韓併合条約」によって、日本帝国の植民地支配下に置かれ、帝国臣民とされたことにともなって日本国籍となった。その後、一九四五年、日本の敗戦とともに朝鮮は日本の植民地支配から解放され独立した。このとき、朝鮮民族は日本の植民地支配期に付与されていた日本国籍から離脱し朝鮮国籍となったはずだった。ところが、日本政府は、朝鮮人は在日朝鮮人も含めて、すべて一九五二年四月二八日のサンフランシスコ条約の発効まで日本国籍を有している、として朝鮮国籍を認めなかった（姜 二〇〇六：一八四）。

一九五二年四月一九日、法務府民事局長による「平和条約の発効に伴う朝鮮人台湾人等に関する国籍及び戸籍事務の処理について」（法務民事甲第四三八号）の通達によって、「朝鮮及び台湾は、条約の発効の日から日本国の領土から分離することとなるので、これに伴い朝鮮人及び台湾人は、内地に在住している者も含めて日本の国籍を喪失する」としている。これに先立つ一九四七年五月二日、「外国人登録令」の公布にあたって、在日朝鮮人を当分の間は外国人とみなして外国人登録をし、日本への入国、場合によっては日本国外への退去強制をおこなっていた。つまり、日本政府は、朝鮮人に対して、サンフランシスコ条約発効までは日本国籍を所有しているとしながら、他方では朝鮮人は外国人であるから外国人登録令の該当者であるとした、矛盾した措置をとっていた。そのため、在日朝鮮人は時によっては日本国籍所持者となり、ある時には外国人となるなど日本政府の都合によって法律の条文まで書き換えて処遇された、と姜は分析している（姜 二〇〇六：一八四）。

こうした歴史的経緯があり、在日朝鮮人は「外国人登録法」に基づき、外国人登録証明書を交付された。当初実施された「外国人登録令」では、在日朝鮮人の国籍はすべて「朝鮮」と記載された。

一九五〇年一月一一日と二月二〇日、連合国最高司令官総司令部（ＧＨＱ）は日本政府に対して、外国人登録証明書の国籍欄に、それまで使用されていた「朝鮮」から「韓国」または「大韓民国」の用語を使用するように、駐日韓国代表部が希望していることを伝える覚書を出した。

一九六五年一〇月二二日、「日韓条約」が調印され、「法的地位協定」が締結された際、日本政府は、韓国を朝鮮半島における「唯一の合法的政府」であるとした。これを前提として、外国人登録における国籍の記載についても、「朝鮮」は記号であり、「韓国」は実質的な国籍であるという政府統一見解を発表した（姜 二〇〇六：一八六）。以上のような、歴史的変遷、そして政府間交渉の結果、在日朝鮮人は、「記号」としての国籍が記された外国人登録証を所持することとなったのである。言うまでもないが、外国人登録証明書は、日本に在住する外国人が日常生活のさまざまな場面において身分証明として使う重要な証明書であり、国籍確認の際にも参考とされている。

3―3　「記号」としての朝鮮籍がゆえに、祖先の地を踏めない

日本に生まれた丁氏は、自分の祖先の地をまだ踏んだことがない。その理由は前に見た在日朝鮮人を翻弄した国際関係の複雑な変遷に起因する。つまりは、丁氏の実際の法的身分と身分証明書に記載されている国籍との齟齬、そして、彼の故郷を領有している大韓民国政府と丁氏の認識にずれがあるようだ。以下では、国家と個人をつなぐモノである身分証明に焦点をあてつつ、国境を越えることの意味について見てゆきたい。彼は、数十年にわたり幾度か故郷を訪れようとしてきた。

この年（一九九三年）の春、私は「朝鮮籍」であることを理由に、日本の旅行社から韓国へのツアー旅行の参加を断られた。「朝鮮籍」には韓国から旅券が下りないからだとその旅行社はいう。その時の旅行社の説明では、韓国籍でない在日朝鮮人は北朝鮮人であるとみなされるからダメだということだった。

二〇〇八年八月、妻と二人の子供を連れて祖先の地を旅したいと思った丁氏は大韓民国総領事館宛に以下の手紙を送った。

このたび貴国への観光旅行のために私が入国可能かどうか、その問い合わせのため、書信差し上げました。
私は貴国の国民としてではなく日本に特別永住する在日同胞です。私が所持する日本政府発行の外国人登録証明書の国籍欄には「朝鮮」と記されております。この「朝鮮」は北朝鮮の国籍を表すものではありません。いわゆる「記号」または「地域名」もしくは「無国籍」としての「朝鮮」です。

これまで私は南北どちらの国家の構成員にもなったことがありません。同様にまた、南北どちらの在日組織の構成員になったこともありません。それは私が、私の意志により、国籍選択を保留しているからです。ゆえに私は普段、海外旅行に出かける時は、日本国法務省発行の「再入国許可書」を使用しています。

私は「再入国許可書」を使用しての貴国への入国を求めて、これまで過去に三回、査証申請をおこなったことがあります。しかし貴領事館担当者様の回答は、貴国発行の「臨時パスポート」を使用しての入国でなければ認められないとのことで、過去三回とも入国を断られました。その後、最後の申請から数年が経ち、貴国の状況にも変化があるのではとおもい、再度貴国への入国を申請するため、このたび問い合わせの書信を差し上げた次第です。〔中略〕

私の妻は日本人であり、わが子二人は二重国籍者です。一家の父親である私の祖先の地を家族揃って旅行してみたいという素朴な想いからも、この書信をしたためています。最近では南北両国民の民間交流が盛んにおこなわれていると聞いております。南北両国が、私のように国籍選択を保留し、無国籍の立場でいる在日同胞にも観光旅行の道を開くことになれば、それが南北分断の国家的論理を超えた、私たち全同胞の民族的悲願である祖国統一への道を開く一歩となるのではないでしょうか。祖先の地を自由に旅してみたいという人間として当たり前な私の望みが、どうかないますことを私は祈る想いで待ち望んでおります。

この手紙が領事館に送られてから約一週間後、大韓民国総領事館の査証担当領事から丁氏宛に以下の文書が返信された。

貴下の書信をお読みいたしました。

貴下の書信の要旨は「日本に特別永住する在日同胞である貴下が、日本政府の発給した『再入国許可書』を使用して大韓民国に入国ができるよう許可してくれることを要望」することだと理解して、次のように答弁いたします。

まず、貴下は実質的な「無国籍者」だと主張しますが、貴下が所持している外国人登録証上の国籍欄に「朝鮮」と明記されている以上、貴下を無国籍者と認定することはできません。

そして貴下が言及されるように、国家によっては日本の「再入国許可書」を旅行文書として認定し、旅券ではない同許可書を所持した場合でも入国を許可していることも存じていますが、認定の可否は当該国家の主権的行為でありますので、わが政府は現在、貴下のように無国籍者ではない在日同胞に発給された日本の「再入国許可書」を旅行文書として認定することはありません。

したがって、貴下が大韓民国に入国するためには、大韓民国の旅券法令の規定によって発給された「旅行証明書」を所持しなければならないことをお知らせします。

カムサハムニダ

大韓民国総領事館の査証担当領事が丁氏に宛てた返事の内容から、大韓民国政府は日本の外国人登録証明書に記載されている国籍に一目置いていることがわかる。「朝鮮」と書かれている以上、実態がどうかにかかわらず「無国籍者」であると認めることはできないという姿勢をとっている。一方で、丁氏がもつパスポートに代わる渡航文書である再入国許可書は認めず、丁氏のような在日同胞は韓国が発行する「旅行証明書」を所持しなければ渡航を認められないとしている。

一方、丁氏は、祖先の地を踏むためといえども、大韓民国が発行する「旅行証明書」を取得することを望まず、実質的には無国籍状態であるにもかかわらず国籍「朝鮮」と記載している日本の外国人登録証明書にこだわり続ける理由を以下のように綴っている。

私は自分の祖国を、一九一〇年日本の支配下に捩じ伏せられる以前の、半島が一つだった頃の「朝鮮」であると解釈している。だから私の「朝鮮籍」は北共和国籍でも南韓国籍でもない。（丁 二〇〇九：一五－一六）

彼が現在、海外渡航の際に所持している身分証明書は日本政府が発行している再入国許可書のみであり、そこには

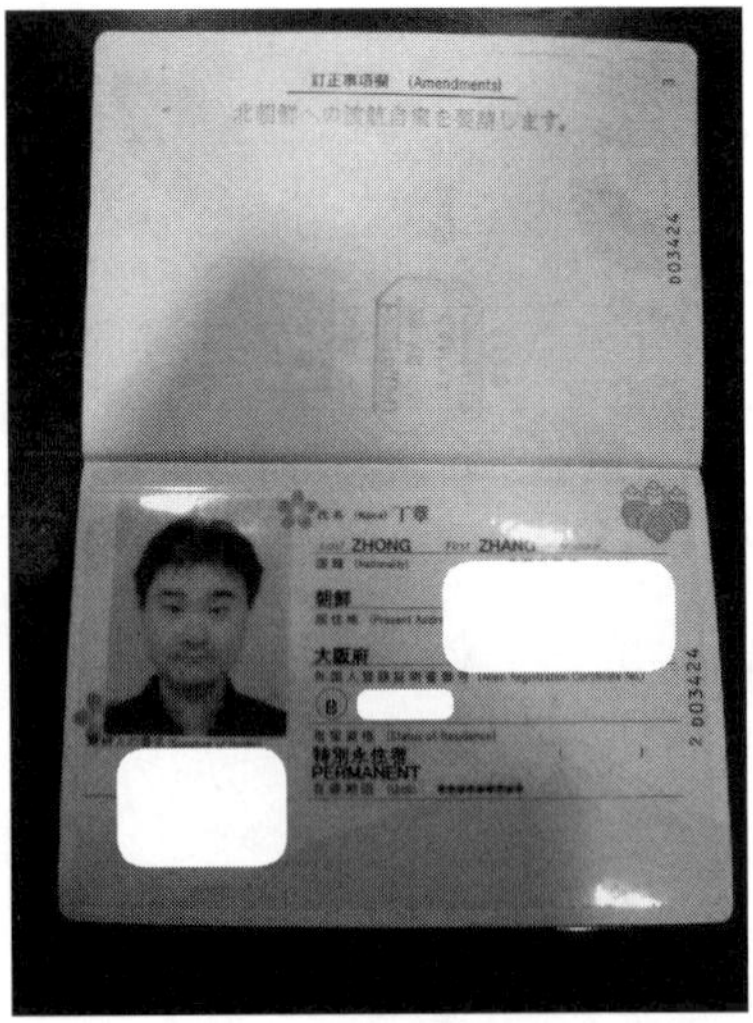

写真8　再入国許可書には「北朝鮮への渡航自粛を要請します」と記載されている

国籍「朝鮮」と書かれている（写真8）。日本政府が記載する「朝鮮」は、あくまでも「記号」であると認識されているものの、丁氏の所持する再入国許可書の訂正事項欄には、「北朝鮮への渡航自粛を要請します」と明記している。

丁氏のケースを通して、国家と個人の法的なつながりを示すパスポートや身分証明書を見てゆくと、政府の姿勢に矛盾があることが分かる。日本は国籍「朝鮮」を「記号」としながら、「北朝鮮への渡航の自粛を要請する」一文を入れているのは、あくまでもその身分証の保持者が北朝鮮と密接な関係にあり渡船を前提としていると取れる。

一方、日本政府にとってはあくまでも「記号」である朝鮮籍を、大韓民国政府が、ただの「記号」と受け取ることはできないという政府間のギャップも見られる。大韓民国は、丁氏に対し、自政府発行の旅券を取得することを要請しており、仮に取得した場合その臨時旅行証の国籍欄に彼の国籍がなんと記載されるのか興味深い。

身分証明書は、しばしば国家側の理論が優先され、個人の立場が考慮されるのは二の次である。また、記載された国籍が実質的な効力を有していないこともある。実体験を通して、国家側の理論が優先される身分証明書の現実に静かに対抗する丁氏は、不便であったとしても、事実上の無国籍としての身分にこだわる。そんな心情を彼は以下のように語っている。

> 幸か不幸か、無国籍者として産まれた私は、つまりどの国家にも属さずに存在するものとして、この列島を暮らしている在日住民である。

そのように私が無国籍者であることにこだわり続ける行為は、国政というものに対する私の、実にささやかな政治活動だと私自身考えている。ここで私が言う「国政に対する」とは、日本国、南韓国（韓国）、北共和国（北朝鮮）に限らない、この地球上に現存するすべての国家に対する私の「在り方」のことである。

こうしてどの国家にも属そうとせず無国籍にこだわる私を「無政府主義者」と呼ぶ者もいるが、それはまったくの誤解である。〔中略〕しかし結局のところ、私に「無国籍の在日」という境遇を強いているものが、近現代史における「国家至上主義」であり、その至上主義の歪みによって引き起こされた国家間の侵略や戦争の歴史であるのだと、私はそう思い至るほかなかった。（丁 二〇〇九：四六－四七）

4　国籍保持者から「無国籍」者へ――李氏のケース

4―1　人の越境とパスポートの力学

李氏は、在留資格のない無国籍者である。前に見た二つのケースとは異なり、在留資格がないため、いわゆる非正規滞在者として窮地に置かれている。李氏がこのような状況になったのは、国々の行政的な手続きのはざまに落ちてしまったことに起因する。

李氏は、もともと中国国籍を保持していた。一九八〇年代半ば、友人と海外でビジネスをすることとなりボリビアに移住した。ボリビアに移住後、エンジニアとして働き、ボリビアの永住権を取得した。しかし、ボリビアでの法的身分が安定したのとは裏腹に、彼が働いていた工場が資金難となり倒産した。収入源を失った李氏は、中国から食料品や機材を輸入し貿易を始めた。香港を経由して輸出入を行っていたため、李氏はボリビア―香港―中国を行き来するようになった。頻繁に越境をするようになり、「自分の国のパスポートがこんなにも使いにくいということをはじめて知った」と李氏は言う。中国パスポートを持っていても、自由に海外へ渡航できるわけではなく、どこへ行くにもビザが必要であった。しかも、各国は中国パスポート保持者へのビザの発給には慎重であった。

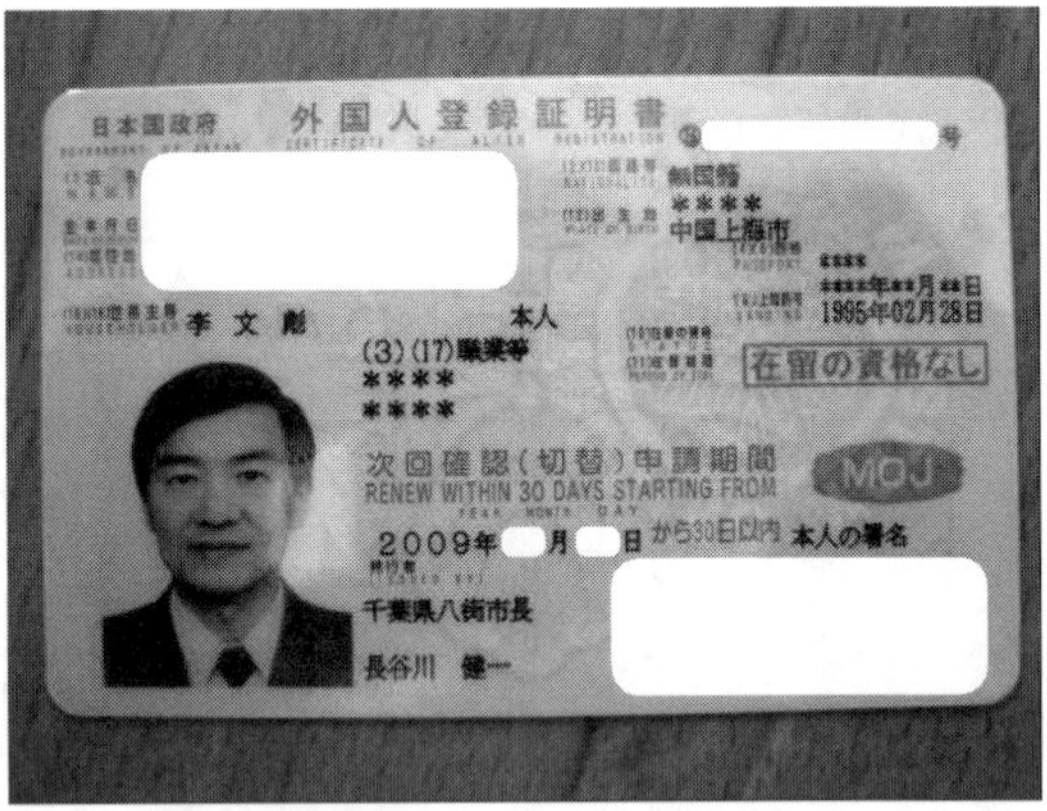

写真９　外国人登録証明書：国籍：「無国籍」、在留資格：「在留資格なし」

中国の国籍とパスポートを持ち、またボリビアの永住権を有していた李氏は、中国とボリビアの出入国に関しては大きな問題はなかったものの、両国を往来する間、香港やイギリスを経由することが多く、そうしたときに不自由を感じずにはいられなかった。たとえば、ボリビアのラパスに向かうためのロンドンでのトランジットで、一四時間以上待たされることがしばしばあったが、そんなとき、半日ロンドンの街へ出て散策しようと思っても、中国パスポートを保持している李氏は、イギリスに入国するためのビザを持っていない場合には、自由に出入りすることは許されず、空港で待ちぼうけを食らうことしかできなかった。ボリビア国籍を持っていれば、事前にビザを申請取得していなくとも、滞在許可が与えられるので、次のフライトまでの待ち時間に街に出るということも可能であった。李氏は、国々を訪問し、出入国の際に提示するパスポートによって、不平等な扱いを受けることを目の当たりにした。国家間には、ビザ免除などの取り決めがあり、個人が保持するパスポートによって行動範囲が違ってくるという現実がある。ビザ免除国が多い「強いパスポート」を持っていれば、どこへでも苦なく行くことができ、一方、「弱いパスポート」を持っている人は、外国に行く度に事前に書類を整え、ビザ申請をせねばならない。結局彼はより強いパスポートを得るため国籍変更の決断をし、当時のことを以下のように述べている。

私は、中国の国籍を持っていたため、不平等な待遇を直接受けました。逆に、自由に行動ができる国の国籍をとれば、行動も自由になる。そう思い、ボリビア国籍を取得しようと考えました[3]。

人びとの越境はパスポートの力学に左右されている。「強いパスポート」を持っている人のほうが「弱いパスポート」を保持している人よりも自由であり、より多くのチャンスにも恵まれる。移動の自由、より多くのチャンスを求めて国籍を変更することはしばしば見られる現象であり、李氏は決して例外なケースではない。

一方、李氏の母国・中国は当時、改革開放政策のもと、外国人の投資に対する優遇政策を実施していた。李氏が中国国籍を保持したままでいるより、ボリビア国籍を取得し外国人として中国に投資した方が、税金などさまざまな面で優遇を受けることができた。移動の自由だけでなく税金などの優遇を受けられるのは一石二鳥であると考えた李氏は、躊躇せず一九九三年ボリビア国籍に帰化した。ボリビア国籍を取得した一方で、中国国籍を喪失し、中国政府からは外国人と認識されることとなった。ボリビアからは身分証明書とパスポートが発行され、中国政府からは、「外国人居民証（Foreigner Residence Permit）」が発行された（写真10）。その「外国人居民証」には、李氏がボリビア（玻利維亜）国籍であることと、パスポート番号が明記されている（写真11）。

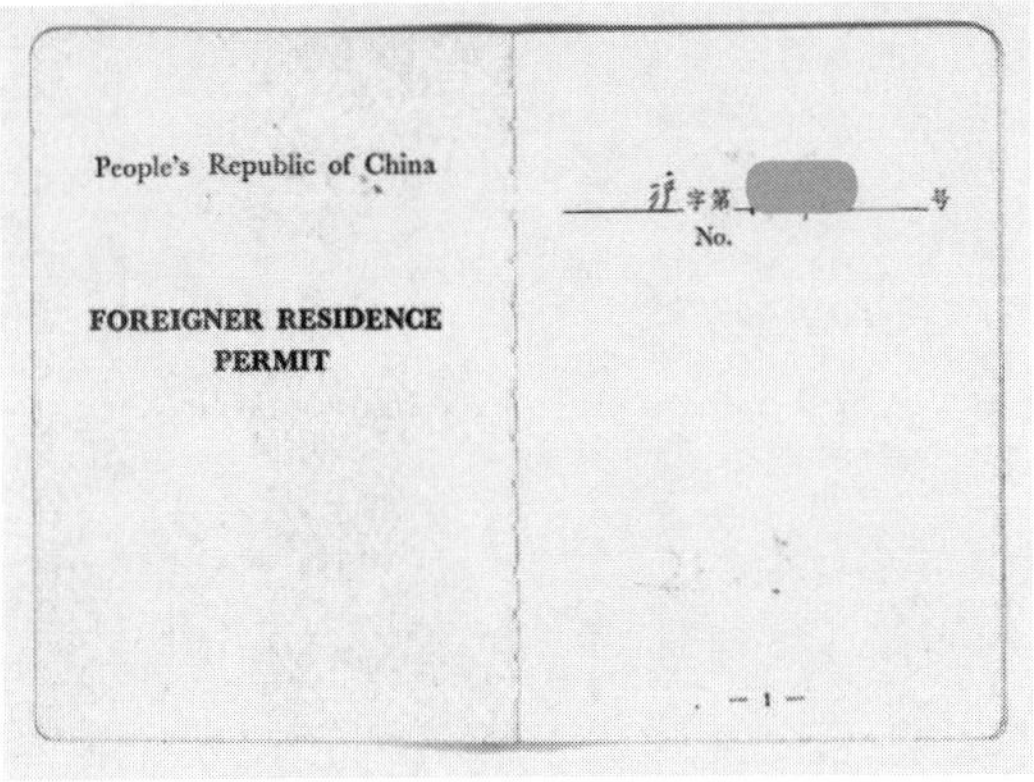

写真10　中国政府が発行した「外国人居民証（Foreigner Residence Permit）」

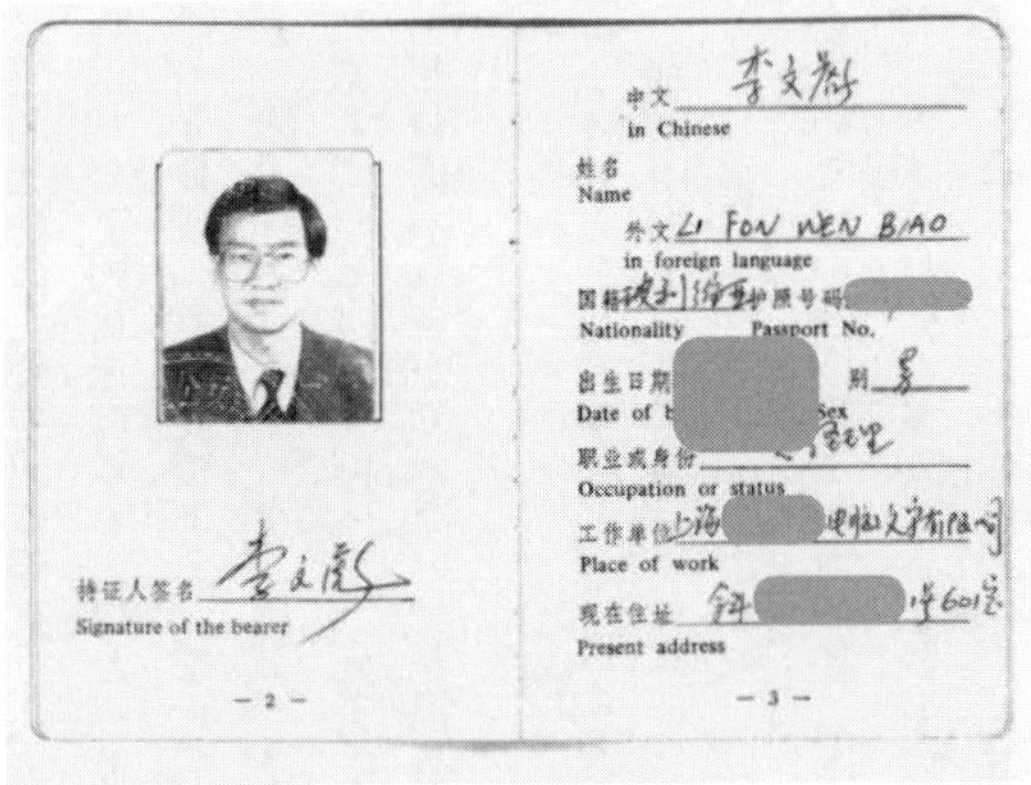

写真11　「外国人居民証」には李氏がボリビア（玻利維亜）国籍であることやパスポート番号も明記されている

一九九四年、ボリビア国籍を取得した李氏は上海に赴き、合弁会社を設立した。その後、ビジネス立ち上げのため中国に滞在した。しばらくすると李氏は、帰化によってボリビア国籍を取得した自分と、はじめからボリビア国籍を有する人びととでは、同じボリビア国籍でも違う扱いになっているということを知る。パスポートの有効期限の差別化である。李氏のパスポートの有効期限は一年であり、毎年ボリビアに帰国し手続きをせねばならなかった。一九九五年、李氏はビジネスで来日中、パスポート延長の期限が近づいていることに気付き、あわてて東京にあるボリビア大使館へ赴き延長手続を行った。しかし、李氏のような帰化者の「パスポートの延長はボリビアに帰国せねば手続きができない」と担当者に言われたのだ。

この時、ボリビアパスポートの延期の不便さをすごく感じました。これからの仕事はすべてアジアであること、今後はボリビアへ行く可能性が低いと判断し、私は中国国籍に戻る決意をしました。

李氏が移動の便利さ、ビジネス上の合理性を求めて、中国国籍からボリビア国籍に変更したことはすでに触れた。それから二年後、ビジネスの拠点をアジアに移した李氏は、パスポート延長時の不便さなどを理由に、ボリビア国籍を放棄し、再び中国国籍に戻ることを決めたのである。彼にとって国籍は帰属意識よりも、移動の自由など生活上のツールとしての意味合いが強いことがわかる。

4—2　国籍と在留資格

中華人民共和国の国籍法に基づけば、かつて中国国籍を有していた李氏は、中国国籍を回復することができる。ボリビア大使館でパスポートの延長ができなかった李氏は、その足で東京にある中国大使館を訪れ、中国国籍の回復の相談をした。「ボリビア国籍の放棄をし、国籍喪失証明書を提出すれば中国国籍回復の手続きができる」という情報を入手し、そのとおり実行した。しかし二ヵ月後、中国大使館より国籍管理機関である北京の公安部が李氏の国籍回復の申請を却下したという知らせを受けたのである。理由は、李氏が日本の長期滞在の在留資格を持つ者ではないため、日本での申請を受理できないというのであった。東京の領事部と北京の公安部の行政手続きの食い違い、情報の不備により李氏は中国国籍を回復することができなかった。ボリビア国籍はすでに放棄していたため、李氏は無国籍となった。しかも、ビザの有効期限が切れ、非正規滞在者となったのであった。

彼は身分を証明する有効な証明書類をすべて失った。日本から出国することも出来なければ、日本国内にとどまっていても非正規滞在者として窮地におかれた。法的に働くことは禁じられ、保険に加入することも出来ず、銀行の口座も作ることができない。社会の偏見を恐れ、身を潜めて暮らすことになった。生活する上での基本的な権利をすべて失ったのだった。一方、中国にいる家族とも離れ離れとなり、十数年会えないまま孤独な日々を過ごした。二〇〇七年、高齢となった母や家族に会いたいという思いがつのり、東京入管に出頭し在留特別許可を求めた。彼は在住している地域の役所に行き、外国人登録を行った。長らく有効な身分証明書を持っていなかったが、ようやく手に入れた身分証明書である外国人登録証明書には「在留資格なし」と明記されている（写真9）。

行政手続き上の食い違いが原因だったとはいえ、李氏は在留資格の期限を超過し日本に滞在しているため法に触れたこととなる。そのため、在留特別許可はなかなか認定されなかった。結局、李氏は、母が亡くなる前に会うことはおろか葬式に参列することもできなかった。彼は依然として、不安で不自由な日々を過ごしている。そんななか、追い討ちをかけるかのように、二〇〇八年、法務省と総務省は、現行の外国人登録制度を見直し、在留外国人の情報を国が一元管理できる「在留カード」を使った外国人台帳制度を導入する方針を固めた[4]。李氏が持っている「在留資格なし」という、なかば不思議な身分証明書の発行が可能であったのは、外国人登録は各市町村の管轄下にあり、一方、在留資格や出入国の管理は、法務省入国管理局の管轄下であったためである。「在留資格なし」のまま市町村で登録したからといって、入管の摘発の対象として直結するわけではなかったのだ。しかし、法務省と総務省が、外国人登録を廃止し「在留カード」によって一元管理をするということが実現すれば、李氏が所持する唯一の有効な身分証明書である外国人登録証は無効となる。今後、彼のような人はどうなってしまうのだろうか[5]。

国籍を失い、在留資格を失った結果、移動の自由もなく、生きるうえでの基本的な人権も失った李氏のような存在が、日本において放置されたままであるということは見過ごすことができない。李氏のケースが、特殊な事例であることは確かであるが、国籍やパスポート制度など、国々の行政的な手続きの食い違い、不備、法の落とし穴が存在し、こうした人を生み出しているのも事実である。

おわりに

本論では、日本に在住する無国籍の人びとに注目し、彼らが所持するパスポートや身分証明書など具体的な「モノ」の分析を通し、国籍が有する意味、人びとの移動のあり方、国が発行する国籍証明としての身分証明書が持つ有効性や虚構性などを検討した。結果明らかとなった三点をふりかえりたい。

まず、パスポートと移動する人びとに注目すると、「強いパスポート」と「弱いパスポート」というパスポートの力学があることが明らかとなった。所持するパスポートによって、個人の移動の自由度が違ってくる。こうした力学があるため、合理性やよりよい権利を求めて国籍を変更する人もいる。その結果、無国籍となる人びとがいることもケーススタディーから明らかとなった。グローバル化といわれるが、現実には国家が人びとの移動をコントロールしているからだ。近年では、香港やパキスタンなど一部の地域では、パスポートではなくIDなど現地政府発行の身分証明書で出入国の審査が行われるケースも増えている。個人の身分証明、国境を越える際の身分確認方法はさらに複雑化する傾向にあるといえる。人の移動とそれをチェック・コントロールする身分証明書の力学はより強まるであろうし、人の法的帰属もより複雑化・多元化すると推測される。

第二に、三つのケースを比較すると、おなじく日本に在住する無国籍者であっても、在留資格を有する無国籍者と、在留資格を持たない無国籍者では、社会的な権利において大きな差異があることが明らかとなった。日本国内において生活するためには、国籍の有無よりも、在留資格の有無がより重要である。在留資格のない人は就労や医療など基本的な権利が制限されている。さらに外国人登録証明書が「在留カード」にとって代わられるようになれば、日本に在住する在留資格のない無国籍者は有効な身分証明書を失い、一層窮地に追い込まれるであろう。目下、在留資格のない無国籍者は放置されたままであり、こうした人びとの身分と権利を守る手立てがない現状は問題であり、一日も早い解決が望まれる。総務省と法務省で外国人の在留を一元化するための政策が練られているが、是非とも無国籍者、なかでも特に在留資格のない人びとへの人権的配慮がなされることを提案したい。

最後に、無国籍の人びとのケーススタディーから、同一人物が所持する複数国から発行された身分証明書において、国籍が一致していないケース、また、身分証明書に記載されている国籍と実態が合致していないケースがあることが明らかとなった。国々が、それぞれの主権、法制度のもとで個人を把握するという現行の方法では、国家間の齟齬が露呈しているのが事実である。その結果、個人の移動、権利義務、アイデンティティなどに深刻な影響を及ぼしかねない事態が発生している。

国家と個人の法的な紐帯であるといわれる国籍。その法的身分を証明するパスポートなど身分証明書であるモノを通して見ると、現行の制度は、人の移動が頻繁化しグローバル社会といわれる今日としては、見直さねばならない穴やずれがあることが浮き彫りとなった。国籍という制度自体を慎重に再考する必要がある。少なくとも、無国籍者を発生させている現行の国籍制度下では、国々の間で齟齬が出ないよう、しっかりとした個人の把握ができる正確緻密なシステムを新たに構築する必要がある。国籍の有無によって個人の権利が左右されることのない政策と社会構築が求められている。

†注

［1］日本に在留する無国籍者などに発行されている海外渡航文書。日本に在留する外国人が、一時的に外国へ出国し再び日本に入国する際に、あらかじめ再入国の許可を受け、その許可証明であるシールをパスポートに添付してもらう必要がある。しかし、日本政府が有効と認めるパスポートを保持しない人（無国籍や朝鮮籍の人など）には、再入国許可書が発行される。無国籍者には、これがパスポート代わりとなっているが、日本はあくまでも再上陸を許可しているだけであり、再入国許可書を所持していても非常時に領事保護を受

けることはできない。また、再入国許可の有効期限が切れた場合、日本の永住者であっても日本には上陸できず在留資格を失う。

［2］パスポートは一般的に国際旅行用の身分証明書のことをいう。国際条約では「渡航文書」と呼ばれている。中国語では「護照《フージャオ》」、日本語では「旅券」などと呼ぶこともある。本文では、パスポートのほか、必要に応じて、「護照」や「旅券」の用語も使用する。

［3］李氏へのインタビューにて、二〇〇九年六月。

［4］「「在留カード」で一元管理　外国人登録制を廃止へ」『産経新聞』二〇〇八年一月二五日。

［5］李氏にインタビューを行い、本論文の原稿を提出した時点（二〇一〇年三月）では、李氏は在留資格がないままであったが、李氏は二〇一〇年年末に在留特別許可が認定され、現在は定住者としての在留資格を有している。なお、国籍は変わらず無国籍である。（二〇一一年一〇月現在）李氏の問題は解決したが、在留資格のない人は依然として多く存在している。

†文献

【日本語文】

財団法人入管協会（二〇〇九）『在留外国人統計』財団法人入管協会。

姜徹（二〇〇六）『在日朝鮮人の人権と日本の法律』（第三版）雄山閣。

宋陽（二〇〇九）「中国の出入国管理事情」『国際人流』二六〇号、三四－三八頁。

陳天璽ほか（二〇〇九）「特集　国籍とパスポートの人類学」『民博通信』一二四号、一－一六頁。

丁章（二〇〇九）『サラムの在りか』新幹社。

春田哲吉（一九九四）『パスポートとビザの知識』有斐閣。

列国議会同盟（ＩＰＵ）・国連難民高等弁務官事務所（ＵＮＨＣＲ）（二〇〇九）『国籍と無国籍　議員のためのハンドブック』ＵＮＨＣＲ駐日事務所。

あとがき

本書は、越境することが容易くなっている現代社会において、個人を同定するアイデンティフィケーションがもつ力学に焦点をあて、人類学、法学、歴史学など学際的な分析と論述を試みたものである。これは、私が所属する国立民族学博物館で行った共同研究会「国籍とパスポートの人類学」(二〇〇七−二〇一〇年度、研究代表者:陳天璽)の研究成果の一部である。

共同研究会のメンバーとともに議論を重ね、各々執筆を行ってから、本書がこうして出版されるまで、予想以上に時間がかかってしまったというのが率直な感想である。編集作業をしている間、二〇一一年三月一一日に未曽有の東日本大震災が発生し、二万人にも及ぶ死傷者と行方不明者を生み出した。人と街を呑み込む黒い津波の恐ろしさは今も脳裏に焼き付いている。行政やライフラインは麻痺し、多くの人が困惑した。漁港で働いていた外国人労働者(いわゆる「研修生」)も津波の被害に遭った。留学生や在留外国人たちのなかには海外で心配する親族に説得され一時帰国した者もいる。東京入国管理局には、避難に急ぐ人々が出国に必要な再入国許可を申請するため長蛇の列ができ、交通整理に多くの人員を要したほどである。一方、もちろん日本に留まった者も多い。有効なパスポートがない難民や無国籍者たちのなかには避難よりも「救援したい。東北にいく」と炊き出しや瓦礫清掃をしに東北に向かった者もいる。また、放射線被ばくを逃れるため多くの大規模な人びとが移動した。

国によっては飛行機をチャーターし、自国民の避難(帰国)援助を行った大使館もある。その救援事業に携わったをした大使館職員によると、震災後、しばらく電話が鳴りやまなかったというそうだ。なかには、「私は〇〇人です。いまは、帰化をしたので〇〇国籍ではないが、家族はみな〇〇にいる。故郷に帰るため飛行機に乗せてください」と懇願する者もいたそうだ。アイデンティティをとるべきか、アイデンティフィケーションをとるべきか、もしくは、いずれも問わず救助すべきか、対応に苦渋したという。

非常事態における人の越境とアイデンティフィケーションには、いかなる力学が働くのか、あらためて考えさせられる。

天災で受けたショックもあってか本書の編集作業が頓挫した時期もあるが、むしろ、この天災があったことで、あらためてアイデンティフィケーションの重要性を再確認させられ、研究成果をしっかり世に問わねばならないと背中をおされた気もする。身分証明が越境する人々の人生とアイデンティティにどのような影響を与えるのか。生きる上でのさまざまなライフステージ、そして震災など非常事態をも視野に入れ、国立民族学博物館では、新たな共同研究会「人の移動と身分証明の人類学」が走り始めている。これまでの国籍とパスポートを中心とした研究の蓄積をもとに、さらに研究を掘り下げ、さまざまな身分証明書が生身の人間を守っていくために果たす役割を検証しようと考えている。

折しも、二〇一二年七月九日には、日本に在住する外国人を対象に新しい在留管理制度がスタートする。これまで施行されていた外国人登録制度は廃止され、新たに改正住民基本台帳制度が成立する。日本に合法的に中長期在留する外国人には、ICチップが搭載された「在留カード」が交付される。これは日本の出入国の際に必要な新しい身分証明書となる。一方、超過滞在者や仮放免の人などは、新しい在留管理制度の対象外となっている。外国人登録証明書が廃止となるため、「在留資格なし」と明記されていたにせよ、彼らが所持できていた唯一の命綱である身分証明書を失うことになり、さらなる窮地に追いやられるであろう。こうした制度の変換にともなって、身分証明書が人々の生活、人権にどのような影響を与えるのか目を離せない。

紆余曲折あったが、こうして本書をみなさんの手元に届けることができたのは、多方面におよぶ温かいご協力と励ましの賜物である。共同研究会のメンバーの熱い議論には、多くの知的な刺激を受けた。論文の基となる調査に際しては、日本学術振興会科学研究費補助金若手研究A（22682009）「グローバル時代の国籍とパスポートに関する文化人類学的研究」（代表：陳天璽）の助成を受けた。続く出版にあたっては、国立民族学博物館が館外での出版を奨励する査読付きの制度を利用し、この刊行が実現した。感謝している。また、査読審査のため、多数の執筆者の原稿を入念にチェックしてくれた陳研究室のスタッフたち、とりわけ杉山有子さんと中村真里絵さんの労を多としたい。最後に、根気よく、しかも懇切丁寧に編集実務の作業をしてくださった新曜社の高橋直樹さんにも心からお礼申し上げる。

二〇一二年一月

陳　天璽

索　引

あ　行

か　行

さ　行

た　行

な　行

は　行

南 誠（梁雪江）（みなみ　まこと［リョウ　セツコウ］）

長崎大学テニュアトラック助教。専門は社会学。主要著作に「『中国残留日本人』の語られ方」山本有造編『満洲　記憶と歴史』（京都大学出版会），「『中国帰国者』の歴史／社会的形成」永野武編『チャイニーズネスとトランスナショナルアイデンティティ』（明石書店）など。

石井香世子（いしい　かよこ）

名古屋商科大学准教授。専門はタイの少数民族研究，とくに現代社会を生きる少数民族の障害と生存戦略に焦点を当てる。主要著作に『異文化接触から見る市民意識とエスニシティの動態』（慶應義塾大学出版会），“The Impact of Ethnic Tourism on Hill Tribes in Thailand”（2012　Annals of Tourism Research, 39（1）: 290–310.）など。

柳下宙子（やぎした　ひろこ）

外務省外交史料館課長補佐。専門は移民史。主要著作に「外交史料館所蔵ブラジル日本移民関係史料の概要 と今後の研究の可能性」『ブラジル日本移民百年の軌跡』（明石書店），「昭和前期ブラジル移民の諸問題」『立教大学ラテン・アメリカ研究所報』創立20周年記念号など。

大西広之（おおにし　ひろゆき）

中京大学社会科学研究所特任研究員。日本島嶼学会監事。専門は行政法，地方自治法。法務省大阪入国管理局において入国審査官として勤務した経験がある。

山上博信（やまがみ　ひろのぶ）

北海道大学GCOE共同研究員・日本島嶼学会理事。専門は交通刑事法，琉球列島，小笠原諸島の復帰と法制度。主要著作に「日本の国境・いかにしてこの「呪縛」を解くか」（共著・第7章「屋敷まわりとしての小笠原」担当，北海道大学出版局）など。

著者紹介（執筆順）

森木和美（もりき　かずみ）
「アジア女性自立プロジェクト」代表。専門はマイノリティ・ジェンダー研究（社会学）。主要著作に『国籍のありか』（明石書店），論文に「移住者たちの‘内鮮結婚’」山路勝彦・田中雅一編著『植民地主義と人類学』（関西学院大学出版部）など。

館田晶子（たてだ　あきこ）
跡見学園女子大学マネジメント学部准教授。博士（法学）。専門は憲法学。主要著作に『憲法のエチュード』（共著，八千代出版），「フランスにおける国籍制度と国民概念（1）〜(3)」（北大法学論集）など。

柳井健一（やない　けんいち）
関西学院大学法学部教授。専門は憲法学。主要著作に『イギリス近代国籍法史研究――憲法学・国民国家・帝国』（日本評論社），「外国人の人権論」愛敬浩二編『講座 人権論の再定位 2 人権の主体』（法律文化社）所収など。

佟 岩（トン　イエン）
龍谷大学などで非常勤講師。専門は在日外国人・帰国者研究，社会学。主要著作に『異国の父母――中国残留孤児を育てる養父母の群像』（共著，岩波書店）。訳書に『日本遺孤調査研究』（『中国残留日本人孤児に関する調査と研究』上下全2巻）（監訳，不二出版社）。など。

木村 自（きむら　みずか）
大阪大学大学院人間科学研究科・助教。専門は人類学。主要著作に『実践としてのコミュニティ』（共著，京都大学出版会），「虐殺を逃れ，ミャンマーに生きる雲南ムスリムたち」『中国のイスラーム思想と文化（アジア遊学 129）』などがある。

高村加珠恵（たかむら　かずえ）
マギル大学東アジア研究所客員研究員。専門は国際労働移動，国境，華人。主要著作に「現代マレーシアにおける政治と民族の関係――クランタンにおける PAS 派華人指導者台頭をめぐって」『アジアアフリカ地域研究』第 11-1 号（2011 年）など。

錦田愛子（にしきだ　あいこ）
東京外国語大学アジア・アフリカ言語文化研究所助教。博士（文学）。専門はパレスチナ，イスラエルを中心とする中東地域研究。主要著作に『ディアスポラのパレスチナ人――「故郷（ワタン）」とナショナル・アイデンティティ』（有信堂高文社）など。

具 知瑛（グ　ジヨン）
韓国海洋大学校国際海洋問題研究所 HK 研究教授。専門は社会学，東アジア，都市，移民。主要著作に『越境する移動とコミュニティの再構築』（共著，東方書店），「지구화 시대 한국인의 이동과 초국적 사회공간: 중국 칭다오의 사례를 통해」，『한국민족문화』40 호，한국민족문화연구소，2011．など。

西脇靖洋（にしわき　やすひろ）
上智大学グローバル・スタディーズ研究科特別研究員。専門は比較政治学および国際関係論。主要著作に「ポルトガルの EEC 加盟申請――民主化，脱植民地化プロセスとの交錯」『国際政治』第 168 号（2012 年）など。

編者紹介（執筆順）

陳 天璽（チェン ティェンシ）
国立民族学博物館准教授。博士（国際政治経済学）。専門は移住移動者，マイノリティー研究，なかでも無国籍者のパスポートとアイデンティティの関係に注目。著書に『華人ディアスポラ—華商のネットワークとアイデンティティ』（明石書店），『無国籍』（新潮文庫）。編著に『忘れられた人々　日本の「無国籍者」』（明石書店），『東アジアのディアスポラ』（明石書店）など。

近藤 敦（こんどう あつし）
名城大学法学部教授。博士（法学）。専門は憲法，国際人権法，移民政策。著書に『「外国人」の参政権』，『外国人の人権と市民権』，『新版外国人参政権と国籍』（以上，明石書店），『政権交代と議院内閣制』（法律文化社），編著に *Citizenship in a Global World* (Palgrave Macmillan)，『外国人の法的地位と人権擁護』，*Migration and Globalization*，『多文化共生政策へのアプロー チ』（以上，明石書店）など。

小森宏美（こもり ひろみ）
早稲田大学教育・総合科学学術院准教授。専門はエストニア現代史。著書に『エストニアの政治と歴史認識』（三元社），『地域のヨーロッパ——多層化・再編・再生』（宮島喬・若松邦弘との共編著，人文書院），『バルト諸国の歴史と現在』（橋本伸也との共著，東洋書店）など。

佐々木てる（ささき てる）
早稲田大学文化社会研究所招聘研究員。筑波大学大学院社会科学研究科博士課程修了。博士（社会学）。専門はグローバリゼーション下におけるネーション，エスニシティの変容。著書に『コリア系日本人と国籍制度』（明石書店），『ナショナリズムとトランスナショナリズム——変容する公共圏』（共著，佐藤成基編，法政大学出版局），『排除と差別の社会学』（共著，好井裕明編，有斐閣）など。

新曜社

越境とアイデンティフィケーション
国籍・パスポート・IDカード

初版第1刷発行　2012年3月22日©

編　者　陳　天璽・近藤　敦
　　　　小森宏美・佐々木てる
発行者　塩浦　暲
発行所　株式会社　新曜社
〒101-0051　東京都千代田区神田神保町2-10
電話(03)3264-4973・FAX(03)3239-2958
e-mail：info@shin-yo-sha.co.jp
URL：http://www.shin-yo-sha.co.jp/

印刷　シナノパブリッシングプレス　Printed in Japan
製本　イマヰ製本所

ISBN978-4-7885-1275-7　C1036

好評関連書より

佐藤成基 著
ナショナル・アイデンティティと領土 戦後ドイツの東方国境をめぐる論争
領土の四分の一を失った国が、新たなナショナル・アイデンティティを創出する過程を描く。
A5判438頁
本体4200円

K・ブリンクボイマー 著/渡辺一男 訳
出口のない夢 アフリカ難民のオデュッセイア
アフリカからヨーロッパを目指す大量の難民。その過酷な生の物語に迫るルポルタージュ。
四六判328頁
本体3200円

崔勝久・加藤千香子 編/朴鐘碩・上野千鶴子ほか 著
日本における多文化共生とは何か 在日の経験から
日立就職差別闘争から職場は変わったか。「共生の街」川崎の実態は? 変質する共生を問う。
四六判258頁
本体2200円

藤田結子 著
文化移民 越境する日本の若者とメディア
メディアは国境を消すのか。若者への長期的調査から「国境を越える心性」のゆくえを追う。
四六判286頁
本体2400円

小宮友根 著
実践の中のジェンダー 法システムの社会学的記述
社会的な性別とは何か。その内実をもとめ法的実践の記述からジェンダーの理解を試みる。
四六判336頁
本体2800円

(表示価格に税は含みません)